CB082114

O amor venceu

© 2019 por Zibia Gasparetto
© iStock.com/dimabl

Coordenadora editorial: Tânia Lins
Coordenador de comunicação: Marcio Lipari
Capa e projeto gráfico: Equipe Vida & Consciência
Preparação e revisão: Equipe Vida & Consciência

2ª edição — 5ª impressão
8.000 exemplares — outubro 2020
Tiragem total: 39.000 exemplares

CIP-BRASIL. CATALOGAÇÃO NA PUBLICAÇÃO
SINDICATO NACIONAL DOS EDITORES DE LIVROS, RJ

G972a

Lucius (Espírito)
O amor venceu / [pelo espírito] Lucius ; psicografado por Zibia Gasparetto. - 1. ed. - São Paulo : Vida e Consciência, 2020.
320 p. ; 17 cm.

ISBN 978-85-7722-385-5

1. Romance espírita. I. Gasparetto, Zibia. II. Título.

14-16788 CDD: 133.9
CDU: 133.9

Todos os direitos reservados. Nenhuma parte desta edição pode ser utilizada ou reproduzida, por qualquer forma ou meio, seja ele mecânico ou eletrônico, fotocópia, gravação etc., tampouco apropriada ou estocada em sistema de banco de dados, sem a expressa autorização da editora (Lei nº 5.988, de 14/12/1973).

Este livro adota as regras do novo acordo ortográfico (2009).

Editora Vida & Consciência
Rua das Oiticicas, 75 - Parque Jabaquara - São Paulo - SP - Brasil
CEP 04346-090
editora@vidaeconsciencia.com.br
www.vidaeconsciencia.com.br

O amor venceu

ZIBIA GASPARETTO

Romance ditado pelo espírito Lucius

INTRODUÇÃO

Escrevi este livro com base nas leis reencarnacionistas. Somente elas, traduzindo verdades vigorosas que os homens tentam negar a cada passo, podem explicar os mistérios em que a humanidade se debate há milênios, tentando compreender o passado por meio do estudo de outros povos e de outras civilizações.

Este trabalho é despretensioso. No intuito de contribuir de alguma forma para a atual necessidade de divulgação das leis básicas que regem a vida terrena, voltei ao passado distante, buscando no arquivo da minha consciência milenar a história que procurei narrar, pura e simplesmente. Desejo esclarecer que se trata de uma história real, extraída dos entrechoques constantes que outrora presenciei.

Como poderíamos explicar o segredo das civilizações mais antigas sem o auxílio das leis a que me referi? Como explicar o adiantamento do povo egípcio, cuja civilização existia milhares de anos antes da era cristã?

Seus conhecimentos científicos — gravados em hieróglifos — nas ruínas dos templos ainda existentes e nas pirâmides surpreendem o mundo de hoje, que ainda se orienta por esses escritos. Mas como poderiam ser obtidos se não possuíam telescópios, radar, rádio, telégrafo e outros instrumentos de experimentação de que dispõe a ciência moderna?

O povo, por si mesmo, nada sabia, mas os sacerdotes que governavam junto ao rei, a quem chamavam faraó, eram os donos desses conhecimentos. Esses sacerdotes reuniam-se amiúde e recebiam, através da prática mediúnica, os conhecimentos científicos. Mesmo entre eles existia a seleção, pois que dessas reuniões somente podiam participar os grão-mestres.

Houve um faraó chamado Ramsés II, que era contra a idolatria do povo, que se habituara a fazer imagens de animais e adorá-las, rendendo-lhes homenagens. Procurou instituir costumes menos bárbaros, porém de acordo com seus conhecimentos espirituais.

Conhecedor das leis mais sagradas do monoteísmo, que lhe foram reveladas pelos sacerdotes de Ísis e Ivanoé, quis abolir o culto da adoração dos animais, porém, receoso da reação popular, pois o povo não estava em condições de compreender um culto mais abstrato, consentiu que adorassem o Sol que jorrando sua luz magnífica poderia simbolizar a potência divina.

Ainda hoje, já com os tempos mudados, peregrinando pelos vales egípcios de Tebas, de Tiocletes, podemos observar cultuadores do astro rei, genuflexos, com a fronte no solo crestado pelo sol causticante. Remanescentes de seus antepassados, eles não querem abolir suas crenças para evoluir. Entretanto, não como no Ocidente, não da mesma forma, eles também conhecem Jesus e o admiram.

Isentos da deturpação romana, conhecem um Cristo mais semelhante ao que ele foi realmente. Aliás, seus conhecimentos sobre a reencarnação lhes oferecem uma visão maior da realidade.

Principalmente em Tebas, onde a civilização de outrora reinou, a aragem do tempo transformou muitas coisas, porém, às margens do mar Vermelho, ainda encravadas em rochas bafejadas constantemente pelas ondas, existem cavernas e hieróglifos dos sacerdotes ivanoenses quando se recolhiam à meditação.

Recentemente, um cientista belga descobriu um desses recantos e tentou decifrar suas égides, apenas conseguindo conhecer uma parte: tratava-se de um culto a Deus, oferecendo seus serviços, nesta existência e na próxima, como um extravasamento de sua fé e certeza na reencarnação.

Tebas, magnífica cidade de guerreiros e de luz, onde a púrpura dos faraós cinzelou nos templos e castelos, magníficas construções arquitetônicas, de pedra, tijolos, gesso, mármore e ouro. Se nos reportássemos àqueles dias, no ano 1200 a.C., veríamos suas ruas repletas de gente, movimentando-se na labuta diária. Levantando a poeira do caminho, muitos iam e vinham incessantemente. Seus trajes bizarros constituíam uma alegre sarabanda para nossos olhos. Naquele dia, porém, um sábado cheio de sol que, apesar do entardecer, recrudescia ainda fervescente, o movimento era maior e desusado. Todos, com seus trajes festivos, comentavam alegremente o retorno de Pecos, um guerreiro respeitado que fora a Sídon a fim de buscar os escravos, como de praxe era feito de tempos em tempos, para enriquecer o Império a mando do soberano. Geralmente, Pecos, para exercer tal incumbência, levava consigo um número de soldados e lanceiros, pois, embora o poderio do faraó dominasse toda a parte baixa do Mediterrâneo, não era sem trabalho que conseguia seu objetivo. Geralmente procedia a uma "caçada" e, como caçador, agia furtivamente, surpreendendo a presa. Tão bem desempenhava suas funções neste setor que granjeara a confiança do faraó, a ponto de chefiar o exército da guarda pessoal do soberano. O faraó, mantido no poder pela violência, era odiado pelos povos das terras subjugadas e, receoso de um atentado, possuía um pequeno exército, sem o qual nunca saía do palácio e não permitia também que se ausentasse, deixando-o desguarnecido. Pecos era o comandante desse pequeno exército de lanceiros e, quando se ausentava, era substituído por seu imediato, um homem de sua inteira confiança.

A cidade regurgitava, festejando o regresso de Pecos. Geralmente, ao chegar a caravana, o faraó dava uma grande festa em sua homenagem, e o povo assistia às comemorações do pátio externo, recebendo trigo e vinho à vontade, tocando alaúdes e cítaras alegremente, improvisando danças, quando os efeitos do vinho se faziam sentir. Além de quedarem esperando pelas sobras do banquete do palácio.

Muitos se deixavam empolgar pelos prazeres do festejo, e a orgia prosseguia até que todos, extenuados, rolassem por terra. No palácio, entretanto, a festa constituía-se de um lauto banquete de finas iguarias e, depois, quando todos já estavam saciados, envoltos pelos vapores do vinho após a dança das melhores bailarinas do palácio, desfilavam os escravos mais importantes, ou mais interessantes, para serem ofertados a alguém.

Nesse ambiente, inicia-se nossa história.

CAPÍTULO I

Naquela tarde, o povo, conhecedor da chegada, pela manhã, da caravana de Pecos, rumava para o pátio externo do palácio. Viam-se criaturas de todos os tipos: lavradores vestidos com suas túnicas de pano vermelho ou de listrado preto e amarelo e mulheres carregando os filhos pequeninos às costas. Além de jovens alegres, sacudindo os brincos reluzentes, deslizando como felinos pelas ruas poeirentas, com suas túnicas colantes, deixando o ombro moreno e parte do colo exuberante à mostra, calçando finas sandálias de couro de cabra e trazendo véus cobertos de pedrarias, que tilintavam e luziam aos reflexos solares.

No palácio, a atividade se desenrolava. Escravos cruzavam os vastos salões enfeitados de brocado e púrpura, em uma azáfama constante, dispondo objetos e flores, em cochichos e risinhos abafados.

Dali a poucos instantes, começaria o festim. Décios, escravo que gozava de singulares regalias perante Pecos e, consequentemente, perante o faraó e seus sacerdotes, dirigia os outros escravos, nem sempre se deixando levar pela benevolência e compreensão. Ostentava, naquele dia, uma túnica cor de vinho, com uma insígnia de pedras no peito, presa ao pescoço por um cordão azul. Fora um régio presente do faraó por um serviço prestado, que ele orgulhosamente ostentava nas ocasiões festivas. Décios, pressurosamente, dirigiu-se à sala do banquete, examinando mais uma vez se tudo estava como determinara. Sorriu embevecido: na sala havia flores, frutos, nozes, tâmaras, uvas, pães, carne e muitos outros apetitosos manjares; tudo disposto sobre maravilhosos coxins de púrpura e ouro, ao redor das paredes cobertas por finos tecidos da Pérsia e da Macedônia. No centro, estava a pista, onde as dançarinas deveriam efetuar seus bailados. Havia, em cada canto, piras, de onde saíam constantes línguas de fogo que os escravos reavivavam amiúde, ajuntando-lhes finos extratos de ervas aromáticas, que balsamizavam a sala agradavelmente. Os archotes já estavam preparados para serem utilizados assim que o sol se escondesse no crepúsculo róseo do céu de Tebas. O barulho lá fora já principiara, demostrando que o povo aguardava o início da festa com impaciência. As liteiras e os cavaleiros já começavam a chegar ao palácio, e os salões receptivos regurgitavam. Súbito, dois pajens, vestindo a túnica da antecâmara do soberano, saíram de trás das cortinas que circundavam o coxim do faraó. Traziam dois clarins e, postando-se eretos, desceram as cortinas, tocando, em seguida — como era de praxe — o sinal para anunciar o soberano. Imediatamente, o silêncio se estabeleceu. Um homem magro, calvo, moreno, envergando túnica de alvo linho, coberta de pedrarias rutilantes, carregando ao peito a grã-pedra, penetrou majestosamente no salão. Era o faraó. Todos se curvaram em reverência.

— Meus amigos — disse ele —, saúdo a todos e, como anfitrião, espero que façam jus à minha hospitalidade. Desejo saudar em particular o emissário que, valorosamente, cumpriu mais uma vez sua missão em terras distantes.

Do outro lado da sala, entrando garbosamente, fazendo reluzir seus atavios, surgiu um homem seguido por mais seis outros, com suas lanças e escudos, em fila dupla. Pecos, que caminhava à frente, adiantou-se e, postado aos pés do faraó, o adorou, saudando-o gentilmente.

— Levante-se, Pecos. Estou satisfeito com o cumprimento de sua missão e quero agraciá-lo com a grã-pedra opalina, para premiar seu desvelo e sua perícia.

O farão acercou-se do homenageado e colocou-lhe no pescoço a grande e maravilhosa pedra rutilante, presa por um cordão luzidio. Pecos agradeceu reverente e ia retirar-se quando o faraó continuou:

— Hoje, você é o homenageado, portanto, participará de minha ceia, ao meu lado. Antes, quero aparecer à janela em sua companhia e com Potiar, pois o povo quer aplaudi-lo.

Pecos, altaneiro, na exuberante beleza de seus trinta anos, simpático e forte, surgiu à plataforma que dava para o pátio externo. O povo aclamou freneticamente, satisfeito pelo início da cerimônia, ansioso por começar a divertir-se. O faraó, que aguardava um pouco atrás, adiantou-se e disse:

— Meu povo! Eis o nosso herói, que mais uma vez retorna de uma missão rendosa para nosso país. Trouxe-nos muitas conquistas e, portanto, ordeno que seja iniciada a distribuição de vinho, trigo e frutos a todos os presentes e que seja também iniciada a música para o divertimento de todos!

Verdadeira ovação aclamou as palavras do soberano, que vinham ao encontro do desejo de cada um. Tomando Pecos pelo braço, o faraó entrou novamente na sala de recepção, sempre seguido pelo seu imediato Potiar que, silencioso e circunspecto, a tudo observava calmo e solenemente, passando em seguida para o salão do banquete, onde os demais o seguiram e os escravos começaram a servi-los. Enquanto todos se divertiam, gozando dos prazeres que satisfazem as vaidades, um lugar havia onde o sofrimento imperava: eram as celas que continham os escravos prisioneiros.

Eles eram o fruto da caçada covarde e ignominiosa. Conhecedores do atentado de que haviam sido vítimas, aguardavam esperançosos uma oportunidade para fugir. No entanto, eram bem vigiados pelos soldados. Nem para comer ou outras necessidades deixavam a cela estreita e incômoda. Ouviam ao longe a alegre algazarra que reinava em torno, o que mais os amargurava.

A certa altura, porém, um dos lanceiros aproximou-se e, seguido de outros, todos armados, falou aos prisioneiros:

— Escutem todos. Chegou a hora de deixarem essa cela incômoda. Serão agora selecionados por Potiar, o fiel, que designará as funções de cada um. Mas lembrem-se de que se alguém tentar fugir ou rebelar-se, será severamente castigado, pagando com a vida.

Dito isso, com um gesto, autorizou os que o acompanhavam a abrirem as celas, aguardando, impassível, que os presos saíssem. Aos poucos, foram saindo das celas infectas e incômodas. Trôpegos, tendo seus membros amortecidos durante quase um mês de viagem, eram ao todo quarenta e cinco. As mulheres foram retiradas antes e conduzidas para a ala das esposas do soberano. Elas foram poupadas da cela imunda e tinham viajado a cavalo, embora amarradas e ameaçadas constantemente.

***

Todos foram conduzidos a uma dependência do palácio, onde Potiar os esperava ansioso. Colocou-os ao redor da parede e foi chamando um a um para conversar e determinar suas funções. Todos eram moços, fortes e sadios, pois que bem escolhidos por Pecos. Assim, dentre esses quarenta e cinco, Potiar escolheu seis dos melhores espécimes e ordenou aos escravos que os aprontassem, como de praxe, conduzindo-os depois à antecâmara do faraó, onde o aguardariam. Depois se dirigiu para a sala onde estavam as mulheres, e seus olhos brilhavam pelo prazer que antegozava de contemplar as novas escravas.

Lá chegando, esperou que as trouxessem. Eram apenas quinze mulheres, mas valiam em beleza e mocidade pelos quarenta e cinco escravos conseguidos.

Começou a interrogá-las. Elas respondiam sem esconder o rancor e o ressentimento.

— E você, como se chama?

Referia-se a uma jovem de extraordinária beleza, que o fitava orgulhosamente. Não obteve resposta. Enfureceu-se Potiar mais pelo olhar dela do que pela falta de resposta.

— Como se chama? — inquiriu novamente.

Ela limitou-se a franzir os lábios em soberano desprezo, nada respondendo. Então ele descontrolou-se, puxou-a pelo braço, sacudindo-a violentamente.

— Não quer falar? Você se nega a responder ao senhor que a todos governa e de quem só é superior o próprio faraó? Não sabe que posso destruí-la em poucas palavras, castigando-a severamente?

A voz de Potiar, sibilante, rouca, tremia rancorosa.

Ela ergueu seus olhos magníficos e encarou-o serena, mas orgulhosamente. Ele estremeceu ao perceber a beleza e o fascínio que emanavam daquela mulher. Seus lábios entreabertos deixavam aparecer duas fileiras de dentes alvos e perfeitos. A moça estava vestida com uma túnica magnífica, que lhe deixava à mostra os ombros alvos e o colo coberto de pedrarias.

— Responda! — ordenou Potiar, sentindo, malgrado seu, fraquejar sua autoridade.

— Chamo-me Nalim — sua voz era doce e melodiosa, grave como um sussurro.

Ele largou-a, dizendo energicamente:

— Por que não se vestiu como as demais, conforme ordenei?

Ninguém respondeu. Ao cabo de instantes, Potiar chamou Aleat, uma velha escrava, e renovou a pergunta.

— É preciso contar-lhe, ó grande Potiar, que ela é uma fera verdadeira, e nós não conseguimos deitar-lhe as mãos. Ameaçou-nos com um pequeno punhal conseguido não sei onde e disse que permaneceria vestida como veio, apesar de sua túnica, embora soberba, estar poeirenta e rasgada. Ao perguntar o porquê dessa decisão, ajuntou-nos que jamais vestiria roupas de escrava, uma vez que, em sua terra, era soberana.

— Muito bem, Nalim, agrada-me saber sua nobre estirpe, porém, deve esquecer isso de agora em diante, para não desmerecer o cargo que deverá ocupar.

Os olhos negros de Nalim escureceram ainda mais pela tempestade que rugia neles, mas nada disse. De que adiantaria?

— Agora — continuou Potiar — todas deverão aprontar-se regiamente, porque terão a honra de desfilar para o faraó, que decidirá o destino de vocês. Aleat, apresse-se. Eu a espero na antecâmara de nosso soberano, com as escravas.

O homem retirou-se rapidamente, dirigindo-se à sala onde o banquete prosseguia. Nalim, amuada, muda, sentou-se a um canto, triste e desanimada. Não se conformava com o ultraje sofrido. Filha de nobres hebreus, princesa em sua terra de origem, agora estava escravizada barbaramente em um país desconhecido, onde os seus nunca a encontrariam. A humilhação daquelas horas de cativeiro pesava sobre os flexíveis ombros de Nalim como chumbo. Insensivelmente, recordou sua infância e sua adolescência até as culminâncias de seus dezessete anos, quando, imprudentemente, descera aos jardins para observar de perto um soberbo rapaz, manejando com maestria um maravilhoso alaúde, que enchia o ar com sonoras inflexões de uma linda melodia, cantada por uma voz maravilhosa. Fora o aspecto romântico que lhe impressionara a alma sensível, fora a música, o cavalheiro, a magia da noite, que a fizera, como um pássaro atraído pela serpente, percorrer as alamedas desertas em busca do trovador. Depois fora agarrada, amordaçada e, transida de terror, perdera os sentidos pela primeira vez em sua vida. Depois, tudo continuara como um pesadelo terrível, a viagem penosa, as humilhações a que seu pudor de mulher se viu submetido.

Sentiu uma mãozinha delicada pousar em seu braço. Ergueu os olhos.

— É você, Solimar?

— Sim, Nalim, está triste e, no entanto, para seu próprio bem, deve arrumar-se para saudar o nosso novo soberano. Eu também sufoco em meu peito as lágrimas de apreensão e de saudade. Sabe que deixei uma mãe enferma e idosa, de quem era o arrimo. Certamente, a estas horas, o desgosto e a miséria já a mataram. Entretanto, encontro forças para tentar cumprir a minha nova tarefa com resignação. Meu pai, que se dedicava aos estudos das ciências nos templos, sempre me dizia que a Eloim lhe apraz nos provar em todos os setores, a fim de haurirmos experiências para vivermos em um maravilhoso reino que será eterno.

Os olhos puros de Solimar brilhavam, tocados por uma comoção sincera e confiante.

— Você, bela Nalim, tinha muita experiência para ser a senhora; talvez lhe faltasse a de escrava, para ingressar na mansão da luz. A mim também esta experiência deveria faltar. Saibamos enfrentar nosso signo sobranceiramente e venceremos, estou certa. Estarei sempre com você quando possível e procurarei auxiliá-la a suportar a nova vida.

— Você se resigna facilmente, mas eu não. Embora obedeça por ora, não descansarei enquanto não vingar a afronta que recebi.

— Vamos, meninas — gritou a rouquenha voz de Aleat —, vão vestir-se que, dentro de poucos instantes, deverão estar na antecâmara do faraó. Aconselho-as a se fazerem belas, porque o faraó é muito sensível à beleza e talvez as beneficie.

***

Enquanto elas se preparavam, o banquete prosseguia. Pecos era a grande figura do momento. Decididamente, a vida lhe sorria. Era belo, no vigor da mocidade, possuía glórias, posição de destaque. Seus sentimentos eram de satisfação íntima pelos triunfos que alcançara. Filho mais velho de uma abastada família de nobre estirpe, ingressara, como de praxe, nos serviços do soberano, indo ao encontro também do seu mais caro desejo, porque podia satisfazer aquela sede de aventuras, algumas galantes. Sentia-se vibrar de entusiasmo ao enfrentar um adversário no campo de luta. Era exímio cavaleiro porque, desde muito cedo, fora treinado para tal, nem se recordava mesmo da primeira vez que montara um animal. Parecia-lhe que sempre possuíra tal experiência. Era bom lanceiro, possuía bom golpe de vista e um pulso firme para o combate. Era arrojado, mas, apesar de tudo, sempre leal ao adversário. Possuía também um coração afetivo, cheio de impulsos bons, mas o ambiente em que vivia e as tentações de que era alvo eram muito fortes para seu temperamento ardente e impetuoso. As mulheres o adoravam e disputavam sua preferência. Mas ele, embora amante de aventuras, não as levava a sério a ponto de comprometer-se. Era egoísta e, assim, procurava tirar tudo da vida sem nada dar em troca. Sendo criado desde pequenino naquele ambiente, julgava a caçada humana, que empreendia, parte de sua função para servir seu país, achando certo sabor na aventura, mas nunca se detivera, nem de relance, a analisar a covardia de tal procedimento. Era fruto de seu ambiente e achava natural existirem escravos e senhores, opressores e oprimidos. Para ele, a vida era uma grande batalha, havia os que ganhavam e os que perdiam. Ele era um vencedor, e os derrotados deveriam conformar-se, submissos.

Os convivas estavam alegres, e os ditos jocosos, em decorrência do vinho, já se faziam ouvir.

De repente, as fanfarras iniciaram uma música rítmica e sensual, e as bailarinas surgiram enlanguescidas, fascinando os convivas, que aplaudiam entusiasticamente. A cena era bizarra e entontecedora naquele ambiente saturado de vinho, dos perfumes mais exóticos espargidos das piras onde as labaredas lambiam o ar, derrubando sombras fantásticas pelo solo. Os archotes bruxuleantes e, por fim, aquelas mulheres de pele bronzeada pelo sol forte do deserto, trazidas de outras terras, causavam admiração geral. Eram belas como esfinges, de uma beleza mímica, com os olhos pintados. Quanto durou aquela música ou aquela dança, ninguém pôde precisar! Mas desfeito o encanto quando a última bailarina desapareceu pelas cortinas, os presentes despertaram, e uma voz bradou:

— Oh! Poderoso faraó, onde estão as conquistas dos seus soldados?

O faraó bateu palmas, e Potiar, que aguardava pelo sinal, dirigiu-se ao meio do salão. Curvou-se ligeiramente e disse:

— Nobre faraó e seus convivas, agora traremos todos os frutos da última empreitada.

Em seguida, de ambos os lados do salão, começaram a entrar os novos escravos; homens de um lado e mulheres do outro.

Vinham silenciosos, como que desejosos de encobrir e recalcar a revolta íntima. A admiração foi geral. Na verdade, eles eram magníficos. Nunca se reunira tanta pujança, mocidade e beleza!

— Agora — disse Potiar —, nosso faraó quer agraciar o grande guerreiro Pecos com a escolha de uma escrava, para seus domínios. Queira aproximar-se, nobre Pecos, e proceder à escolha.

Pecos, surpreendido agradavelmente, sorriu. Pousou a taça de vinho que tinha entre as mãos e dirigiu-se para o lado das mulheres, agora escravas. A escolha era difícil. Todas eram realmente belas. Calmamente, começou a examiná-las. Vexadas com a exposição brutal de sua beleza física, a maioria encolhia-se timidamente. Ele levantava-lhes o rosto e fitava os olhos de cada uma. Para ele, eram todas iguais, todas bonitas, atraentes. Quando, porém, aproximou-se da pequena Solimar, sentiu certo mal-estar. A pequena fitava-o serenamente, parecendo despertar nele algo estranho. Seus olhos continham mais piedade do que revolta, seu belo rosto de linhas puras personificava a delicadeza de seus sentimentos. Pecos, pela primeira vez naquele dia, sentiu-se aborrecido, sem saber o porquê. Parecia-lhe estranho que alguém sentisse compaixão por ele, que era o mais feliz dos homens, e que esse alguém fosse uma pobre mulher, que ele escravizara e roubara ao convívio dos seus. Naquele momento, desejaria não estar ali. Sentiu, de repente, desejo de não escolher ninguém, de retirar-se e esquecer aquele pequeno reflexo de sua consciência. Mas isso seria impossível! Seria uma afronta à benevolência do soberano.

De repente, disse quase instintivamente:

— Como se chama?

— Solimar.

Sua voz era musical, sussurrava apenas, mas ele emocionou-se esquisitamente.

— Se vossa majestade me conceder esta escrava, decididamente ficarei satisfeito.

Ao que respondeu o faraó:

— Seja, ela é sua.

— Agora, senhores ilustres, procederemos ao sorteio, com livre escolha, de uma escrava entre todos os presentes.

O entusiasmo foi geral e manifesto. Quando a algazarra cessou, transformada em expectativa, Potiar ordenou aos escravos que recolhessem dos presentes as tabuinhas onde estavam desenhados seus nomes e que marcavam o lugar dos convivas. Colocaram-nas em enormes salvas e depois em uma bolsa de couro, misturando bem seu conteúdo.

As pobres mulheres, ofendidas em sua dignidade, em tudo que possuíam de melhor em seus sentimentos, realizavam um esforço tremendo para não chorar. Nalim tremia de raiva e de sofrimento. Ainda estava revoltada com a separação de Solimar. Tanta serenidade havia naquela criatura, que Nalim sentia não poder resistir sem ela. Sua presença carinhosa lhe proporcionava paz para enfrentar a situação sem se abater. Muitas não podiam conter as lágrimas, ela não! Seu coração se fechara pela revolta e só podia sentir sede de vingança!

Solimar compreendia o que se passava com ela. Seu coração sofria pelas companheiras e, se pudesse, daria a vida para libertá-las, devolvê-las ao convívio dos seus!

Os seis escravos pareciam feras acuadas e, certamente, se os soldados não estivessem bem próximos, não se teriam contido.

O faraó, a quem fora dada a bolsa, nela introduziu a mão a fim de retirar a tábua do felizardo. A expectativa era grande!

O silêncio se fez. O faraó, ao ler o que nela estava escrito, sorriu com malícia, passando-a para Potiar.

— Ilustres, decididamente Hórus favorece com a fortuna o homem do dia! O prêmio coube ao nosso grande herói Pecos.

Um clamor de decepção fez-se sentir no ambiente. Pecos, surpreso, ficou interdito sem saber o que dizer.

— Pode escolher, nobre Pecos, é sua a escrava.

Novamente, ele adiantou-se indeciso. Olhou para Solimar sem saber por que. Os olhos dela estavam fitos em Nalim, esperançosa. Pecos aproximou-se de Nalim, olhou-a. Ela era maravilhosa! Seus olhos negros fulgurantes, seu rosto alvo, seus cabelos também negros, seus lábios vermelhos, tudo era realmente tentador. Seu porte ereto e sua fronte altiva não condiziam muito com a submissão de uma escrava. Ele sentiu o orgulho e a consciência que a moça tinha de sua fascinação. Embora pressentindo o esforço que teria para dominá-la, ou talvez um pouco por isso mesmo, ou ainda pela súplica muda de Solimar, escolheu Nalim para seus serviços.

As duas moças olharam-se aliviadas, e uma momentânea alegria brilhou em seus olhos.

***

A festa prosseguiu com mais algumas disputas em leilões das belas mulheres e dos valorosos escravos. Era uma vergonhosa afronta ao direito que a vida concede a cada um de viver sua existência, usufruindo do mundo, do que Deus lhe concedeu para um único fim: a evolução. A experiência terrena consiste na harmonização do ser com o semelhante, a fim de conseguir viver em planos melhores, sem dor e sem sofrimento. No entanto, eles, quebrando a harmonia das leis universais de fraternidade, muito teriam de suportar no futuro, colhendo os resultados dos seus atos.

O faraó, a quem tal comemoração entediava, retirou-se por fim, deixando Potiar para comandar a festa. Cansara-se com o dia exaustivo que tivera, não bebera quase nada, alimentara-se frugalmente, como de costume, e, embora desejasse repouso, suportara tudo até o fim.

Pecos, também excitado com as emoções indefiníveis que sentira naquele dia, cansado ainda da viagem, despediu-se, ordenando aos seus pajens que conduzissem as escravas para sua comitiva, a fim de seguirem para sua residência, aliás, pouco distante do palácio de seu senhor.

Durante o trajeto, tentava recordar-se das sensações experimentadas, mas, embora o conseguisse, não podia compreender-lhes o sentido. De repente, quis relembrar o rosto de Solimar, mas teve uma estranha sensação exasperante ao ver que não o conseguia. Irritado consigo, com tudo e todos, sem precisar os motivos, fustigou o cavalo para chegar mais depressa. Assim, dentro de poucos minutos, seguido pelos escravos e por sua comitiva, penetrava em seus espaçosos domínios.

Era uma casa magnífica, de pedra, solidamente construída, com um teto baixo sustentado por duas colunas quadradas na entrada e mais altas no interior. Estava rodeada por magníficos jardins e possuía numerosos pátios. Seus vastos aposentos, mobiliados com gosto e alto luxo, demonstravam a finura de seu dono. Pecos, exausto, desejoso de estar só para repousar, despediu sua comitiva, ordenando aos escravos que conduzissem as suas novas aquisições para as habitações femininas, lá aguardando as tarefas que lhes destinaria. Isso feito, retirou-se para seus aposentos, preparando-se para dormir.

Apesar de extenuado, não conciliou logo o sono, tomado de uma sensação enervante. Um vago pressentimento de que algum novo acontecimento envolveria sua vida incomodou-o por muito tempo. Mas, pensou ele, sendo um leal cumpridor de seus deveres, fatalmente seria favorecido de Hórus, e nada de mal lhe aconteceria. Era muito tarde já quando adormeceu num sono pesado, angustioso, quase asfixiante.

CAPÍTULO II

Decorrida uma semana, Pecos, envolvido por uma série de compromissos sociais e militares, não tornara a recordar-se das duas escravas que, singularmente, ganhara, nem determinara suas funções.

Enquanto isso, elas aguardavam, servindo apenas em delicados serviços, condizentes com seu conhecimento doméstico. Embora nada as diferenciasse na maneira de proceder, a forma pela qual sentiam a situação era bem distinta. Solimar, magnânima, resignada, sofria em silêncio, procurando dar o que possuía de melhor a todos que a cercavam. Nalim, recalcada, orgulhosa, esforçava-se por acalmar-se perante os que eram agora seus iguais, sem demonstrar o que lhe ia na alma. Era como uma calmaria que precede as tempestades. A qualquer momento, esta poderia irromper, atirando-a a consequências imprevisíveis. Solimar sentia o pensamento de Nalim, lastimava sinceramente sua falta de compreensão e humildade, temerosa pelo seu futuro.

As escravas mais antigas, principalmente as mais jovens, não gostaram das novas companheiras. Sentiam ciúmes, por serem forçadas a reconhecer-lhes a formosura. Pecos não era como a maioria dos seus contemporâneos abastados, que mantinham relações amorosas com as escravas; repugnava-o, sobremaneira, tal proceder, não por princípio de moral, mas de categoria; julgava-se superior a elas. Muitas, porém, eram vencidas pelo seu fascínio pessoal e não perdiam as esperanças de lhes despertarem um interesse amoroso, mesmo que momentâneo.

As duas moças não encontraram um ambiente sincero, mas pessoas cheias de ódio, inveja e recalques violentos. Suas maneiras distintas e fidalgas, principalmente as de Nalim, haviam despertado nas outras a consciência de sua inferioridade, e isso raramente as mulheres perdoam. Fossem elas menos bonitas, e o acolhimento teria sido mais amistoso. Esse ambiente uniu ainda mais aquelas almas que já se estimavam. Uma grande e sincera amizade nasceu entre elas.

Jertsaida, homem de confiança de Pecos e administrador de seus domínios, supervisionava os serviços de Cortiah, moça encarregada das tarefas femininas da casa. Ela sentiu desde logo pena das duas moças. Ela compreendia, porque havia passado pela mesma experiência, e esforçava-se para suavizar-lhes os momentos. Contudo, a princípio, sua boa intenção não foi entendida pelas duas moças, retraídas pela acolhida francamente hostil das demais. Entretanto, aos poucos, perceberam que contavam com a sua simpatia e benevolência. Um dia, Cortiah lhes dissera:

— Tenho observado o serviço das duas. Vocês têm as mãos delicadas. Nesta casa, falta a orientação de uma dama, assim como escravas competentes para esses serviços delicados. Falarei com o nosso valente senhor, para que lhes confie uma tarefa de acordo com seus conhecimentos. Assim, também poderão me auxiliar nas determinações mais difíceis.

As duas agradeceram sinceramente. Elas não possuíam nenhum conhecimento dos serviços grosseiros e seria muito penoso para as moças sujeitarem-se a eles.

***

Dias depois, a ocasião fez-se presente quando Jertsaida a avisou de que o nobre Pecos a chamava. Cortiah, pressurosa, foi ter com ele, que a recebeu com a condescendência que lhe permitia a consciência de sua superioridade.

— Para o que me quer, meu senhor? — perguntou a escrava curvando-se.

— Preciso de você para um caso muito especial. Meus parentes chegarão dentro de um mês, quero remodelar tanto quanto possível a decoração doméstica, principalmente a ala que foi de minha mãe, para minha prima Otias, que passará, juntamente com meu tio, a residir conosco. Recorro a você porque, como mulher, ainda com a lembrança de sua passada posição em sua pátria, deve conhecer os caprichos femininos. Mandarei tapeceiros e tudo o mais que ser fizer necessário para a remodelação. Espero de você uma orientação sobre o que ficaria mais próprio para os dezoito anos de minha prima. Quanto aos aposentos de meu tio Osiat e de meu irmão Jasar, também de regresso, eu escolherei os adornos.

— Farei tudo o que estiver ao meu alcance para bem servi-lo, meu senhor, mas desejaria falar sobre um assunto que há dias está me preocupando.

— Fale.

— Nobre Pecos, há já alguns dias trouxe duas novas escravas e ainda não lhes designou os serviços que devem desempenhar. Por se tratar de duas mulheres que conhecem altas posições sociais, estão a par dos pormenores que o senhor deseja, melhor do que eu, que há muito passei da idade dos sonhos bonitos. Por gentileza, permita que elas me auxiliem na tarefa, e tenho certeza de que bem o servirão.

— Seja. Tem a minha autorização. Findo esse trabalho, designarei para elas outros, conforme se fizer necessário na ocasião. Agora, vá e, assim que idealizar as modificações, me comunique, mas seja breve, porque temos somente um mês de prazo.

Cortiah correu como uma criança feliz para dar a boa-nova às duas jovens.

Imediatamente, resolveram por mãos à obra. Solimar, como era natural, recebia todo trabalho que lhe era exigido e procurava desempenhá-lo bem. Nalim esmerava-se na esperança de agradar a seu senhor. Ela, desde que perdera a liberdade, não fizera outra coisa senão arquitetar planos de vingança, mas, como se encontrava em situação inferior, sem meios para executá-los abertamente, contava com a dissimulação e a astúcia para levá-los a termo.

Cortiah levou-as imediatamente aos aposentos onde deveriam trabalhar.

— Antes de mais nada, desejamos que nos descreva a personalidade da jovem que deverá ocupar estes cômodos, para podermos idealizar um ninho adequado aos seus gostos pessoais — pediu Nalim. — Você a conhece, Cortiah?

— Sim, eu a vi muitas vezes, quando ainda era pequena. Faz precisamente oito anos que deixou Tebas com destino a Nícia. Seu pai, irmão mais novo do pai do nobre Pecos, depois que perdeu a mulher, desgostoso, retirou-se para lá, estabelecendo-se e educando a filha com grandes professores durante esse tempo todo. A jovem Otias deve andar pelos dezoito anos. Tinha dez quando se foi, seu temperamento era arrebatado e ardente como o de sua mãe. Gostava das fortes sensações e nasceu para mandar e ser obedecida. Já aos oito anos castigava com rudeza os escravos que ousavam desobedecê-la nas menores coisas, embora fosse bondosa para os que a serviam bem.

— É bem pouco o que sabemos dela, Solimar, mas, ainda assim, pensaremos em algo que lhe agrade.

As duas moças, entretidas naquele trabalho, no qual seus gostos artísticos se manifestavam, esqueceram-se por momentos de sua situação naquela casa, pondo todo esmero na escolha da ornamentação, recordando-se do passado, que parecia distar não dois meses mas dois séculos.

A reforma proposta provocou exclamações entusiásticas de Cortiah, que, pressurosa, acatou as sugestões das moças. Elas estavam em seu elemento, principalmente Nalim, no meio daqueles tecidos finíssimos, retirados das velhas arcas para sua escolha. Seus olhos brilhavam satisfeitos e sorria com prazer como havia muito tempo não fazia.

***

Assim decorreram mais alguns dias. Os preparos por toda a casa ocorriam animados. Escravos iam e vinham, carregando objetos, auxiliando o serviço. Nalim, esquecida quase de sua posição atual, comumente repreendia as escravas e, frequentemente, lhes ordenava quando necessitava de algum auxílio. Isso lhe valeu não poucos arrufos e um ódio cada vez maior. Estas, por despeito, sentindo inveja de sua segurança, de seu gosto apurado, tendo que reconhecer-lhe a superioridade, desprezam a moça, na certeza de sua nobre origem. Só Solimar as compreendia e lamentava.

Uma noite, falou com Nalim sobre o assunto, ao que ela, dando de ombros, respondeu:

— O que quer? A nobreza, embora escrava, não se mistura com a ralé. Eu, apesar das circunstâncias, não esqueço minha família, honrando-a como fizeram todos os meus antepassados. Sou assim e dificilmente mudarei. Tenho intentado esforços sobre-humanos para poder viver na mesma ala com elas, utilizando-me das acomodações em conjunto. Já isso representa um sacrifício enorme para mim.

— Nalim, sei que se esforça, porém, nós agora não podemos pensar como antes. Talvez o orgulho haja atraído para nós essa situação. Pode ser que, para sairmos dela, tenhamos que aprender a ser humildes, sabendo que somos todos humanos, com as mesmas necessidades físicas e o mesmo destino, quando nossa alma deixar o corpo em busca do alívio das mansões celestiais.

— Mas lá certamente haverá separação para as hierarquias de nobreza. Não concebo uma mansão de felicidade sem as posições definidas de cada um.

— Você pensa como muitos, mas eu acredito, segundo as lições que recebi de meu pai, que nos igualamos na morte, sendo apenas mais bem colocados os que boas ações tenham praticado no mundo, dentro da pureza, bondade e tolerância.

— E você acha que uma escrava ignorante poderá ter esses sentimentos? Eu não creio.

— E nós, acaso não temos? Não somos escravas?

— Mas nosso caso é diverso, bem o sabe — Nalim fez um gesto de enfado. Estava longe de compreender o significado do elevado pensamento da amiga.

Solimar compreendeu e calou-se. Uma onda de tristeza invadiu-lhe o amoroso coração. Desejava ofertar à companheira toda a compreensão que sentia da vida e das coisas, mas ela não conseguia entender.

— Sente o mormaço do verão inclemente? Não quer, Solimar, respirar um pouco a brisa noturna?

— Vamos, assim conversaremos mais um pouco. Ainda bem que podemos andar livremente pelos jardins quando desertos. Eu me sentiria muito triste se não pudesse respirar o suave aroma das flores, sentindo a vida que nelas se manifesta.

— Pelo menos, temos certas regalias que outras não têm. Temos momentos de folga proporcionados pelas nossas funções.

As duas, abraçadas, caminhavam ao longo das alamedas floridas. A noite estava maravilhosa. Era tarde já, e o meio da noite se fazia sentir, embora o ar quente e parado do verão rigoroso convidasse ao convívio das árvores e dos lugares mais amenos. Continuaram o passeio trocando ideias sobre o passado, confidências dos tempos felizes.

Nalim contava de sua casa, de seus pais, de seus familiares, de sua infância. Solimar falava do pai, a quem amara profundamente e que lhe ensinara tudo quanto sabia. Ele era de nobre estirpe, mas dedicara-se ao ocultismo e desapegara-se completamente das riquezas terrenas. Sua mãe, inexperiente, dirigia tudo, pois que o pai ausentava-se constantemente em viagens de estudo. Assim, acabaram perdendo a maior parte de seus haveres. Enquanto o pai estava vivo, não se haviam preocupado, mas, depois de sua morte quase súbita, elas viram-se envolvidas pela miséria. Venderam a propriedade e compraram uma casa pequena. Pela condescendência de sua mãe, os escravos foram libertados, conservando apenas os serviços da velha ama e do velho jardineiro, que se negaram a deixá-las.

Solimar, em virtude das circunstâncias, havia recorrido ao trabalho para auxiliar nas despesas da casa. Copiava hieróglifos nos longos papiros para os nobres e ainda tecia à mão finos véus para suas antigas amizades. Ela e a mãe iam vivendo resignadas, quase felizes, até que um dia, quando voltava da entrega de um trabalho, fora agredida e subjugada. Quando acordou, já se encontrava na expedição que se apressava para o regresso. Debalde, implorava a liberdade, alegando as necessidades de sua mãe, inutilmente chorava de medo e de angústia, pensando no golpe que atingiria o coração amoroso de sua progenitora.

À noite, sozinha em uma tenda escura, chorou dolorosamente e adormeceu exausta. Acordou em um lindo jardim florido e sentou-se num banco, esperando algo sem saber o quê. De repente, viu surgir a figura veneranda de seu amado pai. Rejuvenescido e feliz, ele lhe sorriu, abraçando-a carinhosamente.

— Filha, não chore. Sabe que nascemos na Terra para aprendermos a viver bem. Sua experiência, no setor que vai iniciar, será proveitosa e conseguirá muito progresso dessa passagem terrena.

Ela pensou na mãe e novamente se entristeceu. Ele, porém, conhecendo-lhe o pensamento, disse:

— Ninguém fica só no mundo. Deus não desampara ninguém. Volte às suas obrigações carnais, resignada, e procure cumprir bem sua missão, pois você mesma a solicitou anteriormente. Faça tudo para evitar o fracasso — dando-lhe um suave beijo na testa escaldante, desapareceu.

Solimar despertou com uma repousante e confortadora sensação. Quando se recordava daquele sonho venturoso, seus olhos marejavam. Não é fácil transformar emoções em palavras. Os sentimentos que tocam nossa alma perdem substância quando transformados em linguagem comum.

Solimar gostaria de contar à companheira o que sentia. Todavia, aquelas emoções eram intraduzíveis. Percebia que Nalim não teria condições de entender.

Calaram-se ambas. Caminharam em silêncio. A brisa noturna, suave e aromática provocava nelas sensibilidade e romantismo. As estrelas faiscavam na laje imensa do infinito. De repente, rasgando o véu daquele silêncio encantado, ergue-se nos ares um canto ardente e apaixonado. Uma voz dolente e harmoniosa cantava, revelando toda a sua sensibilidade de artista.

As mulheres pararam fascinadas. Solimar deixou-se embalar suavemente pelo fascínio daquele instante de calma e de feliz emoção. Nalim sentiu-se extremamente surpresa ao reconhecer a voz e a canção que a atraíra, ocasionando sua prisão. Era a mesma voz, embora mais pura, mais emocionada, a mesma canção de lamento, de chamado amoroso. Apesar das pungentes recordações trazidas ao seu espírito por aquele canto dentro da noite, o mesmo fascínio que sentira anteriormente renovou-se naquele instante. Mudas, sem sentir quase, trocaram um olhar surpreso, depois, cautelosamente, se dirigiram para o local de onde provinha a melodia. Guiando-se facilmente pela direção do som, avançaram mais alguns passos, parando admiradas.

Sentado num banco, próximo ao pátio externo dos aposentos do dono da casa, este cantava completamente alheio ao resto do mundo. Seus dedos percorriam o alaúde com maestria, e seus olhos, fixos em um ponto indefinido, revelavam aspectos de sua alma sonhadora. Seu espírito, cansado das aventuras fáceis do salão, buscava na música alimento para sua alma.

As duas mulheres, paradas, observavam-no escondidas. Então era ele! Fora ele, pensou Nalim, que com a magia de sua voz a atraíra para a vergonha e a escravidão. Mas ela haveria de vingar-se, fosse como fosse. Jamais o perdoaria!

Seu corpo esbelto tremia pelo enorme esforço que fazia para controlar-se e não avançar para ele, dizendo-lhe tudo o que lhe ia na alma. Seus lábios cerraram-se com força e foi entredentes que ela murmurou, imperceptivelmente:

— Ele não perde por esperar! Ele me pagará!

Solimar nem a ouviu sequer, elevada pela cena que presenciava. Aquele homem, másculo, de uma beleza e atração extraordinárias não podia ser mau. Não podia ser completamente empedernido, uma vez que sua alma conseguia vibrar com tanta delicadeza, na interpretação de uma canção amorosa. Sentiu uma vontade infinita de fazer algo em benefício dele, prometeu a si mesma auxiliá-lo a encontrar-se, estimulando seu lado bom. Seria uma pena, pensava ela, que um homem possuidor de tantas vibrações amorosas na voz, passasse pela vida iludido, ignorando seu verdadeiro significado.

As emoções daquelas duas formosas criaturas, frente ao mesmo acontecimento, eram muito diferentes. Uma revoltada, pensando somente na vingança; a outra acariciando a mão que a ferira.

Qual das duas seria mais feliz? Aquela que se recordava constantemente da agressão sofrida, revivendo e alimentando as sensações daqueles terríveis momentos, ou aquela que, esquecendo o que sofrera, libertara-se das penosas recordações? Aquela que sofria por ver-se nivelada a pessoas que julgava inferiores, ou a que, não se julgando superior a ninguém, sentia-se rica o bastante para ajudar os que a feriram?

Certamente Solimar era muito mais venturosa. Ocultas atrás de alguns arbustos, as moças esperaram que a canção terminasse. Pecos permaneceu alguns instantes em muda contemplação. Momentos havia em que sentia um vazio interior. O desejo de algo que não sabia precisar, uma saudade indefinida. Aquela noite, não conseguira conciliar o sono. Inspirado por um desejo vago, tomara do alaúde e dirigira-se ao jardim. Seus dedos percorreram o instrumento ao acaso, seu pensamento divagava.

Olhava o céu cheio de estrelas e pensava: que mistérios se ocultavam naqueles pontículos distantes? Que poderosa força os engastava no teto celeste? Certamente, Osíris lhe havia destinado uma companheira. Nunca amara mulher alguma. Suas conquistas eram ocasionais e superficiais. Deixava-se amar por elas displicentemente, certo de que nunca amaria. Julgava-se insensível ao amor e sentia-se frustrado por isso. Era como se estivesse perdendo algo precioso. Então seus lábios se abriram para cantar aquela canção, num lamento ardente e apaixonado:

Vejo no negro manto da noite,
a sombra esvoaçante de teus cabelos.
No brilho das estrelas cintilantes,
O apelo amante de teus olhos belos...
Sinto, no vento acariciante que passa,
a magia de teu ser envolvente...
No ruído das folhas sussurrantes,
O eco de teus passos macios, leves...
No entanto, procuro-te, oh! forma florescente,
gritando ao eco teu nome inexistente,

Buscando nas mulheres teu vulto fascinante,
Não o reconhecendo neste meio ambiente...
Oh!... ser etéreo e lindo que adivinho perto,
Que sentes meu anseio de amoroso enleio
Revela-te aos meus olhos no caminho certo,
Para que eu possa entregar-me sem receio.
Bendizendo a vida na musa inspiradora,
Bendizendo a morte que conduzirá à vida!...

Depois de alguns momentos de muda contemplação, Pecos, mais reconfortado, recolheu-se aos seus aposentos. As duas, ainda silenciosas e abraçadas, retornaram rumo à sua habitação. Embora pelo mesmo caminho, iam muito distantes pelo pensamento.

CAPÍTULO III

Naquela tarde, elas estavam ocupadas na ornamentação do maravilhoso leito que haviam idealizado. Sobre uma escada redonda de mármore rosa, foi colocada uma cama de jade, simétrica e lisa, como uma mesa de pernas curtas, ligeiramente côncava no centro. Nela descansava um macio colchão de penas de ganso, que as moças cobriam de púrpura. Haviam encomendado no mercado os alvos lençóis de puro linho e outras miudezas. Estavam tão entretidas que não ouviram o ruído de passos, abafados pelos grossos tapetes.

— Veja, Solimar, que tecido maravilhoso!

Os olhos de Nalim brilhavam como pérolas ardentes, de volúpia e ambição. Não podendo resistir à tentação, enrolou o tecido, que era uma preciosidade importada do Oriente, em seu corpo de linhas perfeitas e provocantes.

— Mesmo em minha terra, jamais possuí igual!

Estava realmente bela!

De repente, reparou que Solimar, surpresa, olhava para a porta. Voltando-se, Nalim estremeceu ao reconhecer a figura de seu senhor. Como se dominava com certa rapidez, permaneceu imóvel a contemplá-lo. Sua atitude era respeitosa, mas em seus olhos havia o mesmo brilho insolente.

Tal atitude espicaçou-o. Dirigindo-se a ela, com certo desdém na voz, disse:

— Estas fazendas finas não assentam bem em você. Aliás, nem poderia ser de outra forma, porque elas foram tecidas para as senhoras e não para as escravas. Compenetre-se desta verdade e procure não cobiçar o que não foi feito para você.

Nalim sentiu a garganta ressequida e as mãos gélidas. Aquilo era demais. Suas narinas arfavam nervosamente, demonstrando a perturbação de seus nervos. Suas palavras doeram mais do que um castigo físico, porque atingiram o que ela possuía de maior: a vaidade.

Ele, calmamente, sem parecer notar nada, deu alguns passos negligentemente pelo aposento, observando as alterações sofridas.

— Senhor — objetou serenamente Solimar —, infelizmente nós, mulheres, somos muitas vezes dominadas pelos adereços que nos tornam mais belas. Desculpe-nos pelo entusiasmo. Como escravas, temos a possibilidade de vestir nossas almas com uma roupagem mais linda, que nem o tempo, nem ninguém poderá nos arrebatar. Creio mesmo, senhor, que algumas das senhoras que usam com prazer um vestido como este, um dia, sentirão também a necessidade de vestir a própria alma de escrava para servirem às exigências de sua consciência!

Pecos olhou surpreendido. Nalim, com sua beleza e arrogância, tinha o dom de irritá-lo e fasciná-lo ao mesmo tempo, mas Solimar era como um bálsamo para seus olhos. O imprevisto da resposta desarmou-o. Aproximando-se dela, disse:

— Talvez tenha razão, mas precisamos reconhecer que nem todas são escravas humildes e dedicadas. A maioria ainda alimenta grandes pretensões, conservando ilusões do passado. Mas, falando sobre o que aqui me trouxe, onde está Cortiah?

— Saiu, senhor. Foi aviar algumas encomendas para o andamento do serviço. Ela quis ir pessoalmente, para melhor efetuá-las — respondeu Solimar serenamente.

— Bem, então ouça: precisamos terminar tudo no máximo dentro de dez dias. Se preciso, requisite mais escravas, contanto que terminem dentro desse prazo. Isso me parece muito bom. Espero que façam tudo para bem servir à minha prima, como se fosse a dona e senhora desta casa.

Nalim conservara-se muda, mas seus olhos negros ocultavam ameaças. Aquele homem, que a tudo lhe roubara covardemente, ainda julgava-se no direito de escarnecer sua beleza e fidalguia! Nem sequer parecia olhá-la como mulher. Havia guardado a peça de tecido e simulava continuar o trabalho interrompido, porém, não tinha a consciência do que suas mãos teciam. Apenas seu pensamento trabalhava à sombra de sua vaidade ferida de mulher.

Depois de lançar mais alguns olhares sobre o aposento, Pecos retirou-se sem dizer uma palavra.

As duas mulheres entreolharam-se. Nalim, sem poder conter-se por mais tempo, arremessando para longe de si a peça que simulava coser, acercou-se da amiga, dizendo:

— Veja que tenho razões de sobra para odiá-lo! Parece que implica comigo, sentindo enorme prazer em torturar-me. Ele conheceu minha casa, meus escravos, minha linhagem, sabe que mereço respeito e consideração. Ainda não satisfeito em haver-me reduzido e transformado no que sou hoje, possui requintes de perversidade, me diminuindo dessa forma. Eu não tolero mais esse estado de coisas! Preciso arranjar um jeito de avisar os meus. Com certeza não me deixarão permanecer aqui por mais tempo. Tudo farão para libertar-me.

Nalim calou-se angustiada. Suas mãos nervosas estavam banhadas de suor. A fronte queimava pela afronta recebida.

Solimar, achegando-se mais à amiga, abraçou-a, dizendo-lhe docemente:

— Acalme-se, Nalim. Não faça loucos projetos para o futuro. Estamos em terra, e seria difícil por agora conseguirmos alguém de confiança para nos prestar tal serviço. Esperemos, pois, com calma, porque, se alguém descobrir suas intenções, certamente perderemos até a pouca liberdade e condescendência de que desfrutamos. A ofensa que você recebeu foi do tamanho do seu orgulho. Se fosse menos vaidosa, o que chama de insulto, não a atingiria. Sempre estamos inclinadas a julgar muito grande a ofensa que sofremos, mas nunca nos perguntamos por que atraímos isso para nós. Se não procurar se resignar à nova situação, seu sofrimento será muito maior.

— Não sei como pode falar assim, não a compreendo! Parece destituída de carne e sangue como eu. Você aceita a situação com tal passividade que eu não posso admitir. Diga-me uma coisa: se nos surgisse uma oportunidade para fugir, iria comigo?

— Não sei, dependeria das circunstâncias, mas não creio que conseguíssemos ir para muito longe sem que nos encontrassem. Depois, como atravessar o deserto? Quantas vezes, Nalim, iludidos por uma miragem, nos precipitamos a uma fuga inconsequente e, em vez de alegria, surpreende-nos a dor. Perdidas no deserto árido e causticante, fatalmente, nos lembraríamos de que estávamos protegidas aqui, sendo preferível termos continuado escravas no corpo, com o respeito que temos sido tratadas até agora, do que encontrarmos a morte sob o sol ardente do deserto. A liberdade, creia, é relativa. Ninguém no mundo a possui inteiramente. O que chamamos liberdade é justamente poder fazer tudo o que nos agrada e, muitas vezes, em seu nome, nos escravizamos. A verdadeira liberdade é a do nosso espírito, que pode, conhecendo as leis que regem a vida, tornar-se livre. Essa liberdade, Nalim, é a única que ambiciono e, embora me escravizem o corpo, ninguém poderá arrebatá-la de mim.

Solimar falava pausadamente. Era tal a convicção que havia em sua voz que Nalim sentiu-se mais calma. Desejava possuir a serenidade da amiga, aquela forma de ver as coisas tão diferente de todos que já havia conhecido. Mais sossegada, ela disse:

— Está bem, Solimar. Farei o possível para resignar-me. Por ora, não pensarei mais na fuga, mas somente por ora. Assim que surgir uma oportunidade, eu não a perderei. Então, a minha vingança será realizada.

Solimar, pensativa, não respondeu, voltando ao trabalho interrompido. Nalim, maquinalmente, também reiniciou sua tarefa, mas não conseguiu recuperar o entusiasmo de antes. O dia, para ela, estava estragado.

***

Pecos, ao sair da sala onde as duas moças escravas trabalhavam, ia apreensivo. As palavras de Solimar o haviam impressionado mais do que gostaria de confessar.

Dirigiu-se ao seu gabinete e sentou-se em um macio coxim perfumado, reclinando-se para repousar. Mas aquela tristeza vaga, aquela sensação de insegurança voltara. Não sabia explicar o que sentia.

Solimar parecia-lhe a figura de alguém que tinha conhecido. Mas onde? Sua pele clara como o sol e seus olhos verdes como o mar, cujas ondas mariscavam em seus lindos cabelos... Belo nome para tal criatura! Interessante como, sendo tão jovem, já possuía tão profundo conhecimento das coisas! Seria mesmo conhecimento ou seriam algumas frases decoradas no sentido de bem impressionar? De repente, sentiu uma vontade imensa de conversar com ela para verificar até que ponto ela tinha conhecimentos sobre a vida.

Sorriu contrafeito. Que prazer ele poderia encontrar na palestra com uma de suas escravas? Evidentemente, nenhum.

Inesperadamente, o belo rosto de Nalim surgiu em sua memória. Ele estremeceu. Ela era realmente bela. Talvez uma das mulheres mais belas que já conhecera. Seu corpo perfeito, seu rosto, sua fileira de dentes alvos e bem distribuídos, seu porte de princesa casavam-se bem com o orgulho que transparecia no lampejar de seus olhos negros.

Pecos sentiu a boca seca. Levantou-se e serviu-se de um pouco de vinho, que ingeriu de um trago.

"Não sei o que se passa comigo", pensou. "Com certeza é esta maldita calmaria que nos envolve, fustigando meus nervos. Se ao menos houvesse algumas lutas para distrair-me... Creio que estou doente por deixar-me assim a fascinar por minhas próprias escravas, como se me faltassem belas mulheres em toda a corte do Egito. O que preciso é sair um pouco. Esta inatividade me consome."

Levantou-se e dirigiu-se aos seus aposentos ligados à alcova, preparando-se para sair. Nestes preparativos, gastou meia hora. Depois, insatisfeito consigo mesmo, com a vida e com todos, saiu finalmente, dirigindo-se ao palácio do faraó.

CAPÍTULO IV

O tempo corria célere. Os preparativos já estavam prontos. A mansão sofrera muitas alterações. Tudo quanto havia de moderno e luxuoso em Tebas fora utilizado pelo nobre Pecos. O ambiente rebrilhava com um fulgor festivo.

Pecos, naquela manhã de sol, preparava-se com esmero. Deveria esperar pelos seus parentes que, segundo o emissário da véspera, chegariam dali a poucas horas.

Ele pretendia encontrá-los na estrada, às portas da cidade, para oferecer-lhes as boas-vindas. Estimava sinceramente seu velho tio, homem bondoso e honesto, soldado, hoje dispensado pela idade avançada. Mas sua preocupação era mais pela prima. Ele sabia que seu tio pretendia casá-los e até já haviam conversado francamente a esse respeito. Como estaria ela? Fazia oito anos que não a via, mas recordava-se de que era uma linda menina. Deveria estar agora uma bela mulher no esplendor das suas dezoito primaveras.

A ele, não desgostava tal união, porque, além da estima que os unia, a grande fortuna do tio unida à sua o tornaria invejavelmente rico.

Depois, ele nunca amara verdadeiramente nem acreditava em tal possibilidade. Suas aventuras o tornaram experiente com as mulheres, mas nenhuma havia conseguido impressioná-lo seriamente.

Esperava sinceramente que se unindo à prima, a quem respeitava e estimava, pudesse viver feliz e tranquilo, realizando, assim, seu grande sonho de possuir um herdeiro para seu nome e haveres.

Por vaidade, Pecos pretendia vencer a morte, continuando a viver através do seu descendente. Como tantos outros, ele não refletia se estava preparado para ser pai, ou se a mulher que escolhera para mãe de seu filho exerceria bem essa missão. Sonhava torná-lo rico, poderoso, dar-lhe todas as coisas que desejara e não conseguira. Arquitetava planos para o futuro, sem indagar se seu filho seria feliz em realizá-los.

Aprumado, vestido com sua túnica de gala, chamou Jertsaida, dando-lhe as últimas ordens referentes aos hóspedes. Depois tomou de seu cavalo, acompanhado por Tetânio e Martus, seus oficiais de confiança. Atravessaram a cidade que, àquela hora matinal, regurgitava.

***

Tebas era uma cidade ativa e febricitante. As caravanas iam e vinham, descendo e subindo o Nilo rumo a outras terras, negociando ervas aromáticas, tecidos, especiarias, peles etc. O comércio era livre, somente devendo pagar em espécie, ou seja, em mercadorias, o preço da travessia para atingir as cidades baixas.

Tebas possuía um mercado situado na praça de Nectéa, que ocupava um grande pátio onde os mercadores expunham suas mercadorias, que trocavam pelo que necessitavam ou as vendiam, mas, em sua maioria, preferiam peles ou gêneros. Era um mercado curioso e alegre por suas bizarras e tradicionais figuras esculpidas ao longo das paredes, simbolizando seres dotados de poderes estranhos, pela variedade de cores de tecidos e bugigangas para enfeites femininos e pela fumaça e pela poeira que, misturadas com o odor das ervas utilizadas em pequenas bombas — muito semelhantes aos cachimbos dos chineses quando saboreiam ópio — que eram aspiradas pelos homens com imenso prazer.

Também pela música enervante das fanfarras e os tipos curiosos que se viam negociando.

Pecos e seus amigos seguiam indiferentes ao burburinho das ruas, habituados com o aspecto sempre regurgitante da capital de um país que dominava o mundo com seu poderio. Tebas, com suas graciosas e elegantes casas de pedra, de mármore colorido no chão e nos pórticos, de ruas estreitas, mas simétricas, era bem o resultado de um luxo que o povo ostentava pelo poder de seu país.

O guerreiro atravessava agora as enormes muralhas de pedras que fechavam a cidade. Ele e seus companheiros haviam trocado poucas palavras. Estando engolfado em pensamentos profundos, seus companheiros por sua vez o imitavam. Caminharam por mais algumas milhas; depois, escolhendo um sítio agradável, Pecos ordenou:

— Alto! Esperemos aqui. Os viajantes não devem demorar-se.

Desmontaram e assentaram-se à beira do caminho sobre uma grande pedra, a fim de aguardá-los pacientemente. Decorridos longos minutos de expectativa, vislumbraram ao longo da estrada um cortejo que avançava lento, mas regularmente.

— São eles — bradou Pecos com alegria. — À sela, meus amigos, vamos recebê-los!

Juntando o gesto à palavra, montou garbosamente, de um salto, seu animal e, depois de bem aprumar-se com elegância, dirigiu-se rumo aos viajantes, seguido pelos companheiros.

Chegando mais perto, a comitiva verificou que à frente vinham alguns escravos e, mais atrás e montados, dois cavalheiros, sendo um moço e outro mais idoso, respectivamente irmão e tio do nobre Pecos, ao lado de elegante liteira. Mais atrás, a bagagem era conduzida por muitos escravos e jumentos.

Ao avistar os três soldados, o cortejo parou a uma ordem de seu chefe. Pecos avançou para o tio, sorridente e emocionado. Ao aproximar-se, desmontou rápido, correndo a abraçá-lo, pois que este também já estava no chão.

— Tio querido, seja bem-vindo à sua terra e à minha casa! Foi com infinito prazer que recebi sua sábia decisão de regressar! Mais uma vez, seja bem-vindo!

Os dois abraçaram-se efusivamente, trocando palavras cordiais.

— E você, caro Jasar, como está? Há muito, não nos vemos e já está um homem feito. Abrace-me e seja bem-vindo!

Os dois irmãos confundiram-se em amistoso abraço.

Jasar era um rapaz alto e forte, mas, apesar disso, sua aparência era muito delicada, não assemelhando seu rosto aos rudes traços fisionômicos de seus conterrâneos. Seus cabelos negros, a pele tostada pelo sol, os alvos dentes, seus olhos mansos e opalinos, a boca fina e bem desenhada, seu nariz reto e bem torneado, o corpo esbelto e bem proporcionado, tudo isso o tornava extremamente simpático. Não possuía o fascínio pessoal de Pecos, mas quase sempre conseguia o que almejava pela perseverança e pela doçura. Era, apesar disso, franco e tolerante, embora irredutível em suas decisões.

Após haverem-se abraçado efusivamente, o velho tio de Pecos, descerrando as cortinas da liteira dourada, disse:

— Otias, venha receber os cumprimentos de seu primo, que deseja revê-la.

Imediatamente, as cortinas foram abertas por mão diáfana, e um riso encantador de mulher apareceu à janela.

Pecos sorriu entusiasmado, feliz, contemplando a beleza da prima. Otias era realmente bonita. Trazia os cabelos penteados à grega, vestia alvíssima túnica de puro linho, toda entremeada de arabescos em branco brilhante. Suas joias luziam ao reflexo do sol. Seus olhos brilhavam também metalicamente, refletindo o falso brilho das joias.

Pecos avançou para ela e inclinou-se reverentemente em gentil cumprimento.

— Seja bem-vinda, encantadora prima! Realmente você se parece a uma deusa imolada a Osíris! — voltando-se para o tio, continuou: — Tio Osiat, realmente tornou-se uma linda jovem a pequena Otias!

O pai de tanta formosura sorria feliz, refletindo no rosto bondoso a alegria de sua alma. Otias sorriu por sua vez e disse orgulhosamente, cônscia de sua beleza:

— Realmente, primo, me acha bonita? Pois, se assim é, quando chegarmos à casa, terá oportunidade de demonstrá-lo, renovando sua opinião. Agora continuemos. Estou exausta e não vejo a hora de repousar.

Assim, cada um retomou seu lugar no cortejo e puseram-se novamente a caminho.

— Tio — perguntou Pecos, que agora cavalgava entre seus dois parentes —, a viagem deve ter sido penosa e muito longa assim por terra. Por que não veio pelo Nilo?

O tio sorriu, e foi Jasar quem esclareceu:

— Nós, de fato, realizamos parte da viagem pelo Nilo, mas Otias, a certa altura, adoeceu, embora não gravemente, e nos forçou a uma parada em uma pequena aldeia. A seu pedido, resolvemos vencer por terra a pequena distância que nos separava de Tebas.

— Compreendo — volveu Pecos. — Apesar dos inconvenientes de alongar a viagem, principalmente levando-se em conta minha impaciência em revê-los, nunca devemos desrespeitar os desejos de uma formosa mulher.

Os três sorriam alegres. A princípio, a palestra entre eles seguiu animada, mas, depois de certo tempo, cada um enterrou-se nos próprios pensamentos, e a viagem continuou em silêncio. Somente o bater cadenciado dos cascos, tangendo as pedras do caminho, ouvia-se. Ao chegarem frente às muralhas, penetrando as portas da cidade, Osiat parou emocionado. Um mundo de recordações invadiu-lhe o peito arfante pelo cansaço da viagem. Tebas! Sua terra, sua gente!

Como embebido em suas reminiscências, penetrou na cidade, ignorando a presença dos companheiros, revivendo o passado! Parecia-lhe, ao atravessar aquelas ruas, ser novamente jovem, com seus projetos, suas ilusões, seus anseios, garboso, em pleno vigor de sua mocidade. Lembrou-se, em um instante, dos penosos problemas que o atingiram e haviam ocasionado sua partida. Envolvido por fortes emoções, seguia calado.

Percebendo-lhe o estado de espírito, os dois irmãos conversavam reservadamente, trocando ideias sobre os acontecimentos do momento.

— Diga-me, Jasar, pretende continuar seus estudos aqui em Tebas?

— Sim, Pecos. Para mim, estudar é uma necessidade. Ainda mais agora, que estou empenhado em experiências muito importantes.

— Mas acredito que você seja quase um sábio, a julgar pelo muito que tem estudado. Sou mais velho do que você, no entanto, desde que me conheço, habituei-me a vê-lo indagando, investigando, inquirindo os sacerdotes de Osíris e Amon, o mentor das ciências hieroglíficas, enfim, já deve saber tudo quanto havia para saber. Não está satisfeito?

— O conhecimento, meu irmão, que podemos obter das coisas é muito pobre. Com todos os meus esforços, consegui muito pouco e, principalmente, compreendi o muito que ignoro. Você já tentou, por exemplo, descobrir de que é composto o ar que generosamente respiramos? A terra, que inclemente pisamos, apesar de ser dela que emana nossa sobrevivência? Qual a força que vibra nela fazendo a semente gerar, brotar, florescer, dar frutos? O que movimenta nosso corpo, o que somos nós, o que fazemos e para que estamos aqui? Deve convir que estamos em um mundo virgem, onde existem inúmeras verdades por desbravar, maravilhas por descobrir.

Pecos estava surpreendido. Seu irmão viajara durante aqueles anos pelo mundo na sede de angariar conhecimentos, ilustrar-se, e voltara diferente!

— Mas creio, Jasar, que os sacerdotes explicam claramente seus problemas no tabernáculo. Não há motivos para dúvidas.

— Sim, as explicações dadas por eles satisfazem o povo que, via de regra, caminha preguiçosamente e não sabe pensar por si, deixando que os outros pensem por ele, mas todo aquele que sente a grandeza e a majestade da vida, das formas da natureza, não pode aceitar o ambiente estreito que nos oferecem.

— Você duvida, então, dos ensinos de nossa crença? Crê que não estamos aqui para deleitarmos a Deus, que nos dirige e nos manda outros deuses para cumprir Suas determinações? Não está Ele no grande sol, atrás do teto celeste a nos dirigir?

— Depois lhe explicarei com mais vagar minhas ideias a respeito. Por agora, vamos falar de você. Pelo que me disseram alguns amigos seus, que encontrei em Niceia, ocupa posição de destaque junto ao nosso grande rei.

— De fato, tenho conseguido algo em minha carreira, mas naturalmente você deve ter mais interesse em conhecer as jovens casadoiras do que as minhas atividades. A vida social aqui é intensa. Logo depois que descansar, iremos ao palácio e o apresentarei ao grande rei.

— Certo, mas, se não me engano, estamos chegando em casa. Começo a vislumbrar seus pórticos.

De fato, estavam chegando. A casa apresentava um aspecto festivo. Os escravos estão a postos para recolher a bagagem e os animais. Cortiah, diligente e respeitosa, esperava à porta, tendo ao lado o fiel Jertsaida. Pecos, com um gesto solene e cativante, tomando a delicada mãozinha de Otias e o braço do tio, conduzindo-os para o interior, disse:

— Mais uma vez, são bem-vindos à minha casa que, doravante, também será de vocês.

Assim iniciava-se uma etapa diferente para todos e que mudaria o rumo de suas vidas.

CAPÍTULO V

A noite estrelada de Tebas refletia-se mansamente em todo seu mistério profundo no lago azul que enfeitava o jardim exuberante da casa de Pecos. Quebrando, porém, o silêncio cadente da noite, numerosas pessoas caminhavam por suas aleias floridas e perfumadas, palestrando animada e alegremente. Todo o aspecto era festivo. Nos salões, que havia muito não se abriam, reunia-se a fina flor da sociedade daquela época, em uma comemoração verdadeiramente bem lembrada.

O motivo daquela noite engalanada na luxuosa mansão era bem compreensível. Pecos, como de praxe, levara seus parentes à corte para renderem homenagens ao faraó. Este, que já os conhecia, recebera-os cordialmente e, depois dessa cerimônia regular, Pecos convidara as melhores famílias da corte para uma recepção em sua casa, a fim de apresentar oficialmente a prima, proporcionando também ocasião ao irmão e a seu tio de reatarem velhas amizades.

A festa já estava na metade. Tudo estava bem preparado, demonstrando perfeitamente o bom gosto dos donos da casa.

***

Sentado em um banco rústico de pedra, Jasar descansava, de olhos semicerrados, imerso em seus pensamentos íntimos. De repente, sentiu alguém bater-lhe levemente nos ombros. Sobressaltou-se, saindo abruptamente de seu mundo interior. Sossegou ao fitar o rosto de Otias e ouvir seu riso cristalino.

— Então, gato selvagem, não quis permanecer junto aos convivas e se escondeu aqui? Mas eu o descobri apesar de tudo! — Otias falava sem poder disfarçar o tom emocionado de sua voz.

— Não importa, cara prima. Apenas você sabe que prefiro estar só com meus pensamentos, que bem conheço, a abandoná-los para enfrentar a hipocrisia humana.

— Você é impiedoso, Jasar. Não creio que sejam tão maus como pinta. Inúmeras moças devem estar lamentando sua ausência — havia na voz de Otias um quê de despeito ao pronunciar tal frase.

Jasar fitou-a sereno:

— Otias, bem sabe que não tenho interesse em conhecer mulher alguma. Sinto-me bem assim como sou, meio selvagem. Muitas vezes, as mulheres, atrás de belos olhos e doces sorrisos, encobrem o negror de sua alma — parou, notando o embaraço da prima e ajuntou: — Existem pérolas que não são falsas, mas somente um perito pode reconhecê-las. Assim, abstenho-me de adquiri-las, porque mais vale não as possuir, admirando-as em outros, do que lhes descobrir o pouco valor com o correr do tempo.

Otias sentara-se ao lado do primo. Seu sangue fervia. A alusão velada do moço feria seu orgulho. Mas ela não reagiu. Desejava reconquistá-lo a qualquer preço. Sua indiferença era exasperante. Poderia tê-lo aos pés, mas não soubera agir para conquistá-lo. Quando o rapaz hospedara-se em sua casa, a fim de regressarem juntos, notara seu interesse. Certa da vitória fácil, abusara, mostrando-se tal qual era. Ele mudou, tornando-se indiferente. E, quanto mais ele demonstrava isso, mais ela se interessava por ele. Fizera o propósito de conquistá-lo de qualquer modo. Estava disposta a usar todos os recursos para tal. Respondeu sorrindo:

— Não pensei que fizesse tal juízo das mulheres. Gostaria de ajudá-lo a descobrir sua pérola verdadeira.

Os belos olhos de Jasar brilharam com ironia e prazer. Divertia-o um pouco a atitude da prima. Não que sentisse prazer em contrariá-la, mas não acreditava que ela o amasse como deixava transparecer. Conhecia-a melhor do que ela poderia imaginar e acompanhava suas reações com interesse puramente experimental. Percebera seu caráter frio, orgulhoso, sua vaidade que não queria admitir seu desinteresse.

A princípio, quando a tornara a ver, depois de tantos anos, sentira-se um pouco impressionado pela sua beleza física e o demonstrara, mas os dias que convivera com ela o haviam desiludido. Profundo observador, ele seguiu-lhe os movimentos, embora aparentando entreter-se com outras coisas, e pudera notar a maneira pela qual a moça tratava as escravas, as pessoas de suas relações e mesmo o velho pai. Assim, o pouco entusiasmo que ela havia despertado em seu coração desaparecera. Ela, coquete, mulher consciente de sua beleza, sentira-se, a princípio, vagamente inquieta, em seguida, deprimida e, depois, interessada vivamente em reconquistá-lo.

Não haviam conversado francamente a esse respeito, porém havia qualquer coisa no ar sempre que conversavam. Ela, procurando envolvê-lo com sua sedução, recordando-lhe o passado interesse, ele, divertido e indiferente, encarando a situação como um capricho da moça.

— Otias, acho que melhor faria se regressasse ao salão. Devem esperá-la para as comemorações. Você é a deusa que hoje irradia suas graças aos pobres mortais! A festa é sua! Os muitos trovadores galantes devem estar à sua espera, tecendo madrigais. Não seria bonito que alguém a chamasse de selvagem, como me você me chamou ainda há pouco!

A moça viu o brilho malicioso do olhar de Jasar e não se conteve:

— Quer que eu vá embora, porque o importuno. Irei. Com certeza, lá encontrarei seu irmão, que talvez não seja tão mal-educado como você e sinta prazer em minha companhia.

Com as faces em fogo, Otias levantou-se e, voltando-lhe as costas, retirou-se nervosa.

Jasar suspirou. Afinal fora rude para com ela, mas seria melhor que não tivesse ilusões a seu respeito. Nunca seria capaz de amá-la. Levantou-se um pouco entediado. Não gostava do barulho e da agitação das festas. Procuraria um lugar onde pudesse meditar à vontade.

O rapaz começou a caminhar a esmo, perdido em meditações profundas. Necessitava de luz, de conhecimentos. Não descansava com o incontável número de perguntas que formulava a si mesmo a cada instante. Precisava trabalhar, estudar, observar.

Estava tão embebido que não notou que se distanciava muito dos salões. Enveredou pelo parque, situado atrás dos grandes celeiros e da enorme estrebaria. Caminhou mais um pouco até chegar a um adorável recanto, onde a natureza tecera um aprazível espetáculo. Sentou-se em um pedaço de pedra, colocado ao pé de uma árvore, com certeza por alguém que deveria gostar daquele lugar.

"Creio que alguém tem vindo aqui constantemente", pensou ele. "E esse alguém tem muito bom gosto, o lugar é realmente agradável."

Seus pensamentos divagavam no mundo exuberante do seu conhecimento.

De repente, passos apressados fizeram-se ouvir, quebrando o fio de suas meditações. Alguém arfando, soluçante, deixou-se escorregar mansamente ao lado do moço, sem ainda o ter visto. Era um vulto de mulher e evidentemente escondia-se de alguém que a perseguia. Ao vê-lo, engoliu a custo um grito assustado. Transida de pavor, impôs-lhe silêncio com um gesto.

Ouviram-se passos e uma voz praguejando na sombra:

— Você não me escapa, pequena! Hei de alcançá-la de qualquer forma! Quem está aí? — berrou. — Saia. Não adianta, porque já a encontrei.

— O que você quer, Solias? Quem está procurando? — perguntou tranquilamente Jasar, levantando-se e saindo por detrás da grande árvore, medindo a figura do subalterno de seu irmão. Tratava-se de um soldado de Pecos que, sendo de sua escolta pessoal, morava na casa.

— Perdoe-me, senhor! Perseguia uma escrava ladra. Ela furtou-me três ânforas de óleo preciosamente aromatizado. Apanhei-a no momento exato em que cometia o roubo, mas escapou-me.

— Está certo, Solias, vá em paz; aqui não passou ninguém! Com certeza, foi pelo outro caminho que conduz à estrada.

— Desculpe-me, senhor. Vou procurá-la novamente. Talvez eu não tenha visto bem, mas o vinho e a festa puseram-me entontecido.

Assim, um tanto inseguro, Solias retirou-se.

Quando o rumor de seus passos perdeu-se nas sombras da noite, Jasar retornou ao seu lugar, procurando com os olhos o vulto da moça. Ela encolhera-se a um canto e conservava-se calada. Apenas uns estremecimentos nervosos a percorriam de quando em quando, demonstrando seu estado de espírito.

Jasar, levemente tocado por um sentimento de piedade, sentou-se a seu lado indagando:

— Conte-me a verdade, pequena.

Ela olhou-o. Seus grandes olhos verdes exprimiam gratidão profunda. Quando falou, sua doce voz sussurrava apenas:

— Senhor, grande é sua bondade. Nunca esquecerei a delicadeza que teve para comigo. Sou escrava, senhor! Cumpro meu destino traçado por uma vontade que nos é superior, mas jamais manchei minha alma com um furto. Nem sequer meu pensamento jamais cometeu tal crime!

— Pobre pequena! Está com febre!

Tomando-lhe o pulso delicadamente, o rapaz sentiu-lhe o latejar das veias.

— Suas mãos estão geladas. Precisa repousar, renovar o ânimo. O que aconteceu? Conte-me. Como se chama?

— Chamo-me Solimar, senhor. Faz três meses que fui capturada e trazida da Tebaida e, como sabe, sirvo como escrava. Mas se soube habituar-me à vontade do Senhor, que dirige nossos destinos, não posso tolerar sem revolta atentados contra a pureza de minha alma, como acaba de acontecer!

À medida que sua voz trêmula discorria sobre suas tristezas, Jasar enternecia-se ao conhecer o drama daquela criaturinha. Ele não podia admitir a escravidão de forma alguma. Reprovava intimamente a conduta do irmão e admirava, ao mesmo tempo, o estoicismo da moça.

— Há muito, vinha notando os olhares de Solias sempre que se aproximava. Por isso, preveni-me contra ele, chegando mesmo a evitá-lo. Esta noite, porém, ele bebeu muito vinho e, descobrindo-me em um recanto obscuro, donde observava a festa, quis abraçar-me à força, tapando-me a boca com uma das mãos. Nem sei como consegui desvencilhar-me dele e corri desesperadamente até aqui, pois sempre tenho me refugiado neste recanto para meditar e repousar um pouco de minhas obrigações. Tenho receio! Solias é mau. Será capaz de tudo para obter o que deseja.

— Nada receie, Solimar! Falarei com meu irmão e pedirei a transferência de Solias para outro setor. Por ora, receio pelo seu estado de saúde. Talvez possa fazer algo por você. Um dia, quando viajava para as grandes muralhas de Amedas, às margens do grande mar, senti-me muito mal. O sol era muito forte, e minha cabeça estalava de dor. Sentei-me à beira do caminho, apertando a cabeça entre as mãos. Então, ouvi uma voz a meu lado, dizendo:

"O sol do deserto lhe fez mal. Não devia ter abusado da sua resistência. Mas é jovem e seu sofrimento me oprime, vou curá-lo!

"Olhei o velho que assim me falava tão estranhamente. Ele, então, ensinou-me um método seguro com o qual me curou. Agora vou experimentá-lo com você. Já o tenho feito muitas vezes quando em visita aos doentes, sempre com bons resultados.

"Olhe para mim, bem nos olhos. Não pense em nada, em nada... Não tem pensamentos, não existe nada. Você apenas é uma centelha de energia em contato com as vibrações da vida... Seu espírito pede paz, repouso, sossego...".

Jasar falava pausadamente, enquanto os olhos, fixos nas verdes pupilas de Solimar, ordenavam com firmeza. A cabeça da moça pendeu para o lado. Jasar amparou-a com o braço, repousando-lhe a cabeça sobre o ombro dele. Comoveu-se diante daquele lindo rosto banhado pela luz envolvente do luar.

"Quase uma criança", pensou. Depois, colocando a mão direita sobre sua fronte, disse:

— Durma, Solimar. Quando acordar, tudo terá passado. Foi um mau sonho, logo se esquecerá. Vou defendê-la de agora em diante, nada tema.

Os lábios dela entreabriram-se em um doce sorriso. A moça dormia. Ele continuava a sustê-la delicadamente.

Dali a alguns instantes, Solimar despertou. Um tanto surpresa, mas sentindo-se bem. Ruborizou em seguida, com a proximidade do moço, que retirou seu braço prontamente.

— Está melhor? — ele indagou.

— Sim. Oh! Senhor, jamais poderei pagá-lo por tanta bondade!

Depois, de um impulso tomou-lhe uma das mãos, levando-a aos lábios com reconhecimento e, antes que Jasar voltasse a si da surpresa, fugiu a correr.

Ele permaneceu ainda preso ao solo, olhando as costas da mão que recebera tão eloquente agradecimento. Emocionado, compreendendo a delicadeza profunda daquele gesto nobre de mulher, sentia na mão a umidade de uma lágrima que a noite encobria.

Permaneceu por mais algum tempo preso ao fio de seus pensamentos inesperados. Depois, retornou à sala onde deveriam ter notado sua prolongada ausência.

***

— Hórus o proteja, caro Jasar!

— Primatur, o que deseja?

— Está aí uma dama que vos deseja falar — anunciou-lhe o escravo, respeitosamente.

— A esta hora? Não lhe disse que temos convivas?

— Sim, nobre senhor, mas ela insistiu dizendo que tem urgência em vê-lo — retornou ele.

— Que aspecto ela tem? Por que não me procura amanhã como seria mais conveniente?

— É uma mulher de meia-idade, senhor, vestida decentemente. Não lhe vi o rosto porque usa um espesso véu. Apenas consegui vislumbrar parte de seus cabelos já grisalhos.

— Está bem, Primatur. Onde está ela?

— Vou conduzi-lo até lá, senhor.

Jasar, extremamente intrigado, seguiu o escravo. Ele mal regressara e não possuía relações que justificassem tal visita. Seus conhecidos estavam, em sua maioria, na festa. O escravo conduziu-o a um agrupamento de pequenos arbustos que marginavam a estrada.

Esperava-os um vulto de mulher.

— Pode ir, Primatur — ordenou Jasar e, dirigindo-se à mulher, disse: — Que deseja para que me procurar dentro do avançado da noite?

— Senhor, minha vida corre perigo, mas nada temo. Apenas sei que se trama uma conspiração contra o grande Pecos — balbuciou ela, trêmula.

— Mas o que diz é grave! Por que não o procurou diretamente?

— Senhor, o nobre Pecos é muito tolerante, mas confio mais na sua compreensão! Com certeza, ele mandaria me prender, e tudo estaria perdido para todos.

— Explique-se, mulher, com clareza.

— Senhor, Rabonat fugiu! Até agora os guardas não conseguiram encontrá-lo!

— Quem é Rabonat?

— É um dos escravos do grande faraó. Odiava de morte Pecos, porque ele o capturara. Chegou mesmo a atentar contra a vida do nobre uma vez, logo que aqui chegaram. O faraó condenara-o à morte na ocasião, porém, o grão-chefe Potiar pediu clemência para ele, visto ser um belo homem que poderia prestar muitos serviços no futuro. Foi condenado a trabalhar nas construções dos monumentos e do templo que o grande Rá se empenha em construir. Depois de servir lá por dois anos de uma forma pacífica, conseguiu ser removido para cá. Meu filho, que guarda o pátio onde trabalham os escravos, ouvira-o contar a um companheiro que pretendia vingar-se do nobre Pecos. Meu filho julgou ser um desabafo do odioso escravo, mas mesmo assim preveniu seu irmão, que sorriu da ameaça. Hoje Rabonat fugiu inesperadamente. Meu filho, que se encontrava de guarda, nada viu. Temeroso, e como estava de serviço, pediu-me que o prevenisse, porque suspeitamos ter Rabonat vindo para cá.

— Está bem, mulher. Pode ir sossegada, prevenirei meu irmão.

A mulher afastou-se rapidamente, e Jasar, inquieto, pôs-se a pensar nas coisas estranhas que lhe aconteceram naquela noite.

Voltou sobre seus passos para conversar com o irmão, prevenindo-o. O rapaz atravessava o jardim, rumo ao salão, quando um grito estridente de mulher rasgou a serenidade da noite.

— É Otias — reconheceu Jasar. — Vem daquele canto!

Correndo, acercou-se do local de onde partira o grito. Ao vislumbrar o quadro que se oferecia, exclamou emocionado:

— Cheguei muito tarde!

CAPÍTULO VI

Pecos estava particularmente alegre naquela noite. A festa estava realmente maravilhosa! Havia no ar influxos estranhos, embriagantes, que o predispunham às aventuras, ao romantismo.

Tudo corria a contento. Cortiah, Solimar e Nalim tinham sido as organizadoras da brilhante recepção, e ele não podia deixar de reconhecer o bom gosto das três mulheres, que há muito se haviam recolhido. Como era costume na época, as escravas ocultavam-se aos convivas, e somente os escravos serviam.

Pecos, orgulhosamente, apresentava a prima aos amigos, envaidecido por sua elegância, formosura, por sua maneira altiva e ao mesmo tempo gentil de receber os convivas, revelando-se uma grande dama.

A certa altura, ele procurou a prima com o olhar e, não a encontrando, saiu à sua procura. Precisava falar-lhe, como era de seu intento, sobre as possibilidades de um futuro próximo entre eles.

Não conseguindo encontrá-la, impaciente, chamou Jertsaida, que o informou ter visto Otias dirigir-se aos seus aposentos. Resolvido a procurá-la, alegre e entusiasta, ajudado em parte pelo vinho, dirigiu-se aos aposentos da prima. Porém, em vez de ir pelo interior da casa, como sentia muito calor, circundou o pátio externo que dava para os aposentos que buscava.

Quando se aproximava da porta, teve a atenção desviada para o pátio vizinho, separado por uma sebe florida e onde ficava a habitação das escravas. Este, àquela hora da noite, estava deserto, porém, uma figura de mulher deslizava por ele, executando um bailado esquisito e sensual, utilizando-se da música que vinha do interior dos salões.

Extático, amigo das artes e da beleza, observou alguns instantes as ondulações daquele corpo perfeito; depois, quase sem perceber, caminhou para lá, esquecendo-se de tudo, fascinado por aquele quadro estranho.

Sob a luz bruxuleante de uma tocha, permanentemente colocada em uma pira no centro do pátio, ela rodopiava, com os pés nus e a túnica rutilante luzindo, cintilando aos reflexos da lua.

Ele permaneceu observando, reconhecendo nela sua escrava Nalim. A moça, amante das festas e de luxo, vestira sua velha túnica luzidia e sonhava com a grandeza de sua gente e de seu passado. Ao ver-se observada, reconheceu-o e dirigiu-se a ele, continuando a dançar ao seu redor.

Ele olhava-a surpreendido e fascinado, sem poder desviar seus olhos dos dela, que expeliam chispas.

Nalim, rodopiando em círculos, estava cada vez mais perto!

Pecos sentia seu hálito quente roçando-lhe as faces. Ela não parecia real, com os lábios entreabertos em um sorriso vago. As mãos curvas, tecendo arabescos no ar, envolviam-no numa rede de tentações perigosas!

Quando ela apertou o círculo, ele, sem poder conter-se, agarrou-a com força, beijando-lhe a boca rubra e perfumada. Ela retribuiu-lhe o beijo, porém, quando ele ia fazê-lo de novo, inesperadamente fugiu-lhe, esgueirando-se por entre as inúmeras portas da habitação.

Pecos ficou um instante interdito. Sentia nos lábios o sabor daquele beijo e, no corpo, a proximidade daquela mulher fascinante! Sentia ímpetos de procurá-la para repetir aquela sensação inebriante.

Mas, de repente, caiu em si. Ele fraquejara a ponto de deixar-se fascinar por uma escrava! Suspirou. Talvez fosse o vinho, pensou, tentando desculpar-se perante a própria consciência, mas logo se recordou de tudo e da fascinação daquela mulher. Reconheceu que ninguém poderia ter-lhe resistido, e ele muito menos, ainda que não estivesse sob efeito do vinho.

A fuga de Nalim o exasperava e, ao mesmo tempo, convencia-o de que havia sido muito melhor assim. Caminhou novamente para o salão, já sem vontade de conversar com a prima.

Momentos depois, foi Otias quem o procurou com um sorriso, pedindo que lhe fizesse um pouco de companhia. Ele aquiesceu, e juntos caminharam pelos jardins. Pecos já não sentia vontade de fazer projetos com a prima e estava imerso em profundos pensamentos.

Ela, porém, não desejava vê-lo calado. Resolvera conquistá-lo a fim de enciumar Jasar. Pensava provar-lhe que era atraente e poderia conquistar o "inconquistável" Pecos. Fora essa fama do primo que a induzira a criar tal plano. Quanto mais experiente e indiferente ele fosse com as mulheres, mais valorizaria sua conquista. Jasar haveria de suplicar-lhe seu amor de joelhos. Otias analisava Jasar de acordo com sua própria forma de sentir.

Assim, errou completamente formulando tal plano, porque Jasar, mesmo que viesse a sentir algum interesse por ela, nunca a disputaria com seu irmão. Ele sabia que o amor deve ser espontâneo e nunca fruto de um exclusivismo egoísta. A disputa sempre envolve uma demonstração de egoísmo, seja ela sob que motivo for, e Jasar tinha uma forma mais clara e elevada de analisar as coisas do que a prima.

— Desejo agradecer-lhe, Pecos, tudo quanto tem feito por nós. Você nos acolheu em sua casa e ainda nos honra com uma festa tão maravilhosa! Somente um homem como você poderia conhecer e adivinhar os desejos do meu coração de mulher. É um primo perfeito.

Ela sorria e havia um mundo de promessas em seu olhar! Caminhavam ao longo das aleias floridas balsamizadas pelo aroma das flores abundantes.

Ele sorriu envaidecido pela lisonja da prima e respondeu:

— Tudo me é fácil desde que seja para você e para agradá-la. Sabe, preciso lhe falar sobre um assunto muito sério. Venha. Sente-se aqui ao meu lado.

Pecos conduziu a moça para um dos bancos rústicos que marginavam a sebe florida. Ela seguiu-o, cedendo ao fascínio que Pecos irradiava na voz e no olhar.

Sentaram-se ambos. Tomando-lhe uma das pequeninas mãos entre as suas, ele disse-lhe ternamente:

— Lembra-se de quando éramos crianças e você morava na velha casa onde nasceu? Nós nos reuníamos aqui para nossos folguedos.

— Sim — disse ela.

— Pois bem, naquele tempo você já era uma linda menina, e lembro-me de que brincávamos de lanceiros, sendo que ...

De repente, um vulto saltou sobre a sebe que os ladeava. Pecos sentiu que algo frio lhe trespassou o peito e logo uma golfada quente manchou-lhe a túnica.

Otias, apavorada, gritava por socorro, amparando Pecos que perdia as forças. O agressor misterioso, tão rápido como viera, desaparecera.

Pecos, atordoado, com uma dor fina a pungir-lhe o peito, os olhos enevoando, disse fracamente:

— Desta vez, acertaram-me! Creio que vou morrer...

Seu corpo arquejou e pendeu sem sentidos no instante exato em que Jasar, atraído pelos gritos de Otias, chegava ao local. O moço, auxiliado pela prima que, embora branca e trêmula mantivera-se firme, colocou Pecos deitado no banco e tomou-lhe o pulso.

— Bate, mas precisamos salvá-lo. Ajudem-me a transportá-lo — pediu ele aos escravos que já agora os cercavam.

E, dirigindo-se a alguns convivas, que também assistiam à cena estarrecidos, disse:

— Meu irmão foi vítima de um atentado, mas espero que não seja grave o ferimento. Rogo que nos desculpem e podem continuar a festa. Vou cuidar dele, prestando-lhe os socorros urgentes que se fazem necessários. Peço que não alarmem nossos amigos que nada sabem, pelo menos por enquanto, depois, se for preciso e se houver gravidade, irei preveni-los. Jertsaida, chame Martus, preciso falar com ele.

Conduziram Pecos aos seus aposentos, e Otias retirou-se a fim de refazer-se e mudar a túnica alva, agora salpicada de sangue.

Jasar, depois de deitar o irmão cuidadosamente no leito, abriu-lhe a túnica, desatando as faixas que a prendiam. Depois, ordenou a um escravo que fosse buscar água fervente e panos de medicina (os egípcios conheciam a microbiologia e possuíam umas folhas especiais cuja fibra era esterilizada). Ele mesmo, dirigindo-se ao grande jarro de água que havia no aposento, lavou cuidadosamente as mãos, enxugando-as em toalha de puro linho enrolada ao redor do lavador. Depois, cuidadosamente lavou a ferida para conhecer-lhe a profundidade. Pedindo a Jertsaida — que já voltara dizendo que Martus aguardava na antecâmara — que tomasse conta do ferido, foi rapidamente ao seu quarto de onde trouxe uma caixa de madeira.

Abriu-a e tirou um frasco escuro que derramou sobre a ferida. Logo, a hemorragia cessou. Jasar sorriu satisfeito. Tomou novamente o pulso do irmão. Estava muito fraco, perdera muito sangue. Continuando a examinar o ferimento e a cosê-lo com um fio especial, feito de tripa de ovelha, pediu a Jertsaida que fizesse entrar Martus.

— Martus, preciso dos seus serviços — foi dizendo Jasar.

— Já diligenciei meus homens. A estas horas procuram o covarde agressor.

— Deve tratar-se de Rabonat, que fugiu e, certamente, pretendeu vingar-se.

— Tudo farei para apanhá-lo e desta vez posso afirmar que nosso grande faraó não será condescendente. É grave o ferimento?

— Sim, Martus. A ferida foi muito profunda. Atravessou o corpo. Felizmente, porém, o socorri a tempo e creio que, se ele resistir aos próximos dois dias, estará salvo. Utilizei-me de um novo processo. Aprendi-o com os homens de saber no vale de Darda-Seir. Confio em Amon. Tudo sairá bem.

— Permita-me agora sair, pois vou continuar buscando o fugitivo.

Uma vez sozinho, Jasar velou o enfermo o resto da noite, que começou com alegrias e terminou em sangue.

Os convivas, cientes do sucedido, despediram-se, deixando a Osiat votos de melhora para Pecos.

Depois de ver o sobrinho e sossegar a filha, fazendo-a beber o calmante que Jasar lhe dera, Osiat, vendo recusado pelo sobrinho seu oferecimento para velar o enfermo, retirou-se pesaroso para seus aposentos, embora não conseguisse conciliar o sono.

Jasar velava o enfermo. Este estava ainda envolto em uma modorra resultante de sua extrema fraqueza e da grave natureza do ferimento.

"Felizmente, o punhal não atingiu as principais artérias nem o coração", pensou Jasar.

Quando amanheceu, uma manhã radiosa e linda, Jasar pediu a Jertsaida que chamasse Cortiah.

Assim que a velha escrava chegou, disse-lhe:

— Necessito de seus serviços junto ao seu amo. Preciso de escravas para velarem por ele e ministrarem-lhe os remédios. Como certamente tem muitas obrigações, gostaria que me mandasses uma por agora que preencha as qualidades necessárias e que seja de confiança.

— Senhor, para bem servi-lo, se me permitir, tenho a escrava de que necessita. Vou enviá-la quando o senhor determine.

— Está bem. Diga-lhe, então, que venha ter comigo imediatamente.

Cortiah retirou-se e, minutos depois, batiam timidamente as palmas convencionais à porta.

— Entre — ordenou Jasar.

Uma jovem escrava apareceu à sua soleira. Ele surpreendeu-se:

— Você é a pequena Solimar!

Corando ligeiramente, ela disse:

— Sim, senhor. Cortiah mandou-me para cuidar do enfermo.

— Muito bem. Agrada-me que ele fique em suas mãos. Confio em você. Sabe alguma coisa sobre sua missão?

— Creio que sim. Meu pai cuidava também dos enfermos e, muitas vezes, o assisti nos trabalhos.

Jasar surpreendeu-se. Ela falara simplesmente e com voz firme.

— Muito bem. Sente-se ao lado da cama. Ele dorme sob o efeito do sedativo que lhe ministrei para curar a ferida. Ficarei descansando um pouco ali ao lado, na cama de Corafat. Se ele acordar, pode me chamar. Fica atenta à ferida, se sangrar, avise-me imediatamente.

— Sim, senhor.

Solimar postou-se ao lado da cama e sentou-se em um pequeno coxim, comumente utilizado pelo nobre Pecos para pousar os pés.

Jasar recostou-se para repousar. De onde estava, vislumbrava perfeitamente o perfil puro da moça, emoldurado pelos primeiros raios de sol que penetravam pela grande janela ao lado do leito.

Ela era realmente bela. Seus traços irradiavam uma nobreza de alma excepcional.

Apesar de estar compenetrada na execução de sua tarefa, sentia pesar sobre si o olhar franco do moço. Por alguns instantes, sentiu-se um tanto enleada, depois, ele pareceu repousar, e ela pôde enfim observar o ferido mais à vontade. Pecos estava muito pálido; dois círculos arroxeados sulcavam seus olhos, dando-lhe uma expressão cadavérica. Seus lábios cerrados, também algo arroxeados, deixavam transparecer a gravidade do seu estado. Um suor pegajoso banhava-lhe o corpo, e Solimar, penalizada, enxugava-lhe a fronte suavemente com uma toalha de linho.

Seu estado era mesmo grave. Somente a esperança de uma reação potente da força vigorosa de sua mocidade restava.

A certa altura, porém, seus lábios moveram-se ligeiramente, e suas mãos apalparam o local do ferimento. Seus olhos se abriram e vislumbraram o meigo rosto de Solimar, ainda meio toldado pela fraqueza de sua visão.

— Procure não se esforçar, senhor. Assim é preciso para seu pronto restabelecimento — disse-lhe docemente a bela escrava.

Pecos abriu novamente os olhos e, por um instante, pareceu meio aturdido. Depois, soltou um débil gemido ao tentar mover-se no leito.

— Senhor! — tornou Solimar. — É grave seu estado. Deve ajudar-nos se deseja realmente ficar curado.

Desta vez, ela falara firmemente, em tom quase maternal. Jasar os observava furtivamente, sem querer intervir, para melhor observar as reações da moça. O rapaz admirou a serena firmeza com que ela soubera impor-se ao doente, ao mesmo tempo em que o acalmava. Por fim, levantou-se e dirigiu-se ao enfermo, examinando-o cuidadosamente. Pecos ensaiou um sorriso para o irmão, a fim de demonstrar sua solidariedade e com a de lhe parecer melhor, mas seu olhar era vago. Por fim, balbuciou:

— Diga-me, como foi?

Jasar sorriu para tranquilizá-lo e respondeu:

— Parece-me que um dos bichinhos que você costuma caçar resolveu vingar-se. Rabonat, penso eu. Seu estado foi muito grave. Agora tudo já passou. Procure repousar, que logo ficará bom. Quanto ao autor do atentado, está sendo perseguido pelos seus homens, e talvez já o tenham agarrado. Descanse e procure dormir. Quando despertar, seu estado será melhor.

Pecos baixou os olhos em sinal de assentimento e logo recaiu em profundo sono.

— Solimar, vou agora sair um pouco. Creio que ele vai dormir por muito tempo, mas, caso necessite de mim, estarei em meus aposentos, pode me chamar.

Jasar voltou-se e já ia perto da porta quando a suave voz da moça o deteve:

— Senhor, é grave o estado de seu irmão?

— Ainda está muito fraco, não sei se resistirá — respondeu o moço suspirando tristemente. — Vamos pedir a Amon que nos auxilie nesse transe doloroso.

Como Solimar nada disse, Jasar retirou-se suavemente, deixando a moça com o coração em prece por aquele que a escravizara.

***

Pecos, imerso num letargo, permaneceu imóvel no leito por algumas horas. Solimar velava incessantemente. Em dado momento, Otias, penetrando no aposento, manifestou o desejo de tomar conta do enfermo, mas Solimar docemente convenceu-a, aliás com certa facilidade, de que o cheiro dos medicamentos e o estado do enfermo, que era grave, a molestariam, acabando por fazê-la adoecer. Osiat permanecera por algum tempo no quarto com a filha, depois se retiraram à procura de Jasar, para falarem sobre o estado de Pecos.

Otias comentava com o pai que deveriam buscar um sacerdote para tratar do enfermo, pois não julgava os conhecimentos do primo à altura de exercer tal função.

— Como poderá ele conhecer as ciências dos sacerdotes? De que meios lançará mão para salvar Pecos?

— Filha, Jasar muito aprendeu em suas excursões pelos templos de Mênfis e Tebara. Confio nele. Esteve lá por muitos anos. Depois, é muito nobre de coração. Se duvidasse de sua medicina, teria chamado o médico do templo, pois muito preza a vida de seu irmão.

Osiat era franco. Acreditava sinceramente em Jasar, sua consciência estava tranquila. Assim não era, porém Otias, que de alguma forma desejava desvalorizar a sabedoria do rapaz. Chegava mesmo no íntimo a desejar que Pecos não sobrevivesse para melhor poder responsabilizá-lo.

Os dois, caminhando, chegaram aos aposentos de Jasar e bateram suavemente. O próprio rapaz veio atendê-los. Repousara um pouco, mas seu sono preocupado fora leve, sempre atento ao ruído exterior. Suspirou aliviado ao vê-los, murmurando:

— Ah! São vocês!

— Queremos falar, se não importunamos, caro Jasar... — começou por dizer Osiat.

— Pois não. Entrem.

Jasar afastou-se, elegante, abrindo o grande reposteiro com uma das mãos, tendo a outra estendida designando a pequena saleta que servia de antecâmara.

Ambos entraram. Acomodaram-se confortavelmente, estendendo-se nos coxins macios que, dispostos em círculo, tornavam acolhedor e agradável o aposento. Uma pequena mesa ao centro, com frutas e alguns pães, demonstrava que o rapaz ainda não tomara a primeira refeição.

Otias, apesar da indiferente gentileza do moço, tomara uma atitude provocante, tendo às mãos um cacho de uvas rosadas que seus dentes alvos trincavam preguiçosamente.

O moço, porém, fingindo não notá-la, disse:

— Para o que me quer, caro tio?

— Apenas tomamos a iniciativa de incomodá-lo para falarmos sobre seu irmão — o velho parecia enleado, não encontrando palavras para prosseguir. Por fim, perguntou: — Qual é seu estado na realidade?

— Bem, tio, seu estado é gravíssimo! O punhal perfurou-lhe o peito de um lado a outro. Felizmente, consegui deter a hemorragia, fiz a sutura, agora só resta esperar que seu organismo reaja. A ferida, apesar de perigosa, não atingiu os pulmões nem o coração, o que teria causado já a sua morte. Resta-nos somente esperar.

— Mas... caro primo, você tem conhecimentos que o autorizem a julgar e examinar o caso, principalmente para curar seu irmão?

Otias falara intencional e pausadamente, havia malícia em sua voz. Continuou:

— Talvez, somente por ter realizado algumas experiências e conhecido alguns sacerdotes, não esteja à altura de curar Pecos. Tem certeza de não falhar?

— A vida de meu irmão é muito preciosa para que eu me permita malbaratá-la, somente para demonstrar meus pobres conhecimentos médicos, minha prima. Porém, se está preocupada, pode chamar algum sacerdote do templo para examinar o enfermo, que só me dará prazer. Chego a admirar seu interesse tão louvável pela vida de Pecos.

O rapaz falava serenamente e em sua voz não havia nenhum resquício de mágoa ou rancor. Ele percebera o mesquinho alcance das palavras da moça, sabia que ela pouco se interessava pela saúde do primo, mas apenas desejava oferecer uma satisfação para sua vaidade ferida. Compreendia e a perdoava. Ela, porém, irritada por não atingi-lo com sua mordacidade, retrucou mais incisiva:

— Creio que o farei! Deve convir que, se ele morrer, sentirei remorsos em pensar que talvez a culpa tenha sido minha por confiá-lo somente aos seus cuidados.

— Faça o que quiser, bela prima, que acatarei com prazer.

— Talvez não seja necessário, filha! — interveio o pai. — Creio que exagera. Não conhece o valor do nosso rapaz! Eu confio inteiramente em você, Jasar. O que não conseguir, eles também não conseguirão.

Permaneceram mais alguns instantes em palestra, tio e sobrinho. Otias, em silêncio, procurava colocar-se em posição provocante, apesar de aparentemente conservar-se alheia aos dois homens.

***

Enquanto isso, nos aposentos de Pecos a situação ainda era a mesma. O silêncio reinava no ambiente, somente entrecortado pela respiração irregular do enfermo.

Solimar velava. A moça passava pela fronte do doente a toalha, enxugando-lhe o suor.

De repente, alguns passos leves se fizeram ouvir. Solimar voltou-se. Era Nalim.

— Solimar, vim vê-la. Sabia que estava sozinha aqui com ele e vim trazer a refeição.

— É muito bondosa, Nalim. Agradeço-lhe o interesse.

Solimar não sentia fome, mas percebendo o zelo com que a amiga preparara a bandeja que lhe trouxera, calou-se. Não querendo decepcioná-la, escolheu uma magnífica maçã, trincando-a com gosto, para satisfazer a amiga.

— Como vai ele? — perguntou Nalim, designando Pecos com o queixo.

— Seu estado é grave. Precisa de muitos cuidados.

— Ainda bem que não me escolheram para ser sua enfermeira, porque senão talvez eu me sentisse tentada a terminar a obra que aquele pobre-diabo não conseguiu.

— Como pode falar assim? Acredita que tal gesto melhoraria sua situação? Se agora seu corpo é escravo da força dos poderosos, sofreria mais depois, porque seria escrava de sua própria consciência. Seu espírito, apesar da situação atual, é livre, pode, quando descansa à noite, divagar com pensamentos bons, com lembranças de um venturoso passado, onde as nódoas não são grandes. Porém, se cometesse tal crime, traindo a confiança dos que são seus senhores, à noite, quando estivesse só, seu espírito, libertando-se do ambiente onde seu corpo vive escravo, cairia em uma torturante escravidão, em constante pesadelo, revivendo sempre a cena do crime. Creia, Nalim, prefiro mil vezes que me escravizem, que me mortifiquem, até que me espanquem, a ser eu que o faça a outrem. Porque, se eles me ensinam a ser tolerante e humilde, eu, se os atingisse, me tornaria igual a eles.

Como sempre acontecia quando Solimar falava, Nalim ouvia calada. Era enorme a influência que ela exercia sobre a amiga.

— Talvez tenha razão, Solimar. Embora planeje vingar-me, não sei se teria coragem para cometer um crime.

— Perdoe, Nalim, e esqueça! Seu perdão sincero o tornará duplamente culpado perante a própria consciência. E para que maior castigo?

— Eu não sei como, mas ainda me vingarei. Mas agora tenho que ir. Deixarei aqui a bandeja, para que não sinta fome.

Nalim retirou-se pensativa. Seu coração navegava entre sentimentos estranhos. Recordava-se de que, poucas horas antes, aquele homem estava cheio de vida, exuberante. Ela não sabia explicar o fascínio do que acontecera na noite anterior. Ela dançava, lembrando-se de sua vida passada, deixando-se levar pelo prazer da música. Quando ele apareceu, sentira um desejo louco de tentá-lo, de obrigá-lo a apaixonar-se. Sabia que era bela. Aproximara-se dele, envolvendo-o com sua tentação de mocidade e beleza. Depois, sentira-se também atraída, esquecendo tudo o mais. Aqueles olhos faiscavam ardentes. Sua atitude máscula, seu rosto moreno e forte, tudo tão perto. Ela somente se recordava da sensação inebriante daquele beijo. Depois, consciente de sua fraqueza, fugira, sentindo que ele renovaria o beijo. Jamais experimentara tal emoção. Estendera-se no leito, o peito arfando e as mãos geladas. Não poderia nunca esquecer aquele rosto vibrante, forte, apaixonado, bem próximo ao seu. Agora ele estava quase morto! Tão diferente da noite anterior... Nalim cerrou os punhos. Se ele se salvasse, ela saberia vingar-se. Não se deixaria dominar mais pela beleza da noite, nem pela fascinação do rapaz. Haveria de trazê-lo a seus pés para depois obrigá-lo a libertá-la, recusando-se a amá-lo, desprezando-o. Assim se vingaria!

Solimar continuava serenamente velando o doente. Pouco depois de Nalim ter saído, Jasar penetrou no aposento.

Ficou por alguns instantes parado, contemplando a beleza do quadro. Por fim, acercando-se do leito, perguntou:

— Então, Solimar, como ele passou?

— Na mesma, senhor. Continua dormindo, mas seu estado não é bom.

— Por que pensa assim?

— Porque está muito debilitado e sua pulsação é muito fraca. Tem muita febre, seus pés estão gelados, seus lábios arroxeados. Creio que seria bom esquentarmos seus pés com sacos quentes de areia.

— Muito bem. Demonstra conhecimento em suas funções. Alegro-me em tê-la ao lado de meu irmão. Por agora, vou ministrar-lhe novos medicamentos e já ordenei os pequenos sacos de areia. Apenas queria saber sua opinião.

— Desculpe-me se fui precipitada... — volveu a moça um tanto acanhada, recordando-se de sua condição de escrava. Mas o sorriso franco do moço quando a encarou deixou-a novamente à vontade. Sentia-se bem ao lado dele, mais confiante, alegre mesmo.

— Pelo que observo, não é a primeira vez que desempenha tal função.

— Não, senhor. Minha mãe estava muito doente, e eu precisava constantemente tratá-la.

Ao lembrar-se de sua mãe, a voz de Solimar tremeu e seus olhos marejaram. Jasar compreendeu a mágoa da moça e perguntou:

— Ela ficou só?

— Sim. Eu era seu único arrimo. Meu pai faleceu há alguns anos, quando me vi forçada a tratá-la sozinha. Talvez a estas horas ela já esteja morta.

— Não creio, Solimar. Se estivesse, teria vindo vê-la para despedir-se. Estimava-a muito, não é?

— Ela sempre foi uma boa mãe. Nós nos estimávamos reciprocamente. Crê que ela me avisaria? Não iria sem ver-me?

Solimar indagava trêmula e emocionada, e Jasar respondeu:

— Creio! Depois, o grande Deus não deixa ninguém só na viagem pela Terra. Se você foi chamada a outra missão, ela não ficou desamparada, acredite. Se morreu, virá vê-la, tenho certeza, porque onde estiverem seu pensamento e seu coração, aí se projetará após a morte.

Solimar sorriu mais confortada, um sorriso ameno, sem amargura, sem revolta.

— Não está cansada? Se quiser, Cortiah a substituirá, e eu ficarei aqui.

— Senhor! Permita que eu também fique. Deixe-me aqui até que ele esteja fora de perigo, por favor! Apenas peço que me deixe cuidá-lo. Sei que outras talvez não o fizessem como é necessário. Não o incomodarei.

— Agradeço a você pelo nobre interesse, Solimar. Aprecio sua dedicação. Pode ficar até quando quiser e, quando se cansar, a substituirei.

Naquele momento, Jertsaida entrou no aposento, fez uma reverência e disse:

— Senhor, aí estão o nobre Martus e dois sacerdotes do templo a mando do grande faraó. Desejam visitar o enfermo.

— Irei recebê-los.

Jasar retirou-se, voltando logo mais acompanhado de Martus e de dois homens de cabeça raspada, vestidos de alvo linho. Eram os sacerdotes de Amon, que se dedicavam à medicina. Acercando-se do enfermo, começaram a examiná-lo cuidadosamente. Solimar discretamente se retirara para a antecâmara.

Quando os velhos sacerdotes saíram, nada necessitando acrescentar ao eficiente tratamento que Pecos recebera, Solimar retomou o posto.

Jasar e Martus, sentados na antecâmara, trocavam ideias sobre os últimos acontecimentos.

— No entanto, Jasar, a pista só pode ser aquela. Haveremos de encontrá-lo com toda certeza. Quando o pegarmos, certamente pagará com a vida tal afronta!

— Talvez fosse melhor deixá-lo ir. A vida se encarregará de justiçá-lo melhor do que nós poderíamos fazer.

— Como? Então seria capaz de perdoar tal afronta? E a vida do meu nobre chefe e seu irmão, nada vale? Como pode pensar tal coisa? Ele iria rir-se de nós, e o descrédito nos atingiria. É preciso que ele pague pelo seu crime!

— Ou pela ofensa à sua vaidade, não é? Enfim, não creio que estejamos em condições de ministrar justiça, mas sim de aprendermos com as lições que recebemos. Rabonat foi covarde, ferindo traiçoeiramente meu irmão, mas não devemos nos esquecer de que ele também foi assaltado pelas costas e capturado por meu irmão. Estão os dois errados, mas deixemos a justiça do grande Deus atuar, porque é mais perfeita do que a nossa.

— Não o compreendo, sinceramente. Se não o conhecesse bem, diria que não estima seu nobre irmão. Ele aprisionou Rabonat para servir à glória do nosso país, e Rabonat esfaqueou seu senhor, o que é muito diferente.

— Bem, nós vemos por olhos diversos, caro Martus. Em todo caso, desejo-lhe boa sorte no empreendimento.

Algo contrafeito ainda, Martus retirou-se, deixando Jasar envolto em profundos pensamentos.

CAPÍTULO VII

As horas daquele triste dia para os que estimavam o enfermo escoaram-se monótonas e pesadas.

A escuridão desceu sobre Tebas, absorvendo pouco a pouco a claridade solar. Era uma noite esplêndida! O calor persistia, incitando as pessoas a procurarem a aragem fresca dos jardins perfumados e agradáveis. Porém, na casa de Pecos, a atmosfera de expectativa era quase dolorosa. O rapaz não obtivera melhora, seu estado era quase desesperador.

Jasar, preocupado, não abandonava mais o quarto do irmão, vigilante, medicando-o, temeroso de uma crise fatal.

Solimar velara o doente todo o dia, incansavelmente. Seu olhar ansioso percorria de quando em quando o rosto do enfermo e o de Jasar, com um aperto no amoroso coração.

A situação era sufocante. Jasar, a certa altura, levado pela incerteza do momento, preocupado com Pecos, sentou-se ao lado da moça, esquecido da diferença de suas posições naquela casa. Seu gesto foi espontâneo. Ela compreendeu, olhou-o e sorriu procurando infundir-lhe coragem.

— Não sei — disse Jasar de repente —, tenho a impressão de que nós três aqui estamos repetindo uma cena que aconteceu há muitos anos. Parece-me, neste instante, que já estivemos anteriormente em tal situação. É uma sensação estranha, que não sei explicar!

— Talvez em uma existência anterior tenhamos nos reunido como agora.

Jasar não pôde disfarçar o prazer que lhe causaram as palavras da moça.

— Certo, Solimar. É possível que tenhamos nos encontrado anteriormente. Crê na pluralidade das existências?

— Senhor, meu pai foi iniciado nas ciências ocultas. Estudou muito tempo, posso mesmo dizer que toda sua vida. Costumava passar, de quando em quando, anos internado em mosteiros nas grandes montanhas. Quando ele se encontrava em casa trabalhando, eu tinha acesso livre ao seu laboratório e o auxiliava em certas experiências. Sempre fui muito curiosa, e ele me esclarecia de boa vontade. Assim, pude compreender a maravilha das leis a que obedecemos, nascendo, morrendo, tornando a nascer e a morrer, sempre em busca da perfeição espiritual, sempre em busca de Deus.

Jasar estava agradavelmente surpreendido. Ele não esperava encontrar na escrava a única pessoa que poderia compreendê-lo naquela casa, onde todos pensavam superficialmente, sem alcançarem as profundezas dos seus sentimentos mais sutis.

— Não sabe, pequena, o prazer que sinto em conhecê-la. Nós possuímos o mesmo ideal comum, a mesma crença.

Suspirou e começou a contar:

— Certa vez, eu caminhava pelas longas e poeirentas estradas que levam a Tebara, marginando o Nilo, quando a noite surpreendeu-me só e cansado. Havia saído de casa rumo ao desconhecido, ávido de saber, guiado mesmo por uma força interior. Embora habituado às pequenas excursões que realizava frequentemente, não havia ainda empreendido uma viagem tão longa. Exausto, divisei uma gruta, muito pequena, circundada por pequeno bosque, à beira do caminho. Uma vez lá, preparava-me para repousar em seu duro solo quando percebi que não estava só. Um homem ali repousava. Ao ver-me, levantou-se, vindo ao meu encontro. Era idoso, mas forte ainda. Seu aspecto, embora coberto de poeira e vestido pobremente, denotava espiritualidade e nobreza de sentimentos.

O rapaz continuou:

— Murmurei vagamente umas desculpas por incomodá-lo e já ia retirar-me quando ele, tomando-me pelo braço, disse:

"Fique, filho. O teto que nos abriga é suficiente para dois. Repousa porque veio de longe e está cansado. Seu cansaço não é só do corpo, mas sim do espírito, que tateia nas sombras e procura a luz.

"Deixei-me cair ao chão, admirado. Quando o vi sentado ao meu lado, perguntei:

"Como soube que vim de longe e estou cansado?

"Facilmente. Pode-se notar pela poeira que o cobre, pela maneira que caminha!

"Mas e minha sede de conhecimentos, como a descobriu?

"Pela expressão do seu rosto. O corpo, meu filho, é o espelho onde se reflete o espírito. Assim como ele me contou pelo aspecto de suas vestes sua procedência, seus olhos, seus gestos e sua expressão refletem o que leva no íntimo. Existem muitas maneiras de estudarmos um homem, e sempre suas obras falarão do seu coração, mas, ao observador mais atento, será fácil devassar-lhe o íntimo pela aparência exterior. Se um homem é escravo da vaidade, fatalmente se trajará com apuro; se usurário, terá vestes cuidadas, porém surradas; se pobre, além da roupa surrada, terá também a vergonha, e assim por diante. Poderemos conhecer um homem à primeira vista. Um simples gesto, em conjunto com seu aspecto exterior, revela sua história e sua personalidade.

"Conversamos ainda longo tempo. Eu me sentia deslumbrado com tanta compreensão das coisas e das pessoas. Permaneci ao seu lado durante dois anos, aprendendo sempre com seus exemplos naquela pequena gruta. Vivíamos felizes, alimentando-nos exclusivamente de frutos e pão, que trocávamos duas vezes por semana com mercadores em trânsito pela estrada".

Jasar calou-se, descerrando as pálpebras que cerrara para melhor evocar o passado. Olhou para a moça e, observando-lhe o interesse, continuou:

— Certo dia, Silas, assim era o nome ele, chamou-me e disse:

"Filho, quando chegou aqui, naquela noite, há muitos sóis e luas, eu o esperava. Sabia que me procuraria e que ficaria comigo até este tempo. Meu guia familiar me havia predito antes de conhecê-lo. Ordenou-me a instrui-lo sobre as verdades espirituais e prepará-lo para sua futura missão. Em uma existência passada, você falhou como sacerdote de Hórus e não cumpriu bem sua tarefa. Devo preveni-lo, porém, que, apesar desta vez não ser permitido que você seguisse a missão sacerdotal, terá oportunidades melhores do que no passado, se souber escolhê-las e segui-las. Deve partir rumo à Ásia hoje mesmo. Lá, onde permanecerá percorrendo as aldeias durante seis anos, terá oportunidades enormes de aprendizado. Depois, será necessário que retorne ao lar. Assim que puder, volte aqui para ver-me, e o resto direi quando você regressar.

"Parti como ele me ordenara e senti muito a despedida. Voltei-me muitas vezes para acenar-lhe, emocionado. Ainda agora me parece vê-lo pálido, forte, mais no espírito do que no corpo, com os olhos marejados a dizer-me adeus. Tudo quanto ele me disse sobre os conhecimentos, realizou-se. Sou grato ao recordar o homem que iluminou meu entendimento com a luz do seu espírito lúcido e esclarecido".

— Você nunca voltou lá conforme lhe prometera? — indagou Solimar curiosa.

— Ainda não. Esperava fazê-lo brevemente. Agora, naturalmente, serei forçado a esperar.

Ainda trocaram mais algumas palavras sobre o assunto. Uma amizade real e franca despontara entre eles. Suas almas estavam unidas pelos mesmos ideais de espiritualidade, embora estivessem muito longe um do outro pelas posições que ocupavam.

Solimar sentia-se feliz porque já não se encontrava só. Desde a morte do pai, vitimado por uma febre maligna, nunca mais encontrara quem a compreendesse. Sua mãe era muito boa, mas não entendia seus princípios. Parecia-lhe haver encontrado o pai na bondosa compreensão do moço Jasar. Assim, as horas foram passando lentas, porém reinava no ambiente mais conforto, mais serenidade.

***

Oito dias se passaram desde os acontecimentos descritos. Pecos, abatidíssimo, estava estendido no leito, imóvel. Dormia. Seu estado era agora melhor, mas ainda o perigo não fora totalmente afastado.

Ele havia saído do estado letárgico para cair na exaltação da febre. Durante aqueles oito dias, ardendo em febre violenta, delirara, evocando a cena do atentado, misturando-a com batalhas, voltando ao seu passado sem compreender ou raciocinar.

Solimar fora incansável. Velara dia e noite, demonstrando sua vontade e dedicação.

Jasar também permanecera ao lado do irmão, atendendo-o solicitamente. Essa convivência, auxiliada pela angústia de uma preciosa vida em perigo, estreitou ainda mais a amizade que os unia, removendo barreiras que, em outras circunstâncias, seriam intransponíveis. Jasar representava para ela o amigo, o confidente, o pai que perdera e talvez mesmo o sonho secreto de sua mocidade. Solimar, para ele, não era a escrava, mas um espírito culto e elevado que ele admirava e que o compreendia. Haviam conversado sobre muitos assuntos, e cada vez mais ele a admirava.

Agora, Pecos dera sinal de melhora, e Jasar aceitara a indicação de Cortiah, designando Nalim para auxiliar Solimar no tratamento do ferido.

A princípio, Solimar receara deixar sua amiga velar o doente, mas esta lhe prometera desempenhar zelosamente sua missão, assegurando que não seria covarde a ponto de prevalecer-se da fraqueza de um homem quase morto e indefeso para concretizar sua vingança.

A tarde ia em meio. Jasar retirara-se para seus aposentos, Solimar repousava na antecâmara, enquanto Nalim velava.

A presença daquele homem exangue, estirado no leito adormecido, deixava-a um tanto emocionada. Lutando contra a piedade e a emoção, ela pensava:

"Hei de vingar-me! Mas não será no corpo que hei de fazê-lo. Seria muito pouco. Devo arrebatar-lhe tudo quanto me roubou, devo feri-lo nos sentimentos, como ele me feriu."

Como que sentindo a influência dos pensamentos de Nalim, Pecos agitou-se no leito, despertando, parecendo um pouco melhor.

Com olhos curiosos, ele fitou Nalim com certo prazer. Era-lhe agradável a presença da moça tão exuberante, e sentia-se muito feliz, após tantos sofrimentos, em contemplar a escrava cuja beleza despertava-lhe o desejo de viver.

Murmurou algo, mas tão baixo que Nalim não ouviu. Com um gesto, chamou-a para mais perto. Ela aproximou-se. Pecos, cansado pelo esforço, fechou os olhos por alguns segundos. Quando os abriu, o rosto de Nalim estava bem próximo ao seu. Mais uma vez ele sentiu-se feliz com essa proximidade. Pediu um pouco de água, e ela, pressurosa, o serviu. Depois, ele fechou os olhos para repousar, mas, de quando em quando os abria para observá-la melhor.

Com alegria, Jasar pôde, enfim, declará-lo salvo. Otias passou a visitar o primo com frequência. Pecos estava ainda muito fraco, mas não podia deixar de sentir prazer na companhia das três formosas mulheres. Chegava mesmo a desejar o prolongamento da enfermidade para não mudar o estado das coisas.

Nalim afastava-se sempre que Otias chegava. Antipatizavam-se reciprocamente. Somente Solimar não se deixava envolver pelas impressões do momento. Percebera o disfarçado interesse de Otias pelo primo Jasar, o calculado plano para conquistar Pecos e também a gentil indiferença de Jasar para com a prima e o despeito desta. Sentia que ela se deixava arrastar pelas paixões perigosas e torturantes sem nenhum controle. Perguntava-se que recursos a vida usaria para quebrar seu temperamento orgulhoso e manipulador.

Pecos tinha para cada uma, em particular, uma forma de tratamento. A Otias, ele tratava com gentileza, com galanteria, apesar de seus sentimentos para com ela não irem além da amizade familiar. Porém, com base na crença íntima de que futuramente a desposaria, demonstrava um interesse fictício e mundano.

Solimar não era mais uma escrava para ele, pois naqueles dias esquecera-se desse pormenor, mas alguém à parte, um anjo bom em quem reconhecia uma grande superioridade moral pouco comum nas mulheres de seu tempo. Sua presença era-lhe reconfortante, benéfica. Por diversas vezes, quando a fitava, sentia um incômodo sentimento de insegurança e de tristeza ao recordar-se de seu procedimento para com ela, que, em vez de odiá-lo, desvelara-se em curá-lo. Era já uma leve ponta de remorso que lhe chegava ao coração, de quando em quando, e que ele se encarregava de disfarçar, procurando desviar o pensamento.

Quanto a Nalim, sempre que podia, procurava ferir sua vaidade de mulher. Seus olhos adquiriam um brilho irônico e divertido ao dirigir-lhe a palavra, e ela nunca conseguia desvendar-lhe os reais pensamentos. No entanto, era ela quem mais o perturbava. Nunca haviam conversado sobre o beijo trocado, mas ele estava constantemente no pensamento de ambos. Por diversas vezes, Pecos sentira o desejo ardente de beijá-la outra vez, mas ela nunca o notara apesar de ser muito perspicaz. E era isso que mais a irritava. Não podia compreender, orgulhosa como era de sua beleza, que ele não desejasse beijá-la novamente, que não desejasse renovar o encantamento daquela noite.

Os dias foram passando. Pecos estava em franca convalescença, recostado em almofadas e, mais refeito, podia manter uma conversação. Seu rosto, embora abatido, emagrecido, conservava toda a atração que lhe era característica. Não dispensara as escravas, apesar de não mais necessitar dos seus serviços, pois seu escravo de câmara seria suficiente. Costumava palestrar horas inteiras com Solimar, sentindo enorme prazer. A moça, de boa vontade, procurava manter a harmonia da palestra.

Certa tarde, quando o sol despedia-se daquela parte da Terra, Pecos, conversando com Solimar, dizia:

— Martus esteve aqui hoje. Deu-me boas notícias. Jasar ainda não chegou?

— Não, senhor. Quando regressa, tem por hábito vir até aqui — respondeu Solimar.

— Mas hoje é um dia especial! Você ouviu as notícias de Martus?

— Senhor, confesso que não. À hora de sua visita, quem aqui se encontrava era Nalim; eu auxiliava sua ilustre prima em certos arranjos.

— Tem razão, não estava aqui. Mas estou alegre! Conseguiram prender Tilat. Como sabe, ele escapou com Rabonat e, certamente, foi cúmplice no atentado do qual fui vítima. Agora o forçaremos a confessar onde é o esconderijo de Rabonat.

— Isso o torna feliz?

Pecos ficou algo embaraçado. Olhou Solimar de frente. Havia algo em seu olhar parecido com piedade. Ele pigarreou e respondeu um tanto desanimado:

— Bem, creio que é uma compensação justa poder castigar meu agressor.

— Mas as agressões que sofremos são sempre reflexos de nossas próprias ações! Se não agredirmos, dificilmente seremos agredidos. Desculpe-me se exponho meu ponto de vista em um assunto que não me diz respeito — a moça calou-se, perturbada.

— Não importa, Solimar, agora ordeno que continues Devido à minha posição, sempre vivi bajulado, cercado da maior hipocrisia e creio mesmo que isso me lisonjeava. Mas sinto necessidade de uma opinião franca. Fale sem constrangimento.

— Senhor, sua ordem coloca-me em uma situação muito difícil. Quero, no entanto, esclarecer que não analisarei a situação como uma escrava que sou pelo seu desejo, mas como uma mulher livre que consegui permanecer em espírito. Não falo sobre Tilat ou Rabonat forçada pela solidariedade e compreensão naturais à nossa situação em comum, falo como mulher, repito, que, por possuir um pensamento livre, não concebe a escravidão. Conheci de meu pai essa lição muito cedo, pois que em minha casa, apesar de abastada, não possuíamos escravos. Meu pai os comprava, era certo, mas, assim que os trazia para casa, oferecia-lhes a liberdade ou um emprego, e pagávamos pelos seus serviços.

— Mas essa situação não é cabível! Creio que lhes causou muitos prejuízos. Como ofertar a liberdade a escravos? É certo que não recusariam.

— No entanto, senhor, meu pai sentia-se mais feliz em dar a liberdade do que em escravizar. A felicidade daquelas criaturas era para nós a maior recompensa. O senhor não pode imaginar o prazer que tal gesto proporciona!

O rosto de Solimar estava transfigurado. Havia algo nela que impressionava sobremaneira Pecos, impondo-lhe poderoso respeito.

— Lembro-me de um pobre homem, comprado por papai de uns mercadores. Fora escravo durante vinte anos e, quando lhe oferecemos a liberdade, tez encanecida, porte ereto, procurava sorrir para nós com os lábios, mas de seus olhos saltavam lágrimas de uma grande felicidade! E, quando ele voltou à nossa casa, depois de certo tempo, foi com a filha e a esposa, que o haviam julgado morto, mas permaneceram-lhe fiéis. Eles irradiavam tal felicidade que, enquanto estiveram conosco, também fomos felizes só em observá-los. Depois, senhor, apesar de tudo, nunca ficamos sem colaboradores nos serviços domésticos e nas plantações. Pelo contrário, todos nos haviam bem pago pela felicidade que gozamos em libertá-los. Os mercadores viviam em nossa casa, pois papai era bom comprador. Quase sempre escolhia os escravos mais velhos, mais fracos e mais doentes para comprar. Enfim, senhor, não é minha condição de hoje que justifica meu ponto de vista, pois que ele ontem já existia. Acha que devo prosseguir?

— Continue, ordeno!

— Bem. Sou contra a escravidão!

Pecos sobressaltou-se e perguntou:

— Por quê?

— Porque a escravidão existe no mundo, mas não é a que nós pensamos realizar. Poderemos escravizar o corpo pela força bruta, mas nunca o espírito. Existem escravos que são mais livres do que seus senhores.

— Isso parece um contrassenso, Solimar.

— Mas não é. Depende de onde colocarmos o valor da liberdade. Considero realmente liberdade podermos estar em paz com nossa consciência, realizando sempre o que ela nos impõe. Considero liberdade a pureza dos sentimentos, o saber perdoar, a honra real, não a imaginária. Muitos são os escravos dedicados e resignados que podem estar em paz com a sua consciência, mas poucos são os senhores que possam fazê-lo. Creio ser preferível escravizarmos o semelhante pelo amor, pela gratidão, pela amizade, a fazê-lo pela força, pelo ódio e pela humilhação. E, se os primeiros são sinceros e dedicados, os segundos serão escravos no corpo, mas o pensamento deles será livre para odiar e para vingar a afronta sofrida. Quem semeia o mal colhe o mal. É a lei de justiça dos deuses.

— O que me diz é bem estranho. Mas você é quase uma criança. Que sabe sobre as "leis da vida" ou a justiça dos deuses?

— Das leis que regem a multiplicação dos seres, quase nada, mas das leis que regem os espíritos que nós somos, percebo alguma coisa!

— Diga-me algo sobre isso. Por exemplo: qual é sua concepção sobre nossa vida neste mundo?

— Bem, creio firmemente que fomos criados por uma divindade superior que nos fez sementes, lançando-nos à terra para que germinássemos e déssemos frutos. Somos lançados, neste mundo, esquecidos do nosso passado desde a criação, semelhante ao adulto que não pode recordar-se dos primeiros vagidos, a fim de aprendermos, com as experiências necessárias que a vida nos proporciona, a viver em um mundo melhor. Viveremos aqui tantas vezes quantas forem necessárias ao nosso aprendizado, só deixando de fazê-lo quando formos espiritualmente superiores e pudermos habitar em um mundo melhor.

— Crê então que já vivemos outras vidas?

— Creio. Tenho mesmo, neste instante, a impressão de que também mantivemos uma palestra amiga como esta em nossas vidas passadas.

— É possível — murmurou Pecos, algo pensativo — mas, se isso é verdade, por que deveremos esquecer nosso passado? Seria melhor que o recordássemos, uma vez que dele poderíamos melhor aproveitar as experiências para a vida atual.

— Deveremos agradecer ao grande Deus sua bondade, ofertando--nos a graça do esquecimento. Somos ainda crianças espirituais. Nosso espírito jovem na criação é ainda dominado pela materialidade. Por isso, a sensibilidade é embotada. Somos rudes, grosseiros e maus. Assim, transformamos este mundo tão belo em um mundo triste de dor e sofrimento. Se o sofrimento existe, acredite, senhor, não foi obra de Deus, mas de nós mesmos. As leis que regem a vida são santas, são puras, perfeitas. Sempre que transgredimos seus ditames, ela nos faz colher os resultados para nos ensinar a ter responsabilidade. Ela protege os homens, que são igualmente irmãos perante a divindade, pois que a todos criou igualmente. Se sofremos, se choramos, é porque nesta vida ou outras passadas foi isso que plantamos. Às vezes, valorizamos o mal, e com isso atraímos a dor. Quando isso acontece, desejamos ardentemente esquecer e imploramos isso às potências celestes. O senhor acredita que suportaríamos o peso de nossas maldades através dos séculos?

Pecos estava pasmo. A moça falara inspirada, fluentemente. Havia algo de estranho em sua expressão, parecendo mais grossa sua voz. Pecos sentia ânsia de perguntar mais.

— Crê que somos tão maldosos assim?

— Sinto que eu sou assim. O esquecimento, senhor, é uma generosa forma de perdão que o grande Deus nos oferece.

— Quer dizer que poderei viver novamente, no futuro, como outra pessoa?

— Nós, ao morrermos, deixaremos o corpo de carne que recebemos ao nascer e retornamos à nossa verdadeira pátria, que é a espiritual, no espaço, em outros mundos. E, quando se fizer necessário, voltaremos para colher os resultados dos nossos atos e aprender a viver melhor.

— Mas se esquecemos do passado, o que poderíamos aprender?

— Esquecemos os fatos em si, mas gravamos em nosso espírito, intimamente, todas as experiências passadas. Eis porque, ao conhecermos algumas pessoas aqui, que já tínhamos conhecido antes, no passado, elas nos inspiram simpatia, ódio, ou mal-estar, sem sabermos o porquê. Essas sensações indefiníveis vêm do passado. Nossa personalidade atual resulta das nossas experiências passadas, fazendo-nos sentir muitas coisas que não conseguimos explicar apenas pelos acontecimentos de agora.

— Mas, então, se assim fosse, você, que libertava escravos, nunca seria escrava, mas eu talvez o fosse — lembrou Pecos sorrindo, na tentativa de ocultar a profunda impressão que as palavras dela lhe causaram.

— O que me aconteceu mostrou que eu precisava aprender a lição da autossuficiência. Sempre vivi apegada à família, sem agir por mim mesma. Alardeava humildade, falava em perdão, mas nunca havia sido provada. Esta situação deu-me oportunidade de descobrir que estou conseguindo. Sinto-me feliz por isso. Quanto ao senhor, esse atentado do qual foi vítima talvez esteja o preparando, abrindo caminho para que comece a questionar suas ideias quanto à violência e à escravidão. Seria bom que fizesse isso agora. Não sabemos o futuro. Se continuar agindo como até agora, acabará atraindo para si as mesmas situações em que coloca os outros. Acabará sendo escravo, nesta ou na próxima encarnação!

As perspectivas eram demais desagradáveis para ele. Se fosse em outro país, talvez pudesse temer, pois poderia ser vítima de uma caçada, mas ele! Ele era quase chefe no maior país que dominava o mundo! Sorriu seguro de si e foi em tom de brincadeira que perguntou:

— Então acha que deveria libertar meus escravos, você principalmente, não é?

— Não, senhor — respondeu a moça tristemente. — Sou feliz porque, sendo escrava, estou mais a salvo das tentações que a vida social proporciona, mas penso que deveria libertar Tilat, para não justificar o motivo do crime que felizmente não se consumou. Se perdoá-lo, ele terá mais consciência do seu erro. Se o matar, ele sentirá que seu crime foi justificado. Ele o odiará mais e mais e o perseguirá mesmo depois da morte. O destino dos dois estará unido pelo ódio, e muito sofrimento poderá ocorrer para ambos até que aprendam a perdoar. Eu suplico, senhor, seja misericordioso para com ele!

Pecos sorriu como o faria a uma criança que desejasse um brinquedo inexistente. Sentiu-se irritado só em ouvir a sugestão de um possível perdão.

Mas Solimar era tão humilde, tão simples, tão singelamente ingênua que ele não conseguiu zangar-se. Apenas disse:

— Você é muito jovem e não compreende essas coisas. Existem certas afrontas que apenas o sangue do culpado pode lavar.

— Um crime não justifica outro, senhor!

— É mulher, e as mulheres se deixam levar pelo seu mundo ilusório. Perdoarei você pelo conceito que faz de seu senhor, pedindo que permaneça agravado perante uma agressão. Agora não falemos mais sobre o assunto, porque ele me aborrece.

Solimar calou-se. Pretextando algo a fazer, foi para a antecâmara, sentando-se a um canto, triste e pensativa.

— Não se aborreça assim, nem se preocupes tanto, Solimar.

Ela voltou-se imediatamente e seu belo rosto iluminou-se de satisfação. Jasar estava na sala.

— Ouvi tudo quanto conversaram há pouco. Estava aqui à espera de que tão interessante palestra terminasse. Desculpe-me se fui indiscreto, mas falavam em voz alta, e eu daqui pude, sem esforço, ouvir tudo.

— Nesse caso, senhor, compreende minha tristeza, não é?

— Em parte. Sei que está triste porque sabe da excelência de suas advertências. Desejava que os demais dela participassem. Mas você sabe muito bem que o trigo semeado não cresce nem dá frutos por igual, apesar da boa qualidade da semente. Ela não é o bastante para responsabilizar-se por sua fertilidade. Outros fatores concorrem para que isso aconteça: terra, clima e até a brisa que passa pode influenciar. Talvez o campo que hoje você semeou não esteja ainda pronto, mas sua semente permanecerá embrionária e, quando for propício, ela germinará.

Solimar sorriu mais confiante. Jasar lia seu coração como um livro aberto. Comungava no mesmo princípio de crença, portanto, a compreendia melhor.

— Agora, volte às suas ocupações, e eu falarei com meu irmão.

Solimar retirou-se, e Jasar, com um bondoso sorriso estampado no rosto, penetrou no quarto do irmão. Depois de fraterno abraço, conversaram sobre o assunto que os preocupava, embora o encarassem diversamente. Dizia Pecos:

— Quero pedir-lhe que vá pessoalmente ao palácio do faraó para se informar sobre as declarações de Tilat.

— Irei amanhã cedo. Como vê, é quase noite, e as atividades no palácio já estão encerradas.

— Pode me dar licença, caro primo?

A voz de Otias penetrou no aposento. Pecos sorriu satisfeito e disse:

— Ainda bem que a estrela chegou para iluminar a noite da minha solidão. Aproxime-se, Otias.

— Com prazer, caro Pecos. Então, Jasar, como se encontra o nosso querido doente?

Otias falou com os olhos fixos nas negras pupilas do moço, querendo precisar-lhe as reações para sentir a impressão que sua presença lhe causava.

— Creio que muito bem. Como vê, já está dirigindo galanteios às moças bonitas — respondeu Jasar divertido.

Otias corou pela advertência e, tentando aparente indiferença, disse:

— Ele não poderia se levantar um pouco?

— Talvez. Se o carregarem, poderá ficar um pouco no terraço, estendido em um coxim, gozando as delícias do crepúsculo e da brisa agradável dos jardins. A ferida está quase boa, mas não convém que ele se esforce muito. Fora isso, precisa apenas alimentar-se bem e distrair-se.

Otias, querendo enciumar o moço Jasar, chamou imediatamente pelos escravos, ordenando-lhes que carregassem o enfermo e o acomodassem no pequeno pátio que dava para os jardins, instalando-se por sua vez a seu lado, procurando demonstrar-lhe carinhoso interesse.

Jasar, porém, indiferente, preocupado com outros pensamentos para ele mais importantes, nem notou, dirigindo-se para seus aposentos.

Otias sentiu que com Jasar iam toda sua alegria e seu entusiasmo. Pecos, porém, ciente de sua atração pessoal, nem sequer imaginava a realidade, julgando-se já verdadeiramente amado. Isso o tornava mais ousado, chegando a tomar, entre as suas as mãos da prima.

Se existia alguém que espreitava a cena com raiva, esse alguém não era Jasar. Nalim, entre os arbustos, seguia cada gesto do jovem par. Lábios cerrados, comprimidos pelo rancor e pelo ciúme. Era para a antipática prima que ele se desvanecia em atenções. Certamente, pensaria em desposá-la. Ambos eram da mesma classe, e era lógico que a prima não seria uma aventura em sua vida.

Sem perceber que era ciúme o que sentia, decidiu-se naquele mesmo instante a pôr em prática o plano que tinha em mente. Como era noite, necessitaria esperar pelo dia seguinte, mas daria os primeiros passos naquela noite. Teria que esperar porque deveria servir ao seu senhor até a hora em que ele a despedisse. Simulando estar chegando, deu uma volta, entrando onde estava o jovem casal. Após a costumeira reverência, foi postar-se a um canto discreto.

Pecos, naquele breve instante em que seus olhos encontraram os da moça, percebeu a chama de fogo que eles irradiavam.

"Dir-se-ia que ela está com ciúmes", pensou, e isso o satisfez. Desejoso de humilhá-la ainda mais, Pecos voltou-se sorrindo para a prima, dizendo:

— Estou muito debilitado e, portanto, não posso ser uma companhia agradável para você. Gostaria de cantar toda a magia desta noite, porém, minha voz ainda é fraca e cansada.

— Sua presença é sempre agradável, Pecos, mesmo quando está doente.

— Vá, Nalim, buscar meu alaúde — ordenou secamente Pecos.

Pouco depois, Nalim voltava com o instrumento, depositando-o ao lado de seu senhor; depois, como ele não a mandasse retirar-se, foi postar-se em seu canto novamente.

Pecos, tomando do instrumento, dedilhou uma música cálida e apaixonada que aprendera do outro lado do deserto. Otias sorria amável, consciente do seu poder de atração.

Nalim os observava disfarçadamente, olhos tempestuosos, a alma ardente, envolta em pensamentos apaixonados. A música era uma canção de amor de sua terra.

De repente, não resistindo ao desejo imposto pela vaidade, quis chamar a atenção do moço, quis mostrar-lhe que sabia ser mais fascinante do que Otias. Sua voz elevou-se, clara, grave e apaixonada, revelando as profundezas de sua alma cheia da sensibilidade ardente das mulheres de sua raça.

Otias, algo surpresa, pensava no atrevimento da escrava que, além de tão linda, ainda possuía outras qualidades que ameaçavam sua segurança. Pecos, enlevado, ouvia a maravilha daquele canto que parecia gritar, sentir, chorar, sorrir, todo entregue a entrechoques dos contraditórios sentimentos humanos.

Nunca Nalim cantara com tanta alma, tanta sinceridade.

As recordações da pátria distante, os sentimentos contraditórios que não queria ou não sabia definir, toda a sua angústia moral extravasavam-se naquele canto ardente.

Ela sentia repousar sobre si o olhar chamejante do moço enfermo, leu o desejo e a admiração em seus olhos. Isso lhe causou íntima satisfação.

"Vencerei", pensou. "Ele há de me querer e, então, estarei vingada!"

Quando a última nota escoou-se, Pecos deu-se conta de que sua boca estava seca e seus olhos úmidos.

Otias, percebendo a atração da moça escrava, elaborou naquele instante a ideia de afastá-la do primo.

Porém, este, dominando sua emoção, desejando desfazer o encanto que a escrava pusera no ar, chamou-a e disse:

— Não sabia que também cantava. De agora em diante, cantará para nós quando eu ordenar e, quem sabe, ainda a darei de presente ao grande faraó. No palácio, muitos apreciam as escravas que sabem cantar e dançar.

O tom desdenhoso de sua voz fez o rosto bonito e voluntarioso de Nalim tingir-se de um vivo rubor.

Baixou a cabeça em sinal de assentimento, para ocultar suas emoções. Depois, a uma ordem de seu senhor, retirou-se para seus aposentos.

Pecos, depois que a moça se foi, perdeu toda a vontade de ser galante com a prima. Parecia mesmo que a noite tão radiosa se tornara de repente escura e triste. Recostou-se mais nas almofadas cerrando os olhos, enquanto Otias tirava-lhe o instrumento das mãos.

Pecos pensava: "Nalim era fascinante! Emanava dela algo assim como uma seiva de vida, de exuberância e mocidade. Como deveria ser agradável fazer-se amado por tal mulher. Seu amor deveria ser tempestuoso como seus gestos, seu orgulho, mas terno como sua sensibilidade de artista".

Sorriu levemente para si mesmo, pensando:

"Estou muito fraco e, por isso, me tornando muito sentimental. Assim que me fortalecer, estarei livre de tantos pensamentos emotivos."

Mas ele estava cansado. O esforço, a noite que, de repente, se tornara triste e a prima também o enfastiavam agora.

— Está exausto, Pecos. Precisa dormir. Vou ordenar que o reconduzam ao leito — observou Otias algo decepcionada.

Depois de o ver instalado, retirou-se para seu quarto.

Nalim, porém, saíra de seus aposentos em comum com as outras escravas e dirigiu-se ao portão do palácio. Lá, um dos lanceiros que a observava disse-lhe:

— Venha cá, bela deusa. Mais parece filha de Hórus do que dos homens.

Nalim nada disse, mas apenas sorriu fingindo-se envaidecida pelo galanteio.

Isso animou o soldado que de um passo estava junto dela.

— Até que enfim não foge de mim. Estou doido por você. Minha pequena, se quiser, posso lhe dar muitos presentes. Basta que não se zangue e não seja orgulhosa.

Assim dizendo, animado pela tolerância um tanto inesperada da moça, passou-lhe a mão pelo rosto. Ela estremeceu levemente ao contato, mas não protestou. Somente desviou o corpo quando ele, impetuoso, quis abraçá-la.

— Assim não conseguirá nada comigo, Omar. Lembre-se de que não sou como as outras escravas que conhece. Terá que ser como um cavalheiro comigo se pretende que eu o estime e consinta em ser sua.

— É verdade então que se interessa por mim? — perguntou ele, incrédulo ainda.

— Sim... creio que começo a interessar-me... — respondeu ela, pausada e intencionalmente.

— Diga-me, Omar, amanhã estará aqui?

— Sabe que não, Nalim — respondeu ele envaidecido com a pergunta. — Fui transferido para o forte do palácio, pois fui destacado para auxiliar a captura do escravo Rabonat.

— Então, Omar, posso vê-lo lá amanhã? Tenho que ir ao mercado fazer compras e poderei arranjar uma maneira de vê-lo.

— Lá não é permitida a presença de pessoas estranhas, mas você pode dizer que leva um recado especial do nosso chefe e seu senhor. Eles a conhecem daqui, e tudo será fácil. Pode me aguardar nos jardins e irei encontrá-la. Combinado?

— Certo. Eu irei — respondeu a moça.

Quando ele ia agarrá-la, ela, sorrindo, prometedora, fugiu-lhe às pressas, deixando-o feliz e entusiasmado.

Ele desejara aquela mulher desde a primeira vez que a vira e não cabia em si de contente só em pensar na possibilidade de tê-la só para si, de ser amado por ela.

Nalim recolheu-se ao leito, satisfeita. Já iniciara seu plano e não poderia falhar. Se a apanhassem, certamente pagaria com a vida, mas esta para ela só tinha valor se livre. De outra forma, não lhe importava morrer.

A noite cobria com seu manto cravejado de estrelas o céu belíssimo de Tebas.

O silêncio reinava na grande mansão. Todos dormiam e ninguém suspeitava que, em contraste com a calma preguiçosa e serena do céu, os corações de seus moradores agitavam-se tempestuosos, prenunciando os entrechoques ameaçadores das grandes tormentas.

No dia seguinte, Nalim, acompanhada por Cortiah e duas escravas, saiu rumo ao mercado da cidade. Ele se achava instalado em um grande pátio redondo, onde os mercadores gritavam expondo suas mercadorias. Lá chegando, Nalim pediu a Cortiah:

— Cortiah, preciso dar um recado a um lanceiro do forte. É muito importante. Pode me dispensar por meia hora? Estarei de volta antes que termines suas compras.

Um tanto intrigada, Cortiah concordou, recomendando-lhe, porém, que não se fizesse esperar.

A passos rápidos, Nalim atravessou o agrupamento, dirigindo-se ao forte que se via do outro lado do pátio. Lá, procedeu como Omar lhe indicara e logo foi conduzida através de uma galeria de pedra, saindo em formoso pátio ajardinado.

Impaciente, aguardou por Omar.

Este não se fez esperar. Alegre e bem-disposto, o rapaz veio ao seu encontro. Saudou-a com galanteria, depois se assentaram em um banco onde conversaram por algum tempo.

A certa altura da palestra, Nalim perguntou displicentemente:

— É aqui que se encontra preso o cúmplice de Rabonat?

— É, sim. Está bem guardado porque vale muito para o nobre Pecos. Mesmo para o faraó, rei de todo Egito.

— Pois sabe, Omar, eu tenho certa curiosidade em vê-lo. Como é ele?

— Ora! As mulheres sempre se deixando envolver pela imaginação! Pois ele é feio, pequeno e bronco — murmurou Omar em tom de gracejo.

— Não creio. Ele deve ser um homem belo e valente, visto o trabalho que deu para deitar-lhe a mão.

Nalim, exagerando seu entusiasmo, suspirou.

Omar, um pouco picado pelo ciúme, respondeu:

— Pois se engana. Nada tem de valente ou de herói. E não nos deu trabalho sua captura. Apenas estava bem escondido, é só.

— Pois eu só acreditarei se o vir. A noite passada, sonhei com ele e acordei impressionada. Era como um verdadeiro filho de Osíris, galante e valente. Começo a crer que você quer me enganar.

A esta altura, Nalim adotara um tom desconfiado e lamurioso. Omar então disse:

— Se eu deixar você vê-lo, nem que seja por alguns instantes, concordará em sair comigo amanhã à noite? Terei folga, e o desejo de estar a sós com você me abrasa o coração.

— Sim, se me satisfizer a curiosidade, sairei com você amanhã às escondidas. Mas e se souberem de minha visita?

— Tranquilize-se. Sou o chefe da guarda quando estou de serviço. O que faço e ordeno é aceito sem exame.

Logo, encaminharam-se rápidos para o interior da grande casa que, além de depósito dos materiais bélicos, era também a prisão de Tebas.

Desceram algumas escadas nas galerias subterrâneas, iluminadas fracamente pela luz bruxuleante dos archotes. Por fim, pararam frente a um escuro e úmido compartimento, cuja porta de madeira grossa rangeu fortemente ao ser aberta.

Nalim, respiração suspensa, procurando vislumbrar o prisioneiro, espiou para dentro.

— Nada receie, estou armado com este punhal.

Curioso, aproximou-se deles um homem de baixa estatura, cor morena, cabelos hirsutos. Seu aspecto não era de um covarde nem de um malfeitor. Seus olhos brilhavam estranhamente, traduzindo emoções indefiníveis. Parou, fitando o jovem casal por alguns instantes, esperando que eles falassem.

— E então, o que acha? — perguntou Omar, satisfeito por reconhecer-se intimamente muito mais bonito e atlético do que Tilat que, de fato, nada possuía de extraordinário.

Nalim, jogando para trás sua linda cabeça, desatou a rir alegremente dizendo:

— Tinha razão, Omar. Para mim, ele não passa de um covarde traidor, não soube honrar seu senhor.

Tilat estava surpreso e ruborizado. Como se não bastasse, ainda vinham escarnecê-lo no imundo cárcere. Atirado há seis dias naquela masmorra, seu aspecto era repugnante, coberto de piolhos e cheirando ao mofo das úmidas palhas em que dormia.

— Agora vamos, Nalim, já matou a curiosidade.

Ela assentiu, e ambos se retiraram rindo e palestrando animadamente.

Tilat permaneceu por alguns segundos fitando a estreita porta que outra vez se fechara. Estava temeroso, desanimado. Não fora ele quem atentara contra a vida de Pecos. Somente fugira com Rabonat. Fizera tudo para dissuadir o amigo de cometer o crime, mas fora inútil.

Deixou-se escorregar ao chão tristemente e foi quando sentiu que se sentara sobre alguma coisa. Apressado, levantou-se agarrando o objeto estranho, levando-o até a pequena abertura da porta onde penetrava pálida réstia de luz.

— Um papiro! — murmurou.

Febrilmente procurou vislumbrar os escritos. Após grande esforço, conseguiu ler:

Espere por mim. Procurarei salvá-lo. Nada tema, porque em breve estará livre.

"Com certeza, foi ela", pensou. "Mas que interesse poderá ter em libertar-me? Enfim, sempre é uma esperança. Se contar com amigos influentes, poderá consegui-lo."

Mas depois lembrou, decepcionado, que ela era uma escrava. Conhecia aquelas vestes. Também poderia ser que se vestisse assim para passar despercebida nas ruas.

E naquela noite, após pensar o dia inteiro no que lhe sucedera, sob o influxo de uma nova esperança, dormiu serenamente como havia muito tempo não fazia.

***

Nalim, de regresso a casa, ia satisfeita com os acontecimentos. Conseguira mais do que esperava. Pensou que necessitasse ir ao forte muitas vezes para conseguir o resultado almejado. No entanto, Ísis a protegera.

Na casa, tudo estava em tremenda atividade. Assustadas com o movimento, as servas correram para o interior a fim de tomarem conhecimento do fato.

O caso, a julgar pelo acúmulo de lanceiros, era grave. Pecos, pálido, fraco, assentado em um coxim azul, falava nervosamente.

Nalim, sem saber o que sucedia, correu à procura de Solimar para indagar. Assim que a encontrou, perguntou:

— Que sucedeu aqui?

— Algo incrível, Nalim. Essa manhã, logo que saiu para o mercado, Natia foi, como de hábito, levar o primeiro almoço ao quarto da nobre Otias. Lá chegando, notou que o quarto estava em desordem, conservando sinais de luta. A cama, intacta, estava vazia. Natia deu o alarme, e todos nós iniciamos a busca sem resultados. Por fim, Pecos e o tio concluíram que Otias fora raptada.

— Mas por quem? — perguntou Nalim.

— Não sei. O nobre Pecos ordenou a busca e está muito nervoso, porque não pode ir com os soldados como seria de seu agrado.

Jasar saíra muito cedo e ainda não estava a par do sucedido. Osiat, temeroso pela sorte da filha, saíra à sua procura, angustiado e pensativo. Havia tal expressão de tristeza em seu olhar que todos se penalizavam.

Para ele, a filha representava tudo o que de mais caro existia no mundo. Era o único consolo que lhe restara de um passado feliz. Se a perdesse, certamente não sobreviveria.

As atividades continuaram até alta noite, sem resultado. Otias parecia ter sido tragada pela terra. Acabrunhado, seu pai não sentia ânimo para mais nada. Dois círculos arroxeados lhe apareceram ao redor dos olhos e envelhecera dez anos naqueles poucos instantes.

O pesadelo torturante de que a filha querida estaria sendo maltratada, ferida talvez em seu pudor, sendo submetida a toda sorte de vexames, não o deixavam serenar um só instante.

Pesarosos com o abatimento do velho tio, os dois sobrinhos intensificavam as buscas, agora mais para acalmá-lo do que pela certeza de encontrá-la.

Noite alta, e os dois irmãos insones conversavam sobre o ocorrido.

— Aquele canalha, com certeza, foi o autor do rapto. Não satisfeito com o atentado miserável, ainda estendeu a imunda mão sobre nossa prima! — dizia Pecos fora de si. — Ah! se eu pudesse montar, certamente os encontraria!

— Acalme-se, Pecos, essa excitação é nociva à sua saúde. Está febril. Lembra-se de que está convalescente — respondeu Jasar procurando acalmá-lo.

— Mas eu não posso ficar inativo. Sinto que vou explodir se tiver que forçar um repouso. Se Martus regressar amanhã sem notícias, irei pessoalmente ao palácio e terei o prazer de degolar Tilat. Assim seus cúmplices verão que não brinco.

— Seria um desatino ainda maior. Estou tranquilo porque tem Tilat em seu poder. Está claro que o rapto de Otias foi para garantir a liberdade de Tilat, que deve ser preciosa para Rabonat. Se matar Tilat, certamente no dia seguinte encontrará Otias, mas sem vida.

— Talvez tenha razão. O patife nos amarrou as mãos.

— Pois eu creio que em breve teremos notícias de Rabonat sobre Otias, e ele não se atreverá a maltratá-la. Deve interceder junto ao faraó para que não castigue Tilat com torturas, porque senão poderemos sofrer represálias em Otias.

— Mas interceder por um miserável?

— É o único meio. Estamos em suas mãos.

— Sabe que o grande rei é voluntarioso. Terei de empregar todo o meu prestígio para conseguir retardar suas ordens com relação a Tilat.

— Bem, mas em todo caso, não nos resta outro recurso. Agora, deite-se que vou ministrar um calmante e logo estará dormindo calmamente.

— E tio Osiat, viu como ele está abatido?

— Sim, Pecos. Agora durma. Ministrei-lhe uma boa dose de calmante.

Jasar retirou-se para repousar. O dia fora agitado e talvez o seguinte também fosse. Precisaria estar bem-disposto.

Assim pensando, despiu-se para dormir.

A noite era calma e perfumada. O céu, estrelado e argênteo, mas os habitantes daquela casa não puderam dormir tranquilos como de costume. Um clima de insegurança estava no ar e penetrava seus corações.

CAPÍTULO VIII

Na manhã seguinte, mal raiara o dia, e na casa de Pecos se reiniciaram as atividades habituais, porém, o ambiente era pesado e desconfortante.

Cedo ainda, Pecos acordara de péssimo humor. Preocupava-se pela vida da prima e também pelo ridículo a que estava sendo objeto sofrendo os dois atentados. Ele era chefe dos lanceiros do reino.

Vestiu-se vagarosamente, dada a fraqueza que ainda sentia. De repente, teve sua atenção voltada para um rolo de pergaminho que estava no solo, embrulhado com uma pedra. Febrilmente, apanhou-o e leu:

Se quisera nobre Otias com vida, solte Tilat, dando-lhe cavalo e provisão para uma viagem. Depois que o tivermos a salvo conosco, soltaremos a moça. Seu prazo é até amanhã à noite.

Pense bem. Se até amanhã Tilat não vier, Otias pagará.

Rabonat

Pecos estremeceu de ódio. A audácia daquele escravo fugido era tremenda! Como poderia ele ter entrado na casa para atirar a mensagem, se toda a propriedade estava guarnecida? Isso fê-lo suspeitar da cumplicidade de alguns dos escravos da casa. Passaria a vigiá-los disfarçadamente para apanhar o traidor. E até já antegozava o prazer de castigá-los.

Era impossível que Rabonat sozinho consumasse o rapto, pensava ele. Os dois escravos que com ele haviam fugido eram seus cúmplices. Rabonat não conhecia bem as dependências da casa, nem sua disposição. Como pudera ele burlar a guarda? Parecia-lhe claro que algum escravo da casa o ajudara.

Resolveu ir sem demora ao palácio do faraó para salvar Tilat. Obedeceria à imposição de Rabonat, mas depois investigaria tudo muito bem e, tendo Otias a salvo, então, empreenderia uma verdadeira caçada até trucidá-los a todos.

Depois de vestido, foi ter com Jasar, que estava no quarto de Osiat, que adoecera com o choque sofrido. Pai amoroso, abalado ao máximo, não encontrava forças para manter-se em pé. Jasar, à sua cabeceira, ocupava-se de tratá-lo fisicamente e, conhecendo a origem moral da moléstia, procurava também reanimá-lo espiritualmente.

Solimar já se encontrava também à cabeceira do velho, pois Jasar lhe solicitara os serviços.

Ao entrar no quarto tendo às mãos o pergaminho, três olhares ansiosos voltaram-se para ele.

— Como vai, caro tio? — perguntou.

— Não muito bem. Mas diga-me, tem alguma notícia?

— Sim. Tranquilize-se. Otias está bem. Creio mesmo que amanhã estará conosco. Rabonat capturou-a para exigir, em troca de sua liberdade, a vida e a liberdade de seu cúmplice, Tilat. Recebi hoje esse escrito dele. Vou agora ao palácio ultimar a liberdade de Tilat.

— Como sabe que Rabonat cumprirá a palavra? — perguntou Osiat ansioso.

— Bem, caro tio, nessa contingência só nos resta correr o risco. Teremos de confiar nele.

— Certamente, cumprirá o prometido — interveio Jasar. — Mas, meu irmão, está muito fraco ainda, não pode fazer muito esforço. Será uma temeridade sair de casa. Nem sequer suporta ficar muito em pé.

— Farei um esforço. Não posso ficar inativo. Só eu poderei conseguir do faraó a liberdade de Tilat. Viajarei em uma liteira.

— Nesse caso, irei com você. Tio Osiat está mais refeito com a notícia, e Solimar cuidará dele até nosso regresso. Receio que se sinta mal durante o trajeto e quero estar contigo.

***

Assim, pouco depois, os dois irmãos punham-se a caminho do palácio que, aliás, era pouco distante.

O faraó recebeu-os benevolamente. Estimava Pecos e admirava Jasar. Convidado a expor os motivos de sua visita, Pecos decididamente contou toda a verdade ao seu senhor e chefe.

Este o ouviu, calado e pensativo. Quando ele terminou, disse:

— Seu caso é muito delicado. Não creio que seja possível libertar Tilat. Deve convir que tal liberdade estimularia a rebeldia e as fugas de outros escravos.

— Mas... senhor — insistiu Pecos —, trata-se de evitar que eles cometam outro crime na pessoa de minha prima.

— Não posso, meu rapaz — respondeu o faraó —, seria um ato de parcialidade que não posso cometer. Os sacerdotes me criticariam, instigando o povo. Tilat foi cúmplice no atentado contra meu exército na pessoa de seu chefe. Desrespeitou minha autoridade com esse ato. Não posso senão puni-lo para lavar a afronta feita ao decoro do meu país!

Ele parou, cofiando a barbicha com uma das mãos, depois, ante a tristeza manifesta dos moços, ajuntou sorrindo intencionalmente:

— Se Tilat tornasse a fugir, por exemplo, a responsabilidade não seria minha! Não é tão difícil escapar das masmorras...

O semblante dos rapazes se desanuviou. Compreendiam a alusão.

— E castigaria aos guardas que fossem ludibriados por Tilat na fuga?

— É claro, mas seriam faltas punitivas que ficariam a seu cargo, como chefe, deliberar...

Os dois rapazes estavam satisfeitos. Conseguiram seu objetivo.

Quando saíram, dirigiram-se para outra ala do palácio, onde estavam situados o forte e a masmorra.

Jasar amparava Pecos que, devido ao enorme esforço, sentia-se sem forças para continuar.

Chegando ao pátio interno, Pecos assentou-se em um banco para refazer-se um pouco, mas, de repente, levantou-se de um salto, lívido! Seus olhos lançavam chispas.

Jasar, preocupado com o choque do irmão, seguiu-lhe a direção do olhar e viu a esbelta figura de uma mulher que conversava com um dos jovens soldados. Era Nalim. Seu riso jovial e alegre ecoou no ar, parecendo chasquear da raiva de Pecos.

O jovem par não os vira e prosseguia palestrando, protegido pela sombra de uma árvore frondosa e amiga.

Antes que Jasar pudesse detê-lo, Pecos encaminhou-se para os dois, parando meio oculto atrás de um arbusto para ouvir o que diziam.

— É tentadora, Nalim! Esperava deleitar-me com sua companhia logo mais à noite e vem prevenir-me que não pode manter o compromisso!... Sabe que estou louco por você. Preciso vê-la a sós!

— Você é muito impetuoso, Omar! Tem que se contentar com os minutos de que posso dispor. Agora, depois dos últimos acontecimentos, há muito por fazer. Tenho que ajudar na cura dos enfermos, mas meu coração estará contigo.

Pecos não mais suportou a cena. Surdamente irritado, abordou-os dizendo:

— Desde quando meus homens induzem minhas escravas a se esquecerem de suas obrigações para manterem relações amorosas? Aqui não é permitida a presença de mulheres, muito menos para práticas vergonhosas.

Nalim, assustada pelo imprevisto, empalidecera, depois seu rosto cobriu-se de intenso rubor provocado pelas palavras ásperas do moço.

— Perdoe, senhor — balbuciou com voz que a raiva tornava trêmula — mas se engana pensando que abandonei obrigações vindo aqui. Vim ao mercado a mando de Cortiah e aproveitei para transmitir um recado a Omar. Ele não é culpado de minha presença. Vim por conta própria. Quanto às nossas relações, nada possuem de vergonhosas, pois poderemos nos casar!

Pecos estava furioso. Não sabia bem se era com Omar, com ela, ou consigo mesmo. Sentia vontade de esmurrá-los. Com voz cortante, olhos brilhando como aço, disse:

— Você não é livre. É uma escrava! Devia saber que não permitimos casamentos de escravos. Os escravos unem-se como os animais para a satisfação dos desejos, mas nunca se casam. Agora, retire-se. Está proibida de sair do meu palácio.

Nalim, altiva, resplandecente de beleza e mocidade, alçou a cabeça e, dirigindo um olhar de despedida a Omar, retirou-se, não como uma escrava, mas como uma rainha.

Os três homens, calados, observaram seu porte elegante, altivo, até desaparecer na porta de saída.

Jasar observava surpreso. Por que o irmão se irritara tanto? Afinal, era uma situação corriqueira e muito comum naqueles dias.

Omar tentou explicar-se. Doera-se com a atitude de Pecos, que não podia compreender. Afinal, o caso não era tão grave assim. Eles eram amigos.

— Deve reconhecer que ela é por demais tentadora. Não pude resistir à sua sedução. Prometo, porém, que nossa aventura será fora de suas ocupações, e não atrapalharei sua vida.

— Não consinto em tal! Está desde hoje proibido de conversar com ela. Não gosto dessas aventuras em minha casa. Deve olhar para moças de sua classe e não para uma escrava. Faço isso para seu próprio bem. Por hoje está suspenso de suas funções. Recolha-se à sua cela, onde permanecerá até amanhã cedo, como punição pela sua leviandade, permitindo aqui a presença de uma mulher.

— Mas o forte ficará desguarnecido, pois mais da metade dos homens está de serviço, fora da cidade, em busca de sua prima.

— Não importa. Não posso deixar passar essa falta. Agora, conduza-nos à cela de Tilat e depois se recolha.

Omar ainda esboçou um gesto de protesto. Depois mudou de ideia, assentiu com a cabeça e respondeu:

— Está bem, senhor. Queiram acompanhar-me.

Pecos, ainda muito cansado, apoiado ao braço de Jasar, a passos vagarosos, seguiu Omar pelas longas galerias.

Na porta da cela do prisioneiro disse a Omar:

— Bem, Omar, agora vá e cumpra o que lhe ordenei.

Assim que Omar desapareceu na curva da galeria, Pecos abriu o grosso ferrolho e, juntamente com Jasar, penetrou na cela.

Tilat, curioso, levantou-se um pouco cambaleante, depois, reagindo, fixou serenamente os dois irmãos.

— Tilat — começou Pecos —, minha vontade seria matá-lo com minhas próprias mãos, mas por agora não me é dado esse prazer.

Infelizmente, para você e seus cúmplices, apesar do golpe covarde que me vibraram, continuo vivo, desafiando a vontade de vocês.

— Senhor — disse serenamente Tilat —, apesar de ter sido escravizado por suas mãos, perdendo lar, família, amigos, sendo reduzido à miserável condição em que estou hoje, jamais tramei ou desejei sua morte. Posso desde já jurar que minhas mãos estão limpas do seu sangue! É verdade que fugi com os outros, mas apenas desejei minha liberdade. Para o senhor, talvez eu tenha agido mal, mas poderiam imaginar o que é viver assim? Perder, de repente, tudo o que era o nosso mundo e ser reduzido à condição de um objeto qualquer, que nem pode sequer ter vontade ou opinião? Fugi. Esperava apenas recuperar algo que me fora roubado. Por nada deste mundo desejaria arriscar com um crime uma liberdade tão preciosa para mim. Por uma ironia da sorte, justamente eu fui capturado. Mas aquele que comete o crime busca bem esconder-se, porque teme suas consequências. Eu, pensando que os escravos fugidos somente são procurados por dois ou três dias e logo esquecidos, facilitei.

Tilat falara com voz trêmula, mas firme. Seu acento sincero feriu fundo o coração dos dois moços. Pecos, porém, recordando-se novamente da agressão e do seu ódio, esforçou-se por reagir contra aquela boa impressão.

— Bem, chega de lamuriar-se. Não foi para isso que me dei ao trabalho de vir até aqui. Tanto é cúmplice de Rabonat que ele, para comprar sua liberdade, cometeu novo atentado na pessoa de minha prima. Raptou-a e exige sua vida pela dela. Vou conceder-lhe a liberdade, porém meu ódio o perseguirá e a ele por toda parte. Hei de encontrá-los novamente, ainda que precise revolver o mundo.

Tilat escutava surpreso e com alegria.

— Senhor, apenas desejo voltar a ser um homem livre e abraçar os meus. É tudo quanto ambiciono.

O pobre homem tinha lágrimas na voz.

— Bem, resolvamos tudo rapidamente. Hoje, aproveitará um descuido nosso para fugir. Devido às circunstâncias que envolvem seu crime, atingindo a um chefe militar do país, o faraó não pode libertá-lo oficialmente. Assim, esta tarde, poderá aproveitar para fugir. Vou mandar umas vestes de mercador e uma barba postiça. Ninguém o reconhecerá. Meu emissário abrirá as portas do forte. No entanto, deve procure logo se encontrar com Rabonat para que ele liberte minha prima.

Tilat assentiu alegre, já revigorado com o ensejo de sua liberdade.

Sem dizer mais nada, os dois irmãos deixaram a cela, pondo-se logo a caminho da casa. Osiat os aguardava, impaciente.

***

Solimar velava o enfermo, e Nalim colocava em ordem o aposento. À chegada dos dois moços, porém, ela, ainda chocada com a cena de pouco antes, retirou-se altiva para o pátio, continuando lá sua atividade.

— Então, meus filhos, que novas me trazem?

— Boas, titio — respondeu Jasar.

Pecos, extenuado, febril pelo esforço extremo que fizera, cambaleou. Imediatamente Jasar acomodou-o em delicado coxim. Ele cerrou os olhos por alguns instantes, pedindo depois com o olhar a Jasar que falasse.

— Tudo arranjado. Tilat fugirá hoje ao crepúsculo. O faraó oficialmente não pode libertá-lo, mas sugeriu-nos a fuga. Já dispusemos tudo. Necessitamos apenas que um dos nossos homens de confiança faça o serviço. Sossegue, tio, Otias ainda esta noite estará conosco.

— Oh! Que seja esta a vontade de Amon! Até lá, não terei sossego.

— Como passou a manhã, tio?

Ao dirigir-lhe a pergunta, Jasar sentou-se no leito, examinando-o.

— Aflito. A grande falta de ar que sinto sufoca-me. Também sinto um peso enorme no coração.

— Necessita de repouso. Precisa recuperar seus nervos para receber a volta de Otias melhor de saúde.

Nalim não perdera nem uma palavra do assunto que se conversava no quarto. Surpresa com o rumo inesperado que haviam tomado os acontecimentos, pôs-se a refletir. Seus planos haviam sido frustrados mas ela haveria de estabelecer outros, tirando partido da nova situação. Poderia mesmo aproveitar-se da fuga de Tilat.

Procurou Cortiah e queixou-se de um mal repentino, pedindo-lhe para recolher-se ao leito. Conseguida essa permissão, ficou à espreita dos passos de Jasar para verificar o servo que iria ao forte.

Como não poderia deixar de ser, Jertsaida foi o escolhido.

Embora não pudesse ouvir o que conversaram, Nalim observou que falaram particularmente por algum tempo, depois o escravo saiu, sorrateiro, carregando um pacote embaixo do braço.

Sem perda de tempo, Nalim, lançando um véu à cabeça para disfarçar-se, seguiu-o até o forte. Esperou lá por algum tempo. Depois notou que ele saía novamente trazendo um homem consigo. A princípio, não o reconheceu. Depois, porém, percebeu o disfarce, era Tilat!

Como Jertsaida era muito conhecido no forte, entrara dizendo vir buscar um amigo que estava de visita a um prisioneiro por ordem especial do faraó. Tratava-se de um mercador.

Somente dois homens da inteira confiança de Pecos ficaram sabendo da verdade.

Depois de ajudar Tilat a vestir-se, haviam saído calmamente, sem que ninguém os incomodasse. Caminharam por algum tempo. Nalim seguia-os ocultamente.

De repente, Jertsaida voltou sobre seus passos, e Nalim encostou-se à parede em uma abertura comum (as casas não eram simétricas), para não ser vista. Quando o viu longe, correu até alcançar Tilat, que seguia agora rápido.

Ele, assustado, quis fugir; ela, porém, falou:

— Sou amiga, Tilat, quero ajudá-lo.

Ele, voltando-se, viu-a já sem véu e, reconhecendo-a, parou surpreso.

— Que quer? — perguntou.

— Falar com você — respondeu ela em tom firme.

— Então, seja breve. Não posso me demorar.

— Bem, eu queria fugir com você. Sou escrava e não posso permanecer por mais tempo nessa condição.

— Não posso levá-la. Nem sequer sei o que me aguarda. Estou livre da morte e da prisão, mas não do ódio do nobre Pecos. Ele jurou perseguir-me e o conheço bem. Ele o fará. Somente temos por enquanto a nosso favor seu estado de saúde. Agora, deixe-me, preciso ir.

— Tilat, não pode ir sem me levar. Eu desejo ser livre. Não suporto mais a escravidão. Você sabe como é difícil aguentar isso. Eu era nobre em minha terra. Se não me levar, me matarei, juro que me matarei.

Nalim sacudia a cabeça com raiva, e lágrimas de revolta sulcavam abundantes suas faces.

Antes que pudesse responder, um homem surgiu das sombras da noite, que já começava a descer, e parou junto deles.

— Tilat!

— Rabonat!

Ao ouvir tal nome, Nalim involuntariamente estremeceu. Era ele o chefe do movimento. Precisava dele. Vencendo a repulsa que sentia, recordando o atentado praticado contra Pecos, disse:

— Senhor, sou escrava. Sirvo no palácio do nobre Pecos. Fui escravizada por ele. Não suporto mais, quero ir com vocês. Leve-me, por favor!

— Você a conhece, Tilat?

— Tentou salvar-me na prisão.

— Eu o teria libertado não fora esse desejo realizado por outros meios.

— Escute. Nós, por enquanto, estamos sendo muito procurados. Vigiados mesmos. Portanto, eu e meus amigos nos espalhamos. Possuímos um esconderijo que muito nos tem ajudado. Por enquanto, não sairemos de Tebas porque cercam os caminhos, mas você pode nos ser valiosa dentro da casa do seu senhor. Pode me informar de tudo quanto se passar por lá. Temos já lá alguém que nos tem ajudado, mas assim tudo poderá ser mais fácil.

— Quer dizer que não posso segui-los?

— Por ora, não. Você, Tilat, vai para um bom esconderijo. É possível que o sigam. Tenha cautela. Aqui tem este saco de provisões e uma bolsa de ouro. Vá à casa de Mirta, que depois mandarei um mensageiro avisá-lo sobre nossos planos.

E voltando-se para Nalim:

— Você, por enquanto, fique na casa. Procure saber de tudo e será procurada oportunamente por um de nós. A senha é a palavra "pobre" ou "escravo". Se tiver, porém, notícia de urgência, vá até o mercado e procure por Serta, o mercador, informe a senha e confie nele.

Depois de Nalim e Tilat manifestarem seus agradecimentos, separaram-se e cada um tomou uma direção.

Nalim ocultava-se receosa de ser reconhecida, pois estava proibida de sair do palácio. A passos rápidos, valeu-se da noite que descera para deslizar sem ser vista.

Tilat, por sua vez, rumou para a casa de Mirta cautelosamente, embora estivesse ainda se utilizando do disfarce.

Rabonat, alto e forte, disfarçado também de estrangeiro, caminhante do deserto, a passos rápidos dirigiu-se a uma rua escura e estreita que conduzia à estrada. Pôs-se a caminho e, depois de andar por algum tempo, seguiu por um atalho pouco visível, coberto de vegetação.

Chegando a uma choupana humilde feita de tronco de árvores, entrou, após haver dado três toques na porta. Dentro, à tosca luz de um pálido archote, estavam três homens rudes. Sentada, encolhida a um canto, estava Otias com os olhos vendados por um pano negro. Estava pálida.

Nada nela lembrava a costumeira arrogância e o domínio que exercia sobre os que a cercavam. Aprendera naqueles dois dias que ali ela nada valia. Compreendera astuciosamente que toda resistência seria inútil. Sabia que estava à mercê daqueles homens.

Rabonat lhe havia dito que nada temesse. Sua liberdade seria concedida a troco da de Tilat. Caso se negassem a libertá-lo, eles a levariam como prisioneira por outras terras.

Apesar da enervante expectativa, confiava plenamente no amor do pai e na amizade dos primos. Sabia que fariam tudo para salvá-la. Já antegozava a vingança que tiraria daqueles homens se pudesse tê-los cativos. Haveriam de pagar pela injúria.

Apesar desse raciocínio, não se pôde furtar a um estremecimento de pavor ao sentir a chegada de Rabonat. Seu destino estava por um fio! O que iria acontecer?

— Tudo bem, chefe? — perguntaram os homens da cabana.

— Sim, amigos. Tilat está salvo. Fizeram tudo como ordenei?

— Sim. Saímos do esconderijo ao anoitecer, tendo antes vendado os olhos da presa, depois, aqui permanecemos à espera.

— Está bem. Agora tratemos de ultimar o final da história. Partiremos para bem longe, mas antes devolveremos a moça.

E dirigindo-se a Otias:

— Está salva, nobre Otias. Vamos conduzi-la a um lugar de onde poderá ir para casa.

Ela, já de posse de sua serenidade, com um gesto altivo aquiesceu e, levantando-se, respondeu:

— Estou pronta.

— Pela pressa, vejo que não apreciou nossa hospitalidade — respondeu Rabonat com um riso escarninho, no que foi secundado pelos demais. — Mas vamos.

Tomando o braço da moça, tentou conduzi-la, mas ela, com um gesto de repulsa, recusou, dizendo:

— Sei caminhar muito bem, não preciso de ajuda.

— Como queira. Quis ajudá-la, porque só tirarei sua venda em outro local. Já que recusa minha ajuda, caminhe como puder.

Ela mordeu os lábios e procurou, tateando, sair da cabana, mas tropeçava a cada passo.

Rabonat, impaciente, pegou-lhe novamente o braço, dizendo:

— Querendo ou não, vou ajudá-la, senão não chegaremos hoje à cidade.

Ela, desta vez, nada disse, limitando-se a sacudir os ombros.

Caminharam assim durante algum tempo. Depois de terem atingido a estrada, andaram mais um pouco, penetrando por fim em uma ruazinha estreita. Pararam.

Rabonat, largando o braço da moça, com um gesto, tirou-lhe a venda dos olhos e desatou-lhe as mãos.

Ela suspirou aliviada.

— Agora adeus, bela dama. Se um dia precisarmos, iremos buscá-la novamente — pilheriou Rabonat, rindo galantemente.

E, rápidos, desapareceram nas sombras da noite.

Otias ficou interdita. Não sabia onde estava, nem o rumo a tomar. Em todo caso precisava atingir um local mais central e movimentado da cidade para conseguir informações e chegar em casa.

Caminhou por algum tempo, informando-se do forte e para lá foi conduzida, sendo depois levada até a casa de Pecos por dois lanceiros.

***

Na casa de Pecos tudo era expectativa. Osiat, ouvido apurado, excitava-se ao menor ruído.

Pecos, visivelmente nervoso, procurava acalmar o tio.

Jasar era o único que aguardava serenamente.

Nalim chegara ao palácio sem que lhe notassem a ausência. A expectativa era grande em torno de Otias para que observassem o procedimento de uma escrava.

Mais esperançosa com a cumplicidade de Rabonat, a moça dirigiu-se ao quarto de Osiat onde os três homens se reuniam e lá, sob pretexto de que Solimar devia alimentar-se, tomou-lhe o lugar à cabeceira do velho enfermo. Precisava vigiar tudo para melhor informar seus novos amigos.

— Creio que o patife não cumprirá o prometido — disse a certa altura Osiat. — Temo por minha filha!

— Pois eu creio que nada lhe acontecerá, caro tio. Está claro que Rabonat não viria trazê-la aqui. Talvez a deixe em um local distante e melhor seria mandarmos nossos homens à sua procura — sugeriu Jasar.

— Certo! — respondeu Pecos batendo com a mão na coxa esquerda. — Como não pensamos nisso ainda? O tratante sabe que, se cair em minhas unhas, não o pouparei. Agora mesmo vou dar as ordens necessárias para que a procurem nos lugares mais distantes. Chame Jertsaida, por favor.

Ele estava ainda muito fraco devido ao esforço realizado naquele dia. Não podia levantar-se.

Depois de haver ordenado a seus homens que saíssem procurando pelas ruas da cidade, a situação de expectativa continuou.

A certa altura, porém, um ruído no pátio se fez ouvir. Chegavam algumas pessoas. Jasar levantou-se às pressas. Pecos e Osiat permaneceram com a respiração suspensa, atentos.

Logo a voz de Otias encheu a casa, arrancando três suspiros de alívio ao mesmo tempo.

Jasar saíra ao corredor para receber a prima que, ao vê-lo, esquecendo tudo o mais, arrojou-se em seus braços, chorando nervosamente.

Ele, calmo, disse-lhe:

— Folgo em vê-la de volta a salvo. Agora abrace seu pai, que adoeceu de zelo por você.

Um pouco magoada pela frieza do moço, onde não havia mais do que a amizade de primo, ela precipitou-se para o quarto do pai e atirou-se em seus braços. Choraram juntos.

Depois, ela dirigiu-se a Pecos, que se levantara e a abraçou ternamente.

Passado o primeiro travo de emoção, Osiat, de novo abraçado à filha querida, disse:

— Deve sua vida e liberdade à generosidade de seus primos, principalmente Pecos que, embora enfermo, sem poder ainda esforçar-se, foi pessoalmente ao palácio do faraó e conseguiu tudo. Fez um enorme sacrifício e jamais lhe poderemos pagar.

— Oh! Tio, apenas fiz o que era meu dever. Principalmente em se tratando de quem verdadeiramente estimo — respondeu Pecos, sorrindo, agora mais calmo.

Lançando um furtivo olhar a Jasar que, de volta ao aposento, conservava-se calado, Otias disse docemente:

— Pois eu, querido primo, creio nossa dívida com você tão imensa que nem a dádiva de minha vida inteira será o suficiente para pagá-la.

Pecos, aproveitando o ensejo, respondeu:

— Talvez eu exija essa dádiva, mas não como pagamento de uma dívida inexistente, mas como retribuição de uma grande amizade.

Osiat sorriu, embalado em suas esperanças de pai. Sempre sonhara para a filha um casamento com o rapaz.

Ela, fingindo-se emocionada, procurava esconder a raiva pela indiferença de Jasar, que assistia à cena com naturalidade.

Pouco depois, Pecos começou a falar, expondo um plano de ação para a perseguição de Rabonat.

Nalim, a um canto, ouvia com dissimulada atenção.

Pecos procurou interrogar a prima sobre tudo o quanto se passara. Ela contou que na noite do rapto, depois que deixara o primo, fora para seu quarto. Depois de dispensar a escrava, quando se preparava para dormir, um homem surgiu, ela não sabia de onde.

— Quis gritar, mas ele, rápido, tapou-me a boca com a mão. Depois ainda me debati, mas ele amordaçou-me bem. Envolvendo-me em um pano grande, carregou-me às costas como se fora um fardo. A certa altura, parou para vendar-me os olhos. Depois, conduziu-me às costas por muito tempo. Soube mais tarde que era Rabonat. Quando tiraram a venda, eu estava em lugar estranho, numa sala parecendo subterrânea. Deram--me de comer e beber, embora eu recusasse. Depois, levaram-me, logo ao anoitecer, de olhos vendados, para um local que desconheço. Enfim, soltaram-me em uma rua da cidade. Dali, caminhei pedindo informações sobre o forte, e dois lanceiros me conduziram até aqui.

— Sabe quantos eram?

— Creio que uns oito, embora somente quatro deles me trouxeram.

— Não sabe nada em particular que possa orientar-me para a captura deles?

— Bem, eu ouvi Rabonat dizer que iam para o exterior, para bem longe, o quanto antes.

— Nesse caso, não escaparão de mim. Já mandei os homens vigiarem todas as portas da cidade e as margens do Nilo. Mesmo se utilizarem disfarces, serão reconhecidos.

Pecos passou nervosamente a mão pelos cabelos. Não descansaria enquanto não castigasse o escravo que o ridicularizara daquela forma.

Nalim, sabedora da permanência de Rabonat e seus homens na cidade, compreendeu que ele fornecera uma pista errada. Intimamente ficou satisfeita com a astúcia do seu cúmplice.

Depois de conversarem muito tempo ainda sobre os últimos acontecimentos, cada um retirou-se para seus aposentos.

Aquela noite foi de calma e de repouso para todos, embora em seus pensamentos existisse um turbilhão de ideias de vingança e ódio.

CAPÍTULO IX

Muitos dias haviam se passado após os últimos acontecimentos e o suave outono de Tebas principiava a descer sobre todos os seus habitantes.

Naquela manhã límpida e serena, Jasar, montando seu cavalo, troteava pela estrada poeirenta.

Seus pensamentos eram de ansiedade e prazer. Caminhou por algumas horas e, finalmente, parou, reconhecendo a gruta onde durante dois anos vivera com o velho eremita.

Saltando do animal, dirigiu-se apressadamente para a caverna. Lá entrando, porém, não encontrou ninguém.

"Deve estar fora", pensou.

Sentou-se numa pedra que lá havia a fim de esperá-lo. No entanto, suas pálpebras cerraram-se em um sono estranho. Parecia-lhe que o lugar se transformara e que podia enxergar através das paredes da gruta. Viu logo após que algo se aproximava, como uma nuvem e, aos poucos, assumia a forma do velho amigo que viera visitar.

Olhou-o surpreso. Ele falou:

— Escute. Quando lhe pedi que aqui viesse, sabia que já estaria morto para o mundo. Sabia também que poderia lhe falar como agora. Você espera que eu lhe esclareça sobre sua missão, porém não me é dado revelar os desígnios do Alto. Sua prova será de renúncia, paciência e amor. Sabe que peregrinamos na Terra em inúmeras existências, sabe também que tudo quanto nos acontece aí é temporário. Para haurir experiência e desenvolver seus potenciais de espírito eterno, precisa aceitar as determinações da vida. Ela é Deus em ação. Não coloque a felicidade nas ilusões do mundo, mas nas verdades espirituais do universo. Elas o levarão ao estado de felicidade interior que nada poderá destruir.

Lembre-se, Jasar, que carrega compromissos não resolvidos do passado. Atenda-os agora, para que se liberte deles definitivamente e possa, então, realizar suas aspirações de progresso e luz.

Agora, meu filho, vá em paz, lembrando sempre que Deus ampara o caminhante da senda do bem, colocando a seu lado os amigos, os espíritos bondosos que lhe suavizarão a passagem terrena e, depois de vencida a etapa, estaremos todos juntos na pátria espiritual. Posso afirmar que tudo quanto conhece sobre as leis da vida e da morte é absolutamente certo. Espero, futuramente, poder dar-lhe mais detalhes. Agora, adeus! Quando quiser me procurar, faça uma prece a Deus e ao Espírito Superior, que rege todas as coisas no mundo. Chame-o de Celeste Amigo, que será como todos o chamarão quando mais tarde habitar a Terra. Boníssimo como é, nos ajudará. Concentre o pensamento e a vontade em mim e virei vê-lo.

Antes que pudesse dizer algo em resposta, o velho amigo já desaparecera, diluindo-se na claridade que o circundava. Depois a nuvem desfez-se, e Jasar despertou emocionado. Sonhara? Não, ele não dormira propriamente. Fora subjugado por uma força superior que o mantivera como que magnetizado. Mas, então, seu velho amigo morrera!

Curioso, circunvagou o olhar pela gruta. Como não notara? Ela parecia abandonada há tempos; havia teias de aranha em todos os cantos. Somente restava do velho amigo uma cabaça velha atirada a um canto. Jasar, com carinho e respeito, tomou o objeto tão seu conhecido, acariciando-o pensativo. Permaneceu por mais algum tempo na caverna, deixando-se arrastar pelo torvelinho de suas recordações.

Como fora feliz durante os dois anos em companhia do eremita! Quanta simplicidade, sabedoria, vida, alegria, soubera ele fazer penetrar em sua alma. Por fim, suspirando tristemente, saiu da gruta, montando novamente seu cavalo para regressar a sua casa.

Durante o trajeto ia preocupado com as palavras do velho amigo que não o esclareceram como esperava. Porém, lembrando-se delas, sentia o peito oprimido, angustiado. O que lhe reservaria o futuro? Pressentia que seria submetido a uma prova difícil. Por outro lado, vencê-la lhe daria o progresso que buscava. Ele firmou intimamente o propósito de fazer tudo para conseguir.

Mais calmo, sua curiosidade de estudioso falou mais alto. Quem seria esse Celeste Amigo de quem ele nunca ouvira falar? Seria um grande profeta que viria ao mundo, talvez o esperado, mencionado pelos sacerdotes do Ganges? Com certeza, tratava-se de alguém muito poderoso e elevado, pois que Silas o respeitava e o mencionava com amor! Ele prometera voltar, então lhe faria as perguntas que agora lhe queimavam o cérebro.

Quando chegou a casa, era já noite. Se por um lado estava um tanto temeroso, por outro se sentia confortado. Estava preparado para esperar pelos acontecimentos. Deitou-se, extenuado pela caminhada, caindo logo num sono profundo e reparador.

***

O tempo foi passando normalmente. Na casa de Pecos, tudo parecia haver retomado seu rumo normal. Osiat restabelecera-se, porém Jasar prevenira Otias e Pecos que ele sofria de grave moléstia cardíaca. Deveriam evitar-lhe grandes emoções.

A moça, assustada, pois que estimava o pai, cercava-o de carinho. Mas quando ele voltou a viver normalmente e com ótima aparência, todos se esqueceram de sua moléstia.

Dos escravos fugidos, naqueles três meses não fora encontrada nenhuma pista, e eles desistiram da busca intensiva. Só Pecos, que reassumira suas atividades, ainda acalentava a secreta esperança de encontrá-los.

Naquela noite de fim de outono, um vento fresco soprava, mas ainda assim o céu de Tebas era límpido e sem nuvens.

O luar de Tebas era realmente maravilhoso. Quem já teve a oportunidade de vê-lo, ao menos uma vez, jamais o esquecerá. Tebas, cidade gloriosa, imponente, majestosa!

Tebas, cidade de luxo, dos prazeres, onde a vaidade e a beleza das mulheres dominavam a magnificência dos homens.

Tebas, onde o luar é mais prateado, onde o céu é mais límpido, onde miríades de estrelas são mais numerosas, onde o ar é balsamizado pelo aroma agradável de seus jardins maravilhosos.

Jasar, recostado em um banco, admirava a magia da noite. Seus pensamentos divagavam por um mundo distante. Otias aproximou-se dele, quebrando o suave encanto que o envolvia.

— Posso sentar-me a seu lado? — perguntou.

— Com prazer, prima.

— Desejaria falar-lhe por alguns instantes.

— Pode dizer. Sou todo ouvidos.

— Bem, não sei se está a par de que seu irmão ontem pediu a meu pai minha mão em casa — começou Otias, meio indecisa.

Jasar abanou negativamente a cabeça. Ela, encorajada, prosseguiu:

— Fiquei de decidir esta noite, porém, ainda não sei realmente o que fazer...

— Por quê? Seu casamento com ele parece-me que é coisa decidida.

— Mas não crê que para uma união é necessário existir amor?

— Sim, eu penso que sim. Mas, se está receosa, posso dizer que Pecos parece querê-la realmente.

— O caso não é bem esse. Oh! Jasar, por que finge não compreender?

Otias, angustiada, torcendo nervosamente as mãos, procurava os olhos do moço, que se conservou silencioso. Aquela cena o desagradara imensamente.

Ela, entretanto, deixando-se levar por um impulso desenfreado, aproximou seu rosto do moço, procurando tentá-lo. Ele se levantou.

Otias ergueu-se também e, esquecendo tudo o mais, aproximou-se dele e envolveu o pescoço do moço com seus braços roliços e morenos.

— Jasar, eu o quero! Por que teima em me desprezar? Quero ser sua de qualquer maneira! Não deixe que eu me case com seu irmão! Serei sua escrava se quiser, mas diga que também me quer!

Seu rosto colara-se ao do moço. Seus lábios murmuravam doces palavras bem junto aos lábios dele e um estremecimento nervoso lhe percorria o corpo.

Jasar, tentado pela proximidade, abraçou-a por um instante, mas depois, brandamente, soltou os braços que atavam seu pescoço e, afagando-lhe os cabelos como faria a uma criança, disse:

— Otias. Sei que não me ama realmente. Está apenas desejando o único brinquedo que não pôde conseguir. Se eu me casasse com você, não seríamos felizes, sei. Seu temperamento mais se harmoniza ao de Pecos do que ao meu. Depois, sou um esquisitão, não gosto da corte, nem de festas. Vivo da vida nômade e não paro muito tempo em um lugar. Nunca me casarei. Certamente faria infeliz minha mulher.

Otias, percebendo que sua última cartada falhara, deixou-se dominar pelo rancor. Empalideceu mortalmente ao responder:

— Eu lhe ofereci meu amor, minha vida, mas você recusou. Um dia ainda o farei se arrepender por isso. Ainda o verei chorar a meus pés e será, então, a minha vez. Vou me casar com seu irmão, porém você pagará pelo desprezo que me ofertou.

Sem querer ouvir mais nada do que o moço tentava explicar, voltou-lhe as costas entrando em casa, pálida e transtornada. Foi imediatamente ao encontro de Pecos e do pai, que palestravam no pátio, e disse:

— Primo, vim dar minha resposta. Serei sua esposa.

Pecos, com alegria, levantou-se e a abraçou com ternura. O velho pai sorriu feliz e não viu as lágrimas que Otias procurava vencer.

Nalim, que ouvira a palestra a um canto da sala, sentiu o rosto em fogo. Um sentimento de raiva a dominou. Ela era mais bela, mais atraente do que Otias, no entanto, ele a preferia. Para ela, Pecos somente tinha palavras de desprezo e humilhação. Precisava ultimar a vingança. Iria ver Rabonat e com ele tramaria tudo. Tinha um plano em mente, precisava colocá-lo em prática e então tudo mudaria.

Procurou acalmar-se e prestar atenção ao rumo que tomava a palestra.

Dizia Pecos:

— Daremos uma grande festa para comemorar o contrato de casamento. E marcaremos a cerimônia o mais breve possível.

— Mas uma coisa quero bem clara — falou Otias altivamente —, jamais permitirei que despose outras mulheres e que tome escravas da casa. Quero sua palavra de honra que nunca fará tal.

Pecos, corado ligeiramente pelas palavras duras e inesperadas da moça, respondeu prontamente:

— Seja. Tem minha palavra. Pode ter certeza de que será a única em minha casa e em meu coração.

Otias sorriu satisfeita.

Nalim, aproveitando-se da distração dos três, dirigiu-se para seu quarto. Estava de mau humor. Detestava aquela habitação em comum com as outras escravas. Chamava-as de sujas e malcheirosas. As outras, por sua vez, ironicamente, chamavam-na de "princesa".

Deitou-se logo, porém as outras zombavam dela e imitavam o andar, os gestos e as palavras de Nalim.

Sem querer brigar, pois que não conviria a seus planos, Nalim levantou-se e saiu novamente para o pátio.

— Solimar, ainda bem que a encontro. Aquelas harpias estavam me provocando. Se eu lá permanecesse, certamente as castigaria.

— Nalim, a culpa é toda sua... Não vê que a mim elas respeitam?

— Mas eu não posso tolerá-las.

— Por quê?

— Porque são escravas de baixa origem. Eu, não. Sou nobre de nascimento, não me misturo.

— Quisera convencê-la da realidade. Todos nós somos iguais perante a justiça divina. Há uma nobreza que existe realmente e que devemos levar em conta: a nobreza dos sentimentos e da alma. Quanto ao mais, são coisas que os homens criaram e estabeleceram, são como seus corpos que morrem, temporais, passageiros. Existem dentre elas ótimas criaturas que deveria conhecer melhor. Afinal, Nalim, somos agora iguais a elas em condição. Não poderemos nunca exigir-lhes reverência.

— Não sei, você pensa tão diferente! Para mim, são escravas e continuarão sendo. Mas eu não. Eu não me considero igual a elas. Para mim, a nobreza do berço tem muito valor.

— Pobre Nalim! Você não sabe que, quando somos chamados a uma experiência na vida, quase sempre contra nossa vontade, a melhor maneira de a abreviarmos, principalmente quando ela nos é penosa, é procurarmos pôr todo nosso empenho em bem realizá-la, tirando dela tudo o que ainda não temos e necessitamos para nosso progresso espiritual? Terminando sua função, ela nos abandona espontaneamente. No entanto, se você se rebela e busca fugir ao destino que a vida traçou em seu próprio benefício, estará ainda, pela sua necessidade, unida a ela e, quanto mais quiser fugir, mais será envolvida. Trata, pois, de se resignar com seu destino. A vida na Terra é um breve instante, que passa logo.

— Não sei, Solimar. Quando falo contigo, vejo as coisas de forma diversa. Mas, ainda assim, não posso ter esse conformismo que possui. Que fazer? Não posso mudar!...

As jovens ficaram pensativas por alguns instantes. Cada uma imersa nas profundezas de seus pensamentos íntimos. Nalim quebrou o silêncio:

— Sabe, o casamento do nobre Pecos com a prima será realizado em breve.

— Isso a contraria?

— Por quê?

— Pelo tom rancoroso de sua voz...

— Sim. Já pensou que teremos de suportar as ordens daquela antipática criatura como dona da casa?

Solimar fitou Nalim com olhos límpidos e calmos.

— Serão esses seus únicos motivos?

Nalim perturbou-se.

— Que outros motivos poderia ter?

Solimar sorriu compreensivamente. Um sorriso amoroso de mãe para com a filha. Nalim perturbou-se ainda mais.

— Ouça. Certa noite, percebi que estava triste. Vi quando você saiu do nosso quarto e veio até aqui, neste mesmo pátio. Vim também com a intenção de conversar contigo, para encorajá-la se o pudesse fazer. Mas parei à porta surpresa pela sua dança. Você é magistral quando dança... Quer que lhe conte o resto?

Nalim ruborizou-se. Nunca poderia supor que aquele seu segredo fosse compartilhado.

— Não se envergonha de ter me espionado? — respondeu Nalim, meio picada pela vergonha.

Solimar, longe de ofender-se pela brusca frase da amiga, fitou-a serenamente e respondeu:

— Sabe muito bem que não era minha intenção. Apenas não quis interromper sua dança. Depois vi o que houve entre você e ele, sem intenção de crítica ou bisbilhotice. Quero lhe falar sobre esse assunto francamente. Sou sua amiga, bem o sabe. Estimo-a verdadeiramente.

— Desculpe-me, Solimar. Seria injusto de minha parte me zangar contigo. Você é a última pessoa com quem eu seria capaz de me encolerizar.

— Sou eu quem lhe deve desculpas pela involuntária indiscrição. Mas escute-me com atenção. Deve afastar-se o mais possível da presença dele. Eu pressenti o perigo desde o começo. Tem tudo para agradar a um temperamento como o do nosso nobre senhor, ao passo que ele é o tipo de homem que conseguiria lhe roubar o coração. Logo que aqui chegamos, notei a atração que sentem um pelo outro, embora façam tudo para mascará-la com rancor e orgulho. Deve abrir os olhos antes que esteja completamente presa e fascinada por ele. Tudo os separa neste mundo, e este amor só poderia trazer-lhe sofrimento.

— Quanto a isso, está enganada, Solimar. O que se passou naquela noite foi influência da magia do luar e da música. Qualquer homem naquela situação teria me fascinado assim. Eu o odeio! Nunca seria capaz de amá-lo!

— Um excesso de ódio pode significar amor!

Nalim trincou os dentes. De seus negros olhos saíam chispas de rancor quando respondeu:

— Nunca! Um dia, você verá a força do meu ódio cair sobre ele para arrasá-lo. Então, reconhecerá seu engano.

— Ouça. Se o amor no seu caso é perigoso pelo seu temperamento impulsivo e arrebatado, o ódio é muito mais. Se o amor a levasse a entregar-lhe tudo quanto tem — seu corpo, seu coração, seus pensamentos — também lhe ensinaria a renúncia, e o perdão adoçaria sua sensibilidade. Em compensação, o ódio só poderia lançá-la em abismos tenebrosos de dor e sofrimento, de amargura e revolta! Se um dia provar o sabor amargo da vingança, verá que ela queima mais do que a ofensa recebida e, quando pensamos em justiçar os outros, estarmos justiçando a nós mesmos, escravizando nossa consciência sobre o peso do remorso, mil vezes pior. Pense, Nalim. Perdoe... Seja boa! É tão bom poder sentir a alma repleta de paz, de ternura, de amor por todos que nos cercam! Ele fez o que fez, mas não com deliberação para o mal. Apenas cumpriu seu dever de soldado. Criado nesse ambiente, não raciocina sobre o verdadeiro sentido de tal ação. Deixe-o em paz, porque ele talvez venha a sofrer muito mais do que você deseja quando os resultados das suas ações o atingirem. Não há crime sem castigo, mas a punição não nos compete. As sábias leis da vida que o grande Rá, criador do Universo, nos deixou se encarregarão disso. Dê um pouco de paz ao seu espírito tão atribulado. Perdoe!

— Quando fala assim, Solimar, sinto-me transformada em outra criatura, mais calma, mais leve. Mas perdoar é contra minhas forças. Não posso! Deve ter razão, pois considero você uma sacerdotisa de Ísis pelo muito que sabe sobre todas as coisas, mas não posso fingir perante sua amizade o que não sinto. Perdoe-me ser tão má e tão egoísta. Não possuo seu coração!

— Somos todos iguais, minha querida — respondeu Solimar passando carinhosamente o braço sobre os ombros da amiga. — Apenas eu vivi um pouco mais do que você. Talvez seja isso.

— Como pode ser? Você é um pouco mais nova do que eu!

— Não falo da idade de nosso corpo, mas do espírito.

— Então, você crê mesmo nas reencarnações como tem me ensinado?

— Diga-me, Nalim, qual seria outra explicação para a diversidade de temperamentos, de situações físicas e financeiras, senão a reencarnação?

— Não sei...

— O grande criador da perfeição universal não haveria de proteger a uns e maldosamente maltratar a outros. Uns nascem na opulência, na pobreza, na beleza, no poder; outros, na miséria, escravizados, às vezes, aleijados, estropiados, horrendos e famintos. Os senhores de hoje, que não souberem agir com justiça e amor para com seus subalternos, serão certamente, em sua próxima existência, os escravos de amanhã!

— Tudo que me expõe parece ter lógica, mas recuso-me a crer. Sua doutrina eliminaria a base do nosso sistema social. Não posso admitir que eu, nascida na nobreza, venha amanhã nascer na miséria ou doente, feia ou cega! Eu não posso crer.

— É isso que os homens dizem quando não conhecem as coisas do espírito. E é por isso que vêm sofrendo há muitos séculos e sofrerão ainda mais até aprenderem a respeitar as leis espirituais. Elas não mudarão, não se iluda, Nalim, os homens é que terão de mudar. É disso que a vida se encarrega durante as encarnações de cada um.

— Não sei...

As duas moças, silenciosas, cada uma imersa em seus íntimos pensamentos, entraram na habitação para dormir.

***

Em Tebas, tudo era calma. Tudo era paz. Na casa de Pecos tudo era alegria, felicidade e prazer. Grande festa. Muitas luzes, muito vinho, o brilho luxuoso das pedrarias, o riso ruidoso dos convivas.

Era noite de gala. Festejava-se por toda a cidade o contrato de casamento do nobre Pecos com sua prima Otias.

As pessoas aglomeravam-se na rua, frente aos portões da casa, esperando a distribuição de trigo e vinho como era costume em tal ocasião. Muitos permaneciam até a manhã seguinte esperando pelas sobras do banquete.

Como os preparativos estavam prontos, a festa inicial seria realizada naquela noite, e os esponsais seriam somente oito dias depois, porque, como era costume, a noiva ficaria três dias recolhida ao convívio das sacerdotisas do templo, e o noivo, por sua vez, deveria visitar o templo durante três dias seguidos, a fim de preparar-se para a cerimônia. Este tipo de casamento era costume entre os nobres da corte. O povo não gozava de tais regalias.

Depois vinham os banhos preparatórios durante mais três dias seguidos e, por fim, o casamento, no fim do segundo dia de festa.

Naquela época do ano, a tarefa dos lavradores era irrisória, porque com o nível do Nilo muito baixo, a seca se fazia sentir e não havia muito serviço a não ser a criação dos animais, grande comércio de Tebas.

Otias estava radiante. A vaidade de mulher sufocara nela todo sentido mais nobre de amor e de amizade por Jasar ou Pecos. Sentia-se invejada, admirada!

Ela conquistara o grande guerreiro Pecos, que todas admiravam e muitas amavam sem esperanças. Ela seria a rainha de Tebas no luxo e na beleza. Brilharia onde surgisse, ostentando a fortuna do pai, acrescida à do marido. Seria feliz.

Pecos, no entanto, não se sentia feliz. Aquele vago sentimento de apreensão, de mal-estar, voltara-lhe naquela noite mais do que em outra qualquer. Sentia-se invadir por uma tristeza singular e não conseguia alegrar-se por mais que tentasse.

A certa altura da festa, Solimar viu Nalim. Esta a chamava com insistência. Aproximou-se dela:

— Venha comigo, Solimar. Preciso falar com você.

— Estava espiando a festa, Nalim. Mas noto que está vestida com este manto! Onde vai?

— Psiu! Venha, preciso lhe falar! — repetiu tomando-lhe a mão e levando-a até um recanto ermo do jardim.

— Ouça, devo dizer-lhe adeus. Vou partir. Mas nunca poderia ir sem tentar convencê-la a ir comigo. Conto com amigos influentes que me ajudarão na fuga. Venha, Solimar, partiremos logo mais!

Solimar, surpresa, olhava a amiga sem saber o que dizer.

— Solimar, sinto deixá-la, venha comigo. Vamos fugir deste inferno.

— Não posso, Nalim. Sinto que devo permanecer aqui. O que iria fazer em outra parte? Não tenho ninguém!

— E sua mãe?

— Está morta, Nalim.

— Como sabe?

— Ela veio me ver. Eu a vi. Faz dois meses que morreu.

— Isso é ilusão sua! Você sonhou com certeza. Como poderia ser? Venha comigo!

— Não. Sinto sua partida, mas não posso ir. Peço que fique, não cometa tal loucura.

— Não posso, Solimar. Se um dia a vida nos unir outra vez, seja em que circunstância for, jamais se esqueça de que sou sua amiga sincera. Se não mais encontrá-la, lembre-se de que estará sempre em meu coração, como um gênio bom que me amparou nas horas mais amargas de minha vida! Agora é tarde, adeus!

As duas, sentindo a voz embargada pelos soluços, abraçaram-se ternamente. Depois, Nalim, jogando o véu sobre a cabeça, foi-se a passos rápidos, perdendo-se nas trevas da noite.

Solimar ficou parada, coração opresso, pensando no destino incerto da amiga impulsiva e orgulhosa. Seu coração amoroso temia pela segurança daquela moça que aprendera a estimar profundamente. Suspirando pesarosa, a passos lentos, retornou à casa.

A festa prolongou-se até a madrugada, embora os noivos, como de praxe, se retirassem logo, pois que no dia imediato deveriam sair cedo para ingressarem nos templos respectivos, cumprindo os rituais programados.

Ninguém, na azáfama da festa, notara a ausência da escrava Nalim.

***

Na manhã seguinte, Solimar, interrogada por Cortiah, disse que a amiga fora ao mercado como de costume. Cortiah zangou-se, pois sabia da proibição do seu senhor a esse respeito, mas, temerosa do castigo que seria ministrado à escrava que estimava, calou-se aguardando a volta da moça, porém, pronta para uma reprimenda.

Pecos, já mais bem-disposto, levantou-se cedo, esquecido de seus temores da véspera, e preparou-se alegremente para sua estada no templo.

O sol já despontava, e ele saiu de casa rumo ao pátio onde o aguardavam um escravo e dois lanceiros. Com um gesto de surpresa, perguntou:

— Por que Omar e Martus não vieram?

— Senhor — respondeu-lhe um dos lanceiros —, divertiram-se muito ontem festejando vossa ventura e hoje encontram-se ainda acamados. Dormem e nada pôde despertá-los. No entanto, viemos para escoltá-lo ao templo a mando do grande Marmuth.

Contrariado intimamente, mas não querendo irritar-se naquele dia tão alegre, montou rapidamente. Afinal, quando se recolhera, bem notara que seus amigos estavam saboreando muito seu bom vinho.

— Vamos, então, — ordenou — a caminho.

Atingiram a estrada e caminharam por algum tempo silenciosamente. Pecos ia à frente, pensativo e distraído. A certa altura, porém, sentiu forte pancada na cabeça, tombando ao solo pedregoso, desacordado.

Imediatamente, os dois que o acompanhavam desmontaram e debruçaram-se sobre ele.

— Ainda bem — disse um —, penso que fizemos bom trabalho.

Satisfeitos, levantaram o corpo de Pecos, colocando-o sobre a sela do animal e amarraram-no bem para que não caísse.

Caminharam assim mais algum tempo, depois enveredaram por um atalho estreito e chegaram à cabana em que Otias estivera prisioneira. Carregando o corpo desacordado de Pecos, entraram na casa.

Ao vê-los, um brado de alegria se fez ouvir por todos que esperavam. Eram trinta pessoas, entre homens e mulheres. Estas eram apenas cinco.

Rabonat, como chefe, quis ouvir a narrativa dos dois falsos lanceiros e sorriu satisfeito. Depois disse:

— Agora nada mais nos falta, poderemos seguir. Descobri um lugar ideal, e lá estaremos seguros. A presa é rara. Será procurada como nunca. A caminho, pois!

Cada um tomou o que lhe competia e saíram.

Rabonat à frente, os outros, em fila indiana, pois o caminho era estreito. Seguiam-no silenciosamente.

Eram todos, em sua maioria, escravos, mas alguns poucos eram prisioneiros fugidos graças ao auxílio de Rabonat.

Nalim, presa de um sentimento contraditório, caminhava entre eles, calada.

A insegurança de seu destino a amedrontava, porém, a certeza da aventura e da liberdade a embriagava.

Contava atingir sua casa na terra distante. Haviam combinado que, quando em um lugar seguro, cada um seguiria seu próprio destino.

Caminharam durante muito tempo. Agora já marginando o Nilo. A certa altura, à hora quase crepuscular, resolveram parar para descansar.

Pecos despertara e, embora lhe doesse a cabeça terrivelmente e a sua posição fosse muito cansativa, já se inteirara da sua condição de prisioneiro.

Reconhecera Rabonat, apesar do seu disfarce de mercador, assim como alguns dos escravos e os dois falsos lanceiros.

Seu ódio contra Rabonat não o deixara analisar o perigo de sua própria situação. Seu sangue quente de egípcio e de soldado circulava aceleradamente.

Por diversas vezes, tentara inutilmente romper as cordas que o amarravam e só conseguira machucar-se. Elas lhe penetraram nas carnes, sentia seu corpo doer terrivelmente.

Seus olhos injetados seguiam sem cessar o vulto de Rabonat.

Ao acamparem, Rabonat ordenou a dois homens que tirassem Pecos da incômoda posição e o conduzissem à sua presença. Em seguida, sentou-se ao chão, convidando os demais a que fizessem o mesmo ao redor.

Pecos, apesar de entorpecido e faminto, mantinha-se de pé em atitude arrogante.

— Guardem-no para um pouco mais tarde — sentenciou Rabonat olhando-o zombeteiro, sem levantar-se. — Agora vamos comer alguma coisa, depois conversarei com ele.

Os dois homens que o seguravam levaram-no a um canto isolado e empurraram-no brutalmente.

Pecos caiu ao solo, tentando ainda uma vez desprender-se das cordas que o amarravam.

Seus olhos injetados pareciam os de uma fera acuada. Só então reconheceu Nalim entre os que ali estavam. Surpreso, olhou-a fixamente, e os olhos dela brilhavam estranhamente.

Sem poder conter-se, ela foi até ele e, olhando-o altiva, disse:

— Parece que os papéis se inverteram, nobre senhor! A escrava agora é senhora! Agora posso lhe dizer: eu o odeio. Ainda espero vingar-me. Agora sofrerá tudo quanto me fez sofrer!

Sacudida de um frêmito nervoso, Nalim, olhos semicerrados, estava toda concentrada na força daquele ódio.

Pecos, porém, dominando sua revolta, respondeu com voz em que transparecia todo o seu desprezo.

— Pois saiba que seu ódio me é indiferente, assim como sua estima. Criaturas como você nem sequer merecem meu pensamento de desprezo.

Nalim enfureceu-se. Queria que ele sofresse, se abatesse, chorasse, blasfemasse mesmo, cobrindo-a de impropérios, mas não podia suportar essa indiferença que a esmagava.

Rabonat, que se aproximara, disse:

— Deixe, bela Nalim. É cedo para sua vingança. Todos nós temos contas a ajustar com este nobre "amigo" e o faremos em comum.

Depois, dirigindo-se a todos, disse:

— Trataremos de descansar um pouco e depois continuaremos a caminhada. Precisamos vencer este trecho do deserto à hora do sol encoberto, pois, do contrário, nos será penoso. Antes do meio da noite, partiremos novamente.

Assim, depois de alimentados e mais descansados, seguiram novamente.

Pecos, agora, ia já montado normalmente. Estava seriamente preocupado. Naturalmente ninguém ainda dera por sua ausência. Todos sabiam que ele ficaria ausente por três dias. A única maneira de um socorro seria se os sacerdotes, notando sua demora, o procurassem, alertando assim os seus. Mas essa esperança era muito remota. Os sacerdotes, ocupados com seu mister oculto, pouco saíam. Viviam reclusos em mosteiros, estudando constantemente, indo passar alguns dias com a família na cidade, de tempos em tempos, revezando-se em seu trabalho.

Sentia que se distanciava muito, o que tornaria sumamente difícil ser encontrado pelo seu exército.

Haviam passado por Mênfis, que dormia, e continuaram pelo deserto rumo ao desconhecido.

Tinham saído do roteiro comum. Caminhavam sempre, parando de quando em quando para comer suas provisões e descansar.

Tudo o mais continuava na mesma. Chegaram, por fim, após muitos dias de árdua caminhada, a uma zona rochosa e árida. Já tinham saído das terras do Egito.

Rabonat conduziu-os por um estreito caminho, consultando um desenho traçado em um papiro.

Volteando montes pedregosos, por fim pararam numa grande gruta na rocha.

— É aqui — designou Rabonat. — Ficaremos por algum tempo a fim de decidirmos nossos rumos.

Todos, exaustos pela caminhada, já que os animais não tinham suportado bem a viagem, sendo mesmo necessário pelo caminho acidentado desmontá-los, suspiravam aliviados.

Estavam sujos, cobertos de poeira, completamente esgotados. Haviam levado vinte dias para chegar ao local onde estavam.

Tudo correra bem, pois que o plano fora bem delineado, e eles levavam três dias de vantagem sobre os perseguidores.

Com certeza, estavam sendo procurados com avidez, mas agora seria muito difícil encontrá-los. Precisavam ter cuidado, porque poderiam mandar emissários ao rei da Palestina, então, tudo se lhes tornaria difícil.

Ali, com um dia de viagem, poderiam ir a Ráfia, disfarçados, para saberem das novidades.

Rabonat, após ter descansado algumas horas, saiu, voltando pouco depois, anunciando que as mulheres ficariam na gruta que encontrara pouco além.

Sendo duas delas casadas com dois fugitivos, foi estipulado que ficariam com esses dois homens para protegê-las.

Assim, eles pareciam felizes e despreocupados. Cada dia mais e mais se capacitavam da conquista de sua liberdade e, apegando-se a ela, preferiam morrer a ter que retornar. Resolveu-se que um dos homens iria à província mais próxima para saber das novidades.

Disfarçado habilmente, ele se pôs a caminho.

Mais três dias se passaram sem que retornasse ao esconderijo. Quando voltou, vinha temeroso e aborrecido.

Contou a Rabonat que por toda parte se viam lanceiros com ordem de procurar Pecos, trucidando os demais, sem contemplação.

Haviam seguido a pista e descoberto, segundo pudera saber por intermédio de um soldado que conseguira embriagar, a pequena casa onde se haviam reunido tantas vezes. Depois, com cautela e perícia, haviam chegado a Ráfia, donde não arredavam pé, na certeza de que a pista terminava ali.

Rabonat, chamando Tilat, expôs-lhe a situação, e os três juntos buscaram uma solução.

— Em primeiro lugar, precisamos dar um destino ao prisioneiro. Ele nos atrapalha os passos e sem ele estaremos mais seguros — resolveu Tilat.

— Certo — consentiu Rabonat —, ainda hoje teremos seu julgamento. Todos nós decidiremos sua sorte, uma vez que todos nós fomos ofendidos por ele.

À noite, sob a luz bruxuleante de alguns archotes e de um pequeno braseiro onde assavam as carnes, reuniram-se todos para deliberar o que fariam com o prisioneiro.

Pecos, embora abatido pelos maus-tratos e pela humilhação, ainda se conservava altivo, possuindo no olhar a mesma chama voluntariosa que o tornava sempre superior aos olhos de seus comandados.

Empurrado a um canto, aturava os apupos dos que o escarneciam.

Nalim, olhos brilhantes, respiração suspensa, não conseguia afastar o olhar do rosto expressivo do prisioneiro.

Rabonat, colocando sobre uma pedra seu caneco de vinho, disse limpando a boca com o braço:

— Silêncio, amigos.

Todos, respeitosos, calaram-se esperando suas ordens. Ele continuou:

— É chegada a hora de darmos destino a este nobre senhor que tanto mal nos fez, conduzindo-nos à miséria moral, ao abandono dos nossos familiares, à perda de nossa liberdade.

Um brado entusiástico saudou as breves palavras de Rabonat.

— Cada um o acusará face a face, sugerindo um castigo, e o que for aprovado pela maioria será aplicado.

Pecos empalideceu de raiva, humilhação e terror. Aqueles homens eram bárbaros! Que o matassem logo de uma vez! Morreria como soldado!

— Você, Tilat, será o primeiro. Fale.

Tilat avançou um passo e encarou o prisioneiro. Estava meio embaraçado. Nunca odiara realmente Pecos, faltava-lhe o prazer para vingar-se dele.

Limitou-se a contar sua triste história, seus anseios de moço, sua vida ao lado da esposa e da filha, que tinha apenas meses quando ele foi forçado a deixar a família.

Comoveu a todos profundamente.

Pecos sentia o coração apertado e talvez, pela primeira vez em sua vida, começou a duvidar da nobreza do seu caráter. Começou a perceber a injustiça que praticara contra aqueles homens.

Tilat terminou dizendo:

— Como castigo, sugiro que seja enforcado ao amanhecer.

Assim, um após outros se sucederam acusando, narrando cenas comoventes de suas vidas.

Pecos estava moralmente sucumbido. Nunca observara seus atos por aqueles ângulos.

Estava surpreso! Aquele homem perverso, destruidor de lares, de sonhos, de paz, não podia ser ele. Pela primeira vez, sentiu vergonha de si mesmo. Todos, invariavelmente, pediam-lhe a morte. Pecos sabia que não sairia com vida daquela aventura.

Seu pensamento voltou-se a Amon-rá, implorando-lhe uma oportunidade de sanar o mal que praticara.

Se lhe poupassem a vida, ele se dedicaria exclusivamente ao bem de todos, indistintamente, procurando restaurar o mal praticado.

Tal era seu estado de espírito e, ao ver Nalim, bela e altiva, em pé à sua frente, estremeceu de angústia. Era ela agora sua acusadora!

— Nobre Pecos, eu o odeio! Qual um abutre, rodeou minha casa onde vivia feliz e era o único motivo de alegria de meus pais, abastados e ricos senhores, descendentes de reis! Com sua voz e sua música, iludiu meus sonhos de adolescente e, quando eu buscava encontrar o dono de tal voz, fui covardemente agredida e transportada à sua casa como serva! O que sofri de humilhação e de vergonha nunca poderá conhecer. Nobre chefe Rabonat, a morte seria um castigo por demais sereno! A morte o levaria aos tortuosos caminhos do Amenti, mas assim ele nunca poderia avaliar bem nosso sofrimento. Eu tenho uma ideia melhor. Proponho que o escravizemos também, e que ele sinta na carne e no coração todas as torturas que nos fez sofrer.

Um viva entusiástico saudou as palavras da moça. Nalim tremia, presa de violenta emoção.

Pecos, pálido, porém mais sereno, aguardava a solução que dariam à sua vida.

— Que seja escravo! — gritaram todos a uma só voz.

Rabonat, indeciso, perguntou a Nalim:

— Acha que seria fácil? Ele seria reconhecido e liberto. Todos por estas paragens o conhecem.

— Senhor — tornou Nalim —, tenho uma proposta a lhe fazer. Meus pais, como já lhe falei, são nobres e poderosos. Residem em Nínive. Pagarão bom preço por este escravo, e lá, tão longe, ninguém o reconhecerá. Quando ali esteve, procedeu com prudência, certamente disfarçou-se. Assim, sugiro que me acompanhem até lá. Sei que alguns de vocês possuem recursos, porém meus pais são magnânimos e lhes recompensarão bem pela minha volta à casa.

Alguns discordaram, porém, depois de muito discutir, ficou resolvido que deveriam separar-se para não atrair a atenção, mesmo porque muitos deles estavam ansiosos por retornar aos seus.

Cinco indivíduos não possuíam rumo certo nem fortuna. Entre eles Rabonat. Assim, eles iriam com Nalim, levando o prisioneiro. Lá, o venderiam como escravo e ainda seriam recompensados generosamente pelos pais da moça.

Prepararam tudo para a partida que seria ao anoitecer do dia seguinte.

A despedida foi comovente. Entregaram o prisioneiro cegamente a Rabonat, certos de que ele cumpriria o combinado. Conheciam-lhe o ódio que nutria por Pecos.

Nalim, acabados seus preparativos, saiu um pouco para respirar o ar fresco da noite.

Pecos, amarrado novamente pelo tronco, aguardava a hora da partida. Ao ver a moça, chamou-a com voz firme. Ela estremeceu. Aproximou-se sem dizer palavra, parando a seu lado à espera de que ele falasse. Pecos perguntou:

— Por que me salvou a vida?

Nalim, ligeiramente embaraçada, respondeu:

— Porque a morte seria um alívio, ao passo que a vida como escravo lhe será mais penosa.

— Acredita nisso? Hei de provar a você que a vida como escravo não será assim tão ruim.

Nalim, enrubescida, percebeu-lhe o olhar zombeteiro, o riso escarninho. Ele se divertia à sua custa.

— Talvez a coragem que agora alardeia lhe falte no futuro. Guarde-a, pois que dela precisará.

Assim, afastou-se desdenhosa. Pecos ficou pensativo. Como poderia compreender aquele gesto? Surpreendera, diversas vezes, certa ternura no olhar da moça, mas ela era tão complexa, tão orgulhosa!

Como era fascinante! Aqueles dias de uma convivência mais acentuada fizeram-no notar detalhes de sua beleza que ainda desconhecia. Seu riso alegre e transbordante, seus gestos ternos para com todos que a abordavam. Ela sentia-se feliz agora, rumo à casa paterna.

***

A viagem foi penosa e demorada. Pecos, nas províncias onde passavam, era forçado a usar disfarces e, apesar de ser desamarrado nessas ocasiões, era seguido de perto por Rabonat e pelo seu terrível punhal.

Chegaram às margens do Eufrates, atravessaram-no e, depois de mais alguns dias, atingiram Nínive, sãos e salvos.

Nalim exultava, reconhecendo sua terra, seu povo, seus costumes. Seus olhos brilhavam intensamente, e seu riso se fazia ouvir com mais frequência. Agora já conseguia ensinar-lhes o caminho.

Ao chegar frente à casa paterna, não pôde conter as lágrimas de alegria. Parecia-lhe emergir de um pesadelo profundo e tenebroso.

Entrando pelos profundos jardins, seguida pelos companheiros, em poucos instantes chegou à casa. Logo vislumbrou o vulto de seu velho pai, repousando em um coxim no amplo terraço que circundava a casa.

Nalim, sem poder conter-se mais, atirou-se nos braços do genitor.

A surpresa de seu pai foi indescritível. Seu corpo magro estremecia convulsivamente movido pelos soluços, enquanto suas mãos trêmulas acariciavam sofregamente os cabelos da filha querida.

Os seis homens estavam emocionados. A cena era tocante.

Nalim, a custo, reconhecia o pai naquele homem alquebrado e emagrecido.

— Onde está minha mãe? Quero abraçá-la, vê-la...

— Filha, sua mãe não resistiu ao golpe que nos atingiu. Quando você desapareceu misteriosamente, ela adoeceu gravemente. Conseguiu salvar-se na ocasião, mas dois meses depois expirou, não mais resistindo à dúvida pela sua sorte. Falou seu nome até quando exalou o último suspiro.

Nalim, abraçada ao pai, chorava convulsivamente. Num repente de ódio, levantou-se e, voltando-se para Pecos, gritou-lhe:

— Assassino! Covarde, assassino de minha pobre mãe! Pagará pelo crime que praticou. Hei de dedicar minha vida inteira a fazê-lo sofrer. Tudo quanto sofrer será pouco para descontar o muito que me deve.

Pecos, comovido pela cena, baixou a cabeça envergonhado. Tal como se sentira na caverna. Compreendia o drama daquele homem que perdera a filha e a esposa por sua culpa, por sua irresponsabilidade.

O velho, com atenção voltada para aqueles homens, pediu à filha que lhe contasse toda a verdade.

Primeiro, Nalim exigiu que prendessem Pecos na cela onde, de hábito, trancafiavam escravos rebeldes; depois, fazendo seus companheiros de fuga sentarem-se ao lado de seu pai, contou-lhe sua história.

O velho ouvia surpreso e revoltado. Se tivesse desconfiado onde a tinham levado, certamente a teria ido buscar, ainda que isso lhe custasse a vida.

O sangue belicoso dos homens de sua raça fervilhava em suas veias. O velho Salil sentia que lhe faltava o ar, tal era sua excitação nervosa. Quando a filha terminou sua apaixonada narrativa, Salil disse colérico:

— Amanhã mesmo hei de ir avistar-me com seu sequestrador. Já antegozo o prazer de lhe triturar as carnes aos poucos com meu punhal! Quem ousou tocá-la e escravizá-la pagará com a vida a ousadia.

O velho estava pálido. Nalim disse-lhe:

— Não, meu pai! Não quero que lhe tire a vida. Isso nós mesmos já poderíamos ter feito.

Surpreso, Salil perguntou:

— Mas... Como? Então ainda lhe pouparam a vida?

— A morte, meu querido pai, seria um castigo muito pequeno para ele. A morte é repouso, paz. Ele precisa sofrer, precisa pagar tudo quanto nos fez. Deixaremos que ele viva, mas como escravo, não livre. Faremos com que Pecos passe pelas mesmas penas que nos afligiu. Tendo-o aqui, poderemos nos vingar dele a todo instante, assim o castigaremos muito mais.

Os olhos de Nalim brilhavam estranhamente. Em sua voz, grave e doce, havia agora lampejos de um ódio intenso e apaixonado.

— Seja, filha, concordo com você. Poderemos, assim, saciar nossa vingança.

Nalim narrou ao pai o acordo que fizera com Rabonat sobre uma recompensa prometida e o preço que pagariam por Pecos como escravo.

Salil, satisfeito com o retorno da filha e a presa em que poderia saciar seu ódio, recompensou-os regiamente.

— E agora, nobre Rabonat, quais são seus planos? — perguntou Nalim.

— Creio que vou ser mercador — respondeu ele, sorrindo satisfeito. — Não tenho família, portanto, espero ainda vir a casar-me. A liberdade me é muito cara, assim sendo, procurarei distanciar-me mais e mais das terras do Egito. Seguirei adiante.

Sem outras palavras, despediu-se cortesmente do velho Salil e da filha. Retirou-se em seguida com seus amigos.

Nalim realizou seu desejo intenso de retornar à casa paterna, mas não soube perdoar, esquecer. Em sua vida, tudo aparentemente tomou o curso normal, mas seu coração não saíra ileso da aventura. Ele estava cheio de ódio, de sentimentos rancorosos e, ao mesmo tempo, de estranha fascinação por esse estrangeiro que, de senhor, passara a escravo.

CAPÍTULO X

Na casa de Pecos, os preparativos para as bodas iam a termo. Esperava-se impacientemente o retorno dos noivos. Tudo fora modificado a gosto de Otias, que tornara a casa ainda mais suntuosa.

O velho Osiat, feliz, cuidava do bom andamento do serviço, vigiando se tudo estava de acordo com os desejos da filha.

Enfim, realizaria seu sonho! Já estava velho e doente, e sua filha não ficaria desamparada após sua morte. Conhecia bem o sobrinho e muito o estimava.

Impaciente, Osiat olhava sempre para a estrada à procura da liteira que traria sua filha de volta devidamente instruída sobre suas obrigações matrimoniais.

A certa altura, o velho viu uma comitiva que se aproximava. Era ela com certeza. Correu às portas do jardim para recebê-la.

Otias regressava feliz e bem-disposta. Perguntou por Pecos. Soube que ele não regressara ainda e ficou contrariada. Ele deveria ter voltado para recebê-la.

Mas Jasar a esperava. Depois de cumprimentar o primo e abraçar o pai, penetraram na casa.

As horas se escoavam, a noite descia trazendo toda sua agradável frescura, e Pecos não voltara.

Todos começavam já a impacientar-se. Faltavam somente três dias para as bodas, e havia muitos preparativos a ultimar.

No dia seguinte, começaram a ficar ligeiramente preocupados. Parecia que algo estranho sucedera, pois Pecos já deveria ter voltado.

Mandaram chamar Martus a fim de perguntar-lhe sobre Pecos, uma vez que ele teria sido um dos que o acompanharam até o templo de Amon.

Martus ficou desolado, pois nada poderia informar. Vira Pecos na noite da festa. De fato haviam combinado que ele o acompanharia, mas bebera demais e, quando acordara, já ia o dia em meio. Viera correndo até a casa de Pecos, mas soube por um servo que ele já tinha partido bem cedo em companhia de dois soldados.

O velho Osiat recriminou Martus pela sua negligência e ordenou que fosse até o templo indagar de Pecos. Era tudo muito estranho!

Martus voltou esbaforido com a notícia de que Pecos não havia estado no templo. Apenas mandara um lanceiro avisando a transferência das bodas, dizendo que explicaria depois.

Otias, aflita, chamou Jasar e narrou-lhe o sucedido. O rapaz, temeroso pela vida do irmão, sugeriu a Martus que organizasse um bom número de lanceiros e saísse em busca de Pecos.

Otias, desesperada mais pelo fracasso de seu casamento do que pela vida do noivo, via aproximar-se o dia da cerimônia.

Jasar, preocupado, procurava uma explicação. O nome de Rabonat veio-lhe à mente logo. Se seu irmão tivesse caído nas mãos do desafeto, não mais estaria vivo. E a fuga das duas escravas da casa teria alguma relação com o desaparecimento do irmão? Era bem provável. Os dias iam passando, e Pecos não era encontrado.

O faraó, ciente do ocorrido, organizou verdadeiros planos de captura esquadrinhando todas as estradas.

Conseguiram encontrar uma pequena casa que servira de esconderijo a Rabonat e seus homens. Identificaram-na pelos objetos que encontraram pertencentes a ele e ainda pelos vestígios claros de uma fuga preparada com rapidez.

Na casa de Pecos, seus familiares estavam desolados. Tudo fazia crer que os raptores já tivessem fugido para longe, provavelmente levando seu prisioneiro, uma vez que o cadáver de Pecos não fora encontrado.

Além do mais, Osiat, com os contratempos que vieram inutilizar seus mais caros desejos, recaíra enfermo, sendo bastante grave seu estado.

***

Naquela noite fresca de um luar opalino, Jasar estava triste e acabrunhado, apesar de toda a sua força de vontade para dominar-se.

Estimava muito o irmão, a quem se apegara bastante depois da morte dos pais. Temeroso, pedia aos imortais por ele. Mas, por mais que procurasse tornar-se otimista, estava triste e com o coração envolto em maus presságios. Além disso, com o tio enfermo, Otias caíra em uma apatia nervosa que nem a doença paterna conseguia demover.

O ambiente da casa era opressivo. A única luz que brilhava em torno deles era o devotamento de Solimar. Jasar enternecia-se ao lembrar seu desvelo por todos os que necessitassem dos seus cuidados. Ele sentia necessidade de paz, de calma e de conforto espiritual.

Pôs-se a caminhar a esmo e, sem sentir, chegou ao local onde encontrara Solimar pela primeira vez. Novamente notou a beleza acolhedora daquele recanto ameno e agradável. Sentou-se ao pé da grande árvore ali existente. Seu olhar perdeu-se contemplativamente na imensidão do infinito. Gostava de observar e meditar sobre os fenômenos da vida, da natureza, perguntando-se por que a maioria dos homens no dia a dia não se dava ao trabalho de investigá-los.

De repente, ouviu passos. Alguém se aproximava. Jasar, contrariado por ver seu sossego perturbado, ia levantar-se quando, aliviado, deparou com Solimar.

Esta, ao vê-lo, embaraçou-se:

— Desculpe se vim perturbá-lo, vou me retirar.

— De modo algum, não consinto. Eu é que usurpei-lhe o lugar de repouso, vindo gozar aqui a quietude da noite. Já que veio, fique. Não desejo perturbar seu recanto preferido, mas seria um prazer podermos conversar um pouco. Sente-se aqui ao meu lado.

Jasar falava-lhe não como a uma escrava, mas como a uma igual. Para ele, Solimar era um elevado espírito, e sua condição de escrava não o tolhia.

Um pouco ruborizada, ela sentou-se na relva ao lado dele. Nunca estivera tão próxima a ele. Isso perturbava-a agradavelmente.

Jasar representava para ela muito mais do que a bondade ou a compreensão. Sentia por ele uma ternura infinita que não procurava sufocar, embora soubesse ser um amor impossível às leis humanas.

Jasar, sentindo a proximidade da moça, também exultava interiormente, desejando prolongar ao máximo aquele momento.

Conversaram sobre diferentes assuntos, porém, sem refletir no que diziam, pois seus pensamentos estavam concentrados naquela irresistível atração.

Jasar olhava o meigo rosto de Solimar e havia todo o ardor de uma ternura profunda em seus olhos.

A moça, sentindo o peso daquele olhar, olhos baixos, levemente ruborizada, procurava controlar as batidas do coração terrivelmente aceleradas.

— Solimar, olhe para mim. Quero ver seus olhos.

Ela, vagarosamente, alçou a cabeça, e ele viu na luminosidade daqueles olhos radiosos aquilo que seu coração pedia.

Esquecidos de tudo o mais, viviam aqueles minutos infinitamente felizes, longe de tudo e de todos. Depois, Jasar, num impulso mais forte do que sua vontade, apertou-a efusivamente em seus braços, cobrindo-lhe de beijos os cabelos revoltos.

Ela, feliz, deixou-se ficar assim, sem falar, com receio de quebrar o encanto do momento.

— Solimar! Eu te amo! Desde o primeiro instante em que a vi, fiquei preso à sua cativante personalidade e, quanto mais a conhecia, mais e mais a amava. Consinta ser minha esposa, só com você serei feliz!

Solimar, com a voz embargada de emoção, à custa respondeu:

— Mesmo que a vida venha a destruir-me após este instante, ainda que eu sofra mil vezes futuramente, tudo será compensado pela felicidade deste momento!

— Não fale de coisas tristes agora. Sabendo que você retribui meu amor, não deve recear de nada. Eu a protegerei contra o mundo inteiro se preciso for.

— Oh! Como sou feliz ao ouvi-lo! No entanto, deve saber que como escrava não tenho direito ao casamento e muito menos com um nobre.

— Saberei vencer todos os obstáculos. Nada tema. Será minha esposa. Depois, juntos, estudaremos, viajaremos por outras terras, iremos à procura de sua mãe, saberemos se é mesmo verdade que morreu. Viveremos uma vida maravilhosa, você e eu.

Enquanto ele continuava falando sobre o futuro risonho, Solimar deixou-se ficar em seus braços, meiga, terna e feliz.

— Diga se me deseja como esposo — pediu ele teimosamente, desejando ouvi-la repetir isso.

— Sim, o quero! Se quiser, serei sua esposa.

Ali mesmo, selaram o pacto amoroso com um beijo terno e apaixonado, e Jasar deu-lhe um pequeno anel como compromisso.

Solimar, por sua vez, ofertou-lhe um pequeno medalhão de madeira onde estava pintada sua imagem.

— Deveremos aguardar alguns dias para saber o rumo dos acontecimentos. Depois contarei tudo a meu tio e, se Pecos regressar, tenho certeza de que me ajudará a receber permissão do faraó e dos sacerdotes para o casamento. Viremos sempre nos encontrar aqui, todas as noites, para conversarmos, se possível.

Permaneceram mais algum tempo abraçados, conversando. Por fim, despediram-se, e seus corações felizes entrelaçavam sonhos de amor e felicidade.

***

Alguns dias mais se passaram. Tudo continuava na mesma. Osiat, porém, certa tarde, piorou subitamente. Otias, sacudindo o desânimo que a deprimia, concentrou toda a sua atenção na saúde do pai.

Solimar ajudava como podia. Sabia que ele ia morrer. Via ao redor do leito formas transparentes de seres espirituais que trabalhavam ativamente naquele sentido. De repente, reconheceu dentre eles o vulto amigo de seu amoroso pai. Agradavelmente surpresa, ela fixou-lhe o semblante boníssimo, agora rejuvenescido.

"O que estarão fazendo?", pensou ela.

O espírito de seu pai sorriu e, ao mesmo tempo, segredou-lhe em pensamento:

— Prepare-se, filha, para ser forte. Ele logo estará vivendo a verdadeira vida. Deve ter resignação em todas as provações.

Depois, pousou a mão sobre a fronte do enfermo. Este, como que aliviado de seus sofrimentos, conseguiu respirar melhor.

— Jasar, meu filho, preciso lhe falar.

Jasar, chamado à cabeceira do enfermo, sentiu que ele não resistiria à crise.

Solimar, a um canto, orava em pensamento por aquele velho que gemia asfixiado pela moléstia.

— Estou aqui, meu tio, pode falar.

— Jasar, sei que vou morrer! Não queria agora desertar a vida. Minha filha fica sem ninguém no mundo, possuindo somente você como amparo e proteção. Meu coração sofre por deixá-la ao desamparo!

— Pode contar comigo, tio! Velarei por ela como por uma irmã — volveu Jasar serenamente.

O velho, arfando, ofegante, esclareceu:

— Mas isso não basta. Eu estava sossegado com referência ao seu futuro por causa do casamento com Pecos. Mas agora que ele não está para cumprir o contrato, sinto-me triste por não poder esperar que minha filha se case. Nessas circunstâncias, desejo pedir que você se case com ela em lugar de seu irmão.

Um pesado silêncio se seguiu a essas palavras, somente cortado pela respiração dificultosa de Osiat.

Otias, cabeça baixa, coração batendo acelerado, esperava a resposta do moço com muito interesse.

Solimar, pálida, trêmula, a custo reprimia a angústia.

Jasar, revoltado e surpreso, não sabia o que responder. Sabia que não deveria contrariá-lo, porque agravaria fatalmente seu estado. Ao mesmo tempo, sentia a tremenda responsabilidade que lhe pesaria se concordasse com ele.

— Diga depressa que se casará com ela... Preciso saber, estou perdendo as forças... depressa!

Jasar, aterrado, buscou instintivamente os olhos de Solimar para neles encontrar um apoio, uma solução.

Ela, pálida, porém serena, acenou-lhe com a cabeça afirmativamente.

Jasar, após enviar-lhe um olhar desesperado, murmurou sucumbido:

— Bem, tio, eu me casarei com ela.

O velho pareceu aliviado. Fechou os olhos por algum tempo, depois, chamando-os mais perto, tomou-lhes as mãos, unindo-as sobre a cama, dizendo:

— Prometa que cumprirá o que lhe peço logo após minha morte.

— Sim, tio, prometo.

Havia um surdo desespero na voz que ele procurava tornar firme.

Osiat sorriu. Deixou pender no leito a cabeça encanecida e nada mais disse. A noite ainda não baixara sobre aquela parte da Terra, e já o velho Osiat deixara de existir no mundo terreno.

A situação era dolorosa para Otias que, inconformada, dava largas ao desespero.

Jasar, pálido, sofria duas mortes consecutivas: a do tio e a de suas ilusões de amor.

Solimar, o coração opresso, esquecia sua própria amargura para sofrer por Otias e também por Jasar.

Sentia a dor íntima do rapaz, sofria por não poder ajudá-lo. Orava fervorosamente aos imortais que lhes dessem forças para vencer aqueles dolorosos momentos. Fitava o pequeno anel que Jasar lhe dera, e o coração apertava-se pelo desengano sofrido.

Jasar providenciou os preparativos para o sepultamento. A casa tornara-se infinitamente triste. Parecia que todos tinham sido envolvidos por uma série de desgraças. Até os escravos, afeitos ao ambiente, sentiam-se deprimidos e desanimados.

Uma noite, dias depois, realizadas já as solenidades da mumificação e do sepultamento do corpo de Osiat, Jasar, sem poder conter-se, procurou Solimar em seu recanto favorito.

Ia amargurado. Seu coração sofria pelo rumo imprevisto que tomavam os acontecimentos. A moça, triste, esperava-o. Quando ele se aproximou, ela falou:

— Recebi recado de que queria falar-me.

— Sim, Solimar. Não posso mais aguentar sozinho o peso das resoluções que me obrigaram a tomar. Arrependo-me de ter empenhado minha palavra ao tio. Poderia velar por Otias sem a necessidade do casamento.

— Jasar, está errado. Você, que possui tão grande força moral e que conhece os grandes mistérios que envolvem a vida na Terra... Não, não posso crer que seja um fraco e não possa levar a termo a sagrada missão que solicitou aquele pai angustiado e agonizante! Crê que será feliz se agora não procurasse bem cumprir sua palavra?

Jasar baixou a cabeça um tanto confundido pela serena energia da moça. Não a julgava capaz de tanto desprendimento, tanta elevação de espírito. Positivamente, ela lhe era superior. Para justificar-se, ele disse:

— Mas é a você que eu amo! Não poderei ser para ela um esposo amoroso. Irei traí-la constantemente a contragosto, pois que meu pensamento será seu e jamais poderei esquecê-la!

O rapaz segurava-lhe uma das mãos e a cobria de beijos.

Solimar, olhos marejados, sentiu uma vontade infinda de atirar-se nos braços do amado, de consolá-lo com palavras de carinho e de amor, porém, dominando-se energicamente, retirou a mão com delicadeza, dizendo:

— Eu o compreendo. Crê que não sofro pela morte de nossas ilusões? Crê que não coloco minha máxima ventura em uma convivência permanente contigo como sua esposa? Sofro como você, mas nós sabemos que esta separação será temporária. O que são uns poucos anos de vida terrena comparados à eternidade? Lá no Além, onde as almas se unem pela força dos sentimentos, certamente nos encontraremos e poderemos então realizar o nosso sonho. Não como agora o faríamos, temporariamente ou a custo de embotarmos nossas consciências, mas quites com nossas obrigações e livres em um mundo maior e melhor! Pense como é insignificante o tempo de separação para nós!

Jasar a ouviu sentindo-se mais calmo. As palavras dela recordaram-lhe, de repente, o espírito de Silas quando lhe aparecera na gruta. Lembrou-se de que prometera a si mesmo superar a provação. E fora a pequena e frágil Solimar quem o chamara ao dever!

Cabisbaixo, ele sentia vergonha de sua fraqueza.

Ela continuou:

— Vá, realize sua missão. Esqueça os sonhos loucos que alimentamos. Nós estamos aqui a serviço, tentando cumprir determinações da vida. Ela sempre faz tudo certo. Não podemos pensar em felicidade agora, já que estamos sendo convocados a outros caminhos. Esta renúncia nos é necessária, uma vez que nos está sendo exigida. Cumpramos, pois, da melhor maneira, nossa tarefa. Case-se com a nobre Otias. Procure ser para ela um marido bondoso, tolerante, sincero. Esqueça-me como mulher, mas lembre-se sempre da amiga sincera, da companheira espiritual que o esperará até a hora em que estejamos livres. Assim encontrará forças para reagir e cumprir sua promessa. Otias o ama! Eu o sei! Quem sabe um dia poderá amá-la também?

— Solimar, como você é bondosa! Sua alma é tão nobre! Sinto-me como um criminoso ao pensar que poderia induzi-la a fraquejar na luta. Perdoe-me.

Ele a contemplou e viu seus olhos banhados de lágrimas, os lábios contraídos em um enorme esforço. Sem conter-se mais, abraçou-a terna e desesperadamente.

— É a nossa despedida, Jasar! Não é mais livre. Não pode abraçar-me.

Sem mais resistir à avalanche de beijos que ele lhe dava na testa, nos cabelos, na face, ela o abraçou também e trocaram o beijo amargo do adeus.

Depois, ela fugiu, deixando-o infinitamente triste, olhando as estrelas com os olhos parados, enevoados, sem nada ver. Para ele, Solimar revelara-se a deusa, a luz, a perfeição, o inatingível. Ele lamentou mais uma vez a ventura que lhe fugia.

Depois, lembrou-se novamente das palavras do amigo e orou fervorosamente, implorando sua presença compreensiva.

Desta vez, porém, ele não apareceu, mas Jasar sentiu que uma aragem suave, fresca, envolvia-o enquanto uma voz lhe dizia intimamente:

— O caminho é um só, e você o sabe. Prepare-se para segui-lo. Tenha fé, estaremos contigo. Repouse agora das preocupações dos últimos dias.

Depois disso, Jasar sentiu-se invadido por uma doce sonolência. Compreendeu que fora atendido na súplica. Retirou-se a passos vagarosos para o interior da casa.

Solimar, porém, após o violento esforço que fizera, recostou-se a um banco em um sítio deserto, pondo-se a chorar sentidamente. Em seu pranto não havia amargura, mas apenas tristeza.

Orou fervorosamente, pedindo às potências divinas proteção, forças para resistir à provação e logo sentiu que sua serenidade lhe voltava.

Permaneceu muito tempo assim, em um letargo, depois retirou-se para sua habitação.

CAPÍTULO XI

A aragem do tempo varreu as areias dos últimos acontecimentos na grande viagem da vida terrena. Muitas coisas se modificaram envolvendo os personagens desta história.

Era tarde. Um calor sufocante torturava os habitantes de Nínive, a bela e suntuosa capital da Assíria. Nínive, cidade dos obeliscos, das grandes estátuas de madeira guarnecendo castelos decorados em cores vivas e bizarras.

Sua gente, menos pacata de natureza do que os de Quinit, preparava-se para novas conquistas após haver escravizado a Palestina e o Golfo Pérsico. O império assírio estendia suas armas sobre o mundo civilizado da época, numa ânsia incontida de conquista e de poder.

No magnífico palácio onde vivia Salil com a filha, a vida continuava normalmente.

Apesar de hebreu, Salil ocupava alta posição diplomática junto ao imperador, que soubera conquistar graças à sua inteligência maneirosa e sutil.

Salil viera com seus pais a Nínive por ocasião da ocupação do seu país de origem, mas, apesar dos preconceitos raciais que conservava intimamente, sua personalidade servil o fizera progredir muito mais do que se poderia esperar.

Aliás, o imperador, ciente de que a melhor maneira de dominar o povo hebreu era angariando-lhes a simpatia, anistiou todos aqueles nobres que se declarassem publicamente cidadãos assírios. A minoria que se havia recusado a tal fora escravizada barbaramente.

Entretanto, o povo hebreu, embora aparentemente estivesse servindo o novo imperador, com a astúcia que lhe era característica, continuava a tramar, tendo organizado às escondidas uma sociedade secreta pró-libertação de seu povo. Salil era um dos chefes do movimento, embora nem mesmo a filha soubesse.

Na casa de Salil, os escravos eram tratados com rigor, e a tolerância não era conhecida. Aplicavam os castigos mais bárbaros para justiçar os escravos faltosos. Porém, lá existia um escravo tratado muito pior do que os demais: Pecos.

Aqueles dois anos tinham-no mudado consideravelmente. Seu físico, já bem desenvolvido, mais se robustecera no trabalho árduo e grosseiro, porém seu rosto humanizara-se, o que aumentara seu carisma natural, tornando-o mais atraente. Fora encarregado de fazer os mais duros serviços domésticos e ainda era obrigado a atender os numerosos caprichos de Nalim. Orgulhoso, procurava desempenhar bem todas suas tarefas, não dando oportunidade a que ela o castigasse.

Apesar disso, ela não perdia oportunidade de humilhá-lo e escarnecê-lo na presença dos demais.

Pecos, porém, embora ferido profundamente em sua vaidade de soldado conquistador e de homem, calava-se e, embora o fizesse, em seus olhos Nalim não via a derrota, mas desdém e indiferença.

Isso a exasperava, tornando-a mais rude, agressiva e caprichosa, provocando-o, desejosa de uma reação violenta que não acontecia.

Apesar de estar de novo em casa, Nalim não era feliz. Vivia nervosa e insatisfeita. O tédio invadia-lhe a alma. O pai, amoroso, solícito, proporcionava-lhe um ambiente de luxo, de esplendor, de festas, a fim de contentá-la. Porém, nada conseguia modificar seu estado de espírito.

Tudo para ela era inexpressivo. A vitória que conseguira possuía um sabor diferente do que imaginara. Não se arrependera do que realizara. Estava satisfeita por ter o orgulhoso senhor de outrora à sua mercê e por haver ferido Otias, a quem odiava gratuitamente. Porém, desejava que Pecos sofresse, e a resignação do rapaz a exasperava, tornando-se uma obsessão. Não conseguia pensar em outra coisa a não ser atingi-lo.

O resultado era que amiúde o chamava, encarregando-o de pequenos serviços desnecessários, que ele procurava realizar com infinita paciência. Muitas vezes, ela, zangada pela indiferença dele, procurava tentá-lo disfarçadamente com atitudes de abandono e languidez.

Pecos, endurecido pelas humilhações, sempre que ela o chamava, usava toda a sua força de vontade no sentido de ser-lhe indiferente. No entanto, a beleza, seu caráter arrebatador de mulher voluntariosa, insinuara-se em seu coração, roubando-lhe o sono e o sossego.

Apesar disso, ele estava resolvido a não fraquejar, porque temia o seu desprezo. Pela primeira vez, estava apaixonado e escondia esse sentimento, guardando-o no íntimo como uma coisa sagrada. Ela jamais o saberia. Percebia-lhe a provocação, mas sabia que ela buscava ensejo para escarnecê-lo.

Naquele entardecer, Salil, sentado em um banco, conversava com a filha, preocupado.

— Filha, isso não pode continuar. Está com vinte anos! Breve não mais estará em idade de se casar. É imperioso que se case. Aliás, para consolidarmos nossa situação aqui, precisa casar com um militar da corte. Assim nos garantiremos pelo resto da vida.

A moça sacudiu os ombros displicentemente, respondendo:

— Ora, meu pai! Tenho feito o possível para conseguir gostar de alguns rapazes que aqui temos recebido, mas ainda não encontrei o homem capaz de tornar-se meu marido.

— Filha, estou velho, não posso viver muito, preocupa-me seu futuro — Salil passou a mão pela testa enrugada. — Além do mais, tenho um pressentimento estranho que me obriga a tratar logo da questão.

Ele estava de fato preocupado. Dois dos membros de sua sociedade secreta de conspiração haviam desaparecido misteriosamente e, se as autoridades ou os sacerdotes os houvessem capturado, descobrindo a trama, estariam fatalmente perdidos.

Nalim, porém, desconhecendo os motivos do pai, sorria despreocupada, acreditando-se livre para esperar. Nunca havia pensado em casamento, e o culto reverente que os homens rendiam à sua fulgurante formosura a entediava.

De repente, quebrando o silêncio da noite que já caíra inteiramente, o mesmo canto ardente que a seduzira outrora se fez ouvir a alguma distância. Nalim, cerrando os olhos, fingiu repousar para melhor ouvir a música de esplêndida beleza e a magia daquela voz.

Pecos cantava! Seu canto nostálgico, lembrando a pátria distante, enchia a noite de matizes cintilantes de saudade! Nalim adorava ouvir música. Sua sensibilidade altamente vibrante, tocada pela beleza daquele canto, deixava-se embalar pela magia do momento, perdendo a noção do tempo.

Tudo era calma, magia, repouso. Nada prognosticava a tempestade iminente. Nada os preveniu do rumo que tomariam os acontecimentos.

A certa altura, porém, quebrando o silêncio, surgiu um homem apressado. Sua fisionomia demonstrava terror. Estava lívido.

Assim que o viu, Salil levantou-se apressadamente, invadido por secreto receio.

— Salil! Preciso falar-lhe urgentemente!

— Fale — ordenou ele.

— É algo muito grave — murmurou, olhando significativamente para Nalim.

Ela compreendeu, ia retirar-se, porém Salil disse:

— Fique, filha. Pode falar, Josias. Tencionava contar-lhe tudo. Não importa, pode falar.

— Bem. Soube por intermédio de um amigo que trabalha no palácio. Nossos homens foram descobertos e estão presos. Submetidos a torturas, contaram parte dos nossos segredos. Tememos que eles revelem nossos nomes, então, estaremos perdidos. É necessário que fuja o mais depressa possível! Se nada suceder, alegará uma viagem urgente quando regressar, mas não perca tempo. Tenho tudo preparado, parto imediatamente.

— Creio que tem razão. Iremos também nos esconder nas cavernas da terra de Judá. Lá nos encontraremos.

Nalim, surpresa, assustada, não compreendia o sentido do estranho colóquio. Assim que Josias se retirou apressado, Salil, como que revestido de novas energias, ordenou à filha que se preparasse para viajar.

Iriam só os dois, nada dizendo aos escravos sobre a viagem, a não ser que a faziam por questões financeiras.

Nalim, ainda aturdida, colocou uma capa sobre os ombros rapidamente, tomando suas joias e colocando-as em um saco de viagem juntamente com mais alguns objetos íntimos e uma muda de roupa.

Encontrou-se com o pai no corredor, e ambos ganharam o jardim onde os esperavam dois cavalos prontos para partir.

Após as ordens necessárias aos escravos e servos, eles partiram rapidamente. Seus vultos perderam-se nas sombras.

A noite já ia em meio quando os escravos da casa foram despertados por um ruído estranho. O palácio acabara de ser invadido por cavaleiros do imperador. O chefe dos soldados bateu violentamente na porta, chamando pelos escravos.

Um deles, assustado, acorreu pressuroso.

— Onde está o chefe da casa?

— Saiu, senhor! — respondeu humilde o escravo.

— Onde foi? — tornou o soldado.

— Viajou com a filha, inesperadamente.

— Sabe o que foi fazer?

— Parece-me que receber uma herança de um parente que acaba de falecer.

— Hum!... — resmungou o soldado. — Eu sei que parente ele foi ver! Ouça, o palácio está cercado. Tudo que aqui existe, bem como terras, casas, animais e escravos, é agora propriedade do grande imperador de toda a Assíria! Salil e a filha serão prisioneiros, e os sacerdotes resolverão sobre suas vidas.

O escravo, surpreso, boquiaberto, ficou parado olhando o cavaleiro. Este berrou:

— Então, seu vagabundo, crê que iremos passar a noite aqui fora? Abra que queremos revistar a casa.

O chefe da cavalaria mandou que alguns de seus homens dessem busca pela casa, enquanto outros o faziam pelas redondezas. Certo de que a presa lhes escapara, ordenou a perseguição dos fugitivos, seguindo a pista ainda fresca dos cavalos na estrada.

Salil e Nalim cavalgavam às pressas, tendo já saído da cidade. Salil dizia:

— Se alcançarmos o deserto, estaremos salvos.

Ela, porém, não respondeu, tal era sua preocupação. O pai contou-lhe a conspiração que tramara para derrubar o imperador. Ela censurou-lhe a imprudência, que lhes arruinara a vida.

Salil ia agitado e aflito. Sua saúde precária, agravada agora pela preocupação, pelo susto, impedia-os de atingir maior velocidade.

À certa altura, vendo o pai extenuado, Nalim propôs que procurassem um sítio para repousar. Haviam cavalgado toda a noite, e a madrugada já rompia. Desejoso de recuperar as forças, ele concordou.

Não se julgavam ainda perseguidos, portanto, quando encontraram um pequeno bosque, desmontaram, arrumando da melhor maneira possível uma cama para repousar. Abatidos pelos últimos acontecimentos, exaustos, dormiram logo. Foram, porém, despertados por um ruído próximo.

Salil e a filha levantaram-se rapidamente para fugir, porém era tarde. Já tinham sido vistos. Em poucos instantes, estavam cercados pelos soldados, que riam satisfeitos.

— Em nome do imperador, estão presos. Tenho ordens para levá-los ao palácio por crime de alta traição.

Trêmulos, pai e filha se deixaram amarrar e, cabisbaixos, sucumbidos, foram conduzidos de retorno a Nínive. Lá chegando, o povo, sabedor do acontecimento, parava para observar o cortejo que seguia.

Nalim, abatida, humilhada, ainda mantinha o orgulho que lhe era característico, e seu porte altivo impressionava o povo. O velho Salil, porém, estava sucumbido. Abatido, doente, mal podia manter-se sobre o animal.

Por fim, chegaram ao forte onde ficavam os prisioneiros. Salil pediu para ser conduzido à presença do imperador. Foi-lhe recusado.

Pai e filha, atirados a uma masmorra, não sabiam como proceder.

O tempo para eles começou a arrastar-se de uma maneira lenta e torturante. Salil, amargurado, temia pela sorte da filha. Maldizia-se por ter se envolvido em tal assunto.

Os dias sucediam-se e nada acontecia. Finalmente os prisioneiros viram a porta abrir-se, e o carcereiro lhes disse:

— Aprontem-se para comparecerem frente ao grão-sacerdote, na sala da justiça. Diante do imperador e do povo, serão julgados. Todos os sacerdotes estarão presentes para ouvi-los.

Trôpego, sentindo o sangue fugir-lhe, Salil, amparado pelo braço da filha pálida, acompanhou o carcereiro. Chegaram a um grande pátio onde seria realizado o julgamento.

De um lado, o povo se comprimia para assistir à solenidade; de outro, os nobres e as classes privilegiadas.

Ao centro, sentado em enorme e magnífico trono esculpido, o imperador dos assírios, com seu cetro. Trajado de alvo linho, trazia à cabeça uma coroa de contas pintadas em cores vivas. Seu aspecto era imponente.

Em cada lado do trono, havia sobre o tablado duas piras acesas, como símbolo da purificação das criaturas. Depois, vinham as cadeiras dos sacerdotes, cinco de cada lado do imperador.

Mais à frente, um pequeno espaço quadrado, profundo, era o local onde seriam colocados os prisioneiros que, como criminosos, deveriam ficar em nível inferior aos demais.

Os dois prisioneiros, assustados pela severidade do ato, permaneciam à entrada, interditos.

Depois, sob vaia do povo que enchia sua dependência, foram empurrados até o centro do pátio, descendo ao local que lhes era reservado. Circunvagando o olhar pela assistência, eles viram que alguns dos antigos amigos, agora, escarneciam deles.

Conheceram de um relance a hipocrisia da corte, das amizades de conveniência que os bajulara até a véspera.

O povo, mais capacitado para compreender as misérias humanas, compadecia-se de Nalim, impressionado pela sua extrema beleza. Afastados a um canto, os réus reconheceram os escravos de sua casa. Todos amarrados uns aos outros pelos pés, lembravam um rebanho de animais bravios.

O coração de Nalim bateu mais forte: Pecos estava entre eles! Seus olhos, fixos nela, brilhavam estranhamente.

"Parece que ele está ansioso. Será por mim?", pensou ela. O coração bateu-lhe mais forte. Logo baixou a cabeça desalentada. "Não pode ser! Ele teme seu próprio destino!"

Deveria odiá-la por tudo quanto lhe fizera. Deveria estar satisfeito com sua humilhação! Não! Ela não lhe daria o prazer de sucumbir diante dele! Ficaria firme até o fim!

Embora o coração opresso, ela, rendendo culto ao seu amor-próprio, alçou a cabeça com altivez e aguardou o início da cerimônia.

O julgamento seria sumário, e a aplicação da pena, imediata. De início, os sacerdotes celebraram os rituais costumeiros e depois, em nome da justiça, sacrificaram uma serpente como símbolo do castigo ministrado a um traidor.

O espetáculo era realmente dantesco. O animal estorcia-se no fogo, enquanto os sacerdotes pronunciavam palavras do ritual, com encenações vistosas.

Depois, um deles chamou o oráculo do imperador para falar sobre o crime cometido pelo réu. Este usou da palavra relatando com certo exagero toda a trama imputada a Salil. Muitos dos que estavam envolvidos no caso foram forçados, sob coação, a relatar tudo o quanto sabiam.

Entretanto, uma coisa ficara provada. A moça nada sabia sobre o assunto e dele não participara. Imediatamente, ela foi retirada do lado do pai e levada até onde estavam os escravos.

Salil, já quase sem forças, sentia que a vida lhe fugia com a separação da filha querida, mas respirou aliviado julgando-a salva.

Depois, em virtude da elevada posição que Salil ocupava junto ao soberano, este em pessoa o interrogou:

— Que tem a dizer sobre o ocorrido?

Salil, sabendo que nada lhe valeria negar, pois que seria coagido por meios violentos, respondeu:

— Reafirmar que a parte da culpa, que me cabe, eu a reconheço. Arrependo-me de ter-me envolvido em tal aventura. Preciso declarar que minha filha nada sabia, porque não concordaria comigo. Ela é filha deste país e considera-se verdadeiramente uma assíria.

O imperador de fato reconhecia ser verdade este ponto, mas a lei do país castigava os pais e os filhos até a quarta geração.

Portanto, embora ela estivesse livre da participação na trama, era culpada pelo crime do pai. A lei era clara e dizia que a punição do criminoso seria de morte e que a de seus descendentes seria a miséria, não sendo reconhecidos seus direitos de nobreza.

Salil, pálido, continuou:

— Muitos foram os serviços que nos prestou antes de cometer tal fraqueza. Em nome deles, peço-vos clemência para minha filha.

O chefe do povo assírio sorriu e, com olhos brilhantes, insinuou:

— Existe algo que precisa revelar-me. Se o fizer, serei complacente com sua filha.

Salil estremeceu. Ele não poderia revelar os segredos de seus companheiros ainda livres, porém, para ganhar tempo, assentiu.

Um dos sacerdotes, então, desceu até ele e conversaram à meia voz.

Dizia Salil:

— Não sei. Não posso dizer.

— Além de traidor, é mau pai! Condena sua filha à morte e pactua com os ingratos visionários como você. Não negue, você sabe o que desejamos.

Salil, realizando tremendo esforço, perguntou:

— Se eu revelar tudo, minha filha será libertada?

— Sim, embora perca o direito de seus bens.

— Então não revelo, porque prefiro vê-la morta a atirá-la na miséria.

O sacerdote, ardiloso, querendo arrancar-lhe as informações, disse:

— Ora! Ela é muito bela! Poderemos casá-la com um nobre da corte.

Ingenuamente, Salil acreditou nele, respondendo:

— Está bem. Direi tudo. Antes, porém, falarei ao povo de Nínive. Pergunte ao grande chefe se as condições estão aceitas.

O sacerdote foi até o soberano com ele, conversando à meia voz. O rei, olhando para Salil, assentiu com a cabeça.

Salil, então, foi sacudido por uma nova energia. Era possível afirmar que aquele corpo exangue e desalentado readquiria toda a sua força. Ele bradou:

— Tomo o povo por testemunha de tudo quanto vou dizer. Primeiro, desejo ouvir do sumo sacerdote as condições que combinamos para realizar nosso acordo.

Os sacerdotes fizeram um gesto de contrariedade. Eles não esperavam que Salil lhes exigisse uma promessa pública. O imperador, com o cenho enrugado levemente, nada dizia.

Os sacerdotes confabulavam a um canto. Sabiam que, se lhe negassem tal promessa, Salil se deixaria matar sem nada revelar, e eles precisavam conhecer toda a extensão do movimento.

Torturá-lo seria inútil, porque seu corpo não resistiria. Eles precisavam mantê-lo vivo para arrancar-lhe os segredos. Pensaram em torturar Nalim, mas, fraco como estava, coração enfermo, o idoso estaria sujeito a morrer de repente. A melhor forma, portanto, seria concordar, mas depois precisariam cumprir o prometido, pois que assim exigiria a vontade do povo.

Eles receavam irritar ainda mais os súditos, que já eram explorados em suas economias demasiadamente. Politicamente, eles precisavam agradar um pouco a massa, porque assim continuariam dominando. Resolveram, portanto, concordar.

Um deles conversou com o imperador e depois, dirigindo-se ao povo, falou:

— Povo de Nínive. Todos sabem da bondade do nosso soberano. Apesar da traição, o criminoso poderá prestar-nos um grande serviço, revelando certos segredos que desejamos para manter a segurança do país. Como costumamos recompensar regiamente os serviços que nos prestam, resolvemos perdoar Nalim, a filha de Salil, dando nossa palavra de bem casá-la com um cavalheiro de nobre estirpe. Tomamos o povo por testemunha que faremos.

Salil suspirou aliviado. Depois, em voz baixa, conversou longo tempo com o sacerdote sobre tudo quanto ele desejava saber.

Nalim sofria atrozmente. Seu orgulho espezinhado, humilhado, seu pobre pai tão altivo, tão superior, maltratado como um cão danado. Ela percebera o desesperado esforço do pai para assegurar-lhe o futuro e temia receosa.

Depois, Salil foi condenado a morrer na fogueira, que o purificaria da traição cometida. Exausto, ele tombou ao solo desacordado.

Nalim, aterrorizada, viu os preparativos para o suplício do pai. Sem poder conter-se mais, tonteou. Ia cair. Somente viu que um rosto ansioso se debruçava sobre ela. Sentiu-se envolvida por dois braços fortes. Reconheceu Pecos, depois perdeu os sentidos.

Quando os sacerdotes tomaram o corpo de Salil para o amarrarem ao poste do sacrifício, perceberam que seguravam um cadáver, mas não querendo decepcionar os que assistiam e aguardavam a dantesca cena, procederam ao ritual normalmente.

O povo delirava, possuído de verdadeira sanha maligna. Sentia-se forte cheiro de carne queimada. Depois, os despojos foram retirados solenemente para serem levados ao templo, para aplacar a fúria dos deuses, provocada pelo crime.

Para refazer o ambiente, foram queimadas ervas aromáticas. Passados os primeiros instantes, o povo exigiu:

— A promessa! Queremos que se cumpra a promessa!

O imperador mandou que o sacerdote socorresse Nalim, ainda desacordada, sentada ao chão, amparada por Pecos.

Ela foi levada ao tablado, onde os sacerdotes lhe ministraram medicamentos. Retornou a si, porém seus olhos aterrorizados procuravam, em vão, a figura do velho pai. Parecia haver se reanimado, mas estava em pé devido aos recursos médicos dos sacerdotes. Seus olhos brilhavam de febre e percebia-se que seu raciocínio estava confuso.

Tendo o soberano se sentido um tanto indeciso sobre como resolver o problema, começou a falar dirigindo-se diretamente ao povo.

— Hoje estamos exaustos e necessitamos de repouso. Dentro de oito dias, nos reuniremos aqui novamente para resolver o caso. Prometo que o farei de acordo com o desejo de todos. Minha palavra foi dada e, portanto, será cumprida.

Assim, aquela nefanda sessão encerrou-se finalmente, e os escravos foram conduzidos à prisão, inclusive Nalim, ficando, porém, os homens separados das mulheres.

O assunto, completamente novo, corria de boca em boca. A maioria conhecia de sobra a bela e orgulhosa Nalim. Estavam interessados em conhecer-lhe o destino. Plebeus e nobres, todos se preparavam para a sessão seguinte como para uma festividade.

Sabiam também que a sorte dos escravos seria decidida, e a propriedade, vendida. Muitos estavam interessados em um bom negócio.

Nalim caíra em apatia. Adoecera gravemente. Embora tratada pelos sacerdotes, seu estado não era bom.

Enquanto isso, o imperador preocupava-se em arranjar um noivo para Nalim. O problema era difícil, pois que nenhum dos nobres de sua corte aceitaria a filha de um criminoso.

Esperava mesmo que ela morresse para solucionar a questão. Porém, Nalim era jovem, forte e, embora abatida, resistiu à febre nervosa que tivera.

Pecos, entretanto, não tinha repouso. Preocupava-se pela sorte da moça. Sabia que talvez a matassem para furtar-se ao cumprimento de tão absurda exigência. Ele precisava libertar-se de qualquer forma!

O tempo passava, e ele não encontrava solução. Até que chegou o dia esperado.

Todos foram conduzidos ao enorme pátio, aguardando o início dos rituais. O local estava repleto.

Nalim, pálida, trajando alva túnica de linho preparada para a ocasião, aguardava quase indiferente. Seus nervos abalados estavam isentos de emoções fortes.

A cerimônia começou. Terminados os rituais, o vice-rei, paramentado especialmente, começou a falar, oferecendo Nalim em casamento aos nobres da corte.

O silêncio era completo. O povo, em expectativa, aguardava que alguém se manifestasse. No entanto, ninguém se atrevia!

Nalim era oferecida, seu corpo soberbo, exibido como tentação para encorajar o casamento.

De repente, um moço simpático, trajando uniforme militar, enveredou dentre os nobres e pediu licença para falar ao imperador. Este, aliviado, julgando ter encontrado um marido para a moça, assentiu.

Curvando-se reverente frente ao soberano, o jovem falou:

— Oh! Grande imperador das terras da Assíria, em nome do meu país o saúdo. Peço licença para lhe ofertar um presente do faraó do meu país.

Logo chamou por alguém que apareceu dentre os convivas, carregando uma arca de tamanho regular.

O imperador, surpreso, aquiesceu benevolente. O rapaz continuou:

— Sou o guerreiro Martus, vim de Quinit. Minha missão é de paz, meu soberano deseja sua amizade.

— Levante e fale o que aqui o trouxe.

— Tem aqui como escravo um dos chefes militares de meu senhor. Desejamos pedir-lhe a sua liberdade para o levarmos de retorno à pátria.

— Um chefe militar? Como escravo? Conte-me tudo. Preciso conhecer toda a história.

Martus relatou tudo quanto sabia. Não satisfeito, o rei mandou que ele apontasse o escravo e que ele fosse trazido à sua presença.

Pecos, radiante, reconhecendo o amigo, sentiu que uma nova vida se abria para ele. Com o coração pulsando desordenadamente, subiu ao tablado.

O povo, sem compreender o que se passava, aguardava silencioso, tentando ouvir o que diziam.

Pecos, com sua atitude nobre e segura de homem da corte, agradou o soberano, que lhe pediu para relatar o que realmente acontecera. Este obedeceu, mas não mencionou Nalim nem sua participação na trama que o envolvera.

Interessava ao imperador assírio sobremaneira a amizade do poderoso líder do Egito. Precisava conhecer-lhes a força, o sistema de governo e, para isso, desejava conquistar-lhe a estima. Devolvendo-lhe o importante guerreiro, certamente o conseguiria.

Ordenando a Pecos e Martus que esperassem ao lado, reuniu os sacerdotes e expôs a todos o problema. Um deles, então, teve uma ideia:

— O senhor poderia livrar o escravo do embaraço, sugerindo que ele nos livrasse também. Contaríamos sua história ao povo e ele se casaria com a moça. Levando-a para um país distante, dela nos livraremos para o futuro.

Satisfeito com a ideia, Farfah, o soberano, chamou os dois homens, expondo-lhes o problema em poucas palavras.

— Lá em sua terra, ela não é criminosa e poderá, por sua nobreza, ser recebida na corte. Basta que silencie os acontecimentos.

Pecos sentia o coração bater aceleradamente. Jamais esperou que tudo tomasse tal rumo. Concordou imediatamente.

Martus reconhecera a antiga escrava, mas, vendo que Pecos nada dizia, calou-se.

O vice-rei, a par do assunto, contou a todos os motivos da visita de Martus e noticiou que, em nome do imperador e da corte, reconheciam a nobreza de Pecos, bem como sua posição frente ao faraó, considerando-o daquele dia em diante seu hóspede.

Imediatamente, Pecos, conforme o combinado, bradou:

— Neste caso, posso pleitear a mão da filha de Salil!

A multidão, deliciada com o rumo imprevisto dos acontecimentos, aplaudiu frenética.

Nalim sentiu-se sacudida intimamente por uma força estranha.

"Ele!", pensou. "Sempre ele no meu caminho!".

— Consinto — declarou Farfah. — Realizaremos a cerimônia amanhã e, com ela, considero-me desobrigado da palavra empenhada.

O imperador deu ordem para o encerramento da reunião, ao mesmo tempo encarregou o vice-rei do alojamento condigno de Martus e Pecos.

Os dois amigos desejavam estar a sós para conversar. Antes, porém, Pecos aproximou-se da noiva e, verificando seu precário estado de saúde, pediu ao vice-rei que a alojasse condignamente.

Dadas as ordens necessárias a um dos escravos, este os conduziu por extensos corredores. Pecos gentilmente colocara a mão de Nalim sobre seu braço. Chegando à porta do quarto a ela destinado, pararam.

Martus e o escravo, discretos, caminharam para frente.

Pecos, olhando a moça firmemente, disse algo irônico:

— Não houve outro recurso! Talvez preferisse a morte a ser minha esposa, mas penso de forma diversa. Para mim, a liberdade vale quase todos os sacrifícios. Só não a trocaria pela honra! Esse preço, eu nunca pagaria.

Nalim sentiu tremenda alusão à sua fuga do Egito e um frio de gelo cobriu seu coração. Aparentando serenidade, respondeu:

— Compreendo seu gesto. Talvez, em outros tempos, eu preferisse a morte, porém, hoje, tudo o mais me é indiferente.

— Amanhã, após a cerimônia, partiremos de retorno à pátria. Pode, no entanto, contar com minha proteção de soldado e de homem de honra. Agora, vou-me embora. Amanhã nos veremos à hora da cerimônia.

Nalim assentiu com a cabeça e penetrou no aposento. Foi atendida por uma escrava ainda jovem que, observando-lhe a palidez, preparou-lhe um banho de ervas perfumadas.

Deitada suavemente no pequeno tanque, Nalim deixou-se conduzir em abandono. A escrava banhou-lhe os cabelos e o corpo, friccionando-o com um bálsamo agradável. Cuidou especialmente de seus cabelos e de suas mãos. Depois, vestiu-a com leve túnica de cambraia finíssima, servindo-lhe um caldo quente que a moça bebeu com prazer.

Preparou-lhe a cama macia, convidando-a ao repouso. Nalim deitou-se. Todos aqueles cuidados de que se havia privado durante muitos dias contribuíram para proporcionar-lhe alguma serenidade.

Seu pensamento girava no redemoinho incessante dos últimos acontecimentos. Nalim pensava... Seria a esposa do odiado Pecos. Ele, certamente, também a odiava! Haveria de desprezá-la para vingar-se! Naturalmente casada com ele, sua situação seria mais triste do que quando sua escrava. Ele não conseguiria amá-la. Durante todo o tempo, desde que o conhecera, empregara todos os meios para persuadi-lo a isso. Não conseguira.

Uma sonolência agradável foi aos poucos tomando conta de seus membros, e ela adormeceu.

Enquanto isso, Pecos e Martus, reunidos em um quarto onde deveriam passar a noite, conversavam animadamente. Pecos contara toda sua história ao amigo e agora perguntava pelos seus.

— Faz três meses que me ausentei da pátria, mas as notícias que tenho são muitas. Seu tio Osiat morreu pouco tempo após sua partida, obrigando seu irmão, caso você não regressasse dentro de certo prazo, a casar-se com sua prima para garantir-lhe o futuro. Este não pôde recusar-se, e é hoje o marido de sua ex-noiva.

Pecos suspirou aliviado.

— Lamento a morte do tio, mas o casamento de Jasar com Otias salva-me de um tremendo embaraço. Se ela houvesse esperado por mim, certamente me causaria aborrecimentos ter de regressar casado. Mas, diga-me, como soube onde eu me encontrava?

— O faraó jamais deixou de procurá-lo, mas minha permanência aqui se destina a outro fim. Vim incógnito, com poucos homens, para estudar as condições do país e uma possível ameaça aos nossos domínios. Ao notar o movimento desusado, indaguei do motivo e não me foi difícil saber do que se tratava. Curioso e querendo também aproveitar a oportunidade de conhecer o sistema da terra, rumei para o pátio. Lá, tive a enorme surpresa de reconhecê-lo dentre os escravos. Quando me certifiquei de sua identidade, elaborei o plano, mandando buscar a pequena arca com as joias que trouxera para vencer as dificuldades, indo, enquanto isso, vestir minha roupa de militar. Depois, dei início ao que planejara. O resto, você já sabe.

Os dois calaram-se, pensativos.

— E agora, que pretende fazer? — inquiriu Martus. — Vai se casar com a bela escrava?

— Não me resta outra sorte.

— E vai reconhecê-la em nossa terra como tua legítima esposa?

— Foi o que prometi e deverei cumprir. Cuidemos agora dos preparativos da viagem. Quando poderás partir?

— Bem... creio que esta noite mesmo. Já sei o que queria saber.

— Então, caro Martus, retornaremos juntos.

Os dois amigos continuaram conversando animadamente e era já muito tarde quando, exaustos, conseguiram dormir.

CAPÍTULO XII

O dia seguinte estava claro e lindo. Como de hábito, a cerimônia do casamento seria na parte da manhã.

O imperador, querendo mostrar sua magnanimidade, mandara aos noivos diversas arcas com presentes e um belo traje de cerimônia para Nalim.

Esta, triste, seguia o curso dos preparativos com indiferença. Encontrava-se só. Seu pobre pai fora assassinado covardemente. Seus antigos amigos e parentes lhe voltaram as costas, demonstrando claramente quanto valiam seus sentimentos de amizade. Por último, via-se constrangida a casar-se com um homem a quem odiava profundamente e por quem certamente era odiada. Uma vez casados, estaria à mercê de Pecos, e ele poderia vingar-se dela quanto lhe aprouvesse.

À hora da cerimônia, tudo estava preparado. Foi uma noiva pálida que deu entrada na sala onde o evento seria realizado.

Pecos, garboso no uniforme que Martus lhe emprestara, já a esperava junto a este último.

A sala estava repleta de nobres, e o povo no pátio aguardava o fim da cerimônia. O dia era belo e festivo.

Um dos sacerdotes, tomando de um longo pergaminho, deu início à leitura do contrato de casamento.

Pecos recebia a noiva sem direito a nada, pois que toda sua fortuna fora recolhida aos cofres do palácio, como pagamento aos danos sofridos pelas traições de Salil.

Em compensação, ela teria a primazia em seu palácio e, mesmo que ele se casasse outras vezes, Nalim seria a mandatária.

Os noivos aparentemente ouviam calmos.

Nalim sentia ímpetos de gritar que não desejava casar-se com ele, que ela não era uma mulher pobre, que estavam lhe roubando o direito à fortuna sólida de sua família.

A humilhação era muito grande, ela, porém, de cabeça erguida, altiva, não demonstrava o que lhe ia na alma. Preferiria morrer a oferecer o espetáculo de seu sofrimento aos seus antigos e falsos amigos ali presentes que haviam se preparado para assistir ao seu fracasso.

Pecos pensava. O sangue latejava aceleradamente em suas veias. Desejava aquela mulher! Amava-a mesmo! Ela agora seria sua esposa. Haveria de dobrar-lhe o orgulho e fazê-la apaixonar-se por ele!

Muitas mulheres o haviam amado, e ele nunca deixara de realizar uma conquista quando desejava. Nalim não seria por certo uma exceção.

Após a leitura contratual, ainda havia uma cláusula proibindo a Nalim o retorno às terras da Assíria.

Depois de os noivos firmarem o contrato, os sacerdotes iniciaram os rituais.

Tomando a noiva pela mão, conduziram-na para o pátio externo onde estava armado o altar dos sacrifícios. Após envolverem a noiva por três vezes com vaporização de ervas aromáticas que simbolizavam a purificação, obrigaram-na ao sacrifício de um dos animais por eles considerados malignos, no caso uma serpente, a fim de obter dos deuses proteção para a vida familiar. Fizeram o mesmo com o noivo.

Depois, entoando cânticos em que exortavam o casal ao cumprimento de seus deveres para a conquista da felicidade doméstica, chegou o momento solene da promessa.

Um dos sacerdotes aproximou-se e perguntou em alta voz se eles queriam casar-se. Após receber a resposta afirmativa, ele falou sobre a vida em comum do matrimônio, suas responsabilidades e preocupações, acabando por renovar a pergunta. Se, apesar de tudo, desejariam se casar. Nova resposta afirmativa.

Ele, então, tomando a mão direita de ambos, colocou-as sobre uma tábua coberta de escritos, depois, com um estilete, fez uma pequena punção, misturou o sangue dos dois e com ele fez um sinal no contrato de casamento.

A cerimônia estava no fim. O sacerdote apenas exortou Nalim a que fosse uma esposa honesta e submissa; e Pecos, um esposo benevolente e tolerante.

Assim, eles estavam casados.

Pecos, galante, tomou a mão gélida da esposa e a beijou como era de praxe. Ela não pôde disfarçar a emoção. Um frêmito percorreu-lhe o corpo, e ele viu que as narinas da moça arfavam com rapidez.

Fora apenas um instante, mas Pecos o notara, e seu coração deixou-se embalar nas asas do sonho.

Após a saudação ao povo e os brindes de praxe, os noivos preparavam-se para partir.

Agradecendo a bondade do soberano, Pecos e Martus se despediram.

Reuniram-se à expedição, e esta se pôs a caminho. Levavam alguns camelos com provisões e alguns homens da comitiva de Martus. Nalim ocultara seu rico traje de noiva em uma ampla capa e cavalgava calada.

Jamais pensara em retornar ao Egito. Lembrava-se agora de Solimar! Seu coração alegrava-se em poder revê-la brevemente. Como ela era boa e compreensiva! Reconhecia-lhe agora a razão quando dizia que seria inútil fugir.

É verdade que ela vivera ao lado do pai aqueles dois anos, mas não seria mais feliz se tivesse permanecido como escrava?

Ela não fora feliz durante esse tempo. Jamais sua vida voltara a ser como dantes. Sua casa estava muito mudada sem a presença da mãe. Seu pai tornara-se doente e taciturno.

A vingança contra Pecos também não lhe causara a alegria esperada. E, por fim, a culminância dos últimos acontecimentos que forçavam seu retorno a Tebas. Não. Ela não fora feliz!

Considerava que antes era escrava somente no serviço doméstico. Agora, embora voltasse como senhora, continuava escrava de uma forma muito mais profunda e completa: tinha um marido, que era seu desafeto.

Devia-lhe respeito, submissão, amor e somente poderia dar-lhe ódio. Ele haveria de cansar-se dela muito depressa e talvez lhe devolvesse a liberdade.

Pecos, solícito, perguntava-lhe de quando em quando se desejava alguma coisa.

Ao saírem de Nínive e atravessarem o Eufrates, Nalim sentiu-se mais só e amargurada. A certeza de sua impotência em lutar contra o destino a deixava abatida.

À noite, passaram por Samur e pararam numa hospedaria para repousar. Martus, jovial, brindava aos noivos alegremente na noite nupcial.

Nalim, pressentindo o novo perigo, quase não se alimentou. O hospedeiro arranjou-lhes um quarto especial. À medida que o tempo avançava, mais a moça se sentia enervada. Estava exausta, mas não desejava recolher-se.

A certa altura, porém, Pecos, muito naturalmente, despediu-se de todos e, tomando a esposa pela mão, dirigiu-se aos aposentos que lhes eram destinados.

Lá, após cerrar a porta, Pecos olhou para a esposa.

Estava visivelmente pálida e nervosa, encolhera-se a um canto como fera acuada. Pecos, penalizado em virtude dos últimos sofrimentos que Nalim suportara, decidiu ser brando para com ela. Aproximou-se dizendo:

— Por que está nervosa? Acaso terá receio de mim? Venha cá, desejo apenas conversar.

Vendo que ela não vinha, ele tomou-lhe a mãozinha fria. Todo aquele nervosismo da moça comoveu-o. Por um instante, esqueceu-se de todo o passado de ódio e recalque para lembrar-se apenas de que amava aquela mulher e ela agora lhe pertencia.

Cedendo à emoção, ele, com um gesto carinhoso, envolveu-a com seus braços, beijando-lhe os cabelos, procurando-lhe a boca vermelha.

Nalim, porém, empurrando-o violentamente, respondeu-lhe ferina:

— Afaste-se. Seu desejo me ofende e me inspira asco! Casei-me contigo, é verdade, mas forçada pelas circunstâncias. Sou sua esposa, porém, se puser suas mãos imundas sobre mim, juro que me matarei. Nosso ódio é recíproco. Se a situação me coloca hoje à sua mercê, não significa que eu não me defenda do seu contato. Seu gesto, querendo aproveitar-se da situação em que me encontro, é digno da sua covardia!

Pecos estava lívido! Apenas um imperceptível estremecimento de quando em quando denotava seu estado de ânimo.

Seu orgulho de homem fora fortemente atingido, porém, ele ainda encontrou forças para dizer:

— Está enganada a meu respeito. Eu seria incapaz de um gesto menos honroso. Se nesta noite lhe abri meus braços, foi porque desejei proporcionar-lhe o amparo de que necessita. Apesar do que aconteceu entre nós, não guardo rancor. Acreditava sinceramente que poderíamos vir a viver juntos e construir uma felicidade duradoura. Estamos ligados pelos deuses, nosso sangue é um só! Eu senti o desejo sincero de ampará-la e oferecer-lhe meu amor, porém, nesta noite, suas palavras me demonstraram a maldade de sua alma. Pode estar certa de eu não tornarei a abraçá-la, não terá mais seu corpo maculado pelo toque de minhas mãos. Só voltarei a fazê-lo no dia em que me pedir. Esteja tranquila, não mais a incomodarei.

Assim, Pecos retirou-se sem esperar resposta, deixando a moça infeliz e confundida. Ele lhe falara de amor, seria possível? Poderia acreditar que ele a amasse realmente?

Nalim, na angustiosa situação de solidão em que se encontrava, começou a pensar como seria bom ter descansado a cabeça em seus ombros fortes. Surpreendeu-se arrependida de tudo quanto lhe dissera.

Amargurada, infeliz, insegura de si mesma, quase não dormiu a noite toda. Onde teria ele ido dormir? E se ele fosse embora e a deixasse ali? Não. Ele não seria capaz!

Um mundo de pensamentos loucos lhe agitava o cérebro.

O dia seguinte encontrou a moça ainda insone. Pecos bateu à porta, chamando-a. Levantou-se às pressas e foi abri-la.

Ansiosa, olhou o rosto do marido. Ele era o mesmo de sempre. Disse-lhe friamente:

— Apresse-se, partiremos daqui a pouco. Precisamos sair antes que o dia desça de todo.

Pouco depois, os viajantes continuavam a viagem rumo a Tebas. Nos corações dos jovens esposos, a amargura e o orgulho já haviam consolidado suas bases, sufocando o amor e a compreensão que brotara neles.

A vida para eles era incerta, infeliz, e nada contribuía para modificar aquela situação.

CAPÍTULO XIII

Enquanto a vida, mensageira direta do bem e do mal, encarregara-se de dar a cada um segundo as suas obras, unindo o destino de Pecos a Nalim, entrechocando-lhes os sentimentos na intenção de sensibilizá-los, voltemos a Tebas, a magnífica cidade ainda no apogeu de sua glória. Retrocederemos alguns dias no relógio do tempo, a fim de conhecermos pormenores interessantes relacionados com os nossos personagens.

Jasar é agora marido da orgulhosa Otias. A princípio, aguardara ansiosamente notícias do irmão, como única esperança de libertar-se do indesejado compromisso. Como nada soubera, fora forçado a cumprir sua promessa.

Ele a estimava. Bondoso por índole, procurava ser um esposo amigo e carinhoso, mas Otias ambicionava muito mais. Vaidosa, mimada como era, queria vê-lo apaixonado e submisso, obediente a todos os seus caprichos.

Ele, com sua nobreza de sentimentos, fazia o possível para conviver bem, porém ela nunca estava satisfeita. Os dois não eram felizes.

Otias adorava a vida mundana e vivia constantemente rodeada de admiradores. Jasar, homem de pensamento e de elevação espiritual, não se interessava por esses acontecimentos, no que era censurado pela esposa.

Ela tinha ciúmes. Parecia-lhe que aquele amor pelo repouso, pela solidão, pelas longas excursões que ele realizava, nada mais era do que pretextos para afastar-se do seu convívio.

Havia algo de superior nele, inatingível, que ela não entendia, e isso a irritava. Então, nessas ocasiões, ela derramava sobre ele toda a torrente de impropérios para forçá-lo a uma atitude mais emotiva.

Mas ele jamais se alterava, procurando chamá-la à razão com calma e paciência, tentando reconduzi-la ao bom senso. Nos últimos tempos, Otias tratava o marido com ironia e desdém, procurando dissimular o despeito por não conseguir dominá-lo.

Na verdade, nada é mais desagradável do que a convivência de pessoas que não têm afinidade. Forçadas a viverem juntas, suas almas estão separadas. Seus anseios são diferentes. Não há prazer, só desconforto e insatisfação. Não há harmonia nem paz.

Tudo concorria para a grandeza daquele lar: a posição de fortuna, os dois jovens e sadios, e a existência do pequeno Matur, filho do casal. Aparentemente tinham tudo, mas não se compreendiam.

Otias não conhecia o marido. Enciumava-se facilmente, promovendo pequenos escândalos. Jasar sofria. Apesar de todo o seu esforço para dominar-se, sentia um amor cada vez maior por Solimar.

Embora jamais houvesse lhe falado de seus sentimentos, após a trágica noite de despedida, seus olhos suavizavam-se quando fixavam os dela.

Procurava conversar com ela sobre assuntos vários, tendo-a tomado como auxiliar em certas experiências que realizava.

Alegava intimamente, para enganar a própria consciência, que os conhecimentos da moça lhe eram indispensáveis.

Entretanto, na existência daquele amor, não havia um sentimento de culpa nem de traição, porque ele a respeitava colocando seus sentimentos acima das coisas terrenas.

Os dois eram felizes quando podiam, juntos, mergulhar nas grandes aventuras das análises filosóficas, na verdade das coisas que buscavam incessantemente. Aquela suave e silenciosa compreensão era seu mundo de felicidade.

Solimar também sofria. Via, sentia toda a situação entre Jasar e a esposa, e trabalhava silenciosamente, sempre que podia, a favor da harmonização do casal.

Sentia uma piedade imensa por Otias, que carregava consigo todo o peso da vaidade, do orgulho, do egoísmo e do ciúme. Percebia-lhe a tortura íntima, mas, em sua condição humilde, nada podia fazer. Otias tratava os servos com arrogância, jamais lhes permitindo a menor intimidade.

Naquela tarde, Otias entretinha-se com o exame de alguns tecidos para trajes que tencionava mandar confeccionar. Entretanto, seu pensamento vagava. Não estava tranquila. Como poderia estar? Seu marido a desprezava, enquanto preferia a companhia das escravas da casa. Nessas horas, certamente, eles estariam juntos no parque, enquanto Jasar realizava algumas de suas experiências malucas.

Aflita, jogou para o lado as finas cambraias que examinava e, tomando súbita decisão, resolveu espionar o marido. Ela sabia, por experiência, que ele ficava muito contrariado quando era interrompido em seu trabalho, mas observaria ocultamente.

A passos rápidos, Otias saiu da habitação. Caminhou por algum tempo entre a maravilha dos jardins floridos, mas não era capaz de sentir a suave beleza das flores com seus perfumes e suas cores, a limpidez do céu sempre azul, a brisa agradavelmente balsamizada pela aragem crepuscular.

Não, pobre Otias, seu coração envolto por negros e maldosos pensamentos era incapaz de usufruir e compreender a mensagem de amor e fé, de paz e ternura que o divino Criador transmite aos homens através da natureza.

A certa altura, ouvindo vozes, parou. Cautelosamente continuou depois avançando, até ficar o mais próximo possível do casal, permanecendo oculta por um arbusto. Procurou concentrar toda a sua atenção para ouvir-lhes a palestra.

— Já vê, Solimar, que tenho razão. Se todos nos resignássemos às influências que nos atingem, certamente não teríamos ânimo para tentar reagir no bem. Tenho a certeza de que o conformar-se com tudo nos conduz à situação dos covardes. Eles acomodam-se a todas as situações, porque sentem medo ou preguiça de reagir. Creia, o conformismo implica negativismo ao progresso.

Solimar ouvia calada e atenciosa. Seu pequeno e belo rosto, agora um tanto pálido e emagrecido, estava absorto e pensativo.

Como ele nada mais dissesse, ela esclareceu:

— Você disse bem! Nós deveremos, em primeiro lugar, esclarecer o significado de certos temas. Devemos sofrer as advertências que a vida nos faz com paciência, suportando a visita da dor como uma amiga confortadora. Mas, quando realmente formos atingidos pelos reflexos de nossas próprias ações, não devemos submeter-nos a tudo, criando, pela nossa negligência e pelo nosso pessimismo, sofrimentos inúteis e sem finalidade. Sempre, nesses casos, deveremos reagir para levantar a vontade que fraqueja. Quando somos atingidos, antes de mais nada, devemos meditar profundamente nos perguntando: “o que a vida quer nos ensinar com isso”? Sempre que assim procedermos com intenção honesta, sem subterfúgios, descobriremos qual a nossa atitude que provocou esse fato. No fim, perceberemos que somos responsáveis por tudo quanto nos acontece e, se agirmos de forma diferente, valorizando o bem, a dor se afastará do nosso caminho. Dessa conclusão brota um conformismo não negativista como disse, mas um conformismo sereno, construtivo, que se conforma com a dor sofrida, mas que sabe o porquê dessa agressão e procura melhorar-se intimamente, para construir um futuro melhor.

— Bravo, Solimar! Você aclarou ideias. Realmente é maravilhosa! Não posso compreender como ainda tão jovem possui tantos conhecimentos.

— Serei realmente jovem? Acho que estou velha. Não sei explicar, mas sinto, em certas ocasiões, quando conversamos, como se já estivesse velha, e todas essas coisas sinto-as dentro de mim.

— Talvez, dentre as numerosas existências que deve ter vivido na Terra, você aproveitou mais o aprendizado.

Otias, no seu esconderijo, estava surpresa. Não compreendera bem o sentido da palestra que ouvira, mas, com seu instinto feminino, percebera a serena harmonia que havia entre os dois. Sua surpresa ainda era maior ao saber que Jasar, o sábio Jasar, ouvia conselhos dos lábios de uma escrava.

Raivosa, percebeu que Solimar lhe era superior espiritualmente. Jamais conseguira manter com o marido uma palestra sequer sobre assuntos que ele apreciava, achava-os monótonos e próprios dos homens de ciência.

Não quis ouvir mais, afastou-se cautelosa. No jardim, sentou-se num banco, procurando analisar a situação. Certamente aquela amizade do marido com a escrava era perigosa. Percebera que os olhos dele brilhavam quando se fixavam na escrava.

Otias não conteve um gesto de desdém. Jasar! O homem sábio, que ela amava por saber superior, não passava de um homem comum que se deixava levar por uma escrava, sem atentar no ridículo da situação, sem atentar na distância de linhagem!

Isso era humilhante para ela.

— Nobre senhora, permiti que lhe fale?

Sobressaltada, Otias ergueu o olhar reconhecendo o lanceiro Solias, que se aproximava sem que ela, imersa em seus pensamentos, o notasse.

— Que quer? — perguntou secamente. — Se é algum negócio legal, trate com meu marido.

Ele, reverente, quase rastejante, disse:

— Há pouco fui testemunha involuntária de seu zelo de esposa e desejo lhe prevenir contra um grave perigo.

Otias empalideceu e ordenou:

— Continue.

— Sabe, nobre senhora, da estima que sempre dediquei ao nobre Pecos. Tanto o estimava que até hoje seus parentes me são sagrados. Faria tudo para a felicidade desta casa.

Impaciente, nervosa, Otias tornou:

— Fale de uma vez, não gosto de rodeios.

— Bem, nobre senhora. Antes do seu regresso com seu ilustre pai, que Hórus o conduza, eu aqui trabalhava na parte da guarda. O nobre Pecos sempre me honrou com sua confiança. Quando ele retornou da última viagem, que realizou para a renovação dos escravos, ganhou do ilustre faraó duas escravas lindas como deusas. Bem... eu desejei uma delas, mas ela não quis ouvir-me. Após sua chegada, certa noite, quando havia uma festa na casa, bebi um pouco e fui tentado a procurar a escrava Solimar, que me endoidecia com sua recusa. Encontrei-a num recanto, escondida, espionando a festa. Declarei-me, mas fui por ela repelido. Então, louco, tentei abraçá-la, mas ela, valendo-se da minha fraqueza provocada pelo vinho, empurrou-me e fugiu. Refeito da surpresa, fui-lhe ao encalço e vi quando desapareceu num barranco do caminho.

Solias fez ligeira pausa suspirando, depois continuou:

— Quando lá cheguei, porém, tive a surpresa de ser recebido pelo marido da senhora. Quando lhe perguntei pela moça, afirmou-me que ali não havia ninguém. Retirei-me, mas compreendi por que ela me recusara. Certamente olhava para mais alto, sendo mesmo provável que tivessem um encontro no local. Tive a confirmação de minha suspeita quando, dias após, fui transferido pelo nobre Pecos para a infantaria do castelo do rei. Percebi a manobra, mas jurei descobrir tudo.

Solias parou maneiroso, procurando estudar as reações que suas palavras provocavam no espírito ciumento de Otias.

Esta, rosto pálido, contraído, bebia as palavras do soldado com a avidez nervosa de todo ciumento que, por fim, encontra seu motivo.

— Continue — ordenou.

— Eu estava muito enciumado, pois me apaixonara violentamente por ela. Resolvi uma noite, tempos depois, voltar aqui e rondar aquele local onde ela se escondera. Pude observar então que não me enganara. Lá estavam os dois, sentados no chão. Ele tinha o braço ao redor de seu corpo, ela repousava a cabeça em seu ombro. Vi mesmo quando trocaram beijos de amor. Amargurado, saí e procurei esquecê-la. Porém, com a viagem do nosso chefe Martus, fui escalado para retornar a esta casa, pois, como sabe, a guarda ainda continua a ser mantida, esperançosa de uma pista.

Quando aqui cheguei, compreendi o que estava se passando. Apesar de estar agora casado com uma dama como a senhora, o nobre chefe da casa ainda mantém relações com a escrava. Vi quando seu vulto passou cauteloso e assisti à manifestação de sua desconfiança. Resolvi preveni-la e oferecer meus serviços. Conte comigo, nobre senhora!

Otias sentia a garganta seca, os lábios contraídos. O conhecimento do romance entre o marido e Solimar enchia-a de terror e ódio.

— Está certo, saberei recompensá-lo por sua lealdade. Agora vá. Deixe-me só. Quando precisar dos seus serviços, mandarei avisá-lo.

Solias retirou-se exultante. Estava vingado. Sua alma rancorosa e egoísta não concebia a natureza do sentimento que unia Jasar a Solimar. Faria tudo para possuir a bela escrava e a teria a qualquer preço.

Seus negros pensamentos, gravitando no éter, atraíam-lhe uma considerável cooperação de espíritos desencarnados e ignorantes, que se agruparam ao seu redor, alimentados pelas energias afins, aumentando o número já existente.

Quando o homem, em sua cegueira aos fenômenos espirituais, julga-se livre para fazer o que lhe apeteça, interferindo na vida dos outros, tentando manipulá-la de acordo com seus interesses, não percebe que além de estar servindo de instrumento às entidades perturbadoras, está voluntariamente se escravizando a elas, e um dia colherá os resultados dessa semeadura.

Otias, nesse meio tempo, retirara-se para seus aposentos tão nervosa que se recusou a ver o filhinho quando a ama o trouxe. A presença dele lembrava-lhe o marido e a enraivecia. Otias amava o filho sinceramente, mas à sua moda.

O pequeno Matur era belo, e ela gostava de exibi-lo para provocar a admiração de todos.

Naquele fim de tarde, porém, não tinha disposição. A sós em seu quarto, rememorou toda sua vida desde que chegara à casa dos primos e, embora quisesse descrer da narrativa de Solias, justificando-a com excesso de ciúmes, teve, ao cabo de certo tempo, que render-se à evidência.

Não. Ele não mentira. Compreendia agora que Jasar e Solimar se amavam. Com certeza eram amantes havia muito tempo. Deviam rir-se muito dela, de sua estupidez, que não lhes percebera a traição!

Um frio suor invadiu-lhe as mãos. Ela não sabia o rumo a tomar. Sentia que precisava tomar uma atitude, mas qual?

Se falasse ao marido francamente, na certa, ele desmentiria tudo e ainda tornaria maior sua humilhação, recusando a venda da escrava.

Ela precisava agir diferentemente, com astúcia e perícia, como eles tinham agido com ela. Solimar não perderia por esperar! Haveria de afastá-la da casa. Procurou dissimular seus sentimentos.

Chegou finalmente o momento em que novos rumos tomariam os acontecimentos, orientados pelos fios invisíveis da trama da vida.

Aquele era um dia como outro qualquer, e tudo na casa decorria normalmente. À tarde, porém, um burburinho, um rumor desusado pelas ruas chegou aos ouvidos dos moradores do palácio de Pecos.

Curiosa, Otias mandou um dos escravos indagar das novidades. Pouco depois, ele retornou esbaforido, quase sem fala. Parou frente à senhora, e esta, impaciente, perguntou:

— Conte. O que houve?

— Aconteceu algo de extraordinário, inacreditável! Dizem que o nobre Pecos retorna com a caravana do valente Martus. Viram-no à entrada da cidade. Certamente virá para cá.

Otias, perturbada, correu em busca do marido que, tendo tomado conhecimento da notícia, apressou-se jubiloso para ir ao encontro de Martus, para verificar a verdade.

Vendo o marido sair às pressas, cavalgando até sumir-se numa curva do caminho, Otias ficou pensativa. Um turbilhão de pensamentos estranhos aflorava em seu cérebro.

Como estaria seu ex-noivo? Conservaria por ela seu antigo interesse? Certamente ficaria aborrecido com seu casamento. Talvez Martus já lhe houvesse contado.

Apesar de tudo, ela estava mordida por enorme curiosidade. O mistério que envolvia o desaparecimento do primo a fascinava. Rapidamente foi aos seus aposentos, preparando-se com esmero. Estava realmente bela!

Trazia seus negros cabelos envoltos por um lenço de maravilhosa cambraia pintada com arabescos pequeninos, majestosa túnica alva e as pequenas sandálias, deixando aparecer a ponta de seus dedinhos rosados. Os olhos brilhantes, cheios de um desejo intenso de viver, irradiando vida, tornavam-na fascinante.

Cônscia de sua beleza, dirigiu-se ao pátio de entrada, aguardando os acontecimentos.

Após alguns instantes, o alarido foi aumentando à medida que a massa avançava, acompanhando os soldados que regressavam. A custo, eles conseguiram continuar a marcha, sendo crivados de perguntas que não podiam responder, porque ninguém os ouviria. Ao chegarem, finalmente, frente aos jardins do palácio, pararam e ficaram à espera.

Pecos, estendendo as mãos, pedindo silêncio, falou em alta voz:

— Meus queridos amigos e patriotas, chego hoje após dois anos de ausência. Impossível seria agora narrar tudo o quanto me aconteceu. Estamos fatigados, pois viemos de muito longe. Prometo, entretanto, contar tudo daqui a três dias, quando refeito já, em regozijo à minha volta, pretendo organizar uma grande festa. Convido a todos para receber o trigo e participar da minha alegria. Serão recebidos nos pátios para os festejos e haverá música e vinho para todos.

Um viva entusiástico aclamou as palavras de Pecos.

Este, acompanhado pelos demais, penetrou finalmente em seus domínios, feliz e emocionado.

Martus dispensara os homens e retirara-se, pois deveria dar ciência do ocorrido ao seu soberano e senhor.

Jasar, Pecos e Nalim acabavam de chegar. Otias, emocionada, estendeu ao primo a linda mão bem cuidada, que ele enternecido beijou com cortesia.

Após a troca de cumprimentos, Otias reparou finalmente na presença da antiga escrava. Reconhecendo-a, murmurou:

— Ora viva! Vejo que recapturou a escrava fugida! Como foi?

Nalim, com a cabeça erguida, aparentando desdém, mas no fundo humilhada, respondeu antes que o marido pudesse fazê-lo:

— Da única maneira que tornaria possível meu retorno a esta casa: casou-se comigo, o que de certa forma não deixa também de ser uma escravidão!

Um pesado silêncio estabeleceu-se entre eles.

Pecos sabia-se alvo do desprezo da prima, pois lhe conhecia os orgulhosos preconceitos.

Nalim regozijava-se em poder responder à altura de seus desejos.

Otias, surpreendida, ficou alguns instantes sem saber o que dizer. Não podia crer que seu primo tivesse realmente desposado aquela mulher. Sempre antipatizara com ela e agora mais do que nunca. Irônica, respondeu:

— Disse bem. A mulher somente deixa de ser escrava para ser senhora no casamento quando pertence à mesma condição de nobreza do marido ou ainda quando lhe é superior! Tem razão em temer tal união!

Nalim, compreendendo a alusão, respondeu glacialmente:

— Não falei por mim, porque tal receio seria infundado. Falo de um modo geral. Mas existem certas mulheres que se intitulam senhoras, reconhecendo-se em seu íntimo, porém muito aquém das aspirações do marido.

Nalim falara por falar, sem pensar no que dizia, apenas não queria deixar Otias triunfante naquele pequeno duelo de palavras.

Mas suas palavras atingiram em cheio a mágoa de Otias. Serviam-lhe perfeitamente.

Ela, irritada, ia continuar a falar quando Pecos, querendo evitar-lhe mais dissabores, interrompeu-as pretextando cansaço, desejando recolher-se.

Nalim, ao penetrarem na habitação, considerando intimamente que talvez Otias ainda amasse Pecos, querendo ferir-lhe a vaidade, tomou carinhosamente do braço do marido, nele apoiando-se docemente.

Pecos, surpreso, sentiu o coração pulsar com violência. Ela sabia ser tão meiga em certas ocasiões que ele temia não poder manter sua promessa.

Todos se surpreenderam com o retorno do dono da casa, ainda mais casado com a antiga escrava.

Somente Solimar alegrou-se em rever a amiga.

Os recém-chegados tiveram que permanecer no salão, após o banho e a refeição. Os aposentos não estavam preparados e, entrementes os escravos se incumbiam dessa tarefa, Pecos contava suas aventuras.

Nobremente omitira a participação de Nalim no sequestro, mencionando apenas que ela fugira para reunir-se ao bando de Rabonat. Depois, contou por alto sua situação de escravo em casa de Nalim e seu casamento forçado com ela.

Otias ouvia curiosa. Afinal, ele não a amava, fizera o sacrifício de desposá-la. Certamente não a considerava como esposa.

Nalim mordia os lábios, visivelmente nervosa e humilhada, adivinhando os pensamentos de Otias.

Quando, porém, Jertsaida avisou que os aposentos estavam prontos, Nalim, bocejando preguiçosamente, deu um boa-noite aos presentes e, aproximando-se do marido, pousou a mão delicada em seu braço forte, murmurando ternamente:

— Retiro-me, estou exausta. Espero-o, querido, em meus aposentos.

Toda ela era uma promessa. Pecos estava surpreso e fascinado. Por um instante, seu olhar a fixou com amor, com o brilho de uma paixão recalcada e tumultuosa.

Quando ela deixou o salão a passos macios e elegantes, o olhar dele seguiu-a emocionado, até que seu vulto desaparecesse.

Se ela o olhasse mais alguns segundos, certamente não teria podido resistir à avalanche de seus sentimentos ardentes.

Otias, surpreendida, decepcionada, calara-se. Vira, compreendera que eles se amavam. Jamais Jasar a olhara com aquele olhar envolvente, fascinante, dominador! Era assim que ela desejava ser amada!

Jasar, calado, procurava analisar os sentimentos dos presentes. Percebera que seu irmão amava Nalim desde que ela era escrava da casa. Ela, porém, era uma estranha criatura.

Certamente Otias estaria raivosa pelo casamento do primo, em virtude da condição de Nalim. Ela dava tanta importância aos preconceitos! Precisava ouvir a opinião de Solimar a respeito. Ela era tão sábia, tão sensata! Conhecia bem sua cunhada e poderia esclarecer-lhe as ideias.

Jasar tão habituado estava a ouvir Solimar, que em todos os assuntos a procurava, consultando sua opinião.

Nalim dirigira-se para o quarto que lhe fora destinado. Logo ao entrar, deparou-se com Solimar. As duas, emocionadas, abraçaram-se carinhosamente. Quando serenaram, Solimar foi a primeira a falar:

— Então, querida Nalim, conte-me tudo. Que fez durante todo este tempo? Por que retornou como esposa do homem a quem dizia odiar?

— Vamos nos sentar, e eu lhe contarei tudo.

Depois de bem acomodadas, ela prosseguiu:

— Tinha razão ao dizer que não podemos fugir às obrigações que a vida nos impõe. Vou contar tudo, desde aquela noite em que nos despedimos.

Quando, porém, ia começar a falar, bateram na porta do lado.

Solimar murmurou:

— Deve ser seu marido, pois lá estão seus aposentos. Amanhã bem cedo virei vê-la e conversaremos melhor. Ou então, quando estiver livre, me chame. É senhora, agora!

A moça falava alegre e docemente.

— Para você, serei sempre uma amiga. Sei que vale mais do que eu. Agora vá, que ele se impacienta. Quando ele se for, eu a chamarei.

Quando Solimar, rápida, saía, Nalim, colocando no rosto a máscara da indiferença, fez o marido entrar.

Pecos tinha ficado indeciso quanto às palavras da esposa. Com o coração esperançoso, batera à porta que ligava os dois aposentos.

Assim que entrou, ele, sem resistir, tomou-lhe da mão e apertando-a com calor, murmurou:

— Fez o convite. Aqui estou.

Seu olhar de fogo a envolvia. Ela, procurando esconder toda a perturbação que lhe ia na alma, temendo deixar-se envolver pela atração que se irradiava da presença de Pecos, desatou a rir alegremente.

Depois, já completamente segura de si, respondeu:

— Pois se engana. Apenas foi-me agradável exasperar os ciúmes de sua prima, provar-lhe que nós nos amamos e, como mulher, sou suficientemente atraente para conquistar um homem, se eu quiser, mesmo que ele tenha se casado comigo por amor à liberdade e forçado pelas circunstâncias.

O riso da esposa produziu na exaltação de Pecos o efeito de uma ducha fria. Irritado, sem poder conter-se por ter servido de joguete nas mãos dela, avançou um passo e, segurando-lhe os ombros fortemente, murmurou entre dentes:

— Não se esqueça de que sou um homem! Não pode desafiar-me impunemente. Agora, saiba que comigo ninguém brinca nem me ridiculariza. Vou beijá-la, queira ou não. Vou mostrar que, se eu quisesse, você seria minha! Lembra-se de que me pertence, que é minha esposa!

Antes que ela pudesse defender-se, agarrou-a fortemente, beijando-lhe a boca rubra, repetidas vezes.

Ela, atordoada, abandonou-se à carícia. Ele, porém, quando notou que ela trêmula, de olhos cerrados, esperava um novo beijo, desatou a rir sonoramente, murmurando:

— Agora me vou. Sou eu quem não deseja mais seus beijos. Pode dormir tranquila.

Dando meia-volta, saiu do quarto. Nalim, voltando a si da surpresa, envergonhada, com o coração envolto por pensamentos contraditórios, atirou-se ao leito soluçando amargamente. A tempestade avassalava seu íntimo. Ela não sabia definir aquele estranho sentimento que a dominava.

Quando se acalmou um pouco, lembrou-se da confortadora presença da amiga e chamou-a novamente.

Desta vez, ninguém as interrompeu, e Nalim contou-lhe tudo quanto acontecera, inclusive a cena recente.

Solimar escutava com tristeza os queixumes da amiga. Ela dizia:

— Desde que saí daqui, nunca mais fui feliz. Se tivesse voltado à casa dos meus e não a tivesse encontrado vazia da presença da minha mãe, certamente tudo teria sido diferente. Cada vez que me recordo de que ele foi o assassino de minha mãe, sinto mais do que nunca o desejo de vingar-me.

— Escute, minha querida, deve analisar os acontecimentos de maneira diversa. É verdade que sua mãe morreu durante sua ausência, mas quem nos garante que a sua presença na casa a salvaria da morte? Não somos nós que com a nossa vontade poderemos prolongar a vida das pessoas que amamos. Existe a força de uma entidade superior que nos criou e rege nossos destinos. Pode crer que a vida não termina após a morte, mas retorna à sua verdadeira potencialidade. Ele agiu insensatamente. Foi criado para exercer tal função. Foi educado para tal! Para ele, é uma tradição de honra! Não deve ser tão severa. Já o castigou muito. Já pôs em prática sua vingança e o teve durante esses dois anos sob seus pés. Acredite, Nalim, você não encontrará a paz e a serenidade se semear ao seu redor pensamentos de rancor, de vaidade e de ressentimentos. Para conquistar a paz, precisa primeiro plantá-la dentro de si.

Solimar fez ligeira pausa. Vendo que Nalim guardava silêncio, continuou:

— É preciso que trabalhe em favor da paz dos outros, que saiba vencer seus ímpetos violentos com o valor do raciocínio lúcido, claro, que se deixe influenciar pelo mais belo sentimento que existe: o perdão. Quem ama perdoa sempre.

— Que quer dizer?

— Que ama seu marido, e ele também a ama. Mas deixam que o orgulho e o excesso de vaidade destruam a oportunidade valiosa que a vida lhes oferece de harmonização, de cooperação, deixando para trás o tesouro valioso das alegrias do coração.

— Engana-se. Entre nós não é possível uma harmonização. Ele, embora me deseje como mulher, intimamente me odeia pelas humilhações a que o obriguei. Eu também sei que não o amo. Ele é meu marido e como homem pode impor-se pela força bruta. Pensei em fugir durante a viagem, mas para onde iria? Bem sabe que detesto a miséria e pobreza, não saberia viver entre estranhos, sem poder voltar à pátria e talvez, se pudesse, também não o faria. Agora me parece que terei de enfrentar a animosidade de todos, inclusive de meu marido.

— Se quiser encontrar sua felicidade na Terra, deve começar por esquecer as ofensas. Perdoe a todos pelo mal que lhe fizeram. Depois, esforce-se para ser amável, bondosa, amiga sincera de todos, principalmente do seu nobre esposo, e tenho certeza de que será muito feliz. É a única maneira de encontrar paz e conquistar a estima dos que agora são seus únicos parentes.

— Mas isso é impossível! Não posso me humilhar perante Otias, nem oferecer-me a um marido que não estimo. Ele, como lhe contei há pouco, quando me entonteceu com sua imprevista atitude, recusou-se depois a beijar-me, o que prova claramente a inexistência de qualquer sentimento afetivo de sua parte. Apenas quis subjugar-me e depois rir-se de mim.

Nalim, recordando da cena que tivera com o marido, sentiu as faces em fogo pela humilhação recebida.

— Quem me garante, querida Solimar, que, se eu me tornasse mais terna, ele não iria zombar de minha amizade, desprezando-a, para vingar-se de mim?

— Pois eu a aconselho a lutar com todas as suas armas, sedução e carinho para conquistar definitivamente seu marido. Embora queira negar a verdade, porque talvez a desconheça, eu percebo a natureza do sentimento que começa a florescer em seu coração! Não considero humilhação confessar um sentimento tão elevado como o amor. Ele sensibiliza, enobrece quem o sente e nunca humilha. No seu caso, principalmente, quando esse homem lhe pertence, seria leviandade proceder como tem procedido. Você está atirando fora a oportunidade de conseguir a paz da família, centralizada em sua pessoa. Como esposa, tem o compromisso moral de ser o repouso, a paz, a harmonia, o amor, onde seu companheiro se refaça. Se foge hoje às suas obrigações, amanhã não terá o colo enriquecido pelo amor sublime de um filho amado! Não terá conhecido a grande finalidade da mulher na Terra: ser mãe! Que emoção para uma mulher será maior do que aquela em que ouve pela primeira vez o vagido de um recém-nascido? E depois, quando o pequenino ser a distingue entre os demais, com seus ternos bracinhos a implorar carinho e proteção! Que maior ventura poderá desejar uma mulher do que ser considerada pelo Senhor de todas as coisas digna de zelar por um de seus filhos, orientando-o desde pequenino? Estará, por acaso, disposta a atravessar a existência amargurada e só, tornando-a vazia e estéril?

Nalim ouvia comovida e pensativa. Quando Solimar se calou, um suspiro escapou-lhe do peito.

— É claro que eu desejaria ser feliz com um esposo amado e filhos, compreendo você, mas agora é muito tarde. Não vejo saída. Sinto que nenhuma possibilidade de amor e carinho existe entre nós. Se existiu alguma, eu a matei com meu orgulho indomável.

— Não, Nalim. Nunca é tarde. Deve, de hoje em diante, modificar seu modo de agir. Assim, cometendo tantas leviandades, tantas ofensas contra o amor-próprio do seu marido, agravará cada vez mais a situação.

Nesse tom, continuaram as duas amigas conversando até altas horas da noite.

***

Pecos, ao deixar o quarto da esposa, ia triste e amargurado. As decepções que sofrera com ela eram-lhe completamente estranhas. Habituado sempre a ser preferido pelas mulheres, a indiferença de Nalim o feria profundamente.

Respirando fundo, saiu ao jardim para serenar um pouco a tempestade que lhe queimava o íntimo. Fora-lhe necessária enorme força de vontade para resistir àquele amor, quando a vira abandonar-se trêmula entre seus braços fortes.

Mas ele a amava sinceramente. Não queria subjugá-la pela força, nem impor seu amor, provocando-a com carícias. Se fosse em outros tempos, isso não lhe importaria, mas durante aqueles dois anos de sofrimento, aprendera um pouco a respeitar os sentimentos alheios.

Não! Ela, se um dia chegasse a amá-lo, haveria de vir a ele espontaneamente. Haveria esse amor de ser mais forte do que seu ódio e seu orgulho. Então, ele a aceitaria feliz. Ela merecera a lição. Provocara-a mesmo, mas ele sofrera muito em ter que ministrá-la.

Caminhou por entre as árvores, indiferente a tudo quanto o cercava. Estava insensível mesmo dentro da magia da noite, a beleza do luar que tanto o sensibilizava antes. Era tarde quando se recolheu ao seu aposento.

Nalim, insone, ouviu-lhe os passos no quarto vizinho e percebeu claramente quando ele parou junto à porta de comunicação entre os dois quartos. Ansiosa, esperou.

Ele, frente à porta, sentira, de repente, um desejo forte, uma enorme tentação. Afinal, aquela mulher era sua esposa! Estava tão próxima! Por que haveria de sofrer tanta humilhação?

Resoluto, deu um passo para a porta, porém, quando ia abri-la, recordou-se do riso zombeteiro de Nalim algumas horas antes. Esse riso tomou conta do seu pensamento, encheu o quarto. Humilhado, deixou pender a mão e, resoluto, deitou-se para dormir.

Mas nenhum dos dois conseguiu dormir de pronto. Nalim, amargurada, meditava sobre tudo o quanto Solimar lhe dissera. Mas como consertar as coisas?

CAPÍTULO XIV

O relógio incansável do tempo marcou mais alguns dias após o retorno de Pecos. Este, já perfeitamente refeito de tudo quanto sofrera, apresentara-se ao palácio e fora reempossado no antigo cargo.

O faraó tinha grande interesse nos conhecimentos de Pecos com referência ao povo da Assíria. Incansável político, ele possuía uma rede de espionagem bem organizada. Estava a par das últimas conquistas do bárbaro Farfah e temia um ataque contra seu império. Pecos, com os conhecimentos adquiridos, era-lhe precioso. Reorganizara seu poderoso exército e estava pronto para entrar em ação, se necessário.

Além de bom guerreiro, Pecos possuía um invulgar conhecimento de estratégia militar. Desde seu regresso, tornara-se ocupadíssimo. Aliás, procurava aturdir-se cada vez mais, evitando a presença da esposa, temendo fraquejar em sua resolução.

Naquela casa, ninguém era feliz. Todos sofriam. Otias, cada vez mais ciumenta, não sabia como se livrar de Solimar. Certa noite, resolveu conversar com Pecos a esse respeito.

Encontrando-o a sós no grande pátio, sentou-se a seu lado e aproveitou a oportunidade:

— O que pensa sobre meu relacionamento com seu irmão?

Pecos olhou-a surpreso. Desde a sua chegada, percebera que eles não se harmonizavam, o que não o surpreendera. Seu irmão possuía temperamento oposto ao de Otias. Notara também o verdadeiro caráter da prima e sentia-se verdadeiramente feliz por não tê-la desposado.

— Bem... eu creio que vocês têm tudo para serem felizes. Até a bênção de um filho!

Ela, porém, sorriu com amargura:

— Pois, embora tenhamos tudo, não o somos.

Ele, fingindo surpresa, indagou:

— Por quê?

— A princípio, não consegui compreender Jasar. Paciente, tudo fiz para agradá-lo, inutilmente. Ele não me amava! Casou-se comigo para cumprir a promessa que meu pai lhe arrancou às portas da morte!

— Não seja injusta, prima. Ele tem sido bom para você. Solícito, carinhoso... Adora o filho e lhe dedica estima e respeito.

— Isso também pensava eu! Embora ele não me amasse como eu o desejava, esta confiança em sua estima e respeito muito me sensibilizava. Entretanto, tudo não passa de uma mentira! Simples mentira!

Otias deixara arrastar-se pelo rancor, levada pelo fio de seus pensamentos.

Pecos, apreensivo, um pouco picado pelas palavras da prima, atalhou:

— Está insultando seu marido e meu irmão. Isso me obriga a exigir mais clareza de sua parte. Explique-me o porquê das suas palavras.

Otias percebeu que fora imprudente, porém, não podia retroceder. Resolutamente, continuou:

— Descobri que ele mantém relações amorosas com uma das escravas da casa. Eles começaram antes do nosso casamento e continuam até hoje.

Pecos, assombrado, fixou o olhar nela. Jasar, seu irmão, tão insensível às mulheres, tão sério, tão cumpridor dos seus deveres morais, mantendo relações vergonhosas com uma escrava!

Incrédulo, protestou:

— Não creio! Deve estar enganada. Certamente, seu ciúme é mau conselheiro. Jasar não seria capaz de tal ação.

— Não crê? Então observe. Verá com seus próprios olhos.

— E quem é ela? — indagou curioso.

— Solimar!

O assombro de Pecos aumentou. Justamente ela! Com aquela doçura invulgar, com toda aquela serenidade, não, não era possível!

— Otias, está fazendo uma grave acusação. Não acredito em suas palavras, repudio sua insinuação.

— Não me recrimine, Pecos. Vou contar-lhe tudo como chegou ao meu conhecimento. Depois, não se atreverá a censurar-me.

Otias contou com algum exagero todas as cenas presenciadas e ainda a palestra que mantivera com Solias. Pecos, aborrecido, ouviu toda a narrativa calado.

Quando o silêncio se fez, ele permaneceu ainda quieto por algum tempo, depois ajuntou:

— Bem, como prima e cunhada, merece meu amparo. Vou investigar tudo e, se for realmente verdade o que disse, saberei chamar à ordem meu irmão. Zelarei pela sua paz doméstica.

— Não creio que seja necessário falar com Jasar a respeito. Ele é muito esquisito, o melhor seria mandar a pequena para longe... vendê-la a outrem...

Pecos, revoltado, respondeu:

— Jamais venderei um dos meus escravos. Eles são criaturas humanas e não animais. Depois, aquela pequena é merecedora do meu reconhecimento. Jamais me esquecerei de que, quando eu jazia em um leito entre a vida e a morte, era seu rosto bondoso que vislumbrava sempre, entre um sono e outro, entre uma febre e outra, velando pelo meu bem-estar! Suas mãos caridosas enxugavam o suor abundante de minhas têmporas! Não, prima, não espere de mim tal ação.

Otias, surpresa, retrucou:

— Antigamente não pensava assim. Dispunha dos seus escravos conforme as conveniências. Certamente, a tal pequena, cujo pai era feiticeiro, é dona de algum sortilégio. É impossível que também se deixe dominar por ela!

— Não, Otias. Você não pode compreender o que sinto. Solimar possui de fato um sortilégio que a torna querida por todos: é a bondade. É o amor que irradia de toda a sua pessoa. Você não pode compreender como me senti humilhado quando, após havê-la aprisionado, escravizado, dela recebi tanta dedicação, tanto desvelo. Você não pode compreender!

Otias, sentindo que perdia terreno, perguntou nervosa:

— Mas, então, o que você acha? Se não encontro em você o apoio e a proteção que mereço e desejo, irei embora desta casa! Você a defende, e eu não posso tolerar tal situação!

— Não, prima. Seus direitos de esposa são sagrados e, se foram desvirtuados, eu a protegerei, porém, preciso antes certificar-me da verdade. Custa-me crer em tanta baixeza vinda de meu irmão, tão honesto, tão sensato. Espere. Se tiver razão, prometo auxiliá-la, mas não venderei Solimar em hipótese alguma. Preciso deixar bem claro que nesta casa acabou-se o tráfico de escravos.

Otias, embora revoltada com a atitude do primo, calou-se. Não lhe interessava discutir pontos de vista. Poderia irritá-lo inutilmente. Entretanto, não podia concordar. Seu modo de pensar ia contra aos preceitos básicos da nobreza de sua raça.

Pecos, irritado com mais esse problema, retirou-se, deixando a prima imersa em seus negros pensamentos. As palavras de Otias haviam despertado nele um sentimento de antipatia para com ela.

No entanto, se ele possuísse olhos para ver o que se passava ao seu redor, no plano espiritual, teria ficado penalizado. Ela estava rodeada por uma massa cinza escuro. Duas sombras a envolviam, sussurrando-lhe maus pensamentos. Pobre Otias!

Era escrava de seus ciúmes, do seu orgulho. Pretendia manipular pessoas, conduzir os acontecimentos de acordo com seus interesses. Muito teria que sofrer para enxergar o quanto estava iludida e aprender a respeitar as determinações da vida. Ela é livre, obedece aos desígnios superiores e ninguém consegue controlar. Essa pretensão não passa de enganosa miragem dos voluntariosos, que se julgam donos absolutos da verdade. Um dia, fatalmente, descobrirão seu engano e chorarão o tempo perdido.

Pecos retirara-se triste, envolto em sombrios pensamentos. Era-lhe difícil alcançar todo o sentido da injúria que Otias lançara no proceder de seu irmão. Verdade era que ele, como mais velho, aprendera desde cedo a respeitar no irmão a autoridade moral, a integridade mental. Parecia-lhe difícil que Otias estivesse falando a verdade.

Procuraria conversar com ele francamente. Repugnava-o, sobremaneira, agir de forma diferente, como Otias sugerira. Sabia-o sincero e, se algo houvesse, ele lhe diria.

Precisava tratar do assunto com urgência, pois pretendia viajar brevemente por ordem do faraó, para inspecionar as condições políticas de várias cidades. Iria a Mênfis e, possivelmente, desceria a outras cidades. Talvez demorasse a regressar e pretendia ir sem aquela preocupação.

Aborrecera-se muito porque a esposa se recusara a participar das festas oferecidas pelo rei ao povo, em regozijo ao seu retorno. Após muita insistência, chegando mesmo a ordenar-lhe a presença, ela cedera, mas tratara a todos friamente.

Muitos a reconheceram como a antiga escrava, embora Pecos houvesse espalhado a notícia de que ela era filha de um nobre assírio e pela primeira vez vinha a Quinit. Acreditando que se enganaram, eles depressa esqueceram o incidente.

Apenas Omar não se deixou convencer, ferido no seu orgulho por ser posto ao largo por ela. Enorme ciúme tomou conta de seu ser. Calou o que sabia e procurou disfarçar todo o seu despeito.

Pecos ia partir triste e amargurado. Não sentia mais o antigo prazer pela aventura, pela luta. Com o desprezo da esposa, chocado, perdera parte da confiança em si mesmo. Emagrecera, aturdia-se para não pensar.

No dia seguinte, quando Jasar anotava em um pergaminho alguns escritos, Pecos foi procurá-lo no jardim. Aproximou-se e, sentando-se a seu lado, esperou pacientemente que ele terminasse.

Depois começaram a conversar amistosamente. Jasar, observador, notou a tristeza do irmão e perguntou:

— Diga-me, Pecos, o que ocorre? Vejo você triste, abatido, parece-me que não é o mesmo. O que se passa? Abra seu coração, sempre fomos muito amigos!

— Muitas coisas sucederam em minha vida ultimamente. Tudo para mim tornou-se diferente. Entretanto, é sobre Otias que preciso lhe falar.

— Não creio que você a amasse realmente. Sabe que, se me casei com ela, foi em cumprimento a um sagrado dever.

— Não se trata disso. O problema é outro...

E calou-se indeciso, procurando como começar. Jasar, surpreso, olhando-o de frente, aguardou que ele falasse.

— Nós, além de irmãos, sempre fomos realmente amigos e, como mais velho, encontro-me no direito de falar sobre o motivo da minha preocupação. Qual é sua opinião sobre Solimar?

Jasar, embora surpreso, não desviou o olhar, e seu rosto permaneceu sereno como sempre.

— Que é uma criatura excepcional. Um espírito lúcido, enfim, boníssima pessoa a quem muito devemos, você e eu!

— Sim, esta também é minha opinião a respeito, isto é, era, porque, para não modificá-la, preciso esclarecer certas dúvidas quanto ao seu caráter. Diga-me, você a ama?

À pergunta feita quase à queima-roupa, Jasar suspirou e, sem desviar os olhos, encarando Pecos com a mesma serenidade apesar da emoção que sentia, começou a falar:

— Agora já sei o porquê dos seus rodeios. Preciso falar, não para explicar coisa alguma, porque nada existe para ser explicado. Apenas antes de começar, com franqueza preciso conhecer o motivo da sua pergunta. Entre nós não há segredos, ou melhor, nunca houve. Conte-me o que pensa saber e eu lhe revelarei a verdade.

Pecos, um tanto embaraçado pela serenidade de Jasar, contou-lhe tudo. Ele ouviu calado e, quando Pecos acabou, um silêncio constrangedor pairou no ar.

Suspirando, Jasar começou:

— Agora, meu irmão, ouça o que vou contar. Nada devo à minha esposa. Desde que nos casamos, tenho procurado adaptar-me a ela, com seus costumes e suas ideias. Lamento não haver conseguido o êxito desejado. Quanto a Solimar, esta criatura admirável, não consentirei que a caluniem e jamais que tal pecha lhe seja lançada pelos ciúmes doentios de uma mulher. Amo Solimar! Sempre a amei! Mas nosso amor é algo que paira sobre as coisas deste mundo. É um amor todo espírito. Se você não tivesse desaparecido, certamente, hoje, eu estaria casado com Solimar.

Em poucas palavras, Jasar contou ao irmão tudo quanto se passara. Este, um pouco envergonhado, mas ainda temeroso, objetou ao fim da narrativa:

— Eu sabia que podia jurar por sua honestidade, mas julgo perniciosa a excessiva convivência que tem com Solimar. Um dia poderão não mais resistir e entregar-se um ao outro.

— Está enganado. Nosso amor está acima da posse comum. Jamais eu ousaria tocá-la de leve. Não compreende? É o pensamento, a alma de Solimar que eu amo! Não são as formas do seu corpo belo e jovem. Sinto um enorme prazer em ouvi-la falar sobre assuntos sérios, como quando ouvia um velho professor a quem muito amei. É uma atração estranha, mas sinto que me seria penoso afastar-me dela.

— Otias não suportará tal situação.

— Infelizmente, ela não pode compreender. Se Solimar se for, será difícil prender-me aqui. Somente o grande amor do meu pequeno Matur me faria vir passar aqui algum tempo. Acaso pretende dispor de Solimar?

A pergunta era direta.

— Não. Por ora, não. Minha esposa dedica-lhe verdadeira estima. Mas não compreendo sua forma de amar. Eu amo perdidamente minha esposa, até não me envergonho de confessá-lo. Preciso mesmo desabafar com alguém, mas, se é verdade que não desejo só seu corpo, também é claro que só o seu espírito não me satisfaria. Creio que uma coisa é o complemento da outra. O amor carnal é o extravasamento e a exteriorização do amor do espírito. Quando se ama realmente, no meu entender, a maneira de demonstrarmos nosso afeto é acariciarmos o ente amado.

— Esta seria a felicidade máxima na Terra, mas, quando isso é proibido aqui, quando a vida nos ordena esperarmos resignados o fim da nossa tarefa neste mundo, então o bem supremo, eterno, é concentrado unicamente na convivência amiga, sincera, simples, pura, que ninguém nos pode roubar, porque nada estamos roubando a outrem. O amor assim purifica-se e consolida-se para a eternidade. Nem a morte poderá destruí-lo. Ele viverá em nosso ser eterno, porque nele foi construído. O corpo, este será levado nas asas da transformação natural e com ele todo amor que um dia inspirou. Nós, não. Nosso mundo, ainda que sejamos separados pelas fraquezas humanas, jamais será destruído.

Jasar falava com tal convicção que Pecos sentiu desvanecer toda a sua preocupação.

— Jasar, creia que o admiro e respeito. Sempre apreciei a firmeza do seu caráter. Lamento sua sorte, sinceramente. Tomou de meus ombros o peso de tal união. Fui o causador, embora involuntário, de toda a tragédia da sua vida.

— Mais uma vez se engana. Certamente, eu mesmo, no passado, fui o causador da situação que hoje enfrento. Portanto, resta-me ser paciente e não recair em erro para construir um futuro melhor.

— Mas você sempre foi tão bom... tão nobre. Não creio que mereça tal castigo. Eu fui sempre muito pior do que você e parece que minha sorte não foi tão terrível.

— Não deve falar com tal certeza de leis que desconhece. Se você cometeu mais erros do que eu, creia que cedo ou tarde colherá os resultados equivalentes. Depois, como pode saber se sou bom? E o que fui no passado, nas existências anteriores, como pode afirmá-lo? Nada é definitivo no livro da vida. Nós o escrevemos todos os dias, plantando nosso futuro. Somos tão ignorantes! Ainda não sabemos nada sobre as leis da vida. O que está claro para mim é que, se quisermos viver em um mundo melhor, precisamos nos tornar melhores. Aprender a enxergar o bem. Ai de nós, quando conspurcamos a vida que é tão bela! Você mesmo sofreu a experiência terrível desses dois anos de cativeiro. Eu lhe digo, acautele-se. Esse acontecimento nada mais foi do que uma advertência para abrir seus olhos. Se continuar, coisas piores poderão acontecer!

— Talvez tenha razão. Tenho pensado muito sobre isso. Jamais me esquecerei das emoções que senti durante aquele tempo todo. Do terrível julgamento a que fui submetido pelos homens de Rabonat. Eu prefiro a agonia de mil mortes do que o que senti quando me acusavam. Não conheço o medo. Não temo pelo futuro, mas jamais comprarei ou venderei escravos em minha casa. Já formei esse conceito e fiz tal promessa a mim mesmo.

— Bravo, meu irmão — exclamou Jasar, comovido —, regozijo-me porque a luz e o amor já começaram a raiar em seu íntimo. Mas uma coisa desejo lhe dizer. Faça o que quiser e não espere dos homens a recompensa, nem mesmo dos escravos que aqui mantém com branda autoridade. Os que não possuem valor para seguir seu exemplo, talvez lhe escarneçam, mas o bem-estar interior e a paz da sua consciência são mais importantes do que a opinião deles.

— Agradeço-lhe as advertências, Jasar. Creia que, quanto mais o conheço, mais o admiro.

A compreensão renovou a amizade existente entre eles, tornando-a ainda mais profunda. Seguindo um impulso do seu coração, Pecos contou ao irmão todo o seu torturado amor por Nalim.

Jasar confortou-o, animando-o a esperar. Estava certo de que ela também o amava, porém não sentia coragem ainda para confessar.

Mas, para Pecos, o riso zombeteiro ainda não se apagara do seu pensamento, por isso, receava falar-lhe de amor. Se ouvisse novamente aquele riso, seria capaz de matá-la.

Enquanto conversavam, Otias os observava a uma certa distância. Curiosa, daria alguns anos de vida para ter ouvido a longa palestra. Exigira do primo a partida de Solimar. Não poderia suportar-lhe a presença por mais tempo.

Quando os dois irmãos se separaram, Pecos foi à procura da prima, desejoso de tranquilizá-la. Esta se fingiu entretida, examinando algumas tapeçarias no pátio interno.

— Otias! — chamou ele. — Desejo lhe falar.

Ela se voltou para ele que, sentando-se em um banco, fez-lhe um sinal para assentar-se. Calada, ela obedeceu.

— Trago boas notícias. Está enganada sobre seu marido e a jovem escrava. Entre eles jamais existiu qualquer ligação duvidosa. Falei com ele. Admira a inteligência da moça, que muito útil lhe tem sido no andamento de suas experiências. Deve envergonhar-se de tão mau pensamento. Ambos são dignos de sua estima.

À medida que ele falava, Otias sentia-se invadir por um ódio tremendo. Sem poder conter-se, gritou asperamente:

— Podem enganar você, mas a mim, não. Odeio essa mulher! Odeio-a porque sei que ele a tomou por amante! Jamais poderei perdoar-lhes. Sinto o peito opresso de revolta. Jamais permitirei que ela fique aqui. Ou ela, ou eu!

Pecos fitou-a surpreendido sem saber o que dizer. Jamais havia presenciado o furor da prima, sempre encoberto com o verniz da etiqueta social. Sentindo-a injusta, um sentimento de desdém o invadiu.

— Cale-se, Otias. Não tem o direito de fazer essa acusação. Prometi investigar e já contei a verdade. Solimar ficará aqui, e você também. O dono da casa ainda sou eu. Não permitirei que seus caprichos de mulher ciumenta me obriguem a pagar com o mal o bem que recebi daquela bondosa criatura.

— Bem sei — tornou ela aparentemente mais calma, mas com voz amargurada —, todos a elogiam! Ela é a perfeição; eu, a caprichosa. Não compreendo como pode ela exercer tal fascínio em todos desta casa. Certamente possui sortilégios malditos que os envolvem para que não lhe vejam as maldades. Mas, ai dela, pois que a mim não conseguiu nem conseguirá enfeitiçar!

E, voltando as costas ao cunhado, retirou-se, deixando Pecos a bendizer-se intimamente por não se ter casado com ela e, ao mesmo tempo, lamentando a sorte do irmão. Embora o problema deles o preocupasse, Pecos preocupava-se muito mais em observar a própria esposa. Vivia torturado por pensamentos dolorosos. Desejava estar ao lado dela, acariciá-la, mas, ao mesmo tempo, sentia que não poderia suportar mais humilhações. Seu orgulho masculino estava por demais ferido.

Os preparativos para sua viagem estavam praticamente prontos. Teria que seguir nos próximos três dias. Angustiado, buscou, nos abundantes jardins que guarneciam a casa, um lenitivo para sua angústia.

A certa altura do passeio, vislumbrou o vulto gracioso de Solimar, caminhando vagarosamente, embebida em seus próprios pensamentos. Para ela, ele dirigiu-se com prazer.

Solimar, ao vê-lo, sorriu e, com um gesto vago, disse:

— Senhor, peço perdão por ousar admirar os jardins à hora desusada. Creia que fui tentada pelo maravilhoso perfume das flores, que espargem delicioso bem-estar. Mas já vou.

— Não, Solimar. Você pode passear à vontade pela casa e pelos jardins. Aliás, tinha mesmo intenção de procurá-la. Necessito lhe falar.

Ela, um tanto surpreendida, respondeu:

— Estou ouvindo, senhor.

— Venha, sente-te aqui neste banco. O assunto é sério e, portanto, deve escutar-me com a máxima atenção.

Ela assentiu levemente com a cabeça, e ambos sentaram-se a um banco. Pecos, um pouco inseguro, começou a falar.

— Ouça, Solimar. Devo esclarecer que em minha casa não a considero uma escrava. Seus dotes de espírito, suas ações e o muito que fez em nosso benefício a tornaram estimada, admirada. O que lhe vou dizer, não é, pois, com o sentido ofensivo e, creia-me, não desejo magoá-la.

Após esse preâmbulo, Pecos contou-lhe todos os acontecimentos relativos a Otias e Jasar, que a envolviam diretamente. A moça ouviu silenciosa e, embora seu rosto não se perturbasse, em seu olhar uma tristeza infinita espelhava-se à medida que ouvia.

Pecos terminara e calado olhava-a fixamente, aguardando o pronunciamento da moça.

Ela, calma, passando ligeiramente a mão pela testa, para afastar uma teimosa madeixa que a guarnecia, murmurou:

— Senhor, grande é sua bondade e compreensão. Agradeço-lhe a delicadeza, solicitando a opinião de uma humilde escrava em confronto com a palavra de sua nobre prima. Mas, senhor, eu a compreendo! Ela sofre imensamente, e eu desejaria poder de alguma forma auxiliá-la. Talvez o faça. Poderia, se fosse livre, afastar-me daqui, embora muito me custasse. Estou presa a esta casa por inúmeros laços afetivos. Bem sabe da grande amizade que me une à sua nobre esposa, ao pequeno Matur e ao seu irmão. Também aprendi a estimá-lo.

— Acredita que, se fosse livre e se retirasse para longe, Otias seria feliz com meu irmão?

— Não. A felicidade, nós a encontramos na harmonização, no amor verdadeiro, na aceitação dos desafios que a vida coloca em nosso caminho todos os dias para nosso amadurecimento. Nós a encontramos, ainda, trabalhando a favor da vida, dedicando-nos aos que sofrem, procurando amenizar-lhes as torturas, embora sejamos fracos e pequeninos, e pouco possamos realizar. A nobre Otias carrega todo o peso de seu próprio orgulho, algemada pela vaidosa certeza de sua importância como nobre, como privilegiada. Cada um paga tributo à bagagem que carrega intimamente, tributo esse que, por sua vez, é retirado da parcela total da felicidade que lhe era destinada.

Pecos a ouvia admirado. Ela calou-se, fitando-o calmamente.

— Continue, esclarece-me, por favor.

— Vivemos neste mundo para exercitar a bondade, aprender a respeitar a vida, vencer nossas ilusões, alargar nossa consciência e nos harmonizarmos com os outros. Quem acredita nos efêmeros prazeres que o mundo proporciona, sem trabalhar em favor do espírito, em vez de resolver antigos problemas de outras vidas, que pedem solução agora, acabam colhendo resultados desastrosos, aumentando a própria infelicidade. Sua nobre prima, por exemplo, jamais amou seu irmão, porque jamais o conheceu. Ama sua superioridade moral e sente que não a consegue alcançar. Por isso, tem ciúmes. No senhor, ela tentou amar sua fama de herói, de soldado, seu porte elegante, sua galanteria, mas há muito que suas atenções se haviam voltado para seu irmão. Seu modo de amar não vai além de fazer os outros sentirem que ela conquistou o que era impossível, o desejado por outras mulheres. Jamais se sentiu unida ao marido, porque a união verdadeira, que se baseia no espírito, não se realizou. Jamais sentiu a beleza da alma bondosa de Jasar que a ela se dedicou nobre e sinceramente. Jamais percebeu as profundezas de seu pensamento exuberante e belo. Jasar está muito além da compreensão dela. Isso a torna insegura. Ela sente que ele é livre e, por mais que faça, não conseguirá dominá-lo. Quanto mais ela pretende segurá-lo, mais ele se afasta. Ela não sabe que é libertando que nos aproximamos mais de quem amamos.

Absorta, Solimar fixava um ponto distante, sua voz vibrava em entonações suaves. Pecos a ouvia quieto, receoso de falar, preso às palavras da moça que traduziam uma filosofia profunda, amorosa e elevada.

Quando ela se calou, ele, sem conter-se, murmurou:

— Como você o ama! Agora começo a compreender um pouco a natureza dos seus sentimentos. É tão nobre, tão generosa! Sinto-me realmente arrependido, porque, arrancando-lhe dos seus, fui o causador de toda a sua infelicidade e a de meu irmão!

— Senhor, por que fala em infelicidade? Eu não sou infeliz!

— Apesar da mísera condição de escrava a que a reduzi, da perda do homem que amava, da separação dos seus, ainda não é infeliz?

— A vida só faz o melhor! Se o destino me reservou tudo isso, foi porque certamente eu precisava aprender a ter paciência e a esperar. Quando compreendemos o porquê da nossa vida terrena e construímos nosso mundo no espírito, jamais seremos despojados dos bens conquistados. Sou feliz porque meu corpo é leve, meu espírito não possui bagagem pesada. Como escrava, tenho a ventura de aprender a servir a todos, recebendo deles, em troca, a valiosa conquista da humildade. Embora tenha dignidade, não sendo orgulhosa, nada poderá atingir-me, seja o que for que me aconteça. Não possuindo posição social, sou livre para fazer o que sinceramente me agrada. Não odiando, alcancei a paz interior. O ódio nos transforma em escravos de sua força torturante. Muitas vezes, nos conduz à prática de atos perversos, cujas consequências nos atingem sempre com maior violência. Não. Engana-se, senhor. Não sou infeliz. Tenho tudo! Sou livre! Meu espírito não está preso às ilusões terrenas, não lhes suporta o tremendo peso!

– Agora compreendo porque Jasar a ama! Ouça... sempre me perturbou olhar para você, porque surpreendia piedade nos seus olhos. Agora percebo que tinha razão. Nós, envoltos em nossos próprios erros, cavamos nossos próprios sofrimentos e, geralmente, responsabilizamos a outrem. Eu venho sofrendo todas as torturas dos negros vales do Amenti, mas o orgulho me fere a cada passo, interceptando meu impulso bom.

— Sei que seu amor pertence à sua esposa. Sei que não são felizes.

— Acaso ela lhe contou?

— Não. Desde que aqui chegamos juntas, notei a atração irresistível que os unia.

— Mas ela me despreza, odeia. Jamais seremos felizes! Destruímos todas as possibilidades.

Cedendo a um impulso, Pecos contou a Solimar todo o seu sofrimento, sua angústia, suas dúvidas. Além de Jasar, jamais confiara a quem quer que fosse seus receios íntimos. Era um homem experiente, vaidoso e seguro de si para buscar conselhos e amparo em uma jovem criatura.

Quando ele terminou, ela, sorrindo com brandura, explicou:

— Deve ter paciência com os impulsos de Nalim. Ela é uma excelente criatura, embora se deixe levar demasiado pelo orgulho. Creio mesmo, senhor, que tudo lhes está favorável. São marido e mulher. Jovens, amam-se. Por que não esquecer todo o passado e iniciar uma vida feliz, dentro de um amor sincero e nobre?

— Se engana certamente. Ela jamais me amará!

Solimar sorriu maliciosa.

— Pois, se tivesse presenciado certas cenas, não diria tal!

O coração de Pecos acelerou suas batidas. Uma onda emotiva o invadiu quando pediu:

— Conte-me. O que sabe?

— Não. Sinto que não seria bonito. Ela o ama, mas talvez nem saiba. É preciso despertá-la para a realidade e o senhor sabei como fazê-lo.

Conversaram mais algum tempo e, quando se separaram, Solimar conquistara definitivamente a estima de Pecos. Conseguira acalmá-lo completamente. Era tal a paz e a serenidade que sua presença irradiava, que ele se transformara. Sentia-se agora esperançoso, quase feliz.

A vida de repente tornara-se bela, atraente, e ele sentia-se envolver por um louco entusiasmo. Subitamente, lembrou-se da viagem. Arrependeu-se de a ter solicitado ao faraó.

Resolveu então apressar a partida. Iria no dia seguinte. Assim poderia retornar brevemente. Mas antes teria um entendimento com a esposa.

Solimar, no entanto, tinha o coração opresso. Só, em seu recanto favorito, angustiada, sentia irremediável a separação do homem amado. Ela teria que ir-se. Jamais poderia ser empecilho à sua felicidade conjugal. Mas ela era escrava. Tudo dependeria da autorização de Pecos.

O certo é que, envolto por uma onda de tristeza, seu coração contraiu-se dolorosamente, pressentindo os próximos sofrimentos a vencer. Entretanto, sentia que não estava só. Havia uma força superior que a amparava. Certamente seria esse Deus universal de que seu pai tanto lhe falava em sonhos. Resignada, Solimar dirigiu àquele Ser Supremo uma súplica ardente.

Pedia por Jasar, para que soubesse suportar a separação. Pedia por Otias, para que fosse uma boa esposa; pedia pelo pequeno Matur, que tanto amava. Pedia por Nalim e Pecos, tão impulsivos e voluntariosos. Para si mesma, pediu apenas forças para não fracassar na luta interior.

Enquanto ela meditava, orando ao Pai Celestial, entidades de impecável alvura a amparavam, acariciando-lhe a fronte brandamente. Suas mãos espargiam flocos finíssimos que, como um orvalho, lhe refrescavam o espírito. Assim permaneceu algum tempo.

Seu rosto translúcido transformara-se ainda mais. Parecia haver abandonado tudo quanto a cercava e se transportado a um mundo diferente.

Quando despertou do seu êxtase, Solimar sentia um enorme bem-estar, o peito ainda dilatando-se no prazer daqueles instantes de misticismo. Sentia dentro de si uma renovação intensa de valor, coragem, vontade de lutar para vencer a si mesma.

Mais feliz, recordou-se do mundo maravilhoso que percorrera durante aquele instante, onde o peso do corpo físico não existia e o pensamento era a força motora.

Oh! Que momento inesquecível o de poder abraçar amigos muito queridos de quem lembrava conhecer, mas sem saber de onde. Possuía a certeza de haver retribuído aquelas amizades sinceras e caras ao seu espírito, mas não conseguia lembrar-se quando isso se dera.

Para Solimar, daí por diante, nada mais existia, por mais forte que fosse, capaz de fazê-la fracassar.

Comovida, ela derramou lágrimas de reconhecimento por aquela dádiva divina.

***

A noite ia alta já, e Pecos, indeciso, caminhava pelo pátio interno de seus aposentos. Resolvera partir no dia seguinte, mas antes queria entender-se definitivamente com a esposa.

A noite era quente e havia uma grande calmaria no ar prenunciando para breve o início das chuvas.

Pecos ia e vinha de seu quarto ao pátio, sabendo que a esposa deveria estar do outro lado daquela porta que, como uma barreira, os separava. De repente, resolveu. Decididamente, bateu na porta intermediária.

Nalim já se deitara, porém, angustiada, pensando na próxima partida do marido, não conseguia dormir.

Foi com o coração batendo violentamente que ela se levantou e correu o ferrolho da porta.

Pecos olhou-a firmemente, e ela percebeu nesse olhar toda a força dominadora de sua vontade. Decidida a não fraquejar, embora intimamente estivesse sem forças para resistir-lhe, perguntou friamente:

— Que deseja a esta hora da noite?

— Falar com você. Já deve saber que amanhã irei embora ao raiar do dia. Levarei muito tempo para regressar e vim despedir-me de você.

Sua voz era cordial e havia no fundo um tom de sinceridade. Isso a desarmou e foi com voz natural que respondeu:

— Agradeço-lhe a gentileza.

E estendeu-lhe a pequena mão que ele tomou entre as suas e beijou sem poder conter-se mais.

Nalim, temendo trair a emoção que a envolvia, murmurou às pressas:

— Adeus, desejo-lhe boa viagem.

Pecos a olhou.

Ela estava linda na intimidade de seus trajes de dormir, olhos brilhantes, rosto corado pela emoção, cabelos em adorável desalinho. Cedendo a um impulso, como que fascinado, Pecos puxou-a para si e sentiu que ela tremia emocionada.

Feliz, compreendendo que ela realmente o queria, inebriado, apertou-a com força entre os braços murmurando-lhe ao ouvido:

— Eu a amo! É minha esposa e ninguém poderá nos separar!

Em sua voz profunda, havia a ardente força daquele sentimento recalcado durante muito tempo.

Nalim sentiu como que um deslumbramento. Todo o seu ser vibrava, tangido por uma emoção inebriante que ela jamais sentira. Sob seu influxo, compreendeu, por fim, o que o marido representava em sua vida.

Para ela, naquele instante, o passado não existia. Percebia que o amava e era feliz, tremendamente feliz em ser correspondida. Vencendo a timidez, com meiguice passou-lhe os braços ao redor do pescoço e, encostando sua face ternamente a dele, disse:

— Naquela noite, você disse que jamais cobraria seus direitos de esposo se eu não lhe pedisse. Hoje sou eu que desejo dizer-lhe: amo você. Somente agora o descobri. Peço-lhe que esqueça o passado e seja realmente meu esposo!

Comovido, ele apertou-a ainda mais.

— Sim, meu amor, esta será realmente nossa noite nupcial!

E aquele foi verdadeiramente o grande momento de suas vidas.

O amor triunfara mais uma vez contra as imposições do orgulho e do rancor. E o novo dia surpreendeu Pecos ainda nos ternos braços da esposa, lamentando ambos a dor da separação.

Era difícil para eles aquele instante. Agora que haviam se entendido, aquela viagem se transformara num doloroso espantalho.

Todos estranhavam a luminosidade do casal. Solimar percebeu, feliz, que suas palavras haviam surtido um bom resultado.

Pecos, soberbo em sua túnica dourada, garboso, seguiu à frente de sua guarda pessoal para o palácio, onde em seguida partiria, após as últimas determinações do rei.

Nalim, ao ver o vulto do marido que desaparecia nos portões de saída, sentia-se já saudosa. Sua felicidade transbordante precisava ser compartilhada com alguém.

Percebeu o vulto de Solimar. Alegre, alcançou-a e, passando-lhe o braço pelos ombros, disse:

— Solimar, preciso contar-lhe. Sou feliz! Ontem nos entendemos. Ele é o homem mais maravilhoso do mundo!

— Felicito os dois. Procure ser uma boa companheira, compreendê-lo e serão felizes.

— Você não pode imaginar a minha emoção quando percebi que o amava! Parecia-me que um novo mundo se abria para mim. Jamais senti emoção igual!

— É feliz! Procure manter tua felicidade, retribuindo o amor do seu esposo com ternura e carinho. Nem todos os que amam podem viver unidos neste mundo. Você, que possui essa grande dádiva, deve dar graças ao Criador.

— Tem razão. Minha vida, que era vazia e triste, inundou-se de luz. Oh! Você não pode compreender, você nunca amou!

Solimar sorriu, benevolente, respondendo:

— Talvez. Mas jamais devemos ajuizar o próximo, porque muitas vezes corremos o risco de nos enganar.

— Que está dizendo? Por acaso já amou alguém?

— Não se detenha tomando minha palavra a sério. Antes, conte-me toda a sua ventura.

Elas continuaram felizes conversando abraçadas, mas alguém havia que as espreitava com o olhar em fogo: era Otias!

A alegria de Nalim a irritava. Percebera que os dois se haviam beijado na despedida e havia em seus olhos um novo brilho. Certamente haviam se conciliado.

Para Otias, o amor de Pecos pela esposa era uma desmoralização social. Ela pensava: "Bem se vê que ela foi escrava, pois se sente melhor entre elas, tomando intimidades reprováveis".

Lá estava ela abraçada à odiosa Solimar. Mas, ai delas! Agora Pecos não estaria para defendê-las. Haveria de destruí-las! Seria então dona absoluta de Jasar e da fortuna de Pecos, visto que ele não tinha filhos.

Otias sentiu que precisava falar com Solias e, juntos, traçarem um plano de ação. Talvez, conseguir seu intento fosse mais fácil do que pensava. Resoluta, deixou o esconderijo e saiu à procura de sua escrava de confiança. Precisava mandar chamar o lanceiro imediatamente.

As duas amigas continuavam palestrando animadamente sem suspeitar que a sombra do ciúme, da inveja e da cobiça rondava-lhes os sonhos, prometendo destruí-los.

No entanto, acima dos desejos humanos estão os do nosso Pai Celestial, que só permite o exercício do mal para que o bem resplandeça. Otias, à medida que alimentava tão negros propósitos, plantava sofrimentos para o futuro.

Tivera em suas mãos a escolha. Havia dois caminhos: o da compreensão e da tolerância; o do ódio e da vingança. Ela não hesitou em preferir o que satisfazia seus interesses mesquinhos.

Por ignorância às leis da fraternidade e do amor, muitos agem assim, pagando depois sua parcela de sofrimento em troca da experiência de que necessitam.

CAPÍTULO XV

Jasar naquela noite estava triste. Sentia o coração oprimido e uma angústia inexplicável. A conversa com Pecos, na véspera de sua partida, deixara-o apreensivo.

Com a íntima convivência, aprendera a bem conhecer o caráter vingativo e orgulhoso da esposa. Dela, jamais poderia esperar um gesto de compreensão.

Sem a presença de Pecos, temia que ela desse vazão a seu ódio contra Solimar. Por ser escrava, Otias poderia humilhá-la, persegui-la, fazê-la sofrer. Sabia que a moça sofreria tudo sem jamais queixar-se, e isso o atormentava.

Solimar era uma criatura espiritualmente superior. Doía-lhe vê-la maltratada por alguém como sua esposa. Sentia necessidade de tomar algumas providências, mas quais?

Poderia fugir com ela para bem longe, para viverem a vida que haviam sonhado! Por alguns instantes, seu semblante iluminou-se pensando em tal possibilidade.

Viver ao lado dela! Seria maravilhoso viajarem juntos sempre buscando novos conhecimentos dentro da maravilhosa harmonia que reinava entre eles!

Mas isso era impossível! Ela jamais concordaria. Ele também não se sentiria em paz fugindo ao compromisso assumido. Além da esposa, existia o filho que adorava. Matur necessitava de seu apoio, de seu afeto e ele não podia abandoná-lo.

Não! Ele estava preso moralmente ao compromisso assumido. Havia uma alma enferma aos seus cuidados, ele precisava ministrar-lhe os medicamentos. Fora certamente o grande Criador que lhe dera esse encargo. Otias era uma doente!

Ele e Solimar somente poderiam sonhar com a felicidade quando os compromissos terminassem e eles fossem livres. Ele tinha certeza de que isso aconteceria um dia, ainda que fosse em outra vida e em outro mundo.

Tão imerso estava em seus pensamentos que não viu quando Nalim, aproximando-se a sorrir, perguntou amistosa:

— Por que tanta carranca, Jasar?

Surpreso, ele ergueu seu límpido olhar. Via-se que a moça procurava uma forma de ser gentil. Desde a sua chegada, ela se retraíra em virtude de seus problemas com o marido. Agora que tudo se transformara maravilhosamente, sentira a necessidade de aproximar-se mais da família dele.

Sempre simpatizara com Jasar, embora o temesse um pouco. Ele lhe parecia tão distante.

— É você, Nalim — respondeu o moço com cordialidade —, estava assim tão terrível?

— Estava assim como que sofrendo muitas dores, seu rosto contraído. Estará por acaso doente?

— Não se preocupe. Agradeço pelo interesse. Já que me procurou para palestrar comigo aqui no salão, veio a propósito. Preciso falar-lhe sobre um assunto muito sério. Quer dar um passeio comigo pelos jardins? O que devo dizer é algo muito íntimo e temo ser interrompido por ouvidos indiscretos.

Um tanto intrigada, Nalim aquiesceu, e ambos se encaminharam para os ricos e suntuosos jardins que guarneciam a casa. Procurando dar um tom despreocupado à voz, Jasar perguntou:

— Pelo que observei antes da partida de Pecos, tudo está bem agora, não?

— Sim — respondeu Nalim, corando ligeiramente.

— Folgo em saber. Pecos merece ser feliz. É uma esplêndida criatura que aprenderá a amar quando o conhecer melhor. Ele a quer muito, e espero que saiba torná-lo feliz.

— Não sei se está a par de tudo quanto nos aconteceu, mas agora, que vencemos nosso orgulho e nos entendemos, seremos felizes! Conheço-o bastante para saber que o amo e sou imensamente feliz por ser sua esposa.

— Alegra-me sua maneira sincera de falar. Faço votos que sejam muito felizes. Mas agora, mudando de assunto, devo falar-lhe sobre algo que há pouco me preocupava. Apesar de pouco conversarmos, sinto que poderei contar com você. Responde-me francamente: o que pensa sobre Solimar?

Nalim, enrugando o sobrecenho levemente, com certo ar preocupado, respondeu sem vacilar:

— É a melhor criatura que conheci. Considero-a minha melhor amiga.

— Justamente o que eu pensava! E se ela corresse um grande risco, que faria?

— Eu a defenderia com todas as minhas forças.

— Bem, creio que chegou o momento em que ela precisa de você.

— Mas explique-se melhor. O que está acontecendo?

— Vejo que nada sabe. Solimar certamente calou todo o sofrimento que a tem atingido. Prefere carregar o fardo sozinha. Só você poderá nos ajudar.

Jasar relatou então a Nalim toda a história do seu romance com Solimar. Usou da máxima sinceridade, sem omitir um único detalhe. Nalim admirou-se. A amiga calara seu grande segredo. Compreendia a superioridade de Solimar sobre Otias e justificava que esta sentisse ciúmes.

Jasar terminou dizendo:

— Como vê, devemos ter cautela. Otias é vingativa, pode bem tentar algo contra Solimar. Contei tudo porque assim, quando eu me ausentar, você zelará por ela. Confio em sua amizade e acredito que fará tudo que estiver ao seu alcance.

— Pode contar comigo. Além de confiar em minha estima por Solimar, deve também confiar em minha antipatia por sua esposa.

— Deve ter piedade dela, Nalim. Quem cultiva tantos pensamentos torturantes sofre muito! Otias é uma enferma que necessitamos curar. Não devemos nos prender às suas fraquezas, mas sim buscar nela as boas qualidades para que, trazendo-as à tona, possamos melhorar-lhe o entendimento.

— Compreendo seu amor por Solimar. Pensa como ela. Conte comigo. Estarei vigilante. Não permitirei qualquer atitude contra Solimar.

Jasar sorriu mais aliviado. Com a promessa de Nalim, firmou-se um pacto de amizade entre eles, estreitando os laços de família. Nalim conseguira mais aquela vitória. Conquistara a simpatia do cunhado, que tanto desejava, para agradar o marido, mostrando-lhe que o passado fora esquecido e ela estava tentando adaptar-se à sua nova vida.

Jasar, por sua vez, sentia-se mais tranquilo. Eram dois contra um. Certamente Otias nada poderia fazer. Foi, portanto, quase alegre que ele retornou à casa com a jovem esposa de seu irmão.

Porém, se os dois tentavam proteger Solimar, outros dois havia que tramavam contra. Otias, protegida pelas sombras da noite, fora encontrar--se com Solias e conversava animadamente. O astucioso lanceiro, além da escrava, ainda desejava algumas joias e moedas de ouro para participar da empreitada.

Dizia servilmente:

— Se me apanham, nobre senhora, atiram-me às feras do grande sacrifício. Se me der o que peço, poderei ir para bem longe e nunca mais voltar aqui. Assim, ninguém jamais saberá o que aconteceu.

— Mas é muito. Disse que se contentaria com a escrava!

— Mas a senhora também não me disse que teria de matar a outra.

Otias fez um gesto de enfado.

— Você fala com muita crueldade. Não gosto de sua expressão. Se não aceitar a metade do que pede, não farei nada mais. Fica tudo desfeito.

— Bem... se me der as joias somente, mais aquelas que pedi, farei tudo a contento e irei embora.

— Certo. Eu lhe darei as joias, mas espero que seja rápido no trabalho.

— Tudo sairá conforme o combinado.

Quando se separaram, o plano estava pronto.

Otias, agitada pelo nervosismo, sentiu que a espera seria angustiosa. Por um momento, aterrorizada com o rumo que havia escolhido, quis retroceder, mas a ideia da união do marido com a escrava reapareceu em sua mente, e ela decidiu deixar que o plano se cumprisse.

Ademais, nada estava fazendo senão proteger a honra da família. Quanto a Nalim, precisava desaparecer! Certamente Pecos estaria livre de uma união tão vergonhosa. Tudo quanto possuíam os dois irmãos passaria assim para suas mãos. Seu filho seria o dono de tudo! Seria rico e poderoso, invejado por todos!

Otias sorria febrilmente, deslumbrada pela ambição, antegozando o futuro como dona absoluta daquela casa, exercendo, afinal, a posição que lhe cabia de direito e estava sendo usurpada pela odiosa escrava.

Naquela noite, ao adormecer, foi envolvida em longos pesadelos angustiantes. É que as energias pesadas com as quais voluntariamente se envolvera começavam a fazer seus efeitos.

***

No dia seguinte, Nalim chamou Solimar e, amigavelmente, a censurou por não lhe haver confiado seu segredo. Esta, um tanto surpresa, procurou justificar-se, sorrindo e dizendo:

— Ora, Nalim, sabe muito bem que confio em sua amizade, mas, se calei, foi somente para não aborrecê-la com minhas desventuras. Qual o benefício que poderia tirar em torturá-la com meus problemas insolúveis? Nada há para ser feito, a não ser a tolerância e a resignação, a fim de que com elas possa proporcionar a Jasar mais forças para dar cumprimento à sua missão. Se eu esmorecer, ele também terá possibilidade de fracassar.

— Compreendo seu nobre motivo, ocultando-me seu amor. Apenas é nosso desejo preservá-la da maldade de Otias.

— Está enganada se crê que ela poderá atingir-me. Se ela tentar algo contra mim, estará simplesmente castigando a si própria.

— Como assim? — indagou Nalim surpresa. — Ela poderá causar-lhe muito mal. É perversa, vaidosa e, além do mais, ciumenta.

— Que pensa que ela poderá fazer? Maltratar-me, humilhar-me, castigar meu corpo com pancadas até matá-lo?

— E não é o bastante para temermos?

— Devemos lamentá-la, não temê-la. Quanto mais ela tentar contra mim, inspirada pelos vícios que seu espírito ainda possui, mais e mais estará sofrendo. Torturada por seus pensamentos, perderá a paz. Viverá angustiada, acorrentada à lembrança do mal que houver praticado. Sua vida será assim até que perceba a inutilidade do mal e decida sair dele. Quanto a mim, por mais que ela atinja meu corpo, jamais conseguirá causar dano a meu espírito. Acredite, Nalim, eu a lastimo, não a temo.

— Realmente pensa de maneira diversa dos demais. Não sei como pode torcer as coisas e mudar-lhes o aspecto de tal maneira que sempre acabo concordando com você.

— Não sou eu quem muda os aspectos das coisas. Vejo-as como são. Os homens criaram as ilusões tentando justificar suas paixões, fugir das consequências de seus atos, com medo da verdade. Porém, um dia descobrirão que se torturaram sem necessidade alongando seus sofrimentos, quando, com boa vontade e compreensão, teriam conquistado a felicidade mais depressa.

— Decididamente, tem suas ideias e não as compreendo bem. Tem pena de Otias apesar de saber que ela lhe fará mal; eu, porém, tudo farei para evitar qualquer gesto dela contra você. Ainda que seu corpo não seja motivo de preocupações para você, eu o considero muito necessário e o defenderei.

Solimar abraçou a amiga efusivamente.

— Você é muito bondosa, Nalim, mas desejo que me prometa que, ao menos, tentará uma aproximação com Otias.

Nalim assustou-se:

— Para quê? Não gosto de fingir o que não sinto. Desejaria procurá-la para dizer-lhe que a defenderei contra ela.

— E pensa que assim agindo evitará alguma coisa? Mudarias seu ponto de vista? Nada mais faria do que justificá-los e alimentá-los.

— Por quê?

— Porque um inimigo se vence com amor, com brandura. A luta sempre aumenta os motivos da discórdia. Quantas guerras se iniciaram com coisas sem importância? No fim da batalha, quase sempre as ofensas iniciais foram esquecidas, substituídas por outras mais graves. Mesmo na vitória, o inimigo derrotado continua inimigo. Muitas vezes,, se curva, mas, se pudesse, levantaria a clava para desfechar novo golpe. Só nos livramos dos inimigos, tornando-os nossos amigos. Fazendo com que eles modifiquem sua opinião a nosso respeito. Se o conseguirmos, realmente teremos vencido, pois eles jamais se voltarão contra nós.

— Tudo quanto você diz é claro da maneira como o explica. Mas é muito difícil de realizar. Mesmo que eu tentasse conquistar a estima de Otias, acredita que seria bem-sucedida?

Solimar, encorajando a amiga, esclareceu:

— Por que duvida? Você já tentou?

— Não, mas...

— Então experimente. Quem sabe?

— Não. Não posso prometer tal coisa. Seria contra meus princípios.

— Bem, não insisto. Procure pensar pelo menos um pouco em tudo quanto lhe disse. Talvez a ajude no futuro.

As duas conversaram mais algum tempo. Depois, separaram-se tranquilamente.

***

Mais alguns dias se passaram. Otias parecia haver se esquecido dos últimos acontecimentos. Seu aspecto era agradável e procurava ser gentil com todos.

Foi, pois, tranquilamente, que Jasar se ausentou para visitar um pobre lavrador enfermo que tanto necessitava dos seus serviços.

Saiu ao romper do dia, pois a distância a percorrer era grande, e ele pretendia ainda visitar um amigo no templo de Amon, nas proximidades de Karnak. Só regressaria no dia seguinte.

Chegara finalmente o momento tão esperado por Otias e Solias para executarem seus planos. Era noite. Otias, procurando esconder seus íntimos pensamentos, foi um pouco mais afável para com todos.

As duas senhoras da casa, logo após a refeição, despediram-se cerimoniosamente, como de costume, retirando-se cada uma para seus aposentos.

Otias sentia o coração bater célere e as têmporas latejando penosamente. Mal roçou os lábios pela fronte do filho quando a escrava o trouxe como de costume. Ordenou logo que ela se retirasse, levando o menino.

Agitada, despediu as escravas e sozinha preparou-se para deitar-se.

Nalim estranhou não encontrar Solimar à sua espera no quarto como de hábito. Perguntou por ela à escrava que a substituíra e soube que ela tratava da velha Cortiah, que havia dias estava enferma.

"Sempre dedicada!", pensou Nalim, e, bocejando, deixou que a escrava a preparasse para dormir.

Despediu-a e em seguida estendeu-se no leito. Seu pensamento divagava. Sentia saudades do esposo. Recordava-se do seu rosto atraente e de seus braços fortes.

Era feliz. Assim, adormeceu embalada pelo hino acalentador da felicidade sonhada.

Tudo era silêncio. Porém, no meio da noite, um grito horrível se fez ouvir. Uma voz de mulher gritava apavorada, chamando por socorro. Era aterrador! Todos acordaram assustados. Saltaram do leito e encontraram-se na galeria central.

Os gritos continuavam. Otias, aterrada, gritou enlouquecida:

— É do aposento de Matur!

Jertsaida, de um salto, forçou a porta que apenas estava encostada.

À porta, Nalim e mais alguns escravos pararam estarrecidos. A cena era terrível!

A um canto, em sua pequena cama, o pequeno Matur jazia roxo, sufocado, tendo ao redor do seu corpinho uma serpente que cada vez mais estreitava seus anéis contra a criança.

Do outro lado, a escrava, como que endoidecida, gritava sem parar, com os olhos fixos no réptil sem poder desviá-los.

Otias, que entrara no aposento, petrificada, parecia colada ao solo. Apenas gritou quando pôde falar:

— Ele está morto! Foi o castigo!

Seu rosto, que estava pálido, cobriu-se de repente de manchas arroxeadas e ela tombou no solo.

Tudo aconteceu em menos de um minuto, e os presentes, estupefatos, não sabiam a quem socorrer. Jertsaida, munido de uma adaga, saltou rápido sobre o réptil e decepou-lhe de um só golpe a cabeça, espirrando sobre a cama um líquido viscoso avermelhado. Rápido, libertou o pequeno corpo do menino que ainda se mexia. Com o pequeno nos braços, livrou-o das roupas gritando a uma das escravas que pusesse água na bacia que havia no quarto. Depois, rapidamente, emergiu o corpo da criança naquela água.

Tudo inútil! O espírito de Matur partira. Abandonara o corpo, de regresso ao plano espiritual.

Desanimado, Jertsaida, com lágrimas nos olhos, depositou o pequeno fardo inerte na cama e saiu precipitado em busca de um sacerdote para tentar mais alguma coisa, antes recomendando a uma escrava que não se afastasse dali.

Nalim, aterrada, curvara-se para o corpo de Otias que, convulsivamente, jazia no solo com o rosto completamente retorcido, estertorando penosamente. Com o auxílio de uma escrava, transportou-a para o coxim que havia no quarto.

A escrava parara de gritar, mas seu olhar esgazeado deixava entrever que estava em estado de choque.

Aflita, Nalim ordenou que chamassem Solimar, que ainda não viera com todo aquele ruído. A escrava voltou dizendo que Cortiah estava só e não encontrara Solimar. Assustada, Nalim ordenou que a procurassem por toda a casa.

Diante do que acontecera, Nalim sentia-se agitada por estremecimentos nervosos. Ela estava praticamente só, com o cadáver de uma criança e o ataque de uma mulher, dentro daquela noite interminável. Se pelo menos Jasar estivesse em casa!

Trêmula, Nalim olhava sem cessar para a porta, esperando a qualquer momento o vulto amigo de Solimar. Nunca sentira tanto a sua falta. A cena terrível a enchia de terror.

Mas o tempo passava, e Solimar não vinha. Ao cabo de alguns minutos, Nalim começou a impacientar-se. Um triste pressentimento a envolveu. Angustiada, curvou-se temerosa ao peso dos próprios pensamentos.

Algo deveria ter sucedido a Solimar. Impossível que ela não estivesse presente em uma situação como aquela. Sem esperar mais, chamou um dos escravos, ordenando-lhe que partisse a toda brida ao encontro de Jasar e o prevenisse do ocorrido, suplicando-lhe sua volta imediata.

O escravo partiu, e Nalim, a um canto do quarto, jamais poderia varrer da memória os acontecimentos daquela noite terrível, interminável. E Solimar? Por que não era encontrada?

Quando os primeiros raios solares começaram a surgir, Jertsaida regressou com o sacerdote-médico. Este, penalizado, constatou a morte do pequeno Matur e declarou Otias gravemente enferma.

O choque provocara-lhe fortíssimo abalo. Se ela estivesse em boas condições físicas, talvez houvesse suportado melhor, mas deveria estar muito nervosa e excitada, o que agravara seu estado, provocando-lhe uma comoção cerebral.

Nalim preocupava-se por Jasar, pai extremoso. Sofria ao pensar na dor que ele teria de suportar.

O dia ia em meio quando Jasar regressou, acompanhado pelo escravo que o fora encontrar. Seu rosto pálido, assustado, procurou entre as pessoas, que o fitavam penalizadas, a figura amiga de Solimar, porém, não a encontrou!

Nalim, comovida, recebeu-o à entrada do aposento fatídico, apertando-lhe a mão em sinal de solidariedade.

Jasar sofria! Seus olhos fitavam o pequenino corpo sem vida com um amor infinito! Permaneceu a seu lado longo tempo, por fim, seu pensamento fixou-se no grande Criador de todas as coisas e pediu pelo espírito do filho.

Sentiu, então, que uma suave carícia perpassava-lhe a fronte, enquanto parecia-lhe vislumbrar o vulto alegre do menino, de mãos dadas com o velho Silas, seu amigo e mestre.

Ambos sorridentes acenavam-lhe alegremente. Surpreendido, emocionado, cerrou os olhos a fim de poder pensar com mais firmeza e, para sua surpresa, a visão tornou-se mais clara.

Seu filho aparecia-lhe vivo, alegre e feliz, acenando-lhe com a pequenina mão. Seu mestre, algo comovido, também lhe sorria com ternura. Jasar escutou em pensamento o que ele dizia:

— Jasar, dolorosas são as chagas que a vida lhe prepara, porém, Deus, Pai amoroso e sábio, reserva-lhe dias melhores. Tudo quanto agora tem de enfrentar será temporário, mas as promessas do Reino Celestial são eternas! Tenha ânimo. Seja qual for seu destino, procure suportá-lo resignado. Não se preocupe nem se martirize pensando no sofrimento de Matur. Você está impressionado pela maneira trágica da morte dele, eu, porém, desejo provar-lhe que foi agora que ele tornou a viver. Esta é a verdadeira vida! Ele pouco sofreu, pois que o assistimos com o auxílio do Pai Celestial e, como vê, está radiante. Irá comigo para um mundo melhor e velarei por ele. Tranquilize-se, confie e espere.

Jasar viu que, após um último aceno, eles foram desaparecendo até que nada mais viu. Abriu os olhos. Estava ainda pálido, emocionado, porém, sereno. Aquela sua penosa impressão transformara-se apenas em mágoa. Perpassou um olhar à sua volta. Várias pessoas estavam presentes, porém, onde estaria Solimar? Não a viu.

Acercou-se então de Nalim que, solidária, estava no aposento. O rapaz perguntando-lhe à meia voz:

— Onde está Solimar?

Nalim, aflita, murmurou:

— Vamos para outro lugar qualquer, necessito falar-lhe.

Ele assentiu, e ambos dirigiram-se para o gabinete de trabalho do moço.

Assim que entraram, Nalim começou aflita:

— Tudo quanto aconteceu foi horrível, e Solimar desapareceu!

— Desapareceu! Como assim?

— Desde a noite que não a encontramos. Algo deve ter-lhe acontecido!

— Teria Otias ousado algo contra ela? — indagou ele, trêmulo.

— Suspeito que sim. Não sei explicar, mas creio mesmo que de alguma forma Otias deve ser responsável por tudo quanto está acontecendo.

— Por que diz isso?

Nalim contou-lhe tudo quanto ocorrera desde sua partida, dizendo ao terminar:

— Ela gritou com horror estas palavras: "Matur está morto. Foi o castigo!". Certamente, a serpente não entrou por acaso. Bem sabe que animais daquela natureza não existem nestes domínios. Ele foi trazido para cá.

— Tem razão, mas, para crer em tal, teríamos que pensar no horror de Otias matar o próprio filho! Creio que ela jamais o faria, pois o amava, embora a seu modo.

— Talvez ela destinasse a morte à outra pessoa. Solimar, por exemplo.

Jasar estremeceu. Tanta sordidez o enojava.

— Não sei. Tudo terá de ser apurado e esclarecido. Se de fato assim procedeu, terá fortemente um cúmplice. Sozinha não poderia ter feito isso. Mas, pensando bem, não creio que a serpente fosse destinada a Solimar, porque, neste caso, como explicar o desaparecimento? Nós sabemos que ela seria incapaz de fugir. Vou imediatamente destacar alguns homens para saírem à sua procura. Haveremos de encontrá-la. Vou ver Otias também. Se estiver em condições de falar, terá de esclarecer tudo!

Nalim estava aflita. O que teria acontecido? Já perguntara a todos os escravos da casa e apenas conseguira apurar que ela se havia recolhido mais cedo na véspera, dizendo não se sentir muito bem. Depois, ninguém a vira. O remédio era esperar.

Dirigiram-se depois para os aposentos de Otias. Ela pareceu-lhes outra mulher. Seu rosto formoso estava contorcido em um ricto de horror. Seus olhos fixos e sem vida, seu corpo flácido, parecendo morto, davam-lhe um aspecto assustador.

Penalizado, Jasar voltou-se para Nalim, esperando uma explicação.

— Está assim desde a hora do acidente. O sacerdote do templo veio e deixou aqui estas poções que lhe estamos ministrando conforme suas determinações, porém, disse-nos que seu estado é bastante grave.

Ele acercou-se do leito e examinou-a cuidadosamente. Ela não se mexeu.

— Está em choque ainda — murmurou Jasar. — Daremos agora esta poção e talvez ela consiga dormir. Quando despertar, talvez esteja melhor.

As horas que se seguiram foram terrivelmente angustiosas. A morte da criança, o estado de Otias, o desaparecimento de Solimar haviam criado um ambiente sufocante.

Ai daqueles que agem contra a vida. Fatalmente, atrairão sofrimento. Não aceitando o roteiro que lhe fora destinado pela sabedoria universal, Otias pretendera modificá-lo de acordo com seus interesses. Conseguira uma mudança, sim, mas para pior.

Como Otias, muitos não querem esperar que a vida lhes traga o que precisam. Acreditam-se superiores à sabedoria divina e pretendem comandar o destino dos outros a seu bel-prazer. Triste ilusão! O tempo se encarregará de mostrar-lhes a fragilidade do próprio poder. Dali para frente, Otias teria oportunidade para aprender isso.

CAPÍTULO XVI

O que realmente teria acontecido com Solimar? Onde estaria ela? Para encontrá-la, necessitamos viajar para outro local próximo a Tebas: Armendale, uma pequena aldeia de poucos habitantes, em sua maioria formada por lavradores.

Em uma rua estreita e poeirenta, onde habitações se confundiam, estava situado o esconderijo do lanceiro Solias. Vamos encontrá-lo sentado num rústico banco no centro do aposento, um pouco nervoso. A um canto, encolhida no chão, estava Solimar. Olhos fechados, a moça fingia dormir, porém, seu pensamento em prece confiava seu destino às forças divinas.

Solias pensava... As coisas não haviam ocorrido como planejara. Conforme o combinado com Otias, ele levara a serpente para soltá-la no quarto de Nalim em cuja porta, do lado de fora, Otias colocaria uma rosa vermelha para que ele pudesse identificá-la.

Com a cumplicidade de sua escrava fiel, Otias daria uma beberagem narcotizante para adormecer Solimar e facilitar o rapto.

Tudo fora feito rigorosamente, porém, o que Otias não previra era que Matur, passeando com a ama pelo pátio, ensaiando os primeiros passos, sentira sua atenção voltada para aquela magnífica rosa junto à porta. Estendera os bracinhos para apanhá-la. A ama, não querendo contrariá-lo, erguera-o do chão, colocando a flor em suas ávidas mãozinhas.

Contente, Matur levara-a até seu pequeno leito. Quando ele adormeceu, a serva atirara-a pela porta aberta, e esta fora cair à pequena distância. Solias, ao penetrar no pátio, enganara-se com o sinal. Soltou a serpente no quarto, pela porta entreaberta, e retirou-se apressado.

Depois, cautelosamente penetrou na habitação das escravas. Apanhar Solimar foi fácil, pois sua cama estava próxima à porta, e ela dormia sob o efeito da beberagem que lhe haviam dado. Envolveu-a com o manto que trazia, colocando-a sobre o ombro, e saíra apressado. À porta, recebera da escrava cúmplice de Otias um pequeno saco de grande peso. Eram as joias.

Quando galgava a estrada com sua presa, ouvira o grito de terror rasgar o silêncio da noite. Sentira que um arrepio de horror lhe gelava o sangue. Por alguns momentos, suas pernas fraquejaram. Um suor viscoso brotara de seu corpo.

Realizando supremo esforço, caminhara para frente, suspirando aliviado ao alcançar o local onde escondera os cavalos. Após acomodar no animal Solimar adormecida, amarrou-a fortemente e rápido galopara com sua presa para a pequena casa que possuía em Armendale, aonde chegara ao amanhecer.

Ele estava preocupado. Alguns dos seus amigos da redondeza haviam-lhe contado o incidente ocorrido com Matur, pois o haviam sabido por pessoas recém-chegadas à aldeia, vindas de Tebas.

Como Solias conhecia Pecos e a família, logo algumas pessoas foram lhe contar a tragédia. Ele tomou conhecimento do que havia acontecido.

Apesar de tudo, Solias sentia-se horrorizado em pensar que fora o assassino daquela formosa criança. Ficou descontrolado, apavorado. O grito que ouvira dentro da noite ainda repercutia em seus ouvidos. Nunca poderia esquecê-lo! Fora insensato em concordar com Otias no atentado contra Nalim. Sua ambição, porém, o perdera.

Solimar também parecia doente. Dormia ainda. A beberagem que lhe haviam dado teria sido forte demais? Irritado, lançou-lhe um olhar de esguelha.

Ela parecia dormir. Nervoso, ele sentiu que lhe faltava o ar. Abriu o postigo passando a mão pela testa escaldante. Sentia necessidade de conversar, desabafar, porém, isso era impossível para ele.

Como Solias, todo homem que pratica um crime carrega dentro de si o peso da culpa, sem poder dividi-lo. Carregará sozinho seu segredo. Solias já começava a arcar com as consequências de seus atos.

Solimar, entretanto, ignorava o que se passara. Acordara naquela casa estranha. Vendo-se estendida em uma enxerga, logo reconhecera Solias que, sentado a um canto, parecia imerso em profundos pensamentos.

Um sentimento de terror a dominou. Percebeu que estava ali à mercê daquele homem. Sentia ainda na boca um gosto amargo. Lembrava-se de haver sentido um sono intenso e resolvera deitar-se. Compreendeu que Solias era o responsável.

Sua cabeça atordoada impedia-a de pensar com clareza. Para ganhar tempo, resolveu continuar fingindo que dormia.

Enquanto o tempo se arrastava lento, Solimar pensava. Refeita um pouco do primeiro abalo, recobrara a lucidez, orando ao Pai Celestial com serenidade, entregando-se confiante aos seus desígnios.

Solias decidiu continuar viagem. Temia que Otias, vendo malogrado seu plano, revoltada com a morte do filho, o delatasse ao marido. Talvez até já estivessem à sua procura. Preocupado, temeroso frente às consequências do seu gesto covarde, julgou conveniente afastar-se rapidamente daquelas paragens.

Depois de dirigir um olhar preocupado para Solimar e constatar que ela não havia acordado ainda, saiu em busca de melhores informes sobre o crime e para ultimar os preparativos para partir. Tinha tempo até a noite para safar-se dali, levando Solimar. Não a deixaria em hipótese alguma. Muito lhe custara essa conquista.

Decidido, procurou um amigo, pequeno lavrador, interessado na compra da sua casa. Vendeu-a facilmente recebendo em troca dois jumentos e diversas utilidades próprias para viagem. Satisfeito, voltou à casa.

Solimar, ao ouvir o ruído de seus passos, fingiu que ainda dormia. Lançando-lhe um olhar perscrutador, Solias, após desfazer-se das coisas que trouxera, fechou a porta e aproximou-se da escrava.

Fazia dois dias que haviam partido de Tebas, e ela ainda não se alimentara. Precisava acordá-la. Assim, certamente não poderia resistir à viagem.

Preparou uma beberagem quente e, resoluto, debruçou-se sobre ela que, sem querer, fez um pequeno gesto de recuo.

Solias, crendo que por fim ela despertara, obrigou-a a tomar a tisana. Desejoso de conquistar-lhe a simpatia, sorriu, dizendo:

— Ainda bem que despertou. Estava preocupado. Faz dois dias que está dormindo.

Solimar, um tanto reanimada pelo que ingerira, perguntou serena:

— O que aconteceu? Por que estou aqui?

— Bem, a história é longa. Eu contarei tudo. Antes, porém, é necessário que coma algum alimento. Vou preparar nosso jantar e, enquanto comemos, conversaremos.

Solias, animado pela calma da moça, esmerou-se no preparo de algumas iguarias que trouxera. Solimar, querendo levar as coisas diplomaticamente, obedeceu solícita quando ele a convidou a tomar assento frente à pedra que lhes serviria de mesa.

Enquanto comiam, ela pediu-lhe que contasse o que acontecera. Solias, pigarreando, começou:

— Bem, minha pequena, a história que vou contar é muito dolorosa para você e deve enfrentar a realidade com coragem. Deve saber que, de algum tempo, tenho trabalhado novamente no palácio do nobre Pecos. Há alguns dias, eu caminhava pelo jardim quando, sem querer, chegou-me aos ouvidos o rumor de uma palestra. Sabe que sempre gostei de você e, ao ouvir seu nome, parei e pus-me à escuta. Quem falava era a nobre Otias a um lanceiro amigo meu. Dizia-lhe que desejava ver-se livre de você, porque era amada pelo sábio Jasar, e oferecia-lhe vultosas joias para que ele a matasse. Ele, a princípio, recusou, mas depois, tentado pela oferta, decidiu aceitar. Ela combinou tudo para um determinado dia e, dizendo que uma escrava fiel de quem era cúmplice se encarregaria de lhe dar um chá para dormir e de colocá-lo onde você dormia. Após o assassinato, ele deveria atirar seu corpo ao Nilo. Ao ouvir a conversa, revoltei-me perante o crime que tramavam contra você e decidi salvá-la. Na noite do crime, esperei meu amigo e, quando ele passou, abordei-o, pedindo-lhe que poupasse sua vida. Combinamos, então, que eu a levaria para bem longe, e ele diria à nobre senhora que praticara o crime. Assim, satisfeito por livrar-se de um crime e receber as joias valiosas, ele foi ao seu quarto e a trouxe dormindo nos braços, envolta num manto, e parti contigo para cá. O resto já sabe.

Solimar ouvira-o quieta. Parecia-lhe que ele mentia, principalmente sabendo que ele fora o fomentador dos ciúmes de Otias, contando-lhe, a seu modo, detalhes do seu romance com Jasar, mas sua história possuía um cunho de verdade. Apesar disso, sentia que não podia confiar nele. Ele não a olhava nos olhos enquanto falava. Havia insegurança em sua voz.

Solias continuava maneiroso:

— Sempre a estimei. Revoltou-me tal crime. Não hesitei um só instante. Abandonei tudo por você. Bem sei que se me descobrem matam-me por me haver apropriado de escrava alheia, mas nada disso importa, pois tudo faria por agradá-la.

Seus olhos ávidos fitavam a moça com audácia. Esta sentia crescer em si justa repulsa. Mas, ainda branda, respondeu:

— Agradeço-lhe tudo quanto você fez por mim, mas exagera em sua afeição. Garanto que ela não é leal e, na primeira oportunidade, agirá de maneira contrária.

Espicaçado, Solias perguntou:

— Naturalmente pensa experimentar-me?

Sentindo-lhe a vaidade, Solimar respondeu:

— Talvez. Mas creio que ainda não está pronto para tal.

— Diga-me, o que você quer?

— Ser livre. Deixe-me ir embora.

Solias, irritado, contraiu a testa. Nada disse. Ela continuou:

— Vê? Você me ofereceu tudo. A vida, sua afeição, e basta que lhe peça um pequeno sacrifício, e é o bastante para que se irrite.

— Não. Não lhe darei a liberdade. Amo você e não poderia viver sem sua presença. Fique ao meu lado. Iremos para bem longe, seremos felizes!

— Não chame amor ao sentimento que lhe inspiro. Amor é renúncia em favor da felicidade do ser amado. É respeito, amizade, harmonia e compreensão. O que sente por mim não passa de um egoístico sentimento de posse. Alega um grande amor, entretanto, sabe que eu seria feliz sendo livre, porque não o amo e não poderia corresponder ao seu afeto. Se me amasse, me libertaria. Se, de fato, você me salvou da morte física, foi com a intenção de matar-me moralmente, o que o torna responsável por um crime ainda maior. Solias, pense sempre que jamais será feliz se, teimosamente, quiser obrigar-me a amá-lo.

Ele a ouvia com o rosto contraído.

Ela continuava súplice:

— Deixe-me guardar de você um sentimento de amizade, de gratidão!

— Não. Não posso perdê-la! É a única esperança que me resta. Tudo perdi. Se deixá-la ir, ficarei só e nada mais terei, pois abandonei amigos, trabalho, tudo para segui-la. Não. Vamos nos apressar que esta noite mesmo partiremos. Não sei ao certo o rumo que tomaremos, mas, seja qual for, iremos juntos.

Solimar suspirou. Daquela criatura não poderia esperar outra reação. Agradeceu intimamente às forças divinas pelo respeito que Solias ainda tivera. Havia algo que o preocupava, e ela percebeu isso. Ele não estava tranquilo. A essa circunstância, talvez ele não tentasse nada contra ela.

Procurando aparentar calma, ajudou-o a preparar tudo. Ele havia trazido trajes novos para ambos a fim de passarem despercebidos. Estava preocupado pela morte de Matur, mas, por outro lado, satisfeito pela docilidade inesperada de Solimar.

Era já noite alta quando partiram, arrastando após si os dois jumentos carregados com seus pertences. Mais uma vez, Solimar caminhava rumo ao desconhecido, mas, ainda assim, ela pensava como o profeta lhe dizia:

"Sejam quais forem os meus caminhos, eles serão de rosas, porque estão abençoados pelas mãos de meu Senhor e, embora eu enverede por serpes e espinhos, limpará ele os caminhos, com a luz de seu amor!"

Assim pensava Solimar! A diferença entre eles era enorme. Ela tão calma, refletindo na face a pureza do seu íntimo. Ele, enervado, irrequieto, cansado e premido pelo peso de seus crimes.

Formavam um grande contraste, entretanto, a vida se utiliza de contrastes para realizar seus fins evolucionistas. Solias, embora agindo mal, recebia de Deus a dádiva soberba de conviver por algum tempo com um espírito tão lúcido como o de Solimar, a fim de que ele bebesse um pouco daquela luz que ela distribuía, podendo, assim, melhorar seu estado espiritual.

Assim age o Pai para com seus filhos e, embora esses o ofendam transgredindo Suas perfeitas e soberanas leis, Ele ainda encontra forma de realizar com amor a elevação das criaturas, colocando a seu lado, quase sempre, um espírito mais esclarecido que os orienta. Todos os criminosos da Terra têm essa oportunidade, muitas vezes na figura de uma mãe, de um irmão, de uma esposa ou de um amigo. Na maioria das vezes, negam-se a ouvi-los, necessitando do sofrimento para quebrar as barreiras da resistência. Solias recebera tão grande dádiva, mas saberia aproveitá-la? Só o tempo poderia dizer.

Juntos, viajaram muitos dias, parando aqui e acolá para descansar. Felizmente, para Solimar, Solias antevia uma oportunidade de entendimento com ela devido à sua docilidade e preparava o terreno para conquistá-la definitivamente.

Esperançoso, nada tentara contra sua pessoa. Aguardava que a oportunidade de conquistá-la se apresentasse. Ela procurava, sempre que possível, falar-lhe sobre assuntos elevados, tentando despertar-lhe a consciência para o bem.

Ele, no entanto, quando tal se dava, reagia sempre se retirando abruptamente. É que ele sentia remoer em seu íntimo o peso do crime cometido. Quase nunca conseguia dormir, passando as noites insone e febril. Quando adormecido, sentia-se envolto em terríveis pesadelos.

O homem via Matur sorridente, alegre e feliz, e depois se via apertando o pescocinho da criança até sufocá-la completamente. Acordava angustiado e banhado em suor. Nos últimos dias, receoso de adormecer, vigiava-se constantemente, procurando resistir ao sono. Como resultado, sentia-se sempre tonto, trôpego, cansado e extremamente nervoso.

Depois de muito viajar, resolveram parar em Desda, uma pequena aldeia nas costas do Mediterrâneo.

Solias, naquele curto espaço de dois meses em que viajaram, mudara bastante. Seu estado se agravara. Vivia agitado, nervoso. Até seu desejo por Solimar diminuíra. Falava sozinho, parecia vencido por uma ideia fixa. Vigiava a moça constantemente, como se temesse perdê-la. À noite, era possuído por sonhos tenebrosos.

Solimar sofria uma imensa saudade! Pensava em Jasar, em sua mágoa por não lhe conhecer o paradeiro, em Nalim, em Matur, que acreditava vivo, em todos os numerosos amigos que estavam longe.

Apesar da constante vigilância de Solias, ela tivera algumas oportunidades de fuga, porém, penalizava-se com o estado do ex-lanceiro e não tinha ânimo para deixá-lo. Reservaria a fuga para o último caso. Enquanto ele a respeitasse, permaneceria a seu lado.

A moça notou, desde o princípio, que ele estava mentalmente enfermo. Sentia que precisava ajudá-lo.

Solias sentia-se melhor ao lado dela. Quando receava alguma crise nervosa, o que agora lhe acontecia amiúde e começava ao ouvir o terrível grito de terror daquela noite, corria à procura de Solimar, como o filho que, pressentindo algum perigo, encontra nos braços da carinhosa mãe amparo e proteção. Ela era para o torturado lanceiro como um bálsamo sereno. Conversavam e, ao cabo de algum tempo, ele sentia-se melhor.

O espírito, mesmo imerso na vestidura carnal, consegue, instintivamente, reconhecer aquele que lhe é superior e nele amparar-se. Era o que acontecia.

Solias, além de invejoso, ambicioso e sem moral, já possuía um bom número de vítimas de suas intrigas e do seu braço traiçoeiro. Mas o crime que praticara contra aquele menino inocente foi o máximo que poderia suportar, acordando em seu espírito os primeiros sinais de arrependimento.

Negociando algumas joias, Solias conseguiu a compra de uma pequena casa onde passaram a residir. Ele não trabalhava, vivia com os resultados da pequena fortuna que, por um preço tão vil, conquistara.

Fazia poucos dias que estavam na casa quando, certo dia, Solimar, à porta, conversava com uma senhora ainda jovem que mantinha ao colo um bonito menino. Eram seus vizinhos que, encantados com as flores que a jovem colhia do pequeno jardim que circundava a casa, haviam parado para conversar, seduzidos pelo sorriso agradável da moça.

A certa altura, o pequeno irrequieto quis descer para o chão e, sem cerimônia, penetrou pelos jardins e invadiu a casa. Solimar, sorrindo, pediu à mãe do pequeno que entrasse e correu em busca do garoto.

Ao transpor o limiar, Solimar ouviu a voz alterada de Solias que, possesso, gritava com o pequeno.

Assustada, de um salto, alcançou o quarto do ex-lanceiro e o que viu a estarreceu. Solias, rosto contraído, boca retorcida, deixando escapar uma espuma estranha por entre os dentes cerrados, com o braço erguido ameaçava o pequeno intruso que, assustado, se pusera a chorar convulsivamente. O homem dizia com voz rouca:

— Vou acabar com você de uma vez! Não mais me perseguirá. Desta vez, eu mesmo farei o serviço. Não confiarei em mais ninguém.

Solimar, temerosa, pegou a criança ao colo e levou-a de volta aos braços da mãe que, chocada, retirou-se apressada, apertando seu tesouro de encontro ao coração.

Ao retornar ao quarto de Solias, este permanecia na mesma atitude. Corajosamente, aproximou-se dele e perguntou:

— Por que está tão zangado com a criança? O que ela fez? Foi a primeira vez que nos visitou!

— Não. Você não me engana. Sabe que não é verdade. Eu sei... ele é Matur, que veio se vingar de mim, mas antes que ele o faça, de novo o matarei!

Solimar, horrorizada, ouvia-lhe as terríveis palavras. Um pensamento angustiante a assaltou. Teria ele tido a coragem de agredir Matur? E se ele tivesse matado a criança conforme dizia?

A moça olhou-o aflita. Como poderia saber? Estavam tão longe! Seria muito difícil encontrar notícias.

Matur teria mesmo morrido de forma tão triste? Se isso fosse verdade, como estariam seus pais? Como estaria Jasar se tivesse perdido o filho?

Mil perguntas acudiam-lhe a mente. Ela precisava saber. Vendo o péssimo estado dele, dominou-se e respondeu conciliadora:

— Engana-se. Este não era Matur. É o filho de uma boa mulher, nossa vizinha, que aqui esteve há pouco. Acalme-se e vamos conversar.

Solias, porém, não atendia às súplicas dela. Permanecia alheio a tudo que não fosse a cruel reminiscência do seu crime. Com muito jeito, Solimar forçou-o a deitar-se e, preocupada, constatou que ele ardia em febre.

Agitado, delirava de quando em quando. Suas palavras desconexas e terríveis tornaram-na mais angustiada e temerosa, sem saber até que ponto eram verdadeiras.

Sozinha, o que fazer em companhia de um alucinado? Precisava de ajuda. Então orou às forças divinas, dirigindo seu pensamento para seu querido pai, dele esperando um conselho sobre o rumo a tomar.

Solias estava realmente enfermo. Solimar precisava socorrê-lo e não sabia como. Curvada ao lado da cama, a moça orava. Como um suave perfume, as energias de sua prece subiam em busca dos planos superiores. Seu coração amoroso mais uma vez pedia por seu algoz.

Solias pareceu acalmar-se.

Foi então que Solimar viu uma tênue fumaça surgir do outro lado da cama, e, aos poucos, foi se condensando na figura de seu venerando pai. Mas ele não estava só: Matur o acompanhava. Surpresa, ela não sabia o que dizer. Receava mover-se e dissipar a agradável visão.

Sorrindo, o espírito de seu pai lhe disse:

— Filha, grande é seu amor aos transviados da verdade redentora. Desejaria poder ajudar seu protegido, porém, nada posso fazer senão unir minhas preces às suas, no sentido de que ele compreenda a extensão dos seus crimes. Só a compreensão e o arrependimento o salvarão de um sofrimento maior. Assim é a lei divina, que protege o sagrado direito que ela própria criou para cada ser vivo. Noto que nada sabe ao certo do que se passou, mas pelas palavras de Solias ficará sabendo.

— Matur morreu? — perguntou ela, surpresa.

— Sim. Morreu para a carne, libertando o espírito.

— Oh! Meu pai, então é verdade, Solias o matou!

— Não era a ele que Solias visava matar, mas os desígnios da providência são cheios de sabedoria. Matur foi o atingido.

— E Jasar, como está?

— Não se preocupe. Ele suportou com firmeza tão rude golpe. É grande no espírito. Sabe que tal situação é temporária, conhece o segredo da vida espiritual após a morte. Tranquilize-se que um dia você e ele serão livres e estarão unidos. Ele agora cumpre a sua missão ao lado da esposa enferma, procure cumprir a sua, tentando preparar este pobre espírito sofredor para a libertação. Espere e confie. Jamais estará sozinha.

Assim, com um gesto de adeus, ele se despediu com Matur, que alegremente lhe acenava a pequenina mão.

Solimar, embora as lágrimas rolassem pelo seu rosto, sentia uma agradável sensação de paz. Todo o horror do procedimento de Solias fazia--a estremecer. Apesar disso, uma piedade infinita por aquele angustiado lanceiro brotou espontânea em seu coração.

Sentada a um canto, ela ainda mantinha a cabeça entre as mãos. Mais tarde, aproveitando a relativa calma do enfermo, saiu, pedindo a um vizinho que corresse em busca de algum remédio. Este conhecia um sábio que, casualmente, passava pela aldeia. O homem partiu à sua procura.

Os minutos se esgotavam, e ele não regressava. Finalmente chegou, trazendo um venerável ancião trajado de maneira singular. Não usava a túnica tão à moda da época. Trazia apenas um pano que lhe envolvia o ventre e um turbante.

Solimar levantou-se solícita, dirigindo-se a ele com uma súplica no olhar. Samir sorriu. Um sorriso bom, de amizade. Uma onda de simpatia envolveu Solimar.

Ele, tomando-lhe da mão, disse com brandura:

— Satisfeito estou em revê-la.

— Rever-me? Acaso me conhece?

— Sim. Você também me conhece. Apenas faz muito tempo que não nos encontramos. A nossa luta, nosso trabalho edificante, nos tem separado muitas vezes, mas chegou a hora em que deveremos trabalhar juntos de novo.

A moça, surpresa, ia novamente perguntar algo, mas ele, alegre, não lhe deu tempo e continuou:

— Não sei em que pé estão suas recordações do passado, porém, deve saber que me conhece.

— Sim. Sinto uma grande alegria com sua presença. Sinto-me como se já o conhecesse há longo tempo, porém, jamais vi seu rosto!

— Na Terra, neste corpo, é a primeira vez que nos encontramos. Mas reconheci seu espírito e honro-me de sua presença. Deixa-me agora ver o enfermo. Depois conversaremos melhor.

Despediu o rapaz que o fora buscar e, voltando-se para o enfermo, pôs-se a olhá-lo fixamente, com os olhos semicerrados. Impondo depois as mãos sobre a cabeça do homem, murmurou baixinho algumas palavras.

Solias agitou-se, dizendo que sentia muito frio. Depois caiu num sono profundo. Vendo-o mais calmo, Samir, tomando da mão de Solimar, levou-a a um canto do quarto, convidando-a a sentar-se a seu lado.

A moça obedeceu e, como ele se mantivesse calado, perguntou:

— Então, senhor? Qual a moléstia que o acometeu?

— Filha, o que poderei dizer? Sabe muito bem que a moléstia desse homem reside no espírito. Se os homens compreendessem que, para possuir um corpo são, torna-se necessário ter também o espírito são! Um espírito enfermo, traumatizado pelas próprias fraquezas, não pode manter a sanidade do corpo. Deixarei para ele algumas beberagens, porém, o poder curativo delas é relativo, pois o estado espiritual desse homem é precário, mas você tem feito muito por ele. Aliás, esse é seu feitio. Estou verdadeiramente feliz por encontrá-la. Eu sabia que isso nos aconteceria em breve. Juntos, teremos que trabalhar como o fizemos anteriormente.

— Acredito no senhor. Fale-me daqueles tempos que agora não recordo. Gostaria de saber algo sobre nosso passado. Por que não posso recordar-me?

— Você ainda é muito jovem neste corpo que habita, mas, quando na pátria espiritual convivemos, era mais idosa. Muito me auxiliou com sua sabedoria quando a procurava em busca de conselhos. Se não se recorda do passado, é porque esse esquecimento é necessário para que possa levar a bom termo sua espinhosa missão. Eu a conheço bem.

Conversaram longo tempo. A presença de Samir trouxera-lhe paz e alegria. Seu rosto era sereno, emoldurado por longa barba de uma alvura radiosa, em interessante contraste com o negror profundo de seus olhos vivos e brilhantes de juventude, apesar da idade avançada.

Sua figura simples e humilde impunha-se onde quer que se apresentasse pela força moral que emanava de sua pessoa por meio de seus conselhos e de suas ações. Todos o respeitavam e consultavam quando ele, de tempos em tempos, aparecia na aldeia.

Solimar não pôde furtar-se ao sentimento de amparo e confiança que em sua triste situação ele lhe inspirou. Despediram-se por fim, ficando ele de visitar o enfermo no dia seguinte.

Ao encontrar-se só, Solimar pensava na bondade divina, que não desampara seus filhos. Quando ela, angustiada, recorrera à sua infinita proteção, imediatamente esta se realizara na visita do venerável Samir. Sentia-se como se tivesse novamente encontrado um pai, tal a segurança que experimentava na presença dele.

Durante os oito dias que se seguiram, Samir visitou o enfermo todas as tardes, e sempre era esperado ansiosamente por Solimar. O estado de Solias era lastimável. Ardia em febre, indo do delírio à profunda depressão.

Parecia haver perdido a razão. Solimar, desanimada, inquiriu Samir sobre o estado do enfermo.

Ele suspirou quando respondeu:

— Estamos lutando com forças desiguais, cara Solimar. Seu espírito necessita por certo desse angustiante estado. É dessa forma que ele se corrigirá, não ousando nunca mais cometer novos crimes quando retornar à lucidez.

— Ele retornará à lucidez?

— É possível que dure toda esta existência e mesmo outras futuras se disso necessitar, mas, ao curar-se, terá gravada em seu espírito tão horrível tragédia, provocada com suas próprias mãos, que nunca praticará novos crimes.

— O senhor conhece, por certo, muitas coisas. Desejaria poder estar sempre a seu lado para aprender contigo.

— Está enganada. Você sabe mais do que eu, pois sempre me deus bons conselhos. Mas seu desejo vem ao encontro de um pedido que queria fazer. Seu doente é de difícil cura. Sua vida aqui, sozinha ao lado dele, é perigosa. Venha comigo. Possuo uma humilde casa perto da Crimeia. Está um pouco retirada, e lá poderemos estudar, preparando-nos para viver melhor e ajudando os que precisam.

— Muito gostaria de ir, mas não desejo abandonar meu doente.

Samir sorriu satisfeito e comovido.

— É sempre a mesma! Está claro que não o abandonaremos. Irá conosco e lá, na casa que será nossa, tentaremos sua cura. Aceita?

— Aceito. Agradeço comovida sua generosidade.

Nos dias que se seguiram, Solimar ocupou-se em realizar alguns preparativos que se tornaram imprescindíveis para a viagem. Tudo pronto, finalmente partiram.

Solias portou-se bem, estando relativamente calmo todo o tempo. Apenas esboçaram-se algumas crises logo socorridas por Samir e contidas a tempo. Ele estava lúcido em certos momentos, mas geralmente resmungava frases desconexas e ininteligíveis. Não se alimentava quase, sendo essa uma das grandes preocupações de Solimar.

Após três dias de navegação pelas costas do Mediterrâneo, eles aportaram em Cresta, pequena encosta de uma aldeia de pescadores. Viajaram por terra durante mais dois dias e finalmente alcançaram seu destino. Nas montanhosas costas do Líbano, em um local aprazível e calmo, ficava a casa de Samir. À pouca distância da pequena aldeia, a morada estava erguida em uma considerável elevação do terreno.

Solimar encantou-se e não ocultou seu entusiasmo. Lá reinava uma calma extraordinária, descortinando-se mais abaixo uma maravilhosa paisagem da grande artista que é a natureza. Tudo era beleza, simplicidade, harmonia.

Samir, alegre qual uma criança, apressou-se em fazê-los penetrar na habitação, circundada por exuberantes jardins. A casa simples e um tanto rústica demonstrava a personalidade do seu dono.

Após conhecer toda a parte interior da habitação que, aliás, compunha-se de poucos cômodos, Solimar foi com Samir proceder à instalação de Solias que, exausto pela viagem, estava agitado e febril. Ministraram-lhe um chá com alguns medicamentos balsâmicos, e logo ele adormeceu.

Somente quando bem certa de que ele dormia, foi que a abnegada moça concordou em instalar-se no aposento próximo ao do enfermo. A sós com seus pensamentos, Solimar sentiu-se um tanto abatida e cansada. A saudade dos que deixara em Tebas ensombrecia seus momentos. A incerteza do destino de Otias e Jasar, que deveriam estar sofrendo a perda do filho querido, oprimiu-lhe o coração.

Sentindo-se angustiada com a lembrança dos entes queridos, reagiu, afastando a onda de tristeza que a envolvia. Porém, alguém insinuava palavras maldosas em seu espírito. Valendo-se do cansaço e abatimento da moça, uma entidade, ainda em dolorosas condições espirituais, sussurrou-lhe ao ouvido:

— Tudo tem corrido mal para você. É uma infeliz! Roubada dos seus, perdeu o homem amado e, por ser odiada pela esposa ciumenta, causou a morte de Matur.

Solimar passou a mão trêmula pela testa. Sentiu-se mal, envolvida por um torpor, e um frio intenso paralisava-lhe os membros. Entretanto, percebendo a perniciosa e estranha influência, caiu de joelhos e, reagindo contra a depressão que dela pretendia apossar-se, orou fervorosamente ao Criador.

— Senhor, força potencial criou todas as coisas com perfeição, perdoe-me esta fraqueza e ajude-me a cumprir corajosamente até o fim seus desígnios. Permita, também, que a luz do seu entendimento se derrame sobre os espíritos ainda enegrecidos na intriga e no desânimo. Senhor, nos dê a compreensão da verdade das coisas.

À medida que a moça orava, uma tênue claridade, que emanava do corpo frágil de Solimar, foi tomando força, e do alto desciam pequenos flocos de luz, que iam ao encontro da moça.

A figura da entidade desencarnada, que minutos antes a envolvera com seus pensamentos de fraqueza, envergonhada, encolhia-se a um canto, chorando copiosamente.

Solimar continuava em fervorosa prece.

— Permita, Senhor, que o espírito infeliz, que pressinto aqui ao lado, seja recolhido e encaminhado por um amigo espiritual ao lugar que o Senhor lhe destinou.

Deu-se, então, algo inesperado. Solimar viu a figura de seu pai que, sorridente, penetrou no aposento e aproximou-se de um canto do quarto, onde um vulto se encolhia convulso. Passando-lhe o braço ao redor, o venerável senhor trouxe-o até a moça que, emocionada, continuava orando em pensamento.

— Filha, hoje você estendeu a mão a um desventurado espírito necessitado. Alegro-me em vê-la trabalhando ativamente, colaborando na divina obra de redenção. Também os espíritos necessitam de preces e auxílio dos que vivem na carne e, se todos agissem como você, certamente os espíritos sofredores não arrastariam tantas vítimas que, por afinidade, não lhes sabem resistir à influência. Você tocou o íntimo desse irmão com sua amorosa vibração, que, reconhecendo-se infeliz, orou contigo. Será levado a um local de repouso. Confie no grande Criador de todo o Universo e busque amparo na bondade do amigo Samir.

Acenando-lhe amistosamente, o espírito retirou-se sempre abraçado à entidade sofredora.

Solimar, mais alegre, deitou-se e adormeceu suavemente.

CAPÍTULO XVII

Deixemos agora que a cortina do tempo desça sobre esta história para voltarmos a ela no tempo oportuno. Dez anos se passaram quando retornamos a Tebas.

Encontramos Pecos abatido e emagrecido nos jardins da casa em palestra com Nalim. Esta, um pouco mudada, é agora mais mulher. Seu rosto formoso, que se humanizara com o correr dos anos, estava marcado pela preocupação.

Em Pecos, a transformação era marcante. Seu corpo emagrecido e seus cabelos grisalhos modificaram-lhe o antigo aspecto. Apenas os olhos continuavam os mesmos, irradiando a antiga atração.

Ele dizia:

— Estou magoado, Nalim. Sabe que fui sempre leal ao soberano. Apenas, agora, vejo as coisas de maneira diferente. Já sabe por que tenho me recusado a realizar antigas caçadas. Hoje não teria coragem para fazê-lo. Se antes eu julgava agir corretamente, hoje reconheço minha covardia. Não. Ainda que me desprezem, não agirei novamente como um gatuno covarde.

— Mas você pode alegar um estado de saúde deficiente, alguma enfermidade, sem ofender o soberano com a sinceridade do seu ponto de vista.

— Não. Sempre assumi a inteira responsabilidade dos meus atos. Seria duas vezes covarde se encobrisse um sentimento de nobreza.

— Sei que tem sofrido com a ironia dos seus amigos!

— Amigos! Agora começo a perceber que nunca os tive. Fingiam-se de amigos quando eu estava no apogeu de minha carreira, nas graças do faraó. Agora que ele, considerando-me um covarde por haver pela quinta vez me recusado a chefiar uma caçada humana, reduziu-me a um soldado comum, todos eles me escarnecem e claramente mostram o valor de sua estima, baseada na fictícia glória política. E sabe por quem fui substituído? Por Omar, que me odeia de morte por amor a você!

Nalim, acercando-se mais do marido, passou-lhe o braço sobre os ombros, dizendo carinhosa:

— Sabe que nunca o amei! Já contei tudo. O meu amor por você é superior a tudo quanto possa lhe acontecer. Esses anos de intensa ventura que você me proporcionou, varrendo as injúrias do passado, consolidaram minha afeição. É o único em meu coração!

Ele sorriu um tanto aliviado. Adorava a esposa. Compreendendo-lhe o temperamento vaidoso, temia que sua situação subalterna influísse no ânimo de Nalim. Um tanto amargo, continuou:

— Sabe das notícias que ele andou espalhando na corte sobre nós dois. Disse que você não permitiu que eu realizasse a expedição por ser uma antiga escrava. Quando regressei das terras da Assíria, na sondagem política ao seu poderio militar e que as notícias não foram satisfatórias, ele espalhou que eu não cumprira bem minha tarefa, porque você era assíria, e eu desejava proteger sua pátria. Disse mesmo que eu seria capaz de trair o faraó por sua causa.

— Como chegaram tais coisas ao seu conhecimento?

— Fartic, um dos servos mais leais do palácio, declarou-me que tais assuntos partiram de Omar, pois o ouvira repetindo a história a numerosos amigos. Às vezes, sinto vontade de matá-lo.

— Não pense em tal! Ele conseguiu insinuar-se e é o chefe da guarda real. Seria sua morte.

— Isso não me importa! — Pecos estava alterado.

— E eu? Que faria sem você? E nosso filho? — perguntou ela, magoada.

— Nalim tem razão, Pecos — replicou Jasar, que se aproximara sem que eles, entretidos com a palestra, o notassem.

— Jasar! Sente-se aqui e vamos conversar.

Jasar aquiesceu. Seu belo semblante pouco mudara. Tinha os cabelos um pouco grisalhos e estava mais magro, mas o olhar estava mais profundo e penetrante.

— Por que lhe dá razão? Um homem como eu, que decaiu, certamente pouco poderá oferecer à esposa.

— Parece que esqueceu por completo seus deveres sociais e sua responsabilidade perante sua mulher! Depois, por que acredita que está decadente? Será o desprezo humano o que o preocupa? Deplora, por acaso, seu atual procedimento?

— Não — respondeu Pecos categórico. — Sinto que agora estou agindo com honra e é precisamente isso que me aborrece. Quando era covarde, aplaudiam-me, agora que luto por conservar-me digno, desprezam-me! Não compreendo.

— Não se aborreça! Agora conhece seus verdadeiros amigos. Eles, os que o condenaram, são pobres cegos que ainda não perceberam a verdade. Agarram-se às ilusões e temem quem lhes tomou a dianteira. Por isso, o condenam, mas, quando a vida torcer seus destinos e as ilusões se forem, chegarão às conclusões a que você chegou. Você avançou. Seu espírito tornou-se mais consciente, deixando-os para trás. Já passou por inúmeros sofrimentos que eles, fatalmente, terão de suportar no futuro.

Pecos ouvia-o pensativo. Permaneceu assim por alguns instantes, imerso em profunda meditação. Vendo que Jasar se calara, objetou:

— Mas, se eu avancei no caminho do conhecimento, por que eles não procuram aproveitar-se da minha experiência?

— Pelas mesmas razões que lhe expus há pouco. Por serem mais atrasados espiritualmente, são menos capacitados para compreendê-lo. Não podem aquilatar valores que desconhecem. Por isso, os evoluídos, quando nascem neste plano, são incompreendidos pela maioria. Aliás, esta é uma lei natural e lógica. Cada indivíduo sente a vida conforme sua fase evolutiva. Não se pode exigir de uma criança a compreensão, os conhecimentos de um adulto. Geralmente, estas mesmas crianças, quando adultas, reconhecem os valores que antes menosprezavam. O homem que ainda necessita de mais experiência como espírito, é uma criança dentro da criação universal. Não pode compreender aquele que já avançou. Eles o condenam porque não sentem como você. Eu o previno, muitas lutas desta natureza certamente lhe reserva o futuro. Porque, quando nos decidimos a combater uma de nossas fraquezas tentando vencê-la, superá-la, a vida, nossa amiga que é, encarrega-se de forjar oportunidades de luta, oferecendo-nos ocasião para provar nossa firmeza. Assim, forçados a aumentar a resistência se quisermos triunfar, dificilmente, reincidiremos.

Jasar fez uma pausa e, vendo que os dois o ouviam interessados, continuou:

— Certamente, a oposição que fazem aos seus nobres propósitos, deixa-o tentado a voltar à antiga vida, porém, lembre-se de que se trair sua consciência, perderá a dignidade. Voltar atrás agora é reincidir. Se antes ignorava o mal que fazia, agora sabe, e esse conhecimento o torna mais responsável. Logo carregará o peso da culpa e do remorso, e isso o tornará infeliz. Acredite: ir contra sua alma só lhe trará dor e sofrimento.

Pecos ouvia o irmão, fortemente emocionado. Jasar parecia-lhe diferente. Sua voz era mais grave, seu rosto empalidecera e seu corpo parecia agitar-se em ligeiras contrações nervosas. Poderia se dizer que Hórus falava por sua boca.

Impressionado, Pecos falou:

— Vejo que alguém, algum deus, por certo o inspirou ao pronunciar tão sábias palavras. Mas, acredite, Jasar, que não temo a luta. Procurarei enfrentá-la com coragem, porém, o que me preocupa é Nalim. Temo criar para ela algum sofrimento.

— Não se preocupe por mim. Estarei com você seja onde for e como for. Meu amor vencerá todas as dificuldades.

Pecos sorriu mais sereno. Eles tinham razão. Ele estava certo! Tomada aquela decisão, sentiu-se mais calmo.

Nalim continuou:

— Jasar, não sei por que suas palavras me recordaram Solimar. Em meus momentos difíceis, era ela quem me falava como você nos falou hoje.

Ao ouvir sobre Solimar, Jasar sobressaltou-se. Sentia-se angustiado por não saber o que lhe havia acontecido. A saudade dela e da paz que sentia a seu lado enchiam-lhe a alma de tristeza.

Com o olhar perdido num ponto distante, ele observou:

— Grande espírito. Grande criatura!

— Sinto-me angustiada ao pensar o que lhe aconteceu, onde estará...

— Tem razão — continuou Jasar. — Esteja onde estiver, será protegida sempre pela divindade e nada de mal lhe terá acontecido.

— Será que ainda vive? — questionou Pecos. — Nós a procuramos por toda parte sem resultado. É bem possível que tenha morrido.

— Tu se engana, Pecos. Tenho a certeza de que ela vive.

— Como, Jasar, acaso teve alguma notícia?

— Não, mas tenho a certeza de que, se morresse, viria despedir-se de mim.

— Acredita que isso seja possível? — perguntou Nalim, admirada.

— Sim. Nada mais natural de que seu espírito, livre do corpo pesado, liberto no espaço, viesse dizer-me adeus. Eu, se partisse primeiro, certamente iria vê-la.

— Você diz coisas estranhas, Jasar, que me fazem estremecer. Mudemos de assunto. Otias está melhor?

— Temo que não. Penaliza-me vê-la imóvel no leito, podendo apenas mover as mãos, sem falar.

— Faz tanto tempo, mas ainda guardo funda impressão daquela noite terrível. Avalio o choque quando ela penetrou no quarto.

— E tudo permaneceu em terrível mistério — murmurou Pecos.

— É verdade — tornou Jasar. — Se ao menos ela pudesse falar... Tenho a certeza de que teríamos a solução do desaparecimento de Solimar. Mas a esse recurso não podemos recorrer. Ela tem sofrido muito, e eu agora não teria mais ânimo para dirigir-lhe perguntas. Sei que seu raciocínio é lúcido e tem plena consciência de tudo quanto a rodeia. Aprendi a ler em seus olhos de morta-viva tudo quanto lhe vai no íntimo. Tenho percebido seu terror imenso. Em certas ocasiões, ela fica toda banhada em suor, e seus olhos demonstram pavor. Quando nasceu seu filho, ela sentia-se mal todas as vezes que o via. Tanto que fui forçado a evitar sua presença no quarto. Parece que, ao vê-lo, ela se recorda do nosso Matur! Se ele vivesse, seria já um rapazinho. Eram estes, com certeza, os motivos que a torturavam.

— Pobre irmão! Tem sido muito dedicado a ela. Comove-me sua generosidade para com uma mulher que não ama e foi possivelmente a causadora de toda a desgraça que se abateu sobre esta casa.

— Vê mal, Pecos. Quem pode saber na realidade o que aconteceu? Crê, por acaso, que se Otias foi a causadora da morte do filho, não estará sofrendo terrivelmente, roída pelo remorso, sem poder desabafar? Já pensou que uma criatura condenada à imobilidade, sem poder falar, forçosamente possuirá um mundo interior muito mais intenso? Se esse mundo for belo, será menos infeliz, mas, se ele estiver composto de horrores e maus pensamentos, será um insondável abismo de torturante noite. Eu não sou infeliz, pois que ainda posso andar livremente, aspirar o perfume das flores, gozar o prazer de uma boa palestra, mas ela, castigada tremendamente em sua vaidade de mulher, transformada em uma pobre sombra humana, é digna de estima e de piedade.

— Realmente — murmurou Nalim sentindo um calafrio pelo corpo — ela sofre horrivelmente. Creio que tem razão, Jasar.

Enquanto eles conversavam amigavelmente, um olhar em fogo os envolvia a distância. Estendida em um coxim macio, Otias fora colocada no pátio externo para gozar um pouco da brisa e respirar o ar agradável do jardim. Do local onde se encontrava, podia divisar os três conversando. Seu pensamento agitado os contemplava com desespero.

Sentia-se presa, amarrada, sem poder mover-se. Seu pensamento trabalhava tanto que, em certas ocasiões, desejava morrer porque assim talvez ele parasse, dando-lhe repouso. Suas noites insones, sombrias, eram longas e intermináveis!

E eles eram felizes! Nalim, a culpada de tudo, era feliz. Possuía o amor do marido, o filho amado, a fortuna ambicionada. A ela, tudo fora roubado. O marido não a amava, o filho fora vítima da inconsciência de Solias, somente restava parte da fortuna, mas o que fazer agora com ela? De nada lhe valia.

Em certas ocasiões, era assaltada pelo medo. Parecia-lhe ouvir o grito de terror dentro da noite. Via o corpinho de Matur envolto pela horrível víbora e enchia-se de pavor. Uma voz lhe gritava incessantemente:

— Assassina! Você matou seu filho! Assassina!

Otias fazia, então, enorme esforço para gritar, mas sentia que não podia emitir som algum. Permanecia assim longo tempo. A vida para ela transformara-se em terrível pesadelo, em uma horrível tortura.

Otias, voltada somente ao mundo exterior, preocupada com a vida mundana, foi forçada a voltar-se para seu mundo interior. Lá encontrou apenas o vazio e, o que é pior, a lembrança de sua culpa e o remorso de seu crime.

Amargando o resultado de suas atitudes, Otias sofria. Acreditava estar sendo castigada pelos seus erros. Não sabia que a vida vacina as pessoas contra a maldade, inoculando nelas o próprio veneno. Seu sofrimento não era castigo, mas o remédio de que necessitava para libertar-se das ilusões e aprender.

Muitas vezes, de regresso ao passado, recordava sua infância cheia de sonhos e ilusões. Seu pai sempre carinhoso, os belos dias vividos e então se arrependia sinceramente do mal praticado. Mas esses momentos eram raros.

Cerrou os olhos angustiada. Via Pitar, o filho de Nalim que, alegremente montado em um jumento, acercara-se dos pais e do tio. Sempre que o via, seu coração enchia-se de angústia. Seu belo porte já ereto e elegante aos nove anos, seus revoltos e crespos cabelos negros como os de sua mãe, seu belo rosto moreno de nobres traços, seu riso alegre e cristalino, tudo lhe lembrava de que poderia ter seu filho assim, crescido, vivo e alegre.

Detestava-o. Ele, porém, sentia seu pequeno coração cheio de compaixão pela tia enferma. O espetáculo da felicidade de Nalim e Pecos, que adoravam o filho, fazia-lhe mal.

Puxou com esforço o cordão que tinha entre os dedos endurecidos, duas vezes, e duas escravas pressurosas acorreram ao chamado, transportando-a para dentro.

Assim estavam as coisas, naquele dia em que retornamos a Tebas. A situação política não era a mesma de antes. O povo estava cansado dos constantes assaltos do rei às suas posses.

Os tributos haviam aumentado, e as enchentes do Nilo haviam diminuído, empobrecendo a terra. As colheitas dos dois últimos anos haviam sido pequenas, e o povo temia a seca, desejando encher os celeiros. Porém, tinham que pagar o pesado tributo e, descontado também o consumo da família, nada lhes sobrava para armazenar.

O povo andava inquieto, aos cochichos nas ruas e nos mercados. Porém, o rei estava vigilante. Aumentara a guarda do palácio. Omar, que a comandava, era prepotente e irredutível. Deu ordem aos seus soldados que vigiassem qualquer agrupamento suspeito na cidade, proibindo o povo de parar nas ruas para conversar, o que era tão ao gosto da época.

Aplicavam-se castigos severos aos contraventores, jamais perdoando a ninguém, o que lhe valera a alcunha de "Torquemat" que quer dizer "rocha negra".

Apesar da situação irregular, ainda existia o perigo dos invasores estrangeiros. As riquezas de Quinit, famosas em todo o mundo, suscitavam a cobiça de outros povos, entre os quais, o assírio.

Farfah, seu rei, havia dominado a Pérsia e a escravizado. Certamente não pararia aí sua ambição de poder. Os chefes do poder no palácio do faraó em Tebas, que eram os sacerdotes, reuniam-se em segredo constantemente, em companhia do rei, para estudarem a situação.

Essa era a situação política quando retornamos a Tebas.

Alguns dias se passaram. A chegada de um dos espiões do faraó, vindo de Nínive, alarmou-os. Recebido às pressas pelo soberano e pelos sacerdotes, informou que Farfah estava reforçando extraordinariamente suas tropas em Barbah, pequena cidade persa, com intenção desconhecida. Mandara o grosso de seu exército se concentrar lá.

Eufóricos com a notícia, o faraó, seus ministros e sacerdotes reuniram-se imediatamente, deliberando sobre a decisão a tomar.

Por fim, decidiram mandar Omar reunir o exército, conduzindo-o aos pontos estratégicos de defesa, nas divisas de suas possessões. E que ele e mais alguns homens avançassem até a Pérsia para inspecionarem o ambiente. Se preciso, iriam disfarçados.

Potiar objetou na inconveniência de afastar o exército do palácio, deixando-o desguarnecido em uma situação tão grave da política interna. Reconhecendo-lhe a razão, resolveram dividir o exército para manter a ordem interna.

Pecos, surpreso e aborrecido, recebeu ordens de partir imediatamente. As últimas desilusões haviam-lhe tirado todo o prazer da aventura. O amor da família o prendia ao lar. Mas precisava ir. Agora era soldado, não podia recusar-se e ser mais uma vez chamado de covarde. Triste, despediu-se da esposa com lágrimas nos olhos e sentiu um aperto no coração.

Beijou o filho amado que, entusiasmado, examinava os aparatos de combate do pai. Abraçou fraternalmente o irmão e saudou amigavelmente Otias, partindo depois, comandado por Omar, rumo ao desconhecido.

CAPÍTULO XVIII

A viagem era longa e penosa. Durante algumas semanas, trabalharam na reorganização do exército e, por fim, prosseguiram viagem rumo a Barbah.

Omar fazia questão de manter Pecos como seu imediato, procurando mostrar-se benevolente com ele, mas buscando de toda forma humilhá-lo, obrigando-o a serviços corriqueiros. Pecos tivera inúmeras altercações com ele, e Omar, por diversas vezes, o prendera como repreensão.

Os outros soldados, habituados a verem em Pecos seu chefe, não gostavam da forma como Omar o tratava. Muitos passaram a odiá-lo por causa disso.

No porto de Bordaim, entraram em uma embarcação rumo a Barbah. Os remos que os escravos movimentavam com precisão, derramando suor e sangue, eram vagarosos. Mal acomodados na pequena galera, sem conforto nem higiene, muitos adoeceram.

Seis homens foram escolhidos para espionagem. Disfarçados entre os mercadores e lavradores, já haviam traçado um plano de ação. Teriam que se separar. Seguiriam rumos diferentes, dois a dois, procurando investigar todo o potencial do exército assírio.

Tinham para isso oito dias, findos os quais, deveriam encontrar-se no porto para regresso, de posse de todas as informações. Assim, após o desembarque, entregando a cada um o necessário para sua manutenção, Omar dividiu-os em grupos, designando Pecos para acompanhá-lo.

Este, desanimado, cansado, saudoso da família, sentindo-se enfermo, irritou-se com a escolha. Sabia que Omar desejava tê-lo a seu lado para humilhá-lo. Apesar disso, não demonstrou o que lhe ia na alma, guardando silêncio.

Procuraram depois uma taberna para passar a noite, pois já era tarde. Iniciariam o trabalho no dia seguinte. Pecos, deitado na pequena cama em um quarto exíguo da taberna, pensava.

Enternecido, recordava a esposa amada e o filho. Contava regressar brevemente e estava ansioso para abraçá-los. O cansaço venceu-o e adormeceu, porém seus sonhos não foram calmos.

Parecia-lhe estar em um local estranho, cuja cerração o envolvia aos poucos.

Do outro lado, sabia que estavam a esposa e o filho. Precisava vencer aquela neblina para ir ter com eles, entretanto, ela se adensava mais e mais, levando-o cada vez mais longe dos entes queridos.

Aterrado, ele gritava com todas as forças de seus pulmões, porém, sua voz saía abafada e as palavras ininteligíveis. Acordou, por fim, suspirando aliviado ao reconhecer ter sonhado, mas uma vaga sensação de tristeza o invadiu, como um mau presságio.

Levantou-se com o coração opresso. Abriu o pequeno postigo que dava para a rua. Agradável brisa com aroma levemente salino penetrou no quarto, fazendo-o sentir-se mais calmo. Mas era já muito tarde quando conseguiu

Omar, por sua vez, assim que se recolheu ao quarto, não pôde esconder sua satisfação. Tudo caminhava bem e tinha o rival agora praticamente em suas mãos. Odiava Pecos e havia muito procurava uma ocasião para livrar-se dele.

Jamais conseguira esquecer Nalim, pelo contrário, se já a amava quando escrava, ao vê-la transformada em nobre, com seus encantos realçados pela suntuosidade de seu gosto apurado de mulher vaidosa, aumentara ainda mais o seu doentio desejo de possuí-la.

De todas as maneiras havia procurado despertar-lhe o interesse, mas a moça o tratava sempre como a um desconhecido.

Exasperava-o tal situação. E, ao saber que ela amava o marido, considerou que, se ele desaparecesse, forçosamente ela deixaria de amá-lo. Então, ele a conquistaria.

Como, porém, Pecos lhe era superior, nada pudera fazer, mas, quando a situação o favorecera com a brilhante carreira e o desprestígio de Pecos, ele concebeu um plano para livrar-se definitivamente do odiado rival. Ao surgir aquela oportunidade, percebeu que a ocasião era propícia. Ficar a sós com Pecos lhe favorecia os planos.

Omar deitou-se, porém não conseguiu adormecer. Seus pensamentos agitados, tramando seu tétrico projeto, deixavam-no excitado.

Dissera a Pecos que repousariam até a metade do dia seguinte, quando iniciariam o trabalho. Porém, mal o dia clareou, ele se levantou e, vestindo-se rapidamente, saiu cauteloso ganhando a rua.

***

Barbah era uma província relativamente grande. Seu porto era a porta de suas riquezas, pois que possuía intenso movimento. Os pescadores trabalhavam ativamente, negociando o produto do seu trabalho com os artigos de que necessitavam, no grande e curioso mercado local.

Seus tapetes eram famosos no mundo daquela época e negociados para outras terras. Também fabricavam lindos enfeites de cerâmica com arabescos coloridos. Era uma cidade comercial e logo cedo suas ruas estavam já movimentadas.

Omar, preocupado, indiferente ao burburinho das ruas, apressou-se em procurar o mercado que distava poucos passos dali.

Perguntou a diversas pessoas por um nome e, por fim, conseguiu encontrar quem procurava. Tratava-se de um indivíduo de miserável aspecto, com uma expressão perversa em seu rosto matreiro.

Omar foi recebido efusivamente e conduzido ao interior de uma pequena habitação perto dali. Uma vez a sós, Omar foi direto ao assunto.

— Preciso de você, Jubar. Muitas vezes, prestei auxílio ajudando sua fuga de meu país. Agora chegou o momento de retribuir os favores recebidos.

Com um servilismo repulsivo, Jubar curvou-se, sorriu e disse:

— Pode pedir. Devo-lhe muito e tudo quanto fizer jamais saldará minha dívida contigo. Mas não quero encrenca com a justiça, pois já estou um tanto marcado pelas autoridades.

— Bem, o serviço não o comprometerá. Preciso livrar-me de um obstáculo que obstrui meu caminho.

— Algum inimigo político?

— Não. Um marido impertinente.

Jubar soltou uma risada irônica.

— Já percebo. Creio que poderei servi-lo, mas acredite — ajuntou lamuriante — que preciso de algumas moedas. Como sabe, estou em precária situação financeira.

— Eu lhe darei algumas joias como pagamento. Combinado?

— Antes preciso vê-las, para depois fechar o negócio.

Omar, que fora preparado, pegou um bornal que levava a tiracolo, abrindo-o ante os olhos cobiçosos de Jubar.

— Pagamento adiantado. Como quer o serviço? Devo matá-lo agora?

— Não. Ele está sozinho comigo na taberna e, forçosamente, as suspeitas de meus outros companheiros me incriminariam, porque sabem que eu o detesto. Precisamos agir de forma a salvar minha reputação. Antes, preciso de algumas informações suas.

— Sabe que informação custa sempre caro. Minha memória é fraca e, somente quando bem recompensada, ela se aclara.

— Bem, agora eu exijo adiantado. Primeiro fale, depois o gratificarei. Que sabe da concentração militar que está na cidade?

— Preparem-se. Creio que Farfah pretende dominar toda a costa mediterrânea. Mas estas informações são valiosas, porque, se descobrem que os traí, certamente me matarão.

— Ouça — disse Omar, de repente, assaltado por uma ideia que lhe pareceu a calhar —, eles matam mesmo os traidores?

— Claro. Não ouviu falar na crueldade de Assif?

— E se soubessem que viemos espionar suas atividades, certamente nos matariam! Prepare-se para receber minhas ordens. Daqui a seis dias, irá ao comandante e dirá que descobriu uma traição. Delate, então, meu companheiro como espião e, certamente, nos livraremos dele.

— Mas isso seria perigoso para você.

— Não estarei com ele.

— E se ele o delatar?

— Sei que não o fará. Ademais, não poderá imaginar que eu sou o responsável.

Despediram-se, ficando Omar de procurar Jubar no dia marcado para tratarem dos últimos detalhes do plano e entregar-lhe mais algumas joias.

Ao separar-se do indivíduo repulsivo, Omar estava agitado, mas alegre. Finalmente se livraria do rival odiado. Traçaria bem o plano, que não poderia falhar. Retornou à taberna, indo diretamente a seu quarto e procurou descansar. Mas seu cérebro irrequieto não descansava um só instante.

Não podia dormir. Em seu pensamento, perpassavam todos os acontecimentos de sua vida, num emaranhado retrospectivo, principalmente seu amor por Nalim. Inútil querer dormir.

O sono calmo e reparador é o reflexo da consciência tranquila. Todo aquele que se desvia, desarmonizando sua vida, estabelecendo em torno de si um ambiente cheio de vibrações negativas, torna-se um perturbado, um doente mental frente às leis universais que, como certos medicamentos, utilizam-se do próprio mal para a cura do paciente.

Vendo que o sol ia alto, Omar levantou-se novamente, aprontando-se rápido e indo em seguida à procura de Pecos. Seu rosto estava pálido e seus olhos com um brilho inquieto que ele tentava esconder.

Mais tarde, os dois saíram disfarçados de mercadores pelas ruas centrais da província para investigar.

Apesar de tantos exemplos fornecidos pela vida, as pessoas somente aprendem pela experiência própria. Lá iam os dois, lado a lado. Omar, voluntariamente, plantava sofrimentos para o futuro, mas não percebia a inutilidade do seu gesto cruel, nem os transtornos que lhe poderiam causar. Pecos, ingênuo, não podia imaginar que seu chefe o odiasse a tal ponto.

***

Os oito dias passaram e chegou finalmente o dia marcado para o encontro dos lanceiros. Haviam combinado estar no porto para o embarque. Quase todos estavam reunidos, faltavam apenas Omar e Pecos. Finalmente, chegaram.

Conversaram animadamente sobre as atividades de cada um, quando, a certa altura, Omar, com um gesto de surpresa, murmurou:

— Hórus, ajude-me! Perdi a sacola de joias.

Assustado, pôs-se a procurá-la. Depois de algumas buscas infrutíferas, murmurou:

— Agora me recordo! Deixei-a em meu quarto na taberna! Não tenho mais tempo para buscá-la, pois preciso conversar com o dono do barco para podermos seguir.

Imediatamente, alguns dos lanceiros ofereceram-se para buscar a preciosa sacola. Omar, porém, agradeceu e, dirigindo-se a Pecos, disse-lhe:

— Vá e traga-a. É conhecido na taberna e será mais fácil executar o solicitado.

Embora contrariado, Pecos não teve outro remédio senão obedecer, enquanto Omar tratava dos preparativos do embarque. Tudo pronto, Omar juntou-se a seus homens à espera de Pecos.

Vendo que ele tardava, o comandante designou um dos homens para ir à sua procura, indicando-lhe o caminho a seguir. O tempo passava, e nenhum dos dois regressava.

Os homens esperavam preocupados. O barco já ia zarpar, mas, a pedido de Omar, esperou mais algum tempo pelos retardatários.

Finalmente, duas horas depois, surgiu o lanceiro que partira em busca de Pecos. Subiu na embarcação assustado e, reunindo os homens a um canto, falou:

— Em má hora, você esqueceu sua sacola de joias. Não sei como chegou ao conhecimento de Assif, chefe das tropas de Farfah, a nossa visita a esta cidade. Quando me aproximei da taberna, vi muita gente à porta e o nobre Pecos preso entre uma escolta. Indaguei disfarçadamente de alguém a meu lado por que o prendiam. O homem, então, disse que aquele era um espião egípcio e que ele estava perdido! Sem poder fazer nada, segui com o povo o carro onde conduziam o prisioneiro. Vi quando o levaram para uma fortaleza ocupada pelo exército e tratei de vir contar o sucedido.

— Devemos salvá-lo! — disse um dos lanceiros.

— Impossível! — falou Omar. — Não podemos arriscar a vida de todos por um.

— É muito perigoso. Ouvi a conversa de dois soldados que o conduziam. Suspeitavam de cúmplices e iam percorrer toda Barbah para conseguir uma pista.

Omar foi ao comandante do barco e disse-lhe que podia partir. Voltando aos companheiros, alguns dos quais protestavam pela saída do barco, disse resoluto:

— Nada poderemos fazer. Infelizmente, seria perigoso permanecermos por aqui. Estaríamos traindo a confiança do nosso faraó se nos deixássemos levar por um sonho louco, arriscando-nos a pôr tudo a perder. Se morrêssemos, ninguém poderia levar as notícias ao nosso rei! Depois, nada poderíamos fazer. Seria impossível salvá-lo!

Os homens compreenderam que Omar tinha razão. Mudos, magoados com a penosa sorte do companheiro, olhavam melancólicos o porto que ia cada vez mais diminuindo pela distância.

Mentalmente, despediam-se do companheiro, pois que naqueles poucos dias haviam bem conhecido a crueldade de Assif, cuja predileção era torturar prisioneiros, matando-os pelas maneiras mais cruéis. Ninguém jamais escapara com vida.

Só Omar ia contente. Finalmente conseguira seu objetivo! Agora, forçosamente, Nalim seria sua! O caminho estava livre, e ele saberia conquistá-la.

A embarcação singrava o mar conduzindo-o de retorno à pátria e, aos poucos, desapareceria na distância.

***

Pecos, angustiado, triste, mentalmente se torturava pensando na embarcação que deveria levá-lo de volta aos braços dos seus e que deveria estar ao largo. Tal era sua preocupação que nem examinara o local onde o haviam atirado. Estava numa úmida e escura masmorra!

Após a surpresa de ser preso assim que entrara na taberna, fora levado, depois de ligeiro interrogatório, àquela fortaleza e atirado na pútrida cela.

Angustiado, nervoso frente à transformação do seu destino, sentia-se inseguro quanto à sua vida. Não temia a morte, nem as torturas físicas que pudessem atingir-lhe o corpo, mas o apego aos seus entes mais caros, a saudade e a incerteza de revê-los formavam seu potencial de mágoa e desconforto.

Pensando bem em tudo quanto lhe acontecera, chegara à conclusão de que fora envolvido por uma trama tenebrosa. A imagem de Omar não se desviava dos seus pensamentos. Ele deveria, de alguma forma, ser o responsável pela sua prisão.

Pecos sofria! Um ódio indomável por Omar despertou mais forte do que nunca em seu coração. O tempo foi passando, e Pecos não saberia dizer havia quantas horas estava ali.

Parecia-lhe estar preso há um século, pois não podia vislumbrar se era dia ou noite. Não havia postigo algum na escura cela que desse para o ar livre. Somente na porta havia uma abertura pequena, rente ao chão, para ser introduzida a comida e a água.

O mau cheiro era tremendo, mas ele sentia muito mais as dores morais do que os sofrimentos físicos. Aos poucos, começou a sentir-se doente. Não via ninguém, o carcereiro de vez em quando jogava um prato de comida debaixo da porta e retirava-se em seguida.

O prisioneiro tentara inúmeras vezes falar com ele, mas não obtivera resposta. Aquele isolamento, a escuridão, a miséria, a constante preocupação, sem nada poder fazer para modificar a situação, abateram-lhe muito o ânimo e ele quase não se alimentava.

Ao cabo de certo tempo, estava febril e desorientado. Quantos dias estaria ali? Não saberia dizer. Grande prostração o abateu e ele não mais se levantava do monte de palha úmida que lhe servia de leito.

Assim foi encontrá-lo o carcereiro depois de três meses de reclusão. Viera buscá-lo. O chefe da guarda desejava interrogá-lo novamente. Não o fizera antes, pois estava ocupado com uma rebelião de seus homens. Por outro lado, acreditava que o prisioneiro confessaria depois de tão triste hospedagem. Nada de positivo obtivera dele da primeira vez.

Dissera ser mercador e nada mais esclarecera a não ser que viera a Barbah negociar mercadorias. Instigado por Jubar, que fizera a delação dizendo conhecê-lo como chefe de lanceiros egípcios, decidira-se o chefe da fortaleza a interrogá-lo novamente.

Mas levara muito longe o castigo ao prisioneiro. O carcereiro correu a avisá-lo de que Pecos estava doente. Tinha muita febre e talvez fosse maligna.

Horrorizado, o chefe ordenou que ele fosse imediatamente transportado para longe da cidade e atirado nas areias escaldantes do deserto. Assim, seria punido e evitaria o contágio com a terrível febre que dizimava seus homens implacavelmente.

Era comum os prisioneiros daquelas celas tenebrosas saírem mortos, loucos ou atacados de febres malignas incuráveis.

Sem perda de tempo, o carcereiro providenciou a remoção do prisioneiro, que estava completamente inconsciente. Envolveu-lhe o corpo com um grosseiro pano e, auxiliado por um soldado, carregou-o até o pátio externo da fortaleza. Lá, puseram-no em um carro de combate e conduziram-no para o deserto.

Os dois soldados que o levavam iam despreocupados e alegres. Para eles, aquilo era comum. Desejavam afastá-lo o mais possível da aldeia, temerosos do contágio.

Viajaram durante toda a manhã e parte da tarde. Já estavam no deserto. Avançaram mais um pouco escolhendo um local que lhes pareceu apropriado e atiraram brutalmente o corpo de Pecos no chão.

Retiraram com cautela o pano que o envolvia, depositando-o ao lado. Depois, calmos, empreenderam o caminho de regresso.

Um deles, ainda ao longe, voltou-se e, vendo o ponto escuro que ficava cada vez mais distante, perdido nas areias escaldantes, falou:

— Creio que não aguentará até o anoitecer. Amanhã, os abutres terão um festim!

O outro deu de ombros e não respondeu. Continuou dirigindo o carro imperturbavelmente.

Logo, Pecos ficou só.

Muitas criaturas, quando venturosas, esquecem-se de construir um oásis para o futuro. Plantando o mal pelo caminho, acabam transformando suas vidas em um deserto escaldante, colhendo os resultados da sua semeadura. Felizmente, a vida tem o poder de conduzir os acontecimentos para o melhor, de forma a ensiná-las a agir adequadamente.

Pecos continuava só. Seu corpo, gravemente enfermo, breve seria pasto dos temerosos abutres do deserto. Mas não dava acordo disso, pois que seu espírito descansava nas brumas da inconsciência!

CAPÍTULO XIX

Voltemos agora a Tebas, alguns meses atrás, na amorável residência de Pecos.

Nalim, radiante, aprontava-se com esmero. Sabia que Omar voltara e, consequentemente, seu marido, dentro de poucos minutos, deveria estar em casa.

Em alegre expectativa, juntou-se ao filho no pátio externo que dava para os portões principais. Ambos, felizes, esperavam.

Vendo que ele tardava, resolveram caminhar um pouco pelos jardins próximos aos portões de entrada.

Mas o tempo passava, e Pecos não chegava. Apreensiva, ao cair da noite, ela se recolheu com Pitar, que estava decepcionado.

A noite desceu de todo, e a esposa de Pecos sentia o coração envolto em lúgubres pressentimentos. Disfarçando na presença do filho, obrigou-o a recolher-se dizendo-lhe que, certamente, seu pai demorava-se, porque ficara retido no palácio do faraó por obrigações militares.

Porém, quando se viu a sós, terrível angústia a dominou. Suspirou aliviada quando Jasar regressou ao lar. Ele estivera fora o dia todo. Assim que entrou, após os cumprimentos, perguntou:

— Estou terrivelmente aflita, Jasar! Soube que Omar está na cidade e até agora Pecos não apareceu. Você poderia ir ao palácio investigar?

— Irei. Antes preciso ver Otias e saber do seu estado. Não me demorarei. Estive fora o dia todo, e ela deve estar preocupada.

Jasar saiu para ir ver a esposa, e Nalim, aflita, esperava um tanto impaciente que ele voltasse, quando Jertsaida veio lhe anunciar que Omar desejava falar-lhe.

Sobressaltada, com o coração envolto em negros presságios, ordenou ao servo que o conduzisse ao salão.

Logo depois, Omar, sério, com ar preocupado, penetrou no aposento. Saudou-a cortesmente, sentando-se em seguida no delicioso coxim que lhe oferecia.

— Minha presença aqui se prende a um assunto muito desagradável. Sabe o quanto a estimo! Tudo enfrentaria para não lhe causar o mais leve desgosto!

— Por favor, nobre Omar. Suas palavras vêm aumentar a angústia do meu coração. Onde está meu marido?

Omar lançou um olhar no rosto pálido e contraído da jovem mulher. Um sentimento de acerbo ciúme o dominou ferozmente. Eram para o odiado rival os pensamentos dela! Amava-o tanto que sofria por ele a tal ponto!

Uma íntima satisfação dominou-o quando disse:

— As notícias que trago são más, não posso negar. Muitas vezes, em minha carreira, em defesa do nosso rei e do nosso país, nos empenhamos a tal ponto que arriscamos a vida constantemente.

A moça bebia-lhe as palavras com avidez, sentindo-se desfalecer.

Ele continuava:

— Sinto lhe dizer que seu esposo está morto! Morreu a serviço da pátria!

Nalim, olhos desmesuradamente abertos, faces de cera, parecia não haver compreendido bem.

Sacudindo a cabeça como a expulsar tal ideia da mente, perguntou com voz sumida:

— Que disse?

— Seu esposo está morto. Morreu nobremente em defesa da pátria.

Sacudindo a cabeça com violência, Nalim perguntou:

— Não creio! Está mentindo! Ele não pode estar morto!

— Pois está. E morreu como um verdadeiro herói!

Jasar, que adentrava o recinto, ouvindo aquelas palavras, correu para Nalim, que cambaleava trêmula, amparando-a com carinho.

Dirigindo-se a Omar, secamente disse:

— Senhor! Creio que abusou das noções de cavalheirismo! Jamais se transmite tal notícia assim, de pronto, a uma mulher!

Omar, um pouco contrariado pela interrupção, disse:

— Fui precipitado, mas, de alguma maneira, precisavam saber. Fui franco.

— Conte-nos como foi — exigiu Nalim, com olhos secos e brilhantes de exaltação. Sua voz era metálica e fria.

Preocupado, Jasar, que a amparava solícito, sugeriu:

— Deixemos os detalhes para mais tarde, agora está muito nervosa!

Ele também se sentia abalado profundamente. Estimava o irmão com verdadeiro carinho e sofria! Esforçava-se para controlar-se, mostrar-se forte e socorrer a cunhada.

— Não. Estou perfeitamente bem. Pode falar — ordenou Nalim.

— Bem, falarei se assim desejam. Nós estivemos em Barbah, uma província persa, onde havia uma concentração do exército de Farfah. Fomos incógnitos, disfarçados de mercadores para lhes espionar as condições. Tudo caminhou bem e, na hora do regresso, percebi que esquecera minha sacola de joias na taberna. Pecos ofereceu-se para apanhá-la, uma vez que eu precisava ultimar o nosso embarque com o dono do barco. Infelizmente, havíamos sido descobertos, e ele foi preso. Como resistiu, negando-se a denunciar-nos, foi morto no mesmo instante pelos soldados do bárbaro Assif. Um dos meus homens viu e nos contou tudo. Embora pesarosos, fomos forçados a nos retirar, porque, se ficássemos, poríamos tudo a perder. Eis tudo quanto aconteceu...

A moça ouvira calada e pensativa.

Quando ele terminou, ela se ergueu de um salto e, estendendo seu dedo acusador, gritou-lhe, enlouquecida pelo desespero:

— Assassino! Covarde! Não creio em uma só das suas palavras. Odiava meu marido, porque o desprezei, e você o matou! Mas acredite que meu ódio o perseguirá pelo resto dos seus dias. Acreditava, talvez, que ele desaparecendo, eu seria sua! Mas jamais lhe pertencerei, porque o desprezo, o odeio! Ainda chorará lágrimas de sangue pelo crime que praticou.

Cobrindo o rosto com as mãos, ela se atirou aos braços do cunhado.

— Está enganada, Nalim — foi o que Omar, pálido, pôde balbuciar, ainda mal refeito da inesperada atitude da moça.

Mas ela, notando-lhe o embaraço, exasperou-se ainda mais, gritando-lhe:

— Fora daqui, miserável assassino! Fora desta casa, traidor perverso. Que nunca mais eu o veja em meu caminho, porque serei capaz de matá-lo com minhas próprias mãos!

Omar fez-se branco como cera ao ouvir a acusação. Sentiu a garganta seca e um suor frio o dominou.

Era possuidor de extremo domínio próprio, mas a atitude inesperada da mulher que amava assustava-o, fazendo aumentar a apreensão que sentia desde que planejara o extermínio de Pecos.

Jasar olhava a ambos e, embora tivesse a mesma impressão que Nalim, dominando-se, falou:

— Ouviu bem as ordens que lhe deu a senhora desta casa. Compreendendo a situação, por favor, retire-se. Em outra oportunidade, irei procurá-lo e conversaremos melhor sobre o assunto.

Omar preparou-se para retirar-se, dizendo:

— Lamento o que aconteceu. Um dia, reconhecerão minha inocência. Todos os homens que estavam conosco são testemunhas.

Dito isso, inclinou-se ligeiramente e, voltando-se, saiu, por fim, de cabeça erguida. Ao ver-se na rua, respirou a largos haustos.

Estava nervoso, irritado. Nalim odiava-o tanto quanto amava o marido! Uma onda de rancor o invadiu. Sentiu ímpetos de retornar e obrigar aquela mulher a amá-lo, de qualquer maneira.

Aos poucos, porém, foi serenando. Naturalmente, era justificável que ela estivesse nervosa, pensou. A notícia fora chocante e penosa. Precisava ter paciência, dar tempo ao tempo. Ela haveria de conformar-se. Acabaria por esquecer o marido, e, então, ele conseguiria conquistá-la.

Faria tudo para destruir qualquer suspeita de sua participação no crime. Mais animado, chegou à sua e recolheu-se imediatamente. Logo caiu em sono profundo.

Sonhou que estava ao lado de sua mãe que, desfeita em lágrimas, lhe dizia:

— Novamente você fracassa! Comete o mesmo crime de sempre. Assim, jamais encontrará a felicidade! Retorne enquanto é tempo ao bom caminho e procure remediar o mal que fez. Perdoe aquele que conseguiu a conquista da mulher que você ama e busque salvá-lo do abismo onde o arremessou. Lembre-se de que não são somente os laços do amor que unem as criaturas. Os laços do ódio e do crime também. Meu amado filho, se os laços do amor unificam no bem, representando alegria e felicidade, os do ódio provocam sofrimentos e só se desfazem quando o mal for eliminado. Ainda é tempo, meu filho! Procure reparar o mal que fez e perdoe!

Omar a tudo ouvia, tomado de pânico.

As palavras de sua mãe chorando e seu tom amoroso tocaram-lhe a alma profundamente. Quis responder-lhe algo, mas não conseguiu. Viu quando ela, tristemente, se afastou e acordou com o coração envolto em terrível tristeza.

Levantou-se, andou um pouco pelo quarto e, mais calmo, pensou: "Foi apenas um sonho! Devo conservar-me calmo, senão acabarei doente. Perdoar Pecos! Como se eu pudesse fazê-lo! Depois, o que está feito não tem remédio. Agora, ele já deve estar morto e seria impossível salvá-lo."

Suspirando, Omar pensou que, mesmo que pudesse salvar o desafeto, jamais o faria!

Pobres daqueles que calcam aos pés sábios conselhos dos que desejam sua felicidade, por serem contrários aos seus interesses escusos.

Seguindo-os, estariam evitando muitos sofrimentos futuros. Mas ninguém aprende pelo esforço alheio e sim pela própria experiência. Iludido, Omar acabava de plantar o mal. Só os resultados dolorosos da sua semeadura poderiam ensiná-lo a valorizar o bem.

***

Na casa de Pecos, reinavam desolação e mágoa. Nalim, abatida, só tinha palavras de vingança e ódio. Em vão, Jasar tentava convencê-la da inutilidade daquela atitude.

Os dias sucediam-se tristes e sem encantos. Nada haviam contado a Pitar sobre o pai, aguardando ocasião oportuna. O pequeno preocupava-se com o abatimento da mãe, mas esta se desculpava dizendo que estava nervosa, porque seu pai demoraria a regressar.

Jasar dividia seu tempo entre as duas mulheres. Comumente saía em visita aos doentes e às pessoas necessitadas de conforto moral e material, dando-lhes o que podia. Desde que recebera a triste notícia, permanecia mais em casa, procurando auxiliar a cunhada.

Percebia que ela necessitava de forte amparo moral a fim de não se deixar arrastar pelo seu temperamento arrebatado e violento.

Procurava distraí-la, palestrando sobre assuntos que lhe eram agradáveis, aproveitando as oportunidades para indiretamente dar-lhe conselhos.

Mas pouco conseguira. Nalim estava muito abalada. Sua situação era-lhe insuportável. Considerava que uma fatalidade implacável envolvia sua vida, destruindo os entes que amava.

Somente o desejo de vingança e o pensamento de ódio alimentavam seu espírito. Pouco se alimentava, empalidecendo e emagrecendo a olhos vistos.

Jasar chamara-a à responsabilidade, tentando fazê-la compreender que seu filho necessitava do seu apoio, e eles, por sua vez, deveriam poupar-lhe preocupações e desgostos.

Assim, despertou nela certa noção da realidade. Ela dissimulava na presença do filho, conservando intimamente seu ponto de vista. Foram penosos para eles os dias que se seguiram!

Tudo se transformara. Somente a alegria de Pitar parecia dar um pouco de colorido ao ambiente.

Nalim transformara-se em uma mulher fria, de fisionomia dura e um brilho metálico no olhar.

Jasar percebia que uma crosta de gelo envolvera seu coração, e ela estava vivendo de maneira estranha ao seu temperamento. Sabia que somente uma forte emoção poderia modificar-lhe esse estado de espírito, causado pelo choque que sofrera! Compreendia o que ela sentia, mas como ajudá-la?

O Criador, o Deus Onipotente que aprendera a conhecer e amar, confiara-lhe aquelas três criaturas. Deveria educar-lhes os sentimentos, preparando-as para o futuro, ensinando-lhes a se harmonizarem com a vida.

Com Otias procurava conversar amigavelmente, confortando-a e, ao mesmo tempo, tentando elevar-lhe o espírito a uma compreensão mais ampla. Embora ela não pudesse responder, percebia que se comovia algumas vezes com suas palavras.

O tempo foi passando, deixando para trás um amontoado de melancólicas recordações dos trágicos acontecimentos.

CAPÍTULO XX

Dez anos são passados. Embora a situação na casa de Pecos fosse a mesma, as pessoas mudaram.

Jasar continua em sua elevada tarefa de espiritualização das criaturas. Um pouco grisalho, conservava o mesmo porte. Mais amadurecido, seu rosto refletia a bondade de seu espírito.

Nalim modificara-se sensivelmente. Sua tristeza ainda transparecia em seus belos olhos negros. Porém, agora, já havia em seu rosto uma expressão mais amena de resignação.

Como conseguira Jasar tal transformação? A princípio, tentara vários expedientes sem obter resultados. Um dia, porém, resolveu levá-la consigo em visita aos enfermos e necessitados. Conhecia-lhe o temperamento arrebatado, amoroso, até a meiguice.

Para convencê-la a acompanhá-lo, pediu-lhe ajuda no tratamento de um paciente. Com certa indiferença, não querendo negar um obséquio ao cunhado a quem tanto devia, ela aceitou e, juntos, saíram ao romper do dia, levando Pitar, que tagarelava alegre durante o trajeto.

Caminharam durante algum tempo, chegando finalmente ao humilde casebre em miseráveis condições e onde faltava o necessário. Foram recebidos à porta por um casal de velhos. Um tanto acanhados com a presença dela, os anciãos a convidaram a entrar.

Sentindo certa repugnância, pois gostava de luxo e conforto, ela penetrou na pequena sala, seguida pelo cunhado e pelo filho.

Enquanto conversavam, Jasar e os donos da casa, Nalim pensava no amargo destino das criaturas que eram forçadas a viver em tal situação.

Despertou de suas reflexões quando ouviu Jasar convidá-la para entrar no quarto da enferma. Seguiu-o, mas, assim que penetrou no aposento, sentiu-se dominada por grande emoção.

Estendida sobre um pequeno leito, jazia uma linda criança. Seu rostinho emagrecido conservava-se belo, apesar dos sofrimentos físicos. Comoveu-se.

Enternecida, acercou-se da criança, que deveria contar seis ou sete anos, pousou-lhe a mão na fronte em um gesto espontâneo, acariciando-a levemente.

A pequena abriu os olhos e, vendo-a debruçada sobre o leito, sorriu.

Jasar, satisfeito, assistiu à cena. Ao cabo de alguns instantes, Nalim tomou conta da situação. Inteirou-se de tudo quanto dizia respeito àquela gente, procurando orientá-los nos problemas domésticos, prontificando-se dali em diante a auxiliá-los.

Soube que a pequena contava oito anos e chamava-se Sinat. Sendo órfã de pai e mãe desde tenra idade, fora criada pelos avós paternos, pobres velhos lavradores que, devido à saúde precária, haviam chegado à mais extrema miséria.

Comovida com a espontânea amizade de Pitar pela pequena e, principalmente, pela sua orfandade, sentiu desejo de ajudá-los.

Quando se retiraram da pequena casa, Nalim estava interessada nos problemas daquela família, e Jasar sentia que conseguira seu objetivo. Ela se humanizara, por fim, voltando a interessar-se pelos outros.

Dias depois, com aprovação de Jasar, ela resolveu levar seus protegidos para seus domínios, instalando-os com relativo conforto em uma pequena, mas alegre, habitação.

Tratou da pequena Sinat com desvelo e carinho, cuidando da sua alimentação, pois que sua enfermidade era proveniente de grande anemia, trazida pela miséria em que vivera.

Jasar, receando que Nalim recaísse em seu estado anterior e querendo estimular sua bondade, convidou-a muitas vezes, e ela acabou por gostar daquelas atividades que lhe causavam tanto bem-estar, fazendo-a esquecer sua tristeza.

Acabou por tornar-se assídua colaboradora de Jasar sem se preocupar com a ingratidão de alguns, sentindo o prazer de ajudar.

Sinat estava agora com 18 anos. Quando seus avós morreram, Nalim, que a estimava sinceramente, trouxera-a para casa, onde a tratava como filha.

A moça conquistara a estima geral, e Nalim a apreciava muitíssimo. Seus traços lhe recordavam Solimar, de quem nunca havia se esquecido. Ela e Jasar falavam muito nela, recordando agradáveis momentos que haviam desfrutado a seu lado.

Pitar era agora um jovem de vinte anos, belo e forte. Como o pai, abraçara a carreira militar, contrariando os desejos da mãe. Mas, apesar de adorá-la, ele não podia resistir ao fascínio que lhe causava tal carreira.

Incapaz de contrariá-lo, Nalim concordara por fim, e ele ingressara no exército do faraó, valendo-se do prestígio do pai. Seu temperamento alegre e sincero despertava a simpatia de todos. Como seu pai, possuía olhar e sorriso fascinantes.

E Otias? Encerrada na redoma do corpo imóvel, também sofrera modificações com o correr dos anos. Muda testemunha dos acontecimentos, percebera coisas que dantes não via. A hipocrisia das amizades mundanas que tanto cultivava e que, ao vê-la agora, dela se afastaram com evidente repulsa.

A dedicação do marido aumentava-lhe ainda mais os torturantes remorsos. Muitas vezes se perguntava por onde andaria Solimar. Durante os primeiros anos de sua imobilidade, vivera voltada quase exclusivamente para sua tragédia, com amargura, revolta e horror. Mas agora, depois de tanto tempo, havia se modificado. Já não tentava inutilmente sair daquela situação.

Por vezes, era acometida de um medo terrível. Começava a perceber o cruel engano que a arrastara ao crime hediondo. Contudo, seu coração ainda permanecia endurecido pelo rancor e pelo ciúme.

Odiava Nalim porque esta era bela e perfeita, odiava a mocidade de Sinat, porque lhe recordava o que perdera, odiava a Pitar, porque lembrava-lhe o filho, que era seu constante tormento. Somente a Jasar, ela amava! Seu coração inundava-se de luz quando ele se aproximava, sereno, bondoso, dedicado. Suas palavras confortadoras ajudavam-na a tolerar o inferno em que vivia submersa.

Seus cabelos totalmente embranquecidos, sua extrema magreza, sua pele macilenta, nada recordava a Otias de ontem, cheia de mocidade e beleza. Triste destino para uma vaidosa mulher!

Seu estado de saúde era precário, fisicamente estava fraca e cansada, porém seu espírito lutava, porque temia a morte do corpo. Não possuía a luz confortadora do conhecimento de Deus e de suas santas leis, e carregava o subconsciente saturado de penosas passagens que vivera em outras existências após o desencarne.

Assim estavam os acontecimentos na casa de Pecos depois de tantos anos decorridos. Mas e ele? Teria realmente morrido?

Voltemos o relógio do tempo e procuremos investigar o que lhe acontecera.

Atirado pelos soldados de Farfah nas areias escaldantes do deserto, inconsciente e enfermo, Pecos estava realmente destinado a uma morte lenta e horrível. As horas se sucediam, e o crepúsculo se aproximava. O moribundo, às vezes, agitava-se e gemia fracamente.

Na paisagem, só areia, areia e céu de um azul magnífico, coberto pelos últimos raios solares. Tudo era silêncio e quietude. O ar parado e o mormaço característicos daquela região tornavam-na quase irreal.

De repente, rasgando o silêncio, um tropel de cavalos se fez ouvir a distância. O ruído tornou-se mais forte e, aos poucos, foi se aproximando do enfermo. Tratava-se de uma caravana de mercadores.

O homem que a conduzia parou surpreso ao ver, ainda longe, o corpo de Pecos e, fustigando o animal, dele aproximou-se acompanhado por um dos homens. Sem descer do animal, com calma, dirigindo-se ao outro, disse:

— Creio que está morto. Sabe, não gosto nada de encontrar cadáveres no deserto. Significa sempre mau agouro!

— Nobre amigo Charif, ele vive! — respondeu o outro também com calma.

— Bem, antes assim. Já estava receoso. Mas creio que pouco lhe resta de vida. Está com a pele muito queimada, deve ter ficado exposto ao sol forte.

— E agora? O que faremos? Podíamos matá-lo. Seria um alívio para ele.

— Nem pensar nisso, Jofre. Atrairíamos má sorte! Poderíamos levá-lo. Ao chegarmos a Tagur, o entregaríamos às autoridades, isso no caso de viver, o que não creio.

— Mas... e se ele estiver doente? As febres estão se alastrando, e ele pode ser um dos que foram expulsos da cidade próxima. Creio que seria perigoso levá-lo.

— Bah! Anda vendo perigo em toda parte. Este pobre diabo certamente sofreu um acidente no deserto e, possivelmente, perdeu-se.

O outro se calou. O caso era comum. Muitas vezes haviam divisado, ao atravessarem o deserto, viajores perdidos, vencidos pelas areias sem fim.

Agora já o resto da caravana estava ao lado deles. A uma ordem de Charif, alguns homens embrulharam o corpo de Pecos em uma manta, colocando-o sobre um animal.

Viajaram durante mais algumas horas. A noite descera já sobre eles, e Pecos, ainda desacordado, indiferente ao que o rodeava, permanecia inconsciente. De vez em quando, de seus lábios ressequidos escapava um gemido doloroso.

Finalmente, atingiram uma pequena aldeia. Iam cansados e ansiosos por desembaraçar-se do incômodo fardo. Pretendiam entregá-lo a alguma pessoa caridosa, mas isso era difícil em virtude do avançado da noite.

Todos, em sua maioria pescadores, pois que estavam nas costas do Mediterrâneo, recolhiam-se muito cedo em virtude do trabalho que os obrigava a madrugar.

Finalmente, como não encontrassem ninguém, resolveram atirá-lo no pátio central da aldeia, pensando que ele seria encontrado ao romper do dia.

Estenderam-no nas pedras do pátio e foram-se rápidos, com a intenção de alcançar a aldeia vizinha para repousar. Mais uma vez, Pecos fora abandonado ao sabor da sorte. Seu corpo suportara a dura prova até aquele instante, porém já estava exausto.

O rosto estava em fogo pelo sol que lhe queimara as carnes e pelo ardor da febre. Será que o antigo soldado veria o amanhecer?

As horas sucediam-se lentas e dolorosas para ele, imerso em traumatizante modorra. Quando, porém, o dia já principiara a raiar, um grito de terror fez correr ao pátio alguns dos habitantes da pequena vila.

Uma mulher, que se dirigia à fonte em busca de água, tropeçou em Pecos, assustando-se terrivelmente.

Dentro de alguns instantes, Pecos estava rodeado por inúmeras pessoas. Os comentários ferviam. O aparecimento daquele homem em circunstâncias tão misteriosas espicaçava-lhes a curiosidade. Seu miserável aspecto infundia-lhes receio. Ninguém ousava tocá-lo, nem socorrê-lo. Alguém alvitrara a possibilidade de um mal contagioso.

O homem misterioso, como o designaram, continuava atirado gemendo nas pedras do pátio. Até que, por fim, surgiu entre eles uma venerável anciã que, aproximando-se de Pecos, colocou-lhe a mão sobre o peito.

Rápida, ergueu-se e gritou autoritária:

— Que Tamar os persiga, covardes! Vão deixar morrer o pobre homem? Se ninguém o socorre, eu não tenho medo, vou socorrê-lo. Mas não posso carregá-lo, pelo menos me ajudem, turma de poltrões, a levá-lo até minha casa!

A velha Tarsa era muito conhecida de todos e sinceramente estimada. Ninguém estranhava o desabrido modo de falar que lhe era característico. Eles sabiam que sob aquele aspecto rabugento e irritadiço, ela ocultava seu bom e compassivo coração.

Raros eram na aldeia os que não haviam recebido de suas mãos caridosas inúmeros serviços em situações difíceis e, por isso, alguns, que lhe eram particularmente gratos, apressaram-se a obedecê-la

Apenas um objetou:

— Está certa de que irá tratá-lo? E se ele estiver acometido pela terrível febre?

— E crê que vou deixá-lo morrer sem ao menos tentar salvá-lo? Já pensou como seria diferente sua opinião se, em lugar dele, fosse você que estivesse atirado ao longo do caminho em terra estranha, doente e só?

O outro se calou, confundido. O argumento fora decisivo. Embora receosos, carregaram Pecos, transportando-o até a pequena cabana de Tarsa e se retiraram em seguida.

Imediatamente, ela se pôs em atividade. Desapertou-lhe as vestes e, como estas estavam muito sujas, substituiu-as por uma cômoda túnica de linho, que fora do seu filho já falecido. Ajeitou-lhe o leito com um carinho maternal.

Feito isso, banhou-lhe as partes expostas ao sol com um unguento, mas a febre era muita, e ela não sabia o que fazer. Deu-lhe algumas gotas de um remédio calmante, enfim, dispôs de todos os recursos que conhecia para ajudá-lo.

Porém, ele continuava inconsciente, não registrando a mais leve melhora. A boa e dedicada mulher afligia-se por vê-lo assim.

Súbito, teve uma ideia. Geralmente, pela manhã, o velho Samir costumava dar seu passeio pelas proximidades da aldeia. Ele poderia ajudá-la!

Rápida, atirou uma manta sobre os ombros e saiu deixando a porta encostada.

Ganhou destramente os sítios onde ele costumava permanecer durante seus passeios e suspirou aliviada quando conseguiu encontrá-lo, sentado numa enorme pedra, imerso em profunda meditação.

— Perdoe-me, senhor, mas preciso lhe falar com urgência!

Vendo-a, Samir sorriu com bondade, respondendo:

— É você, Tarsa. Fale o que deseja.

— Preciso de sua ajuda para um enfermo.

Em seguida, relatou tudo quanto acontecera naquela manhã. Samir prontificou-se a acompanhá-la. Ao ver o ferido, Samir manifestou estranho brilho no olhar. Aproximou-se dele e o examinou detidamente.

— Está muito mal — disse ao cabo de certo tempo. — Se quisermos salvá-lo, precisaremos envidar tremendos esforços.

— Diga, senhor, o que devo fazer? — indagou Tarsa ansiosa.

— Bem, em primeiro lugar, sente-se aqui, ao lado dele.

Tarsa obedeceu meigamente. Ele, por sua vez, sentou-se também à cabeceira do enfermo.

— Agora — disse — deve ajudar-me. Procure banir do pensamento todas as ideias referentes às suas preocupações diárias. Que nele apenas permaneça a imagem do nosso enfermo. Em seguida, pense com firmeza em sua cura. Deseje isso com toda a força de sua mente e permaneça assim até quando eu disser.

Tarsa obedeceu. Sua confiança ilimitada na sabedoria de Samir tornava-a dócil aos seus desejos.

Ele, por sua vez, cerrando os olhos, parecia dormir. De quando em quando, seu corpo era agitado por ligeiros tremores, porém, sua atitude era serena.

Depois de permanecer assim por alguns minutos, levantou-se sem abrir os olhos e, colocando as mãos sobre a fronte do paciente, murmurou algumas palavras que Tarsa nem sequer ouviu. Feito isso, suspirou, dizendo:

— Por hoje, basta, Tarsa. Agora, prepararei algumas poções que lhe ministrará de quando em quando.

Pecos ainda dormia, mas seu sono estava um pouco mais calmo agora. A bondosa mulher, notando a ligeira melhora do paciente, sem poder conter-se, perguntou:

— Pode ensinar-me seu sistema de curar? O que aconteceu? Senti qualquer coisa estranha ainda há pouco. Parecia que algo saía de mim e caía sobre o doente. O que era?

— Eram vibrações do seu pensamento.

— Como pode ser isso?

— O pensamento é uma força viva. Poderá usá-la para o mal ou para o bem, cabendo a cada um a responsabilidade do uso que faz dela.

— Quer dizer que, se eu realmente desejar a cura do enfermo e pensar nela, ele ficará curado?

— Não digo que a cura depende só disso. Ele está muito mal. Porém, agindo assim, estará contribuindo bastante para essa cura. Agora vou preparar os remédios. Deixe-me ver que ervas você tem em casa.

Tarsa, pressurosa, pôs à disposição do ancião todos os remédios de que dispunha. Samir preparou algumas beberagens e, dando a Tarsa toda a orientação a respeito do tratamento, retirou-se prometendo retornar à tardinha.

Alguns dias se passaram. Tarsa, incansável, cuidava de Pecos com desvelos maternais. Este, porém, continuava na mesma. Seu rosto, seus pés e braços estavam em carne viva devido às horríveis queimaduras que sofrera. Isso contribuía para que a febre não cedesse. De vez em quando, ele murmurava palavras ininteligíveis e sem nexo.

Samir ia duas vezes por dia visitá-los, com amorosa atenção. Finalmente, após quinze dias de luta constante, Pecos apresentou uma sensível melhora.

Samir e Tarsa exultaram.

— Até que enfim! — disse Tarsa alegremente. — A febre cedeu.

— Demos graças ao Criador de todas as coisas — respondeu Samir, sorrindo.

— Agora ele poderá nos contar sobre seu aparecimento misterioso aqui na aldeia. Seu nome, seu cargo. Talvez tenha família!

— É muito cedo para interrogatórios. Ele já conversou com você?

— Perguntou apenas quem eu era. Respondi e perguntei-lhe o nome, mas não obtive resposta.

— Hum... — fez Samir pensativo. — Vou vê-lo. Talvez consiga conversar com ele.

A passos leves, o ancião penetrou no quarto onde estava o enfermo. Pecos estava muito diferente do que fora. Seu rosto magro e macilento, sapecado de manchas de um vermelho vivo, dava a impressão de não mais pertencer ao mundo. Seu corpo havia perdido o antigo aspecto de força e saúde, estava alquebrado e enfraquecido. Seus cabelos haviam encanecido.

Mas estava sereno e, ao penetrar no aposento, Samir olhou-o fixamente. Em seu olhar havia uma interrogação.

— Então, como vai hoje meu querido doente? — perguntou-lhe bondosamente.

Com voz sumida, fraca, Pecos respondeu:

— Nem sei... agora parece que me sinto melhor... mas o que me preocupa não é propriamente a saúde. Desejava falar-lhe e esperava ansioso por sua chegada!

Samir sentou-se junto ao leito dizendo:

— Pode falar, meu filho. Em que posso ser útil?

— A minha vida, senhor, tornou-se um horrível pesadelo. Não sei como vim parar aqui. Talvez possa me explicar. O que sabe a respeito?

— Sinto, meu amigo, mas pouco posso favorecer nesse pedido. O que sei é quase nada.

E Samir relatou-lhe seu aparecimento misterioso na aldeia. Fê-lo em poucas palavras, aguardando depois que Pecos se manifestasse. Este permaneceu silencioso por alguns instantes. Em seu rosto transparecia uma terrível luta moral. Por fim, não mais podendo conter-se, disse com grande esforço:

— Parece-me que o pesadelo continua em um emaranhado de visões, mas uma névoa tremenda cobre-me as ideias e, por mais que me esforce, não consigo recordar o passado. Tudo para mim é estranho e novo. Sinto que a vida começou ontem, pois nada mais posso recordar.

Sua aflição era manifesta. Nos olhos de Samir havia certa preocupação, que ele tentou esconder dizendo com voz calma:

— Domine-se. Não se deixe arrastar por emoções fortes. Seu estado ainda é delicado. Sua saúde está muito abalada. Posso curá-lo, mas necessito que confie em mim. Esqueça essas preocupações.

— Não posso! É uma sensação de vácuo que me enche de terror! De onde vim, como me chamo, o que fazia? São inúmeros os porquês que se apresentam como problemas insolúveis em minha mente!

— Isso será temporário. Pelo seu estado, creio que esteve exposto ao sol ardente do deserto. Seu rosto e parte do corpo apresentam fortes queimaduras. Com certeza, esse acontecimento o perturbou, mas, à medida que for melhorando, as recordações voltarão. Agora descanse. Não deve abusar das suas forças.

— Confio na sua bondade e sabedoria, mas, desde que acordei, apesar de não me recordar de nada, sinto-me perseguido por uma angústia estranha. Tenho a impressão de que preciso ir para alguma parte e não recordo para onde! Sinto que tenho algo a realizar, mas o quê?

— Não se torture, meu filho. Deve ter sido vítima de algum assalto e, com certeza, ainda conserva o reflexo penoso daquela emoção. Espere e confie na bondade de Deus, que criou o Universo e todas as coisas. Ele o protegerá. Sua mão bondosa colocou Tarsa em seu caminho, fez ainda mais, restaurando seu corpo. E, se assim fez, se lhe concedeu a cura, foi porque resolveu lhe dar mais uma oportunidade de conquistar um lugar melhor em Sua obra. Não deve, por ora, olhar para trás. Você acordou com a mente envolta nas brumas do esquecimento, porque, talvez, a verdade o angustiasse. Os desígnios do Alto são sempre sábios.

— Suas palavras me recordam alguém que conheci, mas quem?

— Não deve forçar demais a mente, buscando recordações. Assim, não fará mais do que excitá-la inutilmente, aumentando a confusão. Calma. Descanse. Procure não pensar em nada. Durma, seu estado necessita repouso.

Samir falava suavemente, alisando a fronte do enfermo. Vencido por uma força maior, Pecos sentiu que suas pálpebras pesavam e adormeceu brandamente.

Samir permaneceu ainda alguns instantes em profunda meditação, depois foi ter com Tarsa que, na outra sala, aguardava-o ansiosa.

Logo que o viu, perguntou:

— Então, senhor, como ele está?

— Tarsa, estou preocupado.

— Por quê? Acaso ele piorou?

— Não. Seu estado geral é bom, mas creio que ele foi abatido por uma angustiante moléstia...

— De que se trata?

— Do esquecimento. Esqueceu-se de tudo. Somente se recorda de haver acordado ontem.

— Então não sabe quem é?

— Não. Acredito que o sol tenha traumatizado seu cérebro. É possível que jamais recupere a memória.

Tarsa não conteve um gesto doloroso.

— Pobre homem! Se ao menos pudéssemos ajudá-lo a encontrar a família! Mas nada sabemos sobre ele!

— Não lastime, Tarsa. É possível que o senhor tenha apagado a luz de sua memória para acender, em seguida, naquele cérebro vazio, uma luz maior vinda da sua santa sabedoria. Saibamos respeitar a vontade superior e procuremos ajudá-lo em tudo que pudermos, uma vez que ele nos foi confiado pela vida. Que o Misericordioso nos conceda esclarecimentos para cumprir nossa parte.

Samir despediu-se de Tarsa, prometendo voltar mais tarde como era de costume. Esta, pensativa, não pôde sustar uma lágrima pela desventura daquele homem.

CAPÍTULO XXI

Com o passar dos dias, Pecos foi melhorando. Como não se recordava de seu nome, apelidaram-no de Morat. Alimentava-se melhor e estava em franca convalescença. Contudo, continuava angustiado. Sentia dentro de si aquela vontade cada vez mais viva de ir a alguma parte, mas onde? Torturava-se constantemente, procurando voltar ao passado sem conseguir.

A bondosa Tarsa compreendia o drama íntimo daquele homem e tudo fazia para auxiliá-lo a adaptar-se à sua situação atual. Ele era-lhe infinitamente agradecido pela generosa acolhida. Contudo, esperava Samir ansiosamente, pois sentia grande calma e bem-estar em sua presença.

É que Tarsa agasalhara e protegera seu corpo, mas Samir, além de curar o corpo, iluminara-lhe o espírito. Naqueles momentos de incerteza, ele representava apoio e segurança. Confiava-lhe seus íntimos receios como a um pai extremoso. Esperava com alegria sua palavra serena e sábia.

Um dia, após sua chegada, Samir deliberou fazer com que Pecos se sentasse no leito e, apesar de sua fraqueza extrema, conseguiu. Estava salvo!

À medida, porém, que ele se restabelecia, outros problemas surgiram com referência a seu meio de vida, seu futuro e mesmo seu destino. Ele sabia que Tarsa era pobre, lutava com dificuldade para mantê-lo.

Ele sabia que era de origem egípcia, pois suas maneiras e sua linguagem eram peculiares àquele povo. Deveria certamente ter amigos, família, talvez esperando por seu regresso. Mas como descobrir?

O tempo foi passando. Um ano depois de ser recolhido por Tarsa, Pecos, agora com o nome de Morat, ainda morava com ela.

Restabelecido completamente, mudara de aspecto, emagrecera, envelhecera. Perdera a postura altiva, havia um brilho de mágoa e insegurança em seu olhar. No rosto, pequenas cicatrizes revelavam as lutas pelas quais passara.

Desde que se levantara, cuidara de trabalhar, a fim de não se tornar um peso para Tarsa. Poucos reconheceriam em Morat a figura altaneira e orgulhosa do guerreiro Pecos.

Ele não sabia fazer coisa alguma, não se recordava de sua profissão. Via-se que não fora lavrador, pois desconhecia completamente esse gênero de trabalho.

A princípio, desanimara e pensara deixar a vila em busca de uma pista sobre o passado. Samir, com bondosa paciência, mostrara-lhe a insensatez de tal aventura, aconselhando-o a permanecer em companhia de Tarsa até que estivesse completamente restabelecido.

Samir, após esta palestra com Morat, instruíra Tarsa para proporcionar alguma atividade ao enfermo, pois a ociosidade, sempre perniciosa, era naquele caso verdadeiramente desastrosa.

Cabia a Tarsa ensinar-lhe discretamente pequenos serviços na lavoura. Para não melindrá-lo, ela deveria deixar transparecer a necessidade do seu auxílio.

Isso despertaria nele o interesse pelo trabalho, libertando-o do seu angustioso estado íntimo. Era evidente que ele se sentia constrangido de viver ocioso, estando em boas condições físicas, sabendo a luta em que Tarsa se empenhava para arranjar-lhe o sustento.

Esse plano deu bons resultados, e ele acabou habituando-se àquela vida, não mais pensando em ir-se embora. Para Tarsa, que perdera seu filho único, era uma verdadeira alegria a companhia de Morat.

Agora ela possuía novamente alguém para cuidar. Chegava mesmo a chamá-lo constantemente de "meu filho", esquecendo-se de que não lhe conhecia sequer a origem.

Os habitantes da aldeia aos poucos se acostumaram com a presença daquele desconhecido e, passado certo tempo, ninguém mais encontrava prazer em comentar sua estranha história.

Muitos até puseram de lado suas superstições e desconfiança, passando a tratá-lo cordialmente. Ele, porém, apesar de cortês, era arredio e pouco comunicativo. As únicas pessoas que, de fato, lhe despertaram estima e para as quais não tinha segredos eram Tarsa e Samir. Havia algo na pessoa do velho sábio que o empolgava. Sempre o recebia com infinito prazer.

Era uma bela manhã, Morat preparava-se com alegria. Ele e Tarsa iriam à casa de Samir. Fazia já alguns dias que não o viam e, indagando, souberam que ele se encontrava ligeiramente enfermo.

Alegre, chamou por Tarsa que, já pronta, terminava a arrumação de um cesto de magníficas frutas. Sorrindo, ela disse:

— Colhi as mais saborosas, para presentearmos nosso amigo. Sei que ele as apreciará.

Saíram. A anciã apoiou-se ao braço forte de Morat, que carregava o cesto com a outra mão. A casa era distante. Durante o trajeto, o ex-lanceiro não escondia sua curiosidade. Era a primeira vez que ia à casa do curandeiro.

Como viveria ele? Apesar da grande amizade que os unia, Morat de repente percebeu que Samir jamais falara de si mesmo, de sua vida, de seus desejos. Sempre ouvira suas palavras e o consolara, continuando incógnito.

Sabia por Tarsa que ele jamais se casara e residia em companhia de alguns servos e uma jovem parenta, que as más línguas diziam ser talvez um pecado de sua mocidade.

Lá chegaram extenuados, mas contentes. A casa era pequena e agradável. Foram conduzidos a um pátio interno onde o servo os mandou esperar.

Dentro de alguns minutos, ele voltou convidando-os a entrar em uma sala agradável. Mandou-os sentarem-se.

A Morat, tudo parecia natural, mas Tarsa, habituada aos costumes da época, sentia-se emocionada ao ser tratada como uma senhora, apesar da sua humilde posição.

O servo retirou-se e, dentro de alguns minutos, passos leves se fizeram ouvir e uma suave figura de mulher penetrou na sala. Era jovem ainda e seu rosto sereno despertava em quem a encarasse uma sensação repousante.

Ao vê-lo, a moça assustou-se, levando a mão à boca para impedir o grito que, sem querer, lhe brotara dos lábios. Fixando Morat, ela parecia estranha, mas agradavelmente surpreendida.

Ele também se levantara como que fascinado. Aquele rosto lhe falara ao coração, mas... onde? Quem era aquela mulher? Fatalmente o conhecia, pois manifestara surpresa ao vê-lo.

Ficaram ambos parados, olhando um para o outro. Tarsa, surpresa, não encontrara palavras para se expressar. Percebendo, porém, que não poderia recordar-se, Morat, levando de repente as mãos ao rosto, murmurou, deixando-se cair em um dos coxins existentes na sala:

— Não posso! É inútil. Essa tortura é infinita. Mas você pode me ajudar, senhora, pois parece haver me reconhecido. Diga, eu lhe peço, quem sou eu?

Dolorosamente surpreendida, a moça respondeu:

— É um homem que sofre. Portanto, justo será que imploremos ao nosso Deus piedade para seu sofrimento.

— Como se chama? — volveu ele, esperançoso.

— Solimar — respondeu a moça fitando-o novamente.

— Solimar... Solimar... — repetiu ele, querendo se lembrar de algo.

— E você, como se chama?

— Morat. Foi o apelido que me deram ao chegar aqui.

— Você, então, é o enfermo que Samir ia visitar na vila! Já estou a par do seu caso.

Solimar envolveu-o com um olhar de infinita ternura. Sentia o coração dolorosamente contraído pelas emoções que experimentava ao encontrar-se com Pecos em tão estranhas circunstâncias.

Sem saber o que fazer, sentiu-se aliviada com a chegada do velho Samir que, alegremente, viera receber suas visitas.

Sua aparência era boa, mas notava-se em seus olhos certo cansaço. Assim que penetrou no aposento, notou que algo havia sucedido entre eles.

— Meu nobre amigo — murmurou Morat em um suspiro, esquecido já dos propósitos daquela visita, voltado às suas emoções. — Chegou em boa hora. Necessito que me ajude.

— Acalme-se, meu filho — pediu o bondoso ancião —, conte-me o que o aflige.

— Desculpe-me a maneira tão indelicada de portar-me em sua casa. Porém, preciso lhe explicar. Viemos lhe trazer estes frutos e saber de sua saúde, que nos é cara. Porém, ao sermos recebidos por esta jovem, experimentei grande emoção. Tive a certeza absoluta de conhecê-la, mas de onde? Como? Infelizmente, não consigo me lembrar. Isso me tortura infinitamente. Percebi que ela também me conhece, mas talvez por delicadeza não ouse me revelar a verdade. Peço-lhe que a aconselhe a tirar-me desta dúvida cruciante.

— Escute, Morat, sua situação é penosa e delicada. É provável que tudo isso não seja mais do que o produto da sua imaginação. Em todo caso, Solimar não se negará a lhe esclarecer, tenho certeza. Mas, você, Tarsa, não vai me saudar?

— Perdoe-me, senhor. As emoções perturbam uma velha sonsa como eu.

Solimar experimentava uma estranha sensação. De um lado, antevia a angústia de sua amiga Nalim com o desaparecimento do amado esposo, de outro, o receio de sua revelação perturbar ainda mais a agitada mente de Pecos.

Que fazer? Somente Samir a compreendia, mas ele sabia quem era realmente Morat? Naquele instante, uma das portas do pátio abriu-se e penetrou na sala um homem curvado, envelhecido prematuramente, com o olhar brilhante e irrequieto.

Apesar do fogo que ardia em seu olhar, seu aspecto era humilde e temeroso. Todos se voltaram para ele. Morat, porém, sentiu inexplicável horror, um misto de repulsa o envolveu.

Via-se que era um demente, e ele não desviava o olhar do rosto angustiado de Morat.

Tarsa quis interferir, mas estacou obediente a um sinal imperioso de Samir.

Frente a frente com Morat, depois de observá-lo durante alguns instantes, disse quase em soluço:

— Você veio me buscar. Seu desejo é matar-me, mas a culpa não foi minha! A víbora foi culpada. Sabe — ele agora ria significativamente de forma estúpida — a rosa vermelha, a rosa vermelha. Eu a vi naquela porta. Você sabe que lá não estava a bela escrava. Somente havia uma pobre criança. Mas... ela dorme... dorme... Você me perdoa? Eu não queria, mas ela tentou-me, a serpente infame! Mas... eu a mato, vê? — exclamou estendendo ambas as mãos quase tocando a face de Morat, que sentia náuseas sem saber o porquê.

— Posso matá-la — continuava ele. Seus olhos estavam furiosos agora, e ele tremia violentamente. — Eu a odeio, mas sabe por que não o faço? Porque tenho medo! O rosto aparece no escuro da noite, e eu tenho medo...

De repente, prorrompeu em convulsivos soluços.

Vendo que Morat fazia enormes esforços para acalmar-se, Solimar, receosa, aproximou-se do pobre demente, tomando-o suavemente pela mão, e disse:

— Nada receie, Solias. Tudo já passou. Agora está na companhia de pessoas que o estimam e o protegerão. Venha comigo. Eu o levarei a um lugar seguro, onde ninguém possa encontrá-lo.

Ao pousar o olhar na moça, operou-se nele grande transformação. Espelhava-se em seus olhos profunda emoção. Via-se que ela possuía grande ascendência sobre ele. Docilmente, deixou-se conduzir por Solimar para fora da sala.

O silêncio caiu sobre os três que, envoltos em íntimos pensamentos, não se atreviam a quebrá-lo.

Morat foi quem primeiro falou, dirigindo-se a Samir.

— Nobre amigo, preciso conversar contigo seriamente. Não sei o que se passa comigo. Agora chego a temer pela minha sanidade mental. Aconteceram hoje muitas coisas que não podem deixar de preocupar-me. Teria, porventura, o sol do deserto, que me disse ser o causador do meu esquecimento, roubado também minha razão?

— Não. Pode ficar tranquilo. Sei que se encontra frente a novas emoções que lhe parecem inexplicáveis, mas não tema. Tudo não passa de ilusão trazida pela insegurança de sua nova situação. Este pobre demente, que entrou aqui por acaso, emocionou-lhe o cérebro fatigado, nada mais.

— Não sei. Se o senhor atesta minha sanidade mental, como explicar o que senti há pouco? Não foram sentimentos de medo, temor ou piedade que me assaltaram ao ver o pobre louco, mas todo o meu ser vibrou de repulsa, ódio e revolta! Parecia-me conhecê-lo, e suas estranhas e desconexas palavras, por mais absurdas que pareçam, encontraram eco em meu íntimo. Oh! Quisera saber de uma vez toda a verdade! Que crime ou que tragédia me envolve a vida?

Morat, trêmulo, pálido, emocionado, cobriu o rosto com as mãos, evidenciando o desespero que lhe ia na alma.

Solimar, aflita, olhou para Samir como a implorar socorro. Seus olhos úmidos lutavam para suster as lágrimas de emoção.

Pecos! O orgulhoso e autoritário guerreiro reduzido a um pobre anônimo de humilde condição e ainda atravessando pesada prova moral!

Samir, correspondendo-lhe o olhar, acenou-lhe afirmativamente com a cabeça.

Ela compreendeu. Samir sabia de tudo! Será que ela poderia revelar a Pecos toda a verdade?

O velho Samir, porém, aproximando-se de Morat, pousou-lhe firmemente as mãos nos ombros. Morat, levantando o rosto, olhou para ele. Um olhar angustiado, suplicante.

Samir, pondo energia na voz, falou:

— Morat, existem muitas coisas que precisa saber. Solimar conhece parte do seu passado, mas, além do que ela vai lhe revelar, deverei ministrar-lhe conhecimentos de certas leis que nos regem e que ignora. Não nos encontramos atirados neste mundo ao acaso. Embora tenhamos liberdade de ação, somos dirigidos por essas leis que têm como função manter-nos em equilíbrio dentro do nosso círculo evolutivo. Tem curiosidade e se tortura à procura do seu passado. Mesmo com o cérebro vazio das recordações, você continua com as mesmas reações sentimentais. Para conseguir serenidade, terá que construir um novo mundo interior que lhe dê o alimento espiritual de que necessita. Enquanto permanecer carregando restos do passado, não encontrará a paz. Você deve ter coragem, porque posso lhe afirmar que esse esquecimento será temporário. Nós somos eternos dentro do Universo! Uma existência na Terra não passa de uma rápida passagem na eternidade! Nós já vivemos inúmeras existências neste mundo. Nascemos, morremos, tornamos a nascer, sempre para a elevação do nosso espírito.

Morat suspirou aliviado. Escutara as palavras de Samir, como o sedento que vislumbra água. Sentia-se envolvido por uma agradável sensação de paz.

Permaneceu pensativo por alguns instantes, depois perguntou dirigindo-se a Solimar:

— Então, nobre senhora, conhece meu passado?

Solimar, sorrindo docemente, respondeu:

— Sim. Eu o conheci em outros tempos, há alguns anos. Contarei tudo.

Calmamente, a moça revelou a Morat como o havia conhecido, seu nome, sua posição, seu casamento com Nalim, enfim, tudo quanto sabia, omitindo, por delicadeza, certas particularidades que na atual situação o magoariam.

Pecos ouvia tudo com enorme interesse e, quando ela terminou, ele permaneceu quieto, interdito, sem saber o que dizer.

— Como se sente? — perguntou Samir.

— Não sei... creio que a angustiosa indagação permanece. A história que ouvi parece-me de outra pessoa, que jamais conheci. Custa-me crer que seja minha própria história. Não que eu duvide de sua veracidade, mas... — ele se calou, visivelmente transtornado.

— Não se aborreça, Morat — disse Samir. — É natural sua rejeição. Acredite, somente confiamos em nós próprios e em nossas experiências. Por esse motivo é que jamais outros poderão aprender por nós. Necessitamos da vivência. Você perdeu, com a memória, o mundo de preocupações e pensamentos em que gravitava. Solimar tentou devolvê-lo, mas em vão. Ninguém o poderá fazer a não ser o Deus, criador do mundo. Volte-se para Ele e peça. Você apagou as ideias do passado para compreender novos valores, mais verdadeiros. Conheceu a riqueza e agora enfrenta a dura luta dos humildes para viver. Foi nobre, poderoso, lutava pela força, com armas nas mãos, agora deve aprender a fortalecer seu espírito na humildade e vencer a si mesmo.

— Compreendo, tem razão. Mas o que deverei fazer? Estava ansioso para conhecer minha história e, agora que a conheço, apercebo-me de que não sou mais aquele. Tenho uma esposa que me espera. Como estará?

— A resolução depende de você. Está em uma encruzilhada. Ou constrói um mundo novo, uma nova personalidade, ou permanecerá para sempre neste martírio de dúvidas sem fim. Escolha e conte comigo para ajudá-lo.

— Não sei. Em todo caso, preciso retornar aos meus, ver minha esposa. Quem sabe se sua presença me devolverá a memória?

— É um direito que lhe cabe: o retorno ao meio familiar. Deve tentá-lo.

— É... — volveu Pecos como que a pedir auxílio — devo voltar. — E você, Tarsa, o que diz?

A bondosa velha acompanhara o rumo inesperado da palestra com indizível interesse e de coração apertado. Pressentia que teria de se separar daquele que aprendera a estimar como a um filho. Reunindo toda a sua coragem, disse:

— Faça o que seu coração ditar, meu filho. Não posso, apesar do desejo que sinto de tê-lo a meu lado, deixar de reconhecer que, certamente, sua esposa o espera ansiosamente, e você cumprirá seu dever retornando ao lar.

Pecos, um tanto aturdido, passou os dedos entre os cabelos, murmurando:

— É o que me resta fazer. No entanto, tudo foi tão inesperado que preciso refletir mais alguns dias.

— É justo, meu amigo — reconheceu Samir. — Deve buscar antes equilibrar-se na nova situação. Ainda mais porque uma viagem tão longa requer preparativos.

Conversaram mais algum tempo amistosamente e, ao cabo dessa palestra, Pecos e Tarsa despediram-se.

***

A sós com Samir, Solimar não mais se conteve e perguntou:

— Desde quando o senhor sabia que Morat era Pecos? Como descobriu? Não o conhecia!

— Minha filha, eu não conhecia Pecos, mas seu espírito já é meu conhecido de outras épocas. Assim como a reconheci, reconheci a ele também.

— Tem razão, Samir. Esqueci-me desta sua faculdade. Fiquei tão emocionada com a presença dele, que me tornei algo perturbada. Ó! Samir, ainda sinto por ele uma imensa compaixão. Quisera poder ajudá-lo!

— Bem sei, minha querida, mas você já fez o que podia. Resta-nos apenas rogar ao nosso Deus por ele.

— Sinto-me preocupada, Samir. Como Nalim terá sofrido! Sua situação era terrível como estrangeira na terra de Pecos! Gostaria de retornar para abraçá-la. Sinto imensa vontade de revê-la!

— Iremos, minha filha, mas deveremos pensar nos pobres doentes que vivem nesta casa sob seus cuidados. Seria justo abandonar tudo, quando a tarefa é imensa e já produz frutos?

— Por um momento, meu coração falou egoisticamente. Tem razão como sempre. Nossa tarefa é aqui, junto às responsabilidades que assumimos.

— É justa e sincera, mas, assim que pudermos, eu lhe prometo, iremos a Tebas, onde reencontrará sua amiga.

Permaneceram silenciosos, imersos em profunda meditação. Solimar harmonizava-se perfeitamente com o sábio, e as palavras entre eles eram quase sempre desnecessárias.

Muito havia aprendido com ele e o amava como a um pai. Juntos, estudavam, pesquisavam os astros, realizavam experiências químicas, criando medicamentos que forneciam aos lavradores gratuitamente.

Visitavam os doentes e necessitados, fornecendo-lhes alimentos e carinhosa solicitude espiritual. Haviam recolhido diversos estropiados, socorrendo-os com seus conhecimentos médicos e espirituais. Desenvolviam uma imensa atividade e eram estimados por todos.

Naturalmente, havia os maledicentes, mas eles nem sequer os notavam, tão elevado o nível de seus pensamentos.

Mais uma vez, o destino de Solimar se cruzara com o de Pecos, transformando-lhe a vida. O que lhe aconteceria?

CAPÍTULO XXII

A madrugada ia alta quando Pecos saiu de Dresda, um mês após os últimos acontecimentos.

Levava um jumento com sua pobre bagagem e uma angústia extrema que lhe comprimia o peito. Iniciara, enfim, a viagem de regresso ao lar, para ele agora desconhecido.

Seus olhos estavam vermelhos pelo esforço realizado para conter as lágrimas da despedida. Estimava realmente a velha e rude camponesa e, ao vê-la trêmula e chorosa ao despedir-se, sentira o peito opresso e os olhos úmidos.

Estivera também, no dia anterior, com Samir e Solimar, que lhe deram uma caixa de madeira de presente para Nalim.

Sua esposa! Como ela estaria? Como o receberia? Seria justo voltar para um lar que ele não mais conhecia?

Seus pensamentos eram tristes e torturantes. Quem o visse passar jamais reconheceria nele o antigo soldado. Mudara bastante. O rosto estava manchado ainda pela horrível queimadura que sofrera, o corpo, curvado, e os cabelos, quase brancos, o tornavam um velho aos quarenta e dois anos.

Seus trajes limpos, mas humildes, eram comuns aos camponeses mais pobres. Sua bagagem escassa atestava sua penúria.

Entretanto, não era a situação financeira que o preocupava, mas somente seu drama interior. Para um homem sem passado, aquelas roupas e aquela situação eram naturais; para o antigo lanceiro, seriam, talvez, dolorosamente humilhantes.

O esquecimento temporário do passado é uma trégua concedida ao espírito e uma oportunidade para novas experiências. Um dia, quando voltar a recordar-se do que foi, estará enriquecido por diferentes vivências e amadurecido por valores mais verdadeiros.

Samir entregara-lhe, ao despedir-se, um pequeno saco com algumas joias, dizendo que o fazia a título de empréstimo.

Percebendo a delicadeza do ofertante, ele, embora enrubescido, não se atrevera a recusar. Tinha, assim, recursos para atingir o objetivo da viagem.

Pecos levou dois meses para chegar ao termo de sua jornada. Quando finalmente entrou na cidade, seu coração batia fortemente. Aquela deveria ser sua terra! Sua gente! Pareciam-lhe mesmo muito conhecidas aquelas ruas pedregosas e tortuosas. Sentia que já vivera ali.

Era meio-dia, e a atividade nas ruas era grande. Pecos, cansado, coberto de pó, sujo e angustiado não sabia o rumo a tomar.

Ninguém reparava nele, pois que os viajores eram comuns na cidade. Ninguém suspeitou sequer de sua identidade e, se ele contasse, talvez não acreditassem. Ele caminhou a esmo pelas ruas.

Ao atingir o portão do palácio do faraó, sentiu, por um momento, esquisita emoção. Permaneceu longo tempo em frente ao enorme pórtico, lutando com aquela vaga reminiscência.

Cansado, abatido pelo supremo esforço realizado, sentou-se ao chão para descansar. Um lanceiro aproximou-se dele e, pensando que fosse um mendigo, gritou-lhe exasperado:

— Retire-se. Não sabe que é proibido parar aqui? Avie-se, antes que o obrigue a sair à força!

Surpreso, com o rosto em fogo, Pecos levantou-se e gritou-lhe:

— Cale-se! Não deve falar-me assim. Sou seu superior e vai se arrepender. Sou Pecos, o guerreiro!

Sonoras gargalhadas acudiram-lhe aos ouvidos, zombeteiras.

— Ouve? — gritou o lanceiro rindo sonoramente, dirigindo-se a um seu companheiro que se aproximava. — Este nobre senhor diz que pode nos castigar e que é nosso superior! Ainda intitula-se o grande herói que deu a vida pela nossa pátria! Vamos dar-lhe uma lição.

Rápidos, pegaram-no brutalmente, balançando-o no ar e atiraram-no com força na estrada. Pecos sentiu que lhe enfiavam facas pelo corpo. Uma dor aguda na cabeça e, atordoado, perdeu os sentidos.

Quanto tempo permaneceu assim? Não pôde precisar. Quando voltou a si, o corpo lhe doía terrivelmente. Sentia na carne o ardume provocado pelas pedras do chão que lhe haviam coberto algumas feridas, que ainda sangravam.

Com dificuldade, arrastou-se para uma das margens do caminho e, apesar da perturbação que lhe ia no íntimo, pôde perceber que lhe chegavam aos ouvidos palavras de zombaria dos transeuntes que o supunham ébrio.

Quando pôde recordar-se do sucedido com clareza, sentiu uma dúvida terrível invadir-lhe o íntimo.

Como lhe doera a humilhação! Haviam zombado dele e não o reconheceram! Ah! Se ao menos ele pudesse recordar-se do passado! Mas a névoa ainda obscurecia sua memória.

E se Solimar estivesse enganada? Ele poderia não ser o guerreiro Pecos.

A princípio, essa ideia assaltou-o levemente, mas depois ganhou força, e a dúvida voltou a dominar-lhe os sentimentos.

Ele não era Pecos. Se fosse, os soldados o teriam reconhecido.

Que fazer? Que rumo tomar? Ir até a casa onde residia a família da qual não se recordava? E se lá o esperassem novas humilhações? Poderiam rir-se dele e nem sequer recebê-lo.

O tempo ia passando, e ele, cada vez mais engolfado por pensamentos torturantes, não percebia sequer que estava ali havia algumas horas. A luta interior continuava.

O que deveria fazer? E se, de fato, ele fosse o guerreiro Pecos?

O crepúsculo descia, e ele ainda permanecia sentado num canto à beira do caminho.

Por fim, decidiu-se não ir imediatamente à procura da mulher que diziam sua esposa. Procederia primeiro a algumas indagações e depois, de acordo com o que descobrisse, decidiria.

A custo ergueu-se e só então se lembrou de que não havia se alimentado durante todo o dia. Sentindo-se fraco e desanimado, resolveu procurar uma estalagem barata, pois possuía poucos haveres para o pagamento, a fim de refazer-se. No dia seguinte, iniciaria as indagações.

Assim decorreu para Pecos seu primeiro dia de retorno à terra natal. No dia imediato, levantou-se cedo e, preparando-se rapidamente, saiu para a rua. Ia decidido a usar todos os meios para obter as informações de que necessitava.

Instintivamente, caminhou para o pátio do mercado que, apesar da hora matinal, já formigava. Sua presença não despertava nenhuma atenção entre o povo, e era natural que não fosse reconhecido. Seu aspecto era bem outro! O rosto marcado pelas cicatrizes, seus cabelos embranquecidos, o corpo encurvado nem de leve faziam lembrar a imponente figura do guerreiro Pecos, belo, forte, no esplendor de sua forma física, arrogante e altivo.

Além disso, Pecos vestia-se com riqueza e esmero, e agora estava transformado em miserável camponês, sujo e humilhado.

Não. Ninguém sequer pensaria em tal. Todos haviam se esquecido depressa do triste destino que tivera o guerreiro Pecos, outrora favorito e, por ocasião de sua morte, tão diminuído pela substituição de cargo.

Caminhava por entre o povo e, a certa altura, lembrou-se de comprar alguma coisa para comer, a fim de entabular palestra com o mercador.

Escolheu um que pela aparência deveria ser da terra e, pela idade bem avançada, de muito deveria se lembrar.

Acercou-se dele, informando-se sobre as mercadorias e, com jeito, iniciou uma palestra amistosa com o mercador.

Chegada a ocasião propícia, entrou no assunto:

— O senhor, que acredito ter conhecido muitos homens importantes da terra, já ouviu falar por acaso de um guerreiro chamado Pecos?

O outro, com uma leve curiosidade brilhando no olhar, satisfeito por mostrar seus conhecimentos, assentiu e disse:

— Quer dizer o que era o favorito do faraó?

— Não conheci pessoalmente, porém, ouvi falar muito nele. Prestou um grande serviço à minha mãe que, na hora da morte, incumbiu-me de vir procurá-lo com algumas lembranças. Não pude negar-lhe a última vontade e aqui estou.

Ansiosamente, Pecos esperou a resposta.

Este sorriu com superioridade, mostrando uma boca vazia de dentes e respondeu:

— Não creio que possa cumprir essas determinações. Se quiser, posso lhe contar a história do guerreiro. Ele era forte e belo, poderoso, rico, as mulheres o queriam e era o favorito da corte. Mas, certa vez, ele foi sequestrado por alguns escravos que fugiam e viveu cativo durante alguns anos. Ao cabo de certo tempo, deram-lhe liberdade, mas obrigaram-no a casar-se com uma nobre da terra. Ele regressou, mas nunca mais foi o mesmo. Perdeu o gosto pelas excursões e não mais negociava escravos. Além do mais, sua mulher era estrangeira e, portanto, malvista na corte, que somente a recebeu por sabê-lo o favorito do faraó. Assim, ele foi perdendo o prestígio até ser rebaixado do posto que ocupava. Um dia, saiu em viagem para muito longe, tendo por chefe o nobre Omar, e nunca mais voltou. Omar disse que ele morrera em uma batalha, mas dizem as más línguas que o chefe o matou, porque se tomou de amores pela linda mulher de Pecos.

Pecos, emocionado, indagou:

— E ela?

— Jamais quis recebê-lo, dizendo que ele foi o assassino do marido. Isso tem lhe valido muitos aborrecimentos, porque Omar é poderoso e a tem perseguido, bem como ao filho.

Pecos sobressaltou-se. Um filho? Acaso seria dele? Solimar nada sabia, pois não lhe contara este pormenor.

— O filho é dela e do guerreiro?

— É. O rapaz era de pouca idade quando perdeu o pai.

Estaria o velho dizendo a verdade? Sem certeza de si mesmo, ele duvidava de tudo e de todos.

Procurando ocultar o que lhe ia no íntimo, indagou:

— Mas como pode saber todos esses detalhes? Está certo do que disse?

— Muito. Minha neta vive lá no castelo do guerreiro. Filha de uma das escravas, a moça é fruto de um amor de meu filho, que não pôde desposá-la conforme a lei. Ela vem sempre ver-me e transmite-me todas as notícias.

Então era verdade tudo quanto ouvira! Ele não poderia duvidar!

Depois de mais algum tempo de palestra, aparentando indiferença, perguntou:

— O senhor, que conheceu o guerreiro, pode me dizer como ele era?

O velho olhou de soslaio para Pecos, como que procurando lembrar-se de algo, dando importância às próprias palavras.

— Era forte como o vento, belo como um deus do templo. Seus negros cabelos vastos e brilhantes emolduravam uma tez morena. Seu olhar sabia atrair e impor aos seus subalternos confiança e disciplina. Era um guerreiro perfeito. Dizem que seu casamento com a estrangeira foi que lhe trouxe desgraça.

Sem poder conter-se por mais tempo, Pecos perguntou:

— Ele era parecido comigo?

O ancião olhou-o surpreso e, medindo-o de alto a baixo, respondeu irônico:

— Com você? Ele era um nobre soberbo e forte! Era jovem e irradiava força, poder, segurança. Vestia-se ricamente. Você é mais velho, curvado, vencido! Nem sequer pode disfarçar sua origem de camponês! É completamente diferente dele! Além do mais, ele era mais alto, com o rosto belo e sem cicatrizes. Que ideia é esta, a que veio a pergunta?

Envergonhado, respondeu:

— Por nada. Empolguei-me porque minha mãe me havia dito que nós éramos muito parecidos. Disse mesmo que poderiam nos confundir, tal a semelhança. Foi por isso que perguntei.

— Qual! — casquilhou o ancião com uma risadinha incrédula. — Somente os olhos maternos seriam capazes de tal visão. Pois abandone essas ilusões. Nada tem de parecido com nosso famoso guerreiro.

Pecos, murmurando uma ligeira desculpa, despediu-se e, quando se afastava, pôde ouvi-lo dizer abanando a cabeça:

— Qual, qual, cada pretensão! Com certeza anda doente das ideias. Comparar-se ao nobre Pecos. Pobre coitado!

Pecos, tapando os ouvidos para não ouvir, rumou apressadamente para a estalagem onde estava hospedado.

Em seu quarto, atirou-se ao leito deixando que as lágrimas ardentes de desespero e angústia lhe banhassem o rosto pálido e emagrecido.

De fato, o ancião jamais poderia nele reconhecer o antigo herói. Vira-o, algumas vezes, a distância, sempre em trajes de gala, no esplendor de sua beleza física e de sua mocidade. Como poderia vê-lo na figura insegura e quase humilde do pobre homem de cabelos grisalhos, encurvado, magro, com quem conversava?

Em sua insegurança, Pecos não pensava assim. Imaginava-se vítima de um lamentável engano por parte de Solimar.

Ah! Se ele pudesse recordar-se! Por que sua memória se havia perdido nos escaninhos do tempo?

Sem rumo, não sabia para quem apelar; ninguém o conhecia, e ele não conhecia ninguém.

Deveria ir até a viúva do guerreiro? E se ela também o desprezasse? Certamente o mandaria pôr para fora de sua casa. Essa ideia era-lhe insuportável.

Quanto tempo permaneceu assim, ele jamais o soube. Sua tortura era tamanha, que perdeu a noção do tempo.

De repente, recordou-se das palavras do sábio Samir. Elas lhe haviam aconselhado para a criação de um novo mundo mental, onde pudesse viver dali por diante. Se o passado se fora, o presente seria, no futuro, o passado. Deveria criá-lo bom para possuir no futuro boas recordações.

À medida que essas ideias lhe acudiam ao cérebro, sentia-se mais sereno e confortado.

Alguém, um dedicado amigo do mundo espiritual, estava a seu lado, comovido pelo seu sofrimento. Com a mão em sua fronte, transmitia-lhe as vibrações de coragem, sussurrando-lhes novas ideias, tentando ajudá-lo.

Pecos não podia ver mas sentia o efeito benéfico da assistência amiga do espírito. Extenuado pelas emoções sofridas, adormeceu.

Liberto pelo sono, seu espírito desprendeu-se parcialmente do corpo físico e, admirado, vislumbrou a entidade espiritual que o assistira e permanecia ainda a seu lado.

Agradavelmente surpreso, pareceu-lhe reconhecer vagamente aquela figura simpática que lhe sorria.

Conversaram longo tempo, porém, quando Pecos despertou na manhã seguinte, não guardava daquilo que ele chamava de um bom sonho, senão detalhes imprecisos, mas sentia-se mais animado, com mais coragem.

Iria até a casa onde morava a mulher que poderia ser sua esposa. Desejaria apresentar-se bem-vestido e com boa aparência, mas, infelizmente, não possuía boas roupas nem meios para adquiri-las.

Seu aspecto, reconhecia, não era dos melhores. Fez o que pôde para melhorá-lo e saiu, por fim, com o coração aos saltos.

Havia se informado do local onde ficava o castelo. Não teve que caminhar muito, pois a propriedade não era distante e, ao chegar ante os portais, sentiu-se dominado por forte emoção. "É natural", pensou ele, em virtude da importância que o momento representava para seu destino.

Parado, sem saber o que fazer, permaneceu olhando os magníficos jardins que circundavam a esplêndida casa.

De repente, quando ia penetrar por um dos portões, sentiu que duas mãos o agarravam com força enquanto uma voz lhe dizia firme:

— Está preso em nome do senhor que governa estas terras. Tenho ordem para levá-lo.

Surpreso, Pecos bradou inquieto:

— Mas por quê? Nada fiz e não mereço castigo!

O lanceiro, que lhe falava, ordenou-lhe que se calasse.

Pecos, angustiado, alçou o olhar perscrutador para o interior da propriedade. Naquele instante, viu algo que o fez perder a noção do tempo e das coisas.

Pensativa e triste, uma mulher passeava pelos caminhos floridos. Ele sentiu que conhecia aquela mulher e foi dominado por incontrolável emoção.

Era ela certamente!

Os lanceiros, porém, indiferentes, sem nada terem percebido, procuravam arrastá-lo para o carro que estava a poucos metros.

Pecos, sentindo que os adversários ganhavam terreno, transtornado pela estranha emoção que o envolvia, sem saber o que fazia, gritou:

— Senhora!... Senhora!...

Aquela voz! Ela a reconheceria sempre dentre todas as outras. Era ele! Ele!

Aflita, correu para a estrada e teve tempo ainda de ver o carro dos lanceiros que, conduzido por cavalos ágeis, distanciava-se rapidamente.

Nalim, pois que era ela, sentiu que as lágrimas deslizavam pelas suas faces pálidas. Tivera a nítida impressão de que fora Pecos quem a chamara.

Sem saber o que fazer, procurou Jasar para contar-lhe o que havia se passado.

Este ouviu atenciosamente e, quando ela terminou, disse:

— Muitas vezes, tenho duvidado da morte de Pecos. Tenho meus motivos para julgá-lo vivo, porém, não creio que fosse ele! Você disse que a chamou "senhora". Só poderia ser um desconhecido. Se fosse ele, a teria chamado pelo nome!

Nalim suspirou e murmurou:

— Tem razão. Não pude ver-lhe o rosto com clareza, mas creio que era muito mais velho do que ele. Com certeza, ao ser preso, chamou por mim para que eu intercedesse em seu favor. Mas sua voz era igual a dele... Jamais pude esquecê-la, e agora essa recordação voltou com mais força. Não sei o que pensar. Gostaria de ir ao forte onde ficam os prisioneiros para vê-lo! Não sei por que sua figura impressionou-me tanto.

— Se quiser, iremos ao forte, mas lembre-se de que, fatalmente, encontrará Omar, o que será sumamente desagradável.

— Talvez valha a pena correr o risco.

Enquanto isso, Pecos era conduzido para o forte do castelo. Esforçava-se por compreender o que estava acontecendo, mas inutilmente.

Por que o prendiam? Nada fizera de condenável que merecesse punição.

E aquela magnífica mulher, seria sua esposa?

Tinha como que um pressentimento de que ela estava ligada de certa forma ao seu passado.

Seria, então, ele, na verdade, o guerreiro Pecos, e ela sua esposa?

Empolgado pelo fio de suas íntimas reflexões, deixou-se conduzir indiferente.

Já haviam chegado ao forte. Depois de ligeira espera, fizeram-no penetrar em uma cela fria e escura.

Era uma das tenebrosas masmorras onde habitualmente eram atirados os infelizes que caíam em desfavor perante o faraó.

Não compreendia o que estava acontecendo. Por que estava preso? Naturalmente seria um engano fácil de desfazer-se. Esperançoso, permaneceu aguardando pacientemente que alguém fosse à sua cela.

Mas as horas sucediam-se, e ninguém aparecia. Decorrido certo tempo, que ele não pôde precisar, pois que a cela era escura, a porta abriu-se, e um homem penetrou por ela, cerrando-a após si.

Era moço ainda e, por seus luxuosos trajes, reconhecia-se sua alta posição social. Seu rosto demonstrava ansiedade e certo pavor.

Pecos levantou-se respeitoso e fixou o olhar em seu interlocutor. Desde logo, um estranho mal-estar apossou-se dele. Esforçou-se por banir da mente essas sensações, mas, pela dificuldade que encontrou, percebeu que antipatizava profundamente com aquele homem.

Entretanto, não querendo ser descortês, percebendo que ele talvez representasse sua liberdade, disse:

— Senhor, certamente veio em meu socorro. Não sei por que me prenderam. Nada fiz contra o regulamento geral. Acaso poderia me esclarecer?

O outro, um tanto surpreso e já mais seguro de si, falou:

— Desejo ajudá-lo, mas antes preciso conhecer sua vida. Como se chama?

Pecos sentiu-se ligeiramente embaraçado. Detestava mentir, mas somente poderia dar seu último nome.

— Morat — respondeu um tanto inseguro.

Omar fitou-o surpreendido.

Ele, desde que tramara contra Pecos e realizara seu plano maléfico, não mais pudera descansar em paz. Era dominado por pesadelos horríveis e não podia se esquecer das palavras de Nalim, acusando-o de assassino.

Muitas vezes, fora dominado pelo terror de não saber ao certo o destino de Pecos. E se ele estivesse vivo? Era pouco provável, mas não impossível. Se ele retornasse a Tebas, contaria, certamente, toda a verdade.

Omar sabia que o faraó o puniria gravemente pelas mentiras que lhe pregara sobre Pecos e ainda por traição a um companheiro.

Seria a desonra, a perda de sua magnífica situação no palácio real, talvez até a morte.

Nalim não cedera jamais, e isso o deixava mais torturado. Seu amor, embora à sua maneira, era sincero, e ele seria capaz de tudo para conquistá-la.

Soube do incidente que ocorrera nos pórticos do palácio entre Pecos e os lanceiros, pois estes comentavam o caso, divertindo-se pela lição que julgavam ter aplicado no insolente. Mas Omar, sempre temeroso do retorno de Pecos, suspeitou do caso, e essas suspeitas tomaram vulto quando um dos lanceiros, justamente o que conversara com Pecos, forneceu-lhe as características do homem.

Imediatamente, seu cérebro começou a trabalhar. Investigaria o caso e, se suas suspeitas se confirmassem, ele não sairia vivo desta vez.

Se fosse ele, pensou Omar, certamente iria rever a família.

Designou, então, alguns lanceiros para vigiar a casa de Nalim, ordenando-lhes deter todo homem desconhecido que se assemelhasse às características por ele fornecidas.

Assim, foi que Pecos foi detido. Logo que informaram Omar da ocorrência, ele se dirigiu para a cela com o intuito de vê-lo.

Ao fitar o prisioneiro, apesar de sua modificação radical, reconheceu-o imediatamente. Apenas percebeu que não fora reconhecido. Isso o intrigou.

O que teria acontecido? Por que se apresentava com outro nome? Teria a intenção de ludibriá-lo?

— Onde você nasceu? — volveu Omar, desejando mais detalhes.

— Não sei, senhor. Mas me disseram que foi aqui em Tebas.

— Disseram? Acaso ignorava seu nascimento? — perguntou ainda Omar.

— Senhor, necessito lhe confiar meu segredo. Estou doente. Perdi a memória, não me recordo quem fui, o que fazia. Nem sequer sei como tudo aconteceu.

— Mas isso é extraordinário! — murmurou Omar, intimamente aliviado.

Para ele, o esquecimento de Pecos fora providencial.

Seu cérebro matreiro trabalhava ativamente, desejoso de tirar o máximo proveito da situação.

Imediatamente, uma ideia extravagante e sinistra tomou conta de sua mente.

Pondo-a logo em prática, ele disse, deixando transparecer na fisionomia muita desconfiança:

— Acredita que me engana com tais palavras? Você foi reconhecido por mim e por meus homens! Não precisa fingir mais. Agora caiu em nossas mãos e terá que pagar pelos crimes cometidos.

Ao ouvir essas palavras, Pecos sentiu-se tomado por uma angústia infinita.

O que teria feito no passado? Sentia que uma tragédia enorme envolvia sua vida. Seria ele um criminoso?

Completamente descontrolado pelas emoções dos últimos acontecimentos, balbuciou com desespero:

— Sou sincero, senhor. Não me recordo do passado.

— E o que veio fazer aqui? Todo o exército o procurava há muito, para ajustar as contas, pois muitos são seus crimes. Traiu seu rei e ainda assassinou um de seus soldados.

Pecos, estarrecido, não sabia o que dizer.

Além de traidor, ele era assassino! Ele, que se julgava um defensor de seu rei, fora simplesmente um vulgar traidor! Repugnavam-no sobremaneira tais crimes e parecia-lhe impossível havê-los cometido.

O outro insistiu, sentindo prazerosamente a humilhação que infligia ao odiado rival.

— O que veio fazer aqui? Terá, acaso, um tenebroso plano de nova traição?

Desalentado, peito opresso, Pecos abanou a cabeça negativamente.

— Se vim, não foi com intenção criminosa, mas porque me disseram que eu era Pecos, um grande guerreiro, e possuía família em Tebas.

Omar intimamente sentiu-se preocupado.

Então, havia alguém que conhecia Pecos e o sabia vivo! Isso era perigoso para ele. Precisava livrar-se do desafeto sem deixar vestígios.

Se ele permanecesse preso ali no forte, alguém poderia reconhecê-lo.

Controlando admiravelmente seus sentimentos, Omar desatou a rir, dizendo:

— Você, Pecos? Como pôde acreditar em tal? É verdade que fisicamente são parecidos, mas eu, que o conheci pessoalmente e fui seu amigo particular, posso garantir-lhe o absurdo de tal suposição. Ademais, ele morreu, e eu assisti à sua morte. Você é o foragido que eu procurava há muito tempo.

— Entretanto — continuou após ligeira pausa —, sei que vão condená-lo a morrer em suplícios pelos seus crimes. Eu, porém, tenho piedade de você. Antes o perseguia, mas agora, que está reduzido a um farrapo e nem sequer pode suportar o peso da existência, não terei forças para entregá-lo ao julgamento oficial dos sacerdotes de Amon-rá. Contudo, não poderei deixá-lo sem punição, porque estaria traindo os interesses do meu rei e senhor. Amanhã, partirá uma expedição levando uma carga de escravos que trabalharão na edificação do templo de purificação às margens do Cibela. É o máximo que posso fazer por você.

Procurando dar uma entonação mais bondosa na voz, a fim de não levantar suspeitas, disse:

— Convém que disfarce o mais possível seu rosto, pois poderiam reconhecê-lo, o que me impediria de ajudá-lo. Agora preciso ir e amanhã virei pessoalmente buscá-lo.

Após a saída de Omar, Pecos deixou-se cair no chão batido da cela e no auge do desespero deu livre curso às lágrimas.

Terrível angústia o dominava. Sua mais forte impressão era justamente a acusação terrível de traição ao faraó.

Por que não teve forças para recusar a piedade daquele homem?

Não temia a morte, antes a preferia à vida como escravo, vivendo dentro de um enorme desequilíbrio moral.

O que era ele, afinal? Um simples farrapo humano, sem origem, sem ninguém que se sentisse ferido com sua morte.

Ele não aceitaria a proposta daquele malfadado visitante. Se era um traidor, deveria receber o castigo.

Depois, repugnava-lhe profundamente aquele homem. Sem saber o porquê, não desejava dever-lhe obrigações. Não propriamente por vaidade, mas pela instintiva aversão que ele lhe despertava.

Iria dizer-lhe, quando regressasse, que preferia ser julgado e mesmo morto a continuar viver sua atribulada existência.

Os pensamentos pessimistas sucediam-se em sua mente atribulada. Não conseguiu conciliar o sono.

Sobressaltou-se quando o carcereiro atirou pelo pequenino postigo junto ao rés do chão a ração costumeira. Era assim, pelas refeições, que media o tempo.

"Deve ser outro dia", pensou ele.

Apanhou maquinalmente a mísera ração que consistia em um pão e uma bilha de água. Enquanto comia, meditava ainda.

Não pactuaria com os planos daquele orgulhoso senhor. Queria ser julgado e, se o matassem, tanto melhor.

Firme nesse propósito, o homem esperou, resoluto.

O tempo foi passando, e Pecos, extenuado mentalmente, teve um sono leve e cheio de sobressaltos. Acordou assustado quando a porta da cela se abriu.

Omar estava novamente com ele. Parecia em trajes de viagem, mas vestira-se como um homem comum, sem as honrarias do alto cargo que ocupava.

— Vamos — falou secamente —, acompanhe-me. É chegada a hora.

— Senhor — balbuciou Pecos, acordando —, antes preciso lhe falar.

— Seja breve. O tempo urge.

— Não se preocupe comigo. Peço-lhe o obséquio de não se dar ao incômodo de uma viagem tão longa, somente para levar-me. Agradeço-lhe o interesse, mas não desejo ir.

Pecos falara em tom respeitoso e amigável, esforçando-se por vencer a íntima aversão.

— Como? — bradou Omar perdendo a calma. — Na hora da partida se recusa a ir? Não sabe que é um patife e, se eu não protegê-lo, será morto?

— Rogo-lhe que me deixei entregue ao meu próprio destino. A vida se tornará por demais angustiosa. Vivê-la assim é um suplício ainda maior.

— Cale-se, imbecil! — bradou Omar entre os dentes. — É meu prisioneiro e farei com você o que quiser. Seus pontos de vista não me interessam. Avie-se, vamos.

Pecos estava surpreso, sem compreender. Por que aquele homem demonstrava tanto empenho em salvar-lhe a vida, mesmo contra sua vontade, incomodando-se em levá-lo pessoalmente ao encontro da expedição?

Uma vaga suspeita de que lhe interessava ver-se livre de sua presença por motivos ocultos esboçou-se em sua mente.

Mas Omar não lhe dava tempo para reflexões.

Pecos ainda quis resistir, dizendo:

— E se eu me recusar a ir?

O rosto de Omar contraiu-se em uma demonstração de cólera.

— Como se atreve a desobedecer a uma ordem minha?

Tomando-o pelos ombros, sacudiu-lhe o corpo magro e enfraquecido. Pecos enfrentou-lhe por instantes o colérico olhar. De repente, empurrando-o fortemente, Pecos, com indescritível horror na voz, gritou-lhe:

— Você! Eu o conheço e sei que o odeio.

Omar, de rubro passou à palidez. Seu rosto cobriu-se de um tom esverdeado. O terror brilhava em seu olhar.

Pecos estava ainda sob forte emoção. Por alguns instantes, julgava haver reconhecido em Omar um velho inimigo. Mas o facho de luz fora rápido, e toda a negação de sua mente continuava.

Trêmulos, fitaram-se. Omar esperava rancorosamente que Pecos se explicasse. Conhecendo-lhe, porém, no olhar a indecisão e o esforço sobre-humano que fazia para recordar-se, arriscou-se a dizer:

— Creio que está me reconhecendo como seu perseguidor, sua mente esforça-se para recordar.

Pecos, fitando-o frente a frente, falou convicto:

— Entre nós existiu algo mais do que a relação de um soldado perseguindo um malfeitor. Senti o que disse.

Omar, querendo terminar de vez com a situação que lhe era sumamente desagradável, volveu firme:

— Você divaga. Chega, porém, de brigas. Vamos, pois precisamos aproveitar o resto da noite para sair da cidade. Se for reconhecido, nada poderei fazer por você. Ordeno que me obedeça.

Fosse pela tremenda luta que se travava em seu cérebro ou pela indiferença quanto ao futuro, Pecos desistiu de opor resistência. Acenando afirmativamente, prontificou-se a acompanhá-lo.

Já na estrada, Omar esclareceu:

— Vou conduzi-lo à expedição que partiu hoje ao crepúsculo. Não deve estar muito longe.

Pecos nem sequer respondeu. Eram-lhe indiferentes os pormenores da viagem. Encerrou-se em um mutismo completo, onde transparecia o desânimo que lhe ia na alma.

Omar, compreendendo, calou-se por sua vez. Seu cérebro, porém, funcionava ativamente.

Desde que tramara a entrega do rival aos chefes da expedição de escravos, não pudera descansar um só instante. Os detalhes do plano, entremeados de pensamentos temerosos, acudiam-lhe à mente.

Poderia matá-lo durante o trajeto, mas para quê? Ele talvez não aguentasse muito tempo.

Sabia que o trabalho era pesado, e o trato, severo. Pecos, alquebrado como estava, não resistiria.

Omar, como todo traidor, era covarde. Nas batalhas, temeroso por sua segurança, ficava sempre na retaguarda. Vencera devido à astúcia subjetiva, traço predominante de seu caráter.

Repugnava-o matar Pecos com suas próprias mãos, porque temia a cena do crime. Sempre encarregava a outrem dessas façanhas. No caso de Pecos, porém, receava colocar alguém a par do seu segredo.

Estava satisfeito com o fim que destinava ao rival. O local para onde o conduzira era distante da aldeia, sendo pouco provável que Pecos fosse descoberto.

O lanceiro, comandante da guarnição que conduzia os prisioneiros, não conhecera Pecos.

O dia raiava quando alcançaram a caravana. O carro conduzido por Omar era veloz, tendo este fustigado os animais para chegar logo.

Envolveu seu prisioneiro com uma longa capa de viagem e conduziu-o diretamente ao chefe da expedição.

Após trocarem saudações, Omar expressou o desejo de conversar particularmente com ele, recomendando a Pecos que o seguisse.

Os três estavam reunidos em um canto discreto longe do olhar curioso dos demais. Logo depois, Omar principiou a falar com o chefe da caravana:

— Jardaht, este prisioneiro não é como os demais. É preciso que o vigie constantemente, até que o entregue ao destino.

Pecos fora deixado alguns passos atrás, onde aguardava indiferente ao que conversavam.

Omar continuou, após ligeiro olhar na direção de Pecos.

— Trata-se de algo que muito interessa ao nosso rei e senhor. Convém que o saibas servir.

Por mais alguns minutos, os homens conversaram, e Omar, por fim, sem querer repousar, apenas trocando os animais do carro e alimentando-se de um pouco de pão e vinho, empreendeu a viagem de regresso.

Mais de uma vez, ele, com suas próprias mãos, torcia a rota de uma vida humana, mas o futuro lhe provaria que somente Deus tem sabedoria suficiente para fazê-lo. Os homens pretendem manipular a vida sem ter a mesma capacidade. Atraindo para si problemas não resolvidos, alongam seus próprios caminhos, atrasando a conquista do progresso do seu espírito e os benefícios do desenvolvimento da consciência.

Enquanto Pecos amadurecia colhendo os resultados de seus feitos no passado, Omar angariava dolorosas provas para o futuro.

CAPÍTULO XXIII

Voltemos, porém, novamente, à casa de Nalim em Tebas, do ponto onde nos detivemos, exatamente dez anos após o desaparecimento de Pecos.

Morria a tarde, e o sol se despedia vagarosamente transmitindo ao céu maravilhosamente azul de Tebas um delicado tom róseo.

Recostada em um coxim, Nalim lembrava o passado. Pensava em Solimar, que havia tantos anos estava desaparecida. Nunca mais tivera notícias dela. Por onde andaria? Teria morrido?

Como seria feliz se pudesse revê-la! Quanto conforto daria ao seu coração torturado pela saudade!

Inútil acalentar tal sonho. Tanto ela como Pecos deviam ter morrido. Lembrava-se da louca esperança que sentira despertar em seu coração aquela tarde no jardim, ouvindo aquela voz que a chamava.

No dia seguinte, correra com Jasar ao forte, mas disseram-lhe que haviam concedido a liberdade ao prisioneiro, pois se tratava de um pobre camponês detido por engano.

Ela regressara a casa, triste e abatida. Não fora Pecos, mas recordava-se sempre da emoção que a dominara quando ouvira aquela voz tão semelhante a dele. Alguns anos passaram, mas ela não conseguia esquecê-la.

Estava imersa em suas reflexões, nem sequer ouviu os passos que se aproximavam.

— Senhora, está aí uma pessoa que deseja vê-la

Nalim sobressaltou-se. Receava a insistência de Omar. Ele não esmorecia e, apesar de tanto tempo decorrido, ainda a perseguia. Valia-se de sua situação de estrangeira para causar-lhe toda sorte de aborrecimentos.

Desde a morte de Pecos, Nalim não mais frequentara a corte, mas, ainda assim, ele, abusando de sua posição favorecida, percebendo que ela o odiava, tomado de rancor, valia-se das mínimas coisas para envolvê-la no desprestígio e na antipatia de todos.

Ela não se incomodava com isso, mas preocupava-se sinceramente com o futuro do filho. Pitar, sujeito à chefia militar de Omar, era constantemente espezinhado por ele, pois sua figura lhe recordava o odiado rival.

Pitar, por sua vez, antipatizava com Omar, apesar de ignorar o que acontecera no passado.

Arrancada assim de suas recordações, Nalim, num sobressalto, perguntou:

— Quem me procura?

— Não deu o nome, senhora.

Temerosa, tornou a indagar:

— Acaso algum senhor?

— Não. Trata-se de uma senhora.

Tranquilizada já, ergueu-se solícita. Com certeza, alguma das que recorriam à sua caridade.

Ao chegar, porém, à sala onde a aguardava a visitante, seu coração bateu violentamente e não pôde conter um grito de alegria e surpresa:

— Solimar!

Em rápido instante, as duas estavam abraçadas estreitamente.

Tolhida pela emoção, Nalim não pôde mais calar a mágoa que guardava no coração e chorou... Solimar, sentindo também que as lágrimas deslizavam-lhe pelas faces, apertava carinhosamente a amiga nos braços.

Compreendeu que ela sofria. Por acaso, Pecos não teria recuperado a memória? Não querendo ser indiscreta, deixou que ela se acalmasse e, quando serenou a emoção mais forte, Nalim pôde, enfim, falar:

— Enfim, a encontro! Vinte anos de separação, na incerteza do seu destino! Ah! Solimar, como tenho necessitado da sua presença amiga, do conforto de sua estima, do calor de sua amizade! Mas conte-me, o que aconteceu com você?

Após efusivas demonstrações de amizade e de Nalim refazer-se um pouco, assentaram-se, e Solimar narrou o que lhe acontecera, principalmente a loucura de Solias, o encontro com o nobre Samir, sua vida, suas atividades.

Por sua vez, inquiriu a amiga sobre tudo quanto se passara após o atentado de que fora vítima.

Nalim, tristemente, contou por sua vez as amarguras que guardava no coração havia tanto tempo, sofrendo as dolorosas recordações do passado.

Ao conhecer a extensão da tragédia ocorrida ao homem que amava que, de um só golpe, perdera o filho, a mulher a qual espiritualmente amava e ainda arcara com a triste situação de Otias, Solimar sentia que lágrimas de compaixão e ternura desciam pelo seu rosto.

Como ele deveria ter sofrido... Alegrou-se com a notícia do filho de Nalim, mas surpreendeu-se com a narrativa da morte de Pecos.

Quando Nalim terminou sua narrativa, inquiriu firme:

— Acredita seriamente na morte do nobre Pecos?

— Às vezes, chego a duvidar. Mas, por fim, sou forçada a acreditar. Se ele não estivesse morto, certamente viria para casa. Não posso crer que não o fizesse.

— Preciso contar-lhe o que sei. Pensei que ele estivesse aqui.

A calma com que Solimar falava surpreendeu Nalim que, tomando-lhe nervosamente as mãos, suplicou:

— Porventura, sabe alguma coisa? Oh! Diga-me, por favor. Sabe o que foi feito dele?

— Calma. No momento não sei onde se encontra, mas o que posso garantir-lhe é que ele, há precisamente uns oito anos, estava vivo. Você me disse que faz dez anos que ele desapareceu.

Nalim, com o coração batendo loucamente, tomada de súbita emoção, abanava a cabeça esforçando-se para não perder nada do que a amiga dizia. Sofrera por tanto tempo a morte do marido, que tinha receio de agarrar-se a uma ilusão.

Mas Solimar, abraçando-a carinhosa, disse:

— Creio, Nalim, que seu marido não morreu como pensa e ainda poderá encontrá-lo. Não sei o que lhe aconteceu depois, mas garanto que ele partiu de nossa casa de regresso ao lar.

Nalim bebia-lhe as palavras, procurando compreender bem o que significavam.

— Mas então como se explica o fato de nunca haver chegado aqui? O que ele disse? Quando, como foi?

— Bem, deixe-me explicar. Ele havia estado doente, e Samir o havia tratado. Mas vou contar-lhe tudo desde o início.

Enquanto Solimar contava, Nalim ouvia bebendo avidamente suas palavras.

Ao ter conhecimento do doloroso drama de Pecos, uma enorme angústia transpareceu em seu olhar, e ela gritou surpresa:

— Então era ele! Com certeza, era ele! Oh! Por que não corri ao seu encontro, não permitindo que o levassem?

Enquanto elas, embebidas, trocando confidências, permaneciam esquecidas de tudo o mais, alguém penetrava na sala e, ao ouvir-lhes as vozes, parara surpreso.

O sangue lhe fugira do rosto já naturalmente pálido, o coração latejava descompassado sem querer acalmar-se: era Jasar!

Vinte anos não haviam conseguido apagar em sua sensibilidade a suavidade daquela voz.

Era ela!

Parou algum tempo na soleira procurando controlar as emoções. Ouvindo o grito angustiado de Nalim, foi ter com elas.

Nalim, ao vê-lo, bradou nervosa:

— Não lhe disse? Aquele homem era ele! Oh! Meu coração adivinhava.

Embora surpreso com as palavras da cunhada, Jasar fixou o olhar na mulher amada.

Esta, por sua vez, sentindo-se estremecer sob o império de tão grande emoção, levantou o olhar e seus olhos se encontraram!

Foi o bastante. Compreenderam-se.

Nada havia mudado entre eles. O amor puro que os unia vencera o tempo e a distância, sobrepondo-se às intempéries da vida. O sentimento que os unia continuava forte e firme. Triunfara na vida, venceria na morte!

Cedendo a um impulso sincero e irresistível, Jasar abraçou-a com carinho, dizendo comovido:

— Muitas vezes tentei encontrá-la. Meu sonho hoje se realiza.

Ela, vencida por doce ternura, murmurou:

— Também sou feliz em revê-lo. O tempo passou, nós mudamos um pouco, envelhecemos, porém, a situação ainda é a mesma.

Ele compreendeu. Ela não voltara àqueles anos todos para não prejudicar-lhe a ventura doméstica e talvez não pretendesse ficar.

Nalim, aflita com seu próprio drama, interrompeu-os, pedindo a Solimar que repetisse a Jasar o que lhe contara.

Este, profundamente surpreendido, ao término da narrativa, meditou por alguns instantes, depois disse:

— Existem muitas coisas inexplicáveis no caso. Eu bem previa que ele não havia morrido! Pareceu-me muita estranha a maneira pela qual os acontecimentos se desenrolaram! Certa vez, tive ocasião de interrogar o espírito do meu venerando mestre. Sua resposta deixou-me duvidoso acerca do assunto.

— Você não me contou esse pormenor — volveu Nalim, surpresa.

— Bem, você não estava a par dessas experiências que venho realizando há algum tempo. Depois, tudo não passava de hipóteses, e eu não possuía nada de positivo. Teria por acaso o direito de roubar sua paz de espírito? O que teria de acontecer ninguém poderia impedir. O que se passa neste instante é uma grande prova da força superior que rege nossos destinos.

— Mas conte-nos sua experiência e sua palestra com o personagem que você citou.

— Talvez não creia, como eu, que estamos rodeados por espíritos dos mortos e que agora são invisíveis para nós. Conforme procedemos, atraímos esses espíritos. Se somos bons, teremos ao nosso lado amigos que nos prestarão socorro e amparo nas duras lutas deste mundo. Se formos maus, teremos ao nosso lado seres maus e, consequentemente, sofreremos até aprendermos a ser bons.

— Então, será um castigo do Deus que você diz ser a suprema potência? — perguntou Nalim.

— Não, Nalim. Colhemos os resultados dos nossos atos. É dessa forma que as leis do universo nos ensinam a ter responsabilidade. Por exemplo: se eu prejudiquei uma pessoa, se ela reagir e me odiar, ficaremos unidos dali para frente. Nossas vidas passarão a girar uma ligada à outra, criando, assim, um destino inevitável e desagradável, já que ficamos unidos pelo ódio. Se a pessoa me perdoar, se libertará, mas eu, enquanto mantiver a atitude que gerou o desentendimento, vou atrair em minha vida pessoas e fatos que me farão sofrer tudo que eu houver infligido a outrem. Só o esquecimento de todo mal e o perdão das ofensas libertam e evitam um mal maior. Por isso que sempre lhe peço para se esquecer daquele a quem odeia. Deve perdoar. Embora evite sua proximidade, no íntimo do seu coração deves perdoar. Fazendo isso, será livre, cortará o laço que os une, e ele desaparecerá de sua vida.

Jasar sentara-se em um dos coxins, frente às duas mulheres. Falara suave, mas energicamente.

Enquanto Nalim discordava de tudo quanto ouvia sobre as vantagens do perdão, Solimar olhava para aquele semblante com enlevo. Bebia-lhe os conceitos elevados, feliz porque suas ideias coincidiam.

Intimamente, pensava comovida: "É por isso que eu o amo! Amo sua alma bela e nobre, seus elevados sentimentos."

Nalim, porém, não concordava com tais pensamentos. Para ela, o ódio e a vingança eram necessidades.

— Mas, Jasar, eu sei que você sempre se utiliza das ocasiões para falar sobre esse assunto. Entretanto, já conhece minha maneira de pensar. Deixemos este ponto para mais tarde, antes, conte-nos o caso que me parece tão interessante.

Ele sorriu com certo ar compreensivo e principiou:

— Está certo. Vou confiar-lhe meus segredos. Solimar já os conhecia, mas você não.

Nalim voltou-se surpresa para a amiga. Era tão interessante a semelhança que existia entre os dois! Compreendiam-se tanto! Recordou-se que em tempos passados eles se haviam amado!

Jasar continuava.

— Certo dia, estava preocupado com a morte do meu irmão. Foi justamente naquela ocasião que, logo após a notícia ser trazida por Omar, eu estivera no forte oficialmente para saber dos detalhes do caso. Estivera também no palácio do faraó a chamado dele para as homenagens de praxe à figura do morto. Apesar de tudo quanto contaram os homens que haviam estado com ele naquela fatídica viagem, não me convenceram de sua morte, porque não o viram morto. Apenas Omar e outro lanceiro afirmaram que os soldados que o capturaram haviam-no morto sumariamente. Quando saí de lá, estava angustiado, triste e dirigi-me até a gruta que, de quando em quando, visito e onde vivi algum tempo em companhia do velho Silas. Lá chegando, extenuado, sentei-me no local costumeiro sobre uma grande pedra e comecei a meditar. Uma vez sonhara com Silas naquele mesmo local, e ele me oferecera seu amparo quando eu estivesse em dificuldades. Outra vez já havia recorrido a ele, quando a tragédia entrou em minha vida, e ele não me faltara. Consolara-me e indicara-me o caminho a percorrer. Assim, confiante, chamei por Silas, pedindo que as forças do bem e da natureza criadora o permitissem. Após alguns minutos de súplica sincera, senti-me atordoado e sonolento. Dormi e acordei sentindo o corpo leve e uma sensação de alegria. Tudo era nebuloso ao meu redor, mas logo se dissiparam as trevas, e ele, meu querido amigo, ali estava a meu lado. Sem poder me conter, falei-lhe suplicante:

— Desculpe-me por perturbar seu repouso, mas preciso de sua ajuda!

— Eu sei, meu filho, o que se passa contigo, mas não julgue que nós vivemos ociosos... Aqui, mais do que no mundo, aprendemos o valor do trabalho. Realizar o bem, construir utilidades que facilitam a vida, experimentar a própria capacidade trazem alegria e consciência do próprio poder. Foram os preguiçosos da Terra que inventaram a lenda de um paraíso ocioso depois da morte, acreditando que seriam felizes se pudessem viver sem fazer nada. Entretanto, meu filho, a natureza opera constantemente, renovando-se. E nós somos parte da obra criadora de Deus Onipotente. Cada ser tem uma função no universo! Estamos criando, produzindo, renovando, participando do movimento universal. Nós não estamos em repouso como pensa, nós somos vivos! Somos seres pensantes, inteligentes. A vida aqui continua. Os problemas, aqui, continuam!

— Realmente assim deve ser — murmurei, deslumbrado com a revelação.

— Quando estamos vivendo na Terra, nos iludimos com as aparências. A Terra parece-nos ser o centro do universo. Ela não é senão uma pálida sombra dos mundos espirituais. Os espíritos, ao nascerem no mundo, revelam o que são e tentam materializar tudo o que viram em seu mundo de origem. Os que residiam em lugares densos e primitivos são partidários da violência, têm gerado grandes lutas e sofrimentos no mundo, mas também têm colhido os resultados da sua semeadura, o que os faz amadurecer. Quando desconhecem as leis sagradas da reencarnação, a eternidade do espírito, envolvem-se com mais facilidade no negativismo, criando círculos negativos e viciosos que os mantêm atados à Terra, sem forças para levantar voo a planos mais altos. Continuamos, meu filho, aqui, talvez com mais sensibilidade, a sofrer, a amar, a trabalhar e a aprender.

— O que me conta, mestre, abre em meu espírito novas réstias de luz.

— Sinto sua angústia e desejaria ajudá-lo.

— Para isso, vim. Dizem que meu irmão morreu, porém, eu tenho dúvidas. Os fatos são obscuros, e gostaria de saber a verdade. Só o senhor pode me esclarecer.

— Sabe que as leis da vida atuam infalivelmente. Todas as ações que praticamos são por elas registradas e, em tempo oportuno, colhemos os resultados. A Terra é uma escola onde diferentes níveis de pessoas se misturam para trocar experiências úteis para todos. Sendo múltiplas e particulares as necessidades espirituais de cada um, é justo que, para atendê-las, as pessoas tenham de separar-se durante algum tempo. Terminado um ciclo na aprendizagem, haverá um período de descanso para o aproveitamento. Nesse tempo, sua vida decorrerá sem grandes mudanças, e ele será relativamente feliz, realizando suas aspirações. Nosso Deus é bom e justo. Posso lhe dizer que um dia estarão reunidos novamente. O ser é eterno, e o amor une as criaturas.

— Quer dizer que ele não morreu? Ainda o veremos nesta vida?

— Não nos é permitido antecipar os desígnios de Deus. O que poderia lhe dizer, já disse. Medite sobre o conteúdo das minhas palavras e nelas, talvez, encontre a resposta que procura. Agora, adeus.

— Antes que eu pudesse dizer mais alguma coisa, Silas desapareceu e, logo em seguida, acordei.

— Não compreendi muito bem — murmurou Nalim, pensativa.

— Na ocasião, essa visão aumentou minha desconfiança sobre a morte de Pecos. Se ele estivesse morto, Silas teria me dito. Nas suas palavras, havia reticências e, agora, a par da verdade, elas se me tornam perfeitamente claras. O que acha, Solimar?

— Você é muito feliz por ter tão dileto amigo. Certamente, vela por você, amparando-o nas horas amargas que tem atravessado. Confio que ainda nesta vida estaremos todos reunidos. Espero ter a alegria de contemplá-lo nesse dia.

— Naturalmente, ficará agora conosco! — volveu Nalim.

— Apenas por algum tempo. Tenho obrigações a cumprir.

— Falaremos do assunto oportunamente, Solimar, mas fique certa de que não a deixarei partir. Você é para mim mais do que uma amiga, é uma irmã. Sinto que preciso de você, de suas palavras serenas e de sua amizade. Você quer nos deixar para ficar com Samir?

— Não, Nalim, Samir morreu no ano passado. Outros são os motivos que me forçarão a deixá-los. Mas espero passar algum tempo aqui.

Jasar acompanhava a palestra com o coração aos saltos, sentia-se feliz com a esperança de tê-la a seu lado para sempre. Embora seu amor fosse impossível, devendo permanecer ignorado, ele poderia usufruir do prazer imenso da companhia de Solimar, de sua palestra inteligente, da suavidade serena e bela de seu rosto delicado.

Ele ansiava por meiguice, amor e carinho! Sua esposa, revoltada, espectro do que fora, jamais o compreendera.

Seu amor egoísta, impulsivo, arrebatado, pesara-lhe na existência e somente sua bondade natural, aliada à vontade de iluminar aquela alma que sabia em trevas, deram-lhe forças para suportar aquele fardo.

Solimar representava o raio de sol nas trevas dos seus sofrimentos.

Embora Jasar fosse esclarecido e compreendesse a existência humana, as leis da vida e suas atuações, e ele desejasse cumprir resignado e estoicamente sua tarefa na Terra, sua sensibilidade reclamava compreensão, amor e felicidade. Encontrara a mulher que o compreendia, que tinha os mesmos ideais, amava-a, era correspondido. Era doloroso ter de renunciar à alegria desse amor que, embora fosse espiritual, desejava extravasar-se em gestos de carinho. Desejaria dizer-lhe tudo quanto sofrera naqueles anos tormentosos, abraçá-la, beijá-la de novo, trocar juras de amor e de ventura! Jasar sentia tudo isso naquele momento. Tudo lhe fora negado! Esperava e confiava no porvir.

A noite descera de todo, e Sinat viera lembrar-lhes de que a ceia estava pronta. Apresentada a Solimar, abraçaram-se, ambas tocadas por espontânea simpatia.

Abraçando Sinat carinhosamente, Nalim murmurou com ternura:

— Você conheceu minha filha. Estou impaciente para que conheça meu filho!

Sinat, agradecida pelo trato carinhoso, retribuiu-lhe o abraço.

Solimar sorriu satisfeita, trocando um olhar com Jasar como a perguntar-lhe o motivo da mudança operada em Nalim.

— Infelizmente, ele está fora viajando, mas creio que regressará em dois dias. Sabe, ele tem estado sempre fora em patrulhas e manobras. Omar é o responsável também por isso!

A ternura desaparecera de seu rosto, e a Nalim de outros tempos reapareceu. Ela continuou:

— Jasar, precisamos descobrir o paradeiro de Pecos, se é que ainda vive! Oh! Estou tão emocionada que receio não poder participar com vocês da ceia.

— Calma, querida Nalim. Vamos nos alimentar, e amanhã começarei logo cedo as pesquisas. O tempo passou e nos será muito difícil conseguir o fio da meada. Mas deveremos confiar na força dos imortais.

— Pois eu — ajuntou Nalim convicta — começaria por investigar a vida de Omar e também do lanceiro que lhe disse haver presenciado a morte de Pecos. É claro que mentiam e, se o fizeram, deveriam ter uma razão oculta. Somente eles poderão nos fornecer a pista.

— Sim, Nalim, mas somente poderia arrancar-lhe a confissão do crime. Eles talvez ignorem o destino de Pecos. Lembre-se de que ele está doente mentalmente e talvez não saiba retornar ao lar.

— Você esquece, Jasar, que Solimar revelou-lhe a verdade? Se, de fato, como eu penso, foi ele quem esteve aqui, uma vez preso, quem nos garante que Omar não tenha nada a ver com seu atual desaparecimento? Já pensou, por exemplo, no que aconteceria à sua carreira se Pecos fosse encontrado e pudesse revelar ao faraó toda a verdade?

Nalim, com sua intuição de mulher, desejando a todo custo encontrar seu amado esposo, acertara em cheio a verdade.

Jasar, pensativo, murmurou:

— Pode ter razão. Que ele esteve aqui, não duvido, pois você ouviu a voz dele. Foi preso e bem poderia ter sido reconhecido na prisão por Omar.

— Será que o mataram? — murmurou Nalim, pálida de terror.

— Tudo é possível. Sabe que os criminosos buscam encobrir seu crime a todo custo e, para isso, não hesitam em cometer outros, mas algo me diz, intimamente, que ele não morreu, e tornaremos a vê-lo!

— Eu também penso assim — ajuntou Solimar sorrindo, para encorajar Nalim, que ainda parecia preocupada.

Sucumbida pelas diversas emoções que sofrera naquele dia, Nalim não mais pôde suster a torrente de lágrimas que brotava de seus lindos olhos.

Solimar abraçou-a ternamente, murmurando:

— Chore, que o pranto balsamizará suas feridas. Eu a compreendo. Mas que ele não seja de desânimo ou de tristeza, porque, se seus sofrimentos foram inúmeros, acredito que agora estão no fim. Haveremos de encontrar seu amado companheiro e ainda serão felizes!

Mais confortada após aquele desabafo nervoso, Nalim foi com eles ao salão de refeições, para presidir a ceia.

Depois de leve refeição, foram sentar-se em um dos pátios, para conversar. Fazia poucos minutos que estavam lá quando uma das servas, curvando-se frente a Jasar, murmurou:

— Senhor, a nobre Otias recusa-se a tomar sua refeição e está muito perturbada. Não faz nada além de chorar.

Jasar corou imperceptivelmente. Só então lembrou-se de que chegara e nem sequer fora ver a esposa. Talvez fosse esse o motivo do seu desgosto. Sentiu-se culpado por havê-la esquecido.

Tanto o emocionara a visita de Solimar e as notícias que trouxera que chegara a faltar com seu dever, não de esposo, mas de enfermeiro carinhoso.

Disposto a reparar o que lhe parecia falta, respondeu à serva:

— Deixe. Irei vê-la.

Pedindo licença, levantou-se e dirigiu-se aos aposentos da esposa.

Solimar sentiu o coração apertado. Certamente Otias teria sofrido muito! Seu bondoso coração confrangia-se ao pensar na situação penosa daquela mulher que lhe roubara o amor de Jasar e ainda tentara contra sua vida. Mas a meiga ex-escrava já se esquecera do ódio que Otias lhe votara e de suas más ações.

Em seu pensamento, apenas estava a mulher enferma, inutilizada, vendo ruir por terra seus sonhos de ventura conjugal, seu amor de mãe, sua juventude radiosa! Como deveria ter sofrido aquela orgulhosa e tempestuosa mulher reduzida à imobilidade!

***

Jasar, entrando no quarto da esposa, notou que a serva não mentira.

Otias parecia atravessar uma de suas crises de terror e de nervos.

Seu corpo magro e macilento estava coberto de suor. Os olhos, desmesuradamente abertos, exprimiam a torrente de sentimentos contraditórios que inundava sua alma.

Penalizado, Jasar sentou-se a seu lado, alisando-lhe os cabelos molhados.

Em seguida, com uma toalha, enxugou-lhe carinhosamente as faces pálidas. Olhando-a bem, com infinita ternura, Jasar murmurou:

— Por que está inquieta assim? Vejo em seus olhos que deseja perguntar-me algo. O que é?

As pálpebras da enferma baixaram em sinal de assentimento.

— Estava preocupada porque não eu tinha ainda vindo aqui? Sabia que eu tinha chegado?

Novamente, ela concordou. O pensamento de Otias, entretanto, trabalhava freneticamente. Pensava:

"Por que será que não veio? Naturalmente, está cansado de mim, da minha doença, do meu quarto! Oh! Sei que nunca me amou, mas, se ele se afastar de mim, não suportarei! É tudo quanto me resta. Deixe-me amá-lo, vê-lo de quando em quando!"

— Ouça, querida — continuou Jasar como se falasse a uma criança —, sempre, ao chegar, minha primeira visita é logo para você. Se hoje tal não ocorreu, foi porque outros assuntos inesperados e importantíssimos ocuparam-me até há pouco.

Vendo que ela parecia mais calma, ele continuou:

— Vou contar-lhe a notícia extraordinária: Pecos não morreu! Está desaparecido, mas não morto. Foi visto, há alguns anos, vivo. Apenas estava doente da cabeça. Perdera a memória, por isso, não regressou. Solimar foi quem o encontrou.

Ao ouvir o nome da mulher que odiava, Otias sentiu que enorme emoção a invadia.

"Solimar! Então ela vivia, e ele a vira!".

Aflita, cravava os olhos súplices e interrogativos no rosto do marido. Jasar pronunciara com certa hesitação o nome de Solimar, mas não poderia ocultar-lhe a presença da moça na casa.

Seria impossível. Se ele o fizesse, outros não o fariam, o que seria muito pior. Achou, pois, conveniente, ser sincero com ela, procurando ao mesmo tempo demonstrar-lhe que nada precisaria temer.

Jasar contou, então, rapidamente sobre o retorno de Solimar, frisando que ela em breve partiria. Procurou atenuar as recordações dolorosas que poderiam magoar a esposa.

Otias estava desesperada. Solimar estava viva, bela, sã. Ela era um espectro, uma morta-viva, uma sombra de mulher!

Como poderia disputar-lhe o amor do marido? Os ciúmes torturavam-na, o despeito e a raiva que lhe causavam sua impotência frente aos acontecimentos lhe obscureciam a razão. Lágrimas abundantes rolavam sobre suas faces, lágrimas de revolta, de ódio e de terror!

Jasar, notando a excitação da esposa, apressou-se em preparar-lhe um sedativo a fim de que ela pudesse dormir.

Havia algum tempo já que Otias não conseguia dormir sem os sedativos. Seus nervos, por demais exaustos, se haviam desequilibrado.

Seu pensamento trabalhava! Pensava com horror na possibilidade de dormir, porque ele talvez a deixasse e fosse buscar conforto nos braços de Solimar. Com certeza, voltaria a ser seu amante! Agora, mais do que nunca, ele sentiria desejos de procurar com Solimar o que ela, como esposa, não mais lhe podia dar! O calmante já lhe entontecia o cérebro, e ela ainda lutava para manter-se acordada a fim de vigiar o marido.

Por fim, dormiu. Jasar, suspirando tristemente, deixou o aposento recomendando à escrava que a vigiasse.

A saúde de Otias estava completamente arruinada. Definhava dia a dia. Somente o terror da morte e o amor egoísta que sentia pelo marido prendiam-na à vida.

Otias não tinha crença no sobrenatural. Jamais se interessara pelos problemas profundos do destino dos seres e dos mundos. Acreditava mesmo, contrário ao que aprendera na infância, que a alma desaparecia com o corpo e não haveria um além.

Mas era justamente este "não existir" que a aterrorizava. Era o pavor de não mais poder sentir, sofrer, amar. Era, enfim, a vaidade e o orgulho que se recusavam a pensar que ela se tornaria pó, apodrecendo no sepulcro.

Embora sofresse todos os tormentos imagináveis, ela se julgava ainda de posse do seu "eu". Sentia sua personalidade. Desaparecer, deixar o caminho livre ao marido para desposar outra mulher, ser esquecida por todos, ignorada, estes eram os sentimentos que a mantinham presa à vida.

Oh! Se ela soubesse que agindo assim mais e mais tornava sua vida torturante e odiosa. Se pudesse saber das maravilhas do mundo espiritual, certamente se entregaria à morte com prazer.

Ela, às vezes, desejava o descanso, quando se sentia envolvida pelos torturantes pesadelos e pelo remorso, mas logo reagia aterrorizada.

Ao deixar o quarto da enferma, Jasar voltou ao pátio onde havia deixado as duas mulheres.

Esperava reiniciar a palestra, mas, lá chegando, observou, algo decepcionado, que elas já se haviam recolhido.

Resolveu, então, por sua vez, recolher-se. O dia seguinte seria de preocupações. Estava disposto a empenhar-se seriamente a fim de esclarecer o mistério que envolvia o desaparecimento do irmão.

Esperaria também a volta de Pitar que, certamente, o auxiliaria na delicada empresa.

Pitar, nobre e bondoso, franco e inteligente, era para o tio uma sincera e grande afeição. Preenchera o vácuo que lhe deixara a morte do filho.

Apenas notava nele o orgulho acentuado que, embora pernicioso, era atenuado em virtude do seu excelente caráter.

Nessa disposição, recolheu-se. E, naquela noite, em suas orações, figuravam também, mais do que nunca, votos de felicidade para Solimar.

CAPÍTULO XXIV

Na tarde do dia seguinte, Solimar e Nalim conversavam. Nalim aguardava impaciente a chegada do filho.

Sinat veio também sentar-se com elas, e seu coração alvoroçado descompassava-se a cada ruído, demonstrando a impaciência com que esperava o regresso do rapaz, bem como a emoção profunda que esse acontecimento lhe causava.

As duas mulheres, entregues à animada palestra, não perceberam o alvoroço da jovem.

Ao cabo de certo tempo, os portões principais abriram-se, e um cavaleiro entrou. Imediatamente Nalim levantou-se, murmurando:

— É ele, por fim!

Solimar olhou para Sinat que, com as faces ruborizadas pela emoção, não conseguiu ocultar seus sentimentos e sorriu.

Impaciente por chegar, Pitar esporeou o animal. Vendo-as no pátio, parou e, saltando ao chão agilmente, correu a abraçar sua mãe.

A cena doméstica, terna, singela, tocou fundo o coração de Solimar. Aquele belo e elegante rapaz, de traços nobres, olhos escuros, cabelos negros e revoltos, impressionava.

Após beijar a mãe, abraçou Sinat afetuosamente e havia em seu olhar uma chama apaixonada que não escapou à argúcia de Solimar.

Por fim, vendo-a, inclinou-se sorridente, murmurando delicado:

— Desculpe-me, nobre senhora. Tantas saudades trazia que não notei sua augusta presença.

— Meu filho, esta senhora é uma velha amiga nossa, e creio que já a conhece de nome. Eis Solimar, de quem tanto temos falado.

Surpreendido, algo curioso, Pitar contemplou-a por alguns segundos. A serena meiguice que irradiava a bela fisionomia daquela mulher falou-lhe ao coração. Sentia como se sempre a houvesse conhecido.

Foi, pois, com grande e sincero prazer que a abraçou dizendo:

— Conhecia através de tio Jasar e de minha mãe a beleza do seu espírito. Conheço agora a beleza do seu rosto. Eu me sentirei feliz se me dispensar a mesma estima que dispensa aos meus!

Pelo olhar límpido de Solimar, passou um lampejo de emoção. A franqueza e sinceridade existentes em Pitar eram irresistíveis.

Solimar compreendeu que ele possuía a mesma fascinação irradiante do pai.

— Sou-lhe muito grata pela gentil acolhida. Quisera mesmo vir a ser sua amiga. Quanto a minha estima, creio que, independentemente da amizade que me une à sua família, já a conquistou.

Agradavelmente reunidos, sentaram-se, e Nalim pediu ao filho que contasse tudo quanto fizera fora de casa. Depois, por sua vez, narrou-lhe as notícias trazidas por Solimar.

Emocionado, Pitar escutou calado até o fim.

Nalim jamais contara ao filho as suspeitas e o motivo real pelo qual odiava Omar. Conhecendo o temperamento orgulhoso e arrebatado do rapaz, receara criar-lhe dificuldades no exército, uma vez que Omar era seu comandante. Mas agora a situação modificara-se.

Com o coração angustiado, não pôde esconder do filho suas suspeitas. Narrou-lhe também parte do passado, o persistente e perigoso amor que Omar lhe devotara.

Revoltado, Pitar prometeu à sua mãe dedicar-se inteiramente às pesquisas, não tendo outro objetivo na vida senão descobrir o que fora feito de seu pai.

Quando o perdera, era ainda um menino e conservava dele a mais cara lembrança. Ele fora sempre, para sua exaltação juvenil, um herói, um bom e grande homem. Amava-o. Respeitava-o. A crença de que ele tivesse sido vítima de uma trama tão repugnante, revoltava-lhe a alma naturalmente nobre e generosa.

Nalim dizia:

— Deve ir conversar com tio Jasar. Ele espera por você. Deseja traçar uma diretriz para o início das diligências.

O rapaz levantou-se imediatamente, curvando-se frente às mulheres:

— Vou ter com ele. Sinto-me ansioso por ouvir-lhe a opinião.

Sem mesmo mudar o traje empoeirado da viagem, Pitar, a passos rápidos, encaminhou-se para o gabinete do tio.

Nalim, por sua vez, retirou-se a fim de providenciar sobre a bagagem do rapaz e diligenciar tudo a seu gosto.

Solimar, a sós com Sinat, passou-lhe o braço pelos ombros carinhosamente, quando perguntou:

— Ele sabe que é amado?

Sobressaltada, Sinat corou sem saber o que dizer. Mas, vencida pela ternura da voz de Solimar, respondeu:

— Não. Nem sequer posso pensar em tal! Ele me quer como a uma irmã. Depois, senhora, apesar de todos me tratarem com carinho e consideração, sabem que sou pobre e de origem humilde. Jamais poderei imaginar que esse amor um dia venha a tornar-se um direito. Não levanto meus olhos para o alto! Apenas não posso resistir a esse sentimento que tomou conta de mim. Faço tudo para ocultá-lo, mas penso que nem sempre com êxito.

— Querida filha, você é nobre e desinteressada. Sabe amar, merece ser feliz. Quem sabe ainda não o será com o homem amado?

Sinat suspirou resignada e murmurou:

— Não, não conservo ilusões. A nobre senhora que me acolheu dá muita importância à hierarquia. Já me conformei em não sonhar o impossível.

Solimar calou-se. Sabia que Sinat, em parte, tinha razão. Nalim nesse ponto sempre fora intransigente.

Comovida com a bondade da jovem, Solimar, intimamente, resolveu ajudá-la a realizar seus sonhos.

Investigaria o assunto. Se Pitar também a amasse, como entrevira em seu olhar, ela removeria as barreiras que Nalim eventualmente erguesse.

Sinat seria a esposa terna, bondosa e honesta, possuindo beleza de corpo e de espírito capaz de tornar venturoso quem a desposasse.

As duas sentaram-se novamente, caladas, imersas em seus próprios pensamentos.

Pitar, por sua vez, já abraçara o tio e, em seu gabinete, conversavam sobre o assunto que os preocupava.

Parecia-lhe difícil descobrir alguma pista. Seguir os passos de Omar teria sido excelente medida, mas na ocasião em que Nalim ouvira o chamado angustiado de Pecos. Agora, depois de tantos anos, de nada lhes serviria.

Falar-lhe sobre o assunto, obrigá-lo pela força a uma confissão, era o que Pitar desejava, mas seria uma temeridade inútil. Omar era uma potência político-militar. Realmente eles estavam frente a um dilema. O que fazer?

Conversaram durante longo tempo, mas nada de positivo resolveram. O tempo decorrido dificultava-lhes a ação.

Entretanto, nem por um instante pensaram em abandonar o caso. Agora que conheciam parte de uma verdade tão dolorosa, não descansariam enquanto não descobrissem tudo.

Por fim, Pitar resolveu que logo na manhã seguinte iria ao forte e lá procuraria investigar o assunto disfarçadamente.

Eram muitos os soldados, mas quem sabe o acaso os ajudaria? Procuraria palestrar com os que estavam lá na ocasião em que suspeitavam que Pecos fora preso.

Esperançoso com essa decisão, Pitar saiu dos aposentos do tio, podendo enfim, mudar suas roupas e preparar-se para o agradável jantar com a família.

***

Na manhã seguinte, Pitar saiu cedo rumo ao forte. Solimar viu-o esperançoso. Gostava de levantar-se cedo e aspirava com real prazer o aroma agradável dos jardins floridos.

Jasar, vendo-a, dirigiu-se alegre ao seu encontro, dizendo:

— Madrugou. Como passou a noite?

— Oh! Muito bem. Apenas um pouco preocupada. Deixei alguns doentes aos cuidados de pessoas amigas, mas sinto que talvez necessitem de mim.

— Estou certo disso, mas, naturalmente, estarão bem cuidados.

— Jasar — perguntou Solimar após ligeira hesitação —, Otias sabe que estou aqui?

— Sim. Contei-lhe logo no primeiro dia.

Solimar calou-se pensativa.

Ela sempre receara voltar por causa do ciúme de Otias. Não desejava empanar sua paz doméstica. Mas havia ainda um motivo mais constrangedor: o crime que certamente pesaria na consciência daquela mulher e que sua presença forçosamente a faria recordar.

Solimar sabia toda a verdade. Conhecera-a através da longa convivência com o infeliz Solias durante sua moléstia, que acompanhara até o derradeiro instante, tendo ele recuperado alguma lucidez na hora extrema.

Nobremente, guardava consigo esse segredo, não querendo revelá-lo a Jasar e à sua família.

Otias, vítima de indizível tragédia, sofria o resultado do caminho que escolhera. A vida já a justiçara. Teria Solimar o direito de perturbá-la ainda mais com sua presença?

Apesar do que ela lhe fizera, não lhe guardava rancor. Em seu coração só havia sincera compaixão. Desejaria ajudá-la como amiga, como enfermeira, como irmã. Mas ainda não tivera coragem de ir vê-la. Não desejava entristecê-la, mas ajudá-la!

Vendo-a pensativa e triste, Jasar perguntou:

— Por que está triste? Acaso não se sente feliz entre nós?

Solimar levantou para ele seus belos olhos verdes, sinceros e úmidos.

— Sabe que viver aqui para sempre seria para mim a suprema ventura. Mas não posso evitar pensar em sua esposa e lamentar a tragédia de que foi vítima. Desejaria vê-la, entretanto...

— Continue — pediu ele.

— Sei que ela nutre por mim uma antipatia profunda em virtude de nossa sincera amizade — corando por mencionar o amor que os unia, ela continuou: — Receio de que minha presença não lhe beneficie a saúde.

— De fato, Otias jamais poderia compreender o afeto que nos une — murmurou ele —, a pureza desse sentimento está acima do seu entendimento. Mas creio que poderia, pelo menos, tentar uma visita. Quem sabe conseguiria um efeito benéfico?

Ouvindo-o falar "no afeto que nos une", Solimar sentiu-se recompensada pelo esforço da longa viagem de volta.

Sentia que ele conservava-se ao lado da esposa, cumprindo nobremente seu dever, procurando elevar aquela alma sofredora e cega. Por que ela não poderia ajudá-lo?

O amor sempre foi mais forte do que o ódio, e ela possuía tanta capacidade de amar que derrotaria o ódio de Otias, libertando-a dessa tremenda tortura.

Haveria de provar-lhe com dedicação e carinho sua estima, seu esquecimento completo das ofensas e do terrível atentado do qual fora vítima.

Agora, seus olhos brilhavam, e Jasar viu que neles se acendia uma chama entusiasta. Foi assim que ela respondeu:

— Irei vê-la. Farei o possível para desfazer a má impressão que guarda de mim.

— Agora?

— Sim.

— Venha comigo. Eu a conduzirei.

Quando chegaram à porta do quarto de Otias, Solimar parou dizendo:

— Deixe-me ir sozinha. Será melhor. Depois lhe contarei tudo.

Ele aquiesceu, prontificando-se a esperá-la na sala contígua.

Solimar entrou. O que viu fê-la esquecer-se das preocupações que trazia. Seu coração apertou-se ao reconhecer naquele corpo hirto e macilento a figura de Otias. Como fora justiçada!

Otias abriu os olhos e, vendo-a, demonstrou susto e terror.

Durante aqueles dias, não pensara noutra coisa que não fosse Solimar. Debatera-se na dúvida se ela viria vê-la ou não. Naquele instante, esqueceu o ciúme doentio para ver nela apenas a vítima do seu crime e a culpada pela tragédia de sua vida!

Ela viera! O que desejaria? Com certeza, lançar-lhe em seu rosto sua situação de vencedora. Recriminar-lhe o passado! Divertir-se com o espetáculo de sua miserável condição!

Vendo que Otias parecia presa de indizível terror, deixando transparecer uns laivos de ódio no olhar, Solimar aproximou-se e, sentando-se a seu lado, falou-lhe docemente:

— Vim vê-la. Lamento encontrá-la em circunstâncias tão dolorosas, mas, no futuro, espero vê-la em uma situação bem diferente.

Solimar começara a falar docemente como o faria a uma criança muito querida.

Notando que o rosto de Otias cobria-se de suor, calmamente começou a enxugá-lo com delicadeza e naturalidade. Continuou:

— Sei que não tem muitas esperanças de cura nesta vida, mas acredite que o futuro lhe revelará uma grande surpresa: a de sermos eternos. Agora sofre. Sua alma deve viver presa a um pesadelo constante. Seu mundo interior deve ser confuso e lancinante, porque ininterrupto. Atravessa uma dura prova e, naturalmente, dela sairá amadurecida e venturosa.

Otias não podia compreender-lhe a atitude. Esperava palavras de ódio e de acusação, e ela estava ali, serena e doce. O ser é eterno, pensava ela, seria mesmo verdade? Seria ela, então, eternamente perseguida pela consciência de seu crime?

Imediatamente, lembrou-se dos lamentáveis acontecimentos daquela trágica noite e sentiu que caía novamente em um torturante pesadelo.

Viveu mentalmente toda a tragédia ocorrida. Seus olhos, extraordinariamente abertos, refletiam o pavor que lhe ia no íntimo.

Penalizada, Solimar ajoelhou-se ao lado do leito e orou pedindo ajuda aos espíritos de seu pai e de Samir, que sempre a auxiliavam, para que aliviassem os pungentes sofrimentos de Otias. À medida que orava, sentia-se adormecer, levada por irresistível força.

Otias olhava, sem ver, o que se passava ao seu redor, presa às recordações dolorosas, mas, de repente, aquela visão do passado desfez-se e ela viu que uma branca fumaça se adensava sobre a cabeça pendida de Solimar.

Esta parecia envolta em uma auréola de luz. Fascinada diante de tão estranho fenômeno, Otias não conseguia desviar a atenção da cena e viu com enorme surpresa que aquela fumaça se agigantava, tomando enfim a forma do seu velho e querido pai.

Impossível descrever o estado de ânimo de Otias. Desejava gritar, sair daquela imobilidade terrível, sufocante! O que significaria aquilo? Seu pai ali? Estaria sonhando?

Ele avançara para ela, parando ao lado do leito. Irradiava vida e luz, porém, seu olhar estava triste e preocupado, quando disse:

— Filha, ainda é tempo! Não volte constantemente ao passado, mas tire apenas dele as lições proveitosas que lhe ministrou. Reaja aos sentimentos que lhe oprimem o espírito. Seja boa. Acaso ainda recorda ódios passados? Não vê, minha filha, o abismo que você cavou? Os imortais lhe deram o bondoso amparo de um marido bom e leal. Ouça-lhe os sábios conselhos e será feliz. Você errou no passado, é verdade, mas, filha, não deve persistir no erro! Você quis matar uma jovem inocente a quem odiava, e a vida desviou esse golpe e a obrigou a assumir as consequências das suas atitudes. Aquela que pensou ter atingido e ainda hoje odeia firmemente é boa e pura. Jamais maculou sua vida sequer em pensamentos. Deverias amá-la, pois ela procura ajudá-la! Se assim não fosse, eu não teria conseguido hoje aparecer-lhe e conversar com você. Foi sua súplica sincera em seu favor que me possibilitou o auxílio para vir aqui. Aprenda com ela a perdoar!

Otias contemplava profundamente emocionada a fisionomia grave de seu pai, entre lágrimas que derramava copiosamente.

Sob o influxo daquela bondosa influência, Otias pôde, pela primeira vez em sua vida, entrever a verdade. Mas, pensava ela, haveria perdão para seu crime? E o filho?

Percebendo-lhe o angustioso estado de espírito, lendo-lhe a mente, Osiat continuou:

— Seu filho vive! Não a odeia, nem a recrimina. Ele compreendeu e perdoou! Se merecer esta dádiva, intercederei junto aos meus superiores para que ele possa vê-la. Mas tal acontecimento dependerá de você. Somente o envoltório terreno, que é o corpo, foi morto. O espírito dele é indestrutível. Seja paciente. Perdoe e procure amar os que a cercam. Todos são bons e a estimam. Seja bondosa e será feliz, porque receberá carinhosa assistência de sua família. Esses pesadelos que você tem são originários de sua consciência. Quando compreender a realidade, o alcance do mal que praticou, eles deixarão de existir. Ore sempre e estarei contigo. Um dia, virei buscá-la e será livre. Rasgará as cadeias e poderá ser feliz, mas, até lá, terá que aprender a amar, perdoar e tolerar. Agora, adeus...

Acariciando-lhe docemente os cabelos, a visão desapareceu, e Otias, por mais que tentasse, não viu mais o velho pai. Sentiu grande bem-estar. Aquilo fora tão extraordinário que ela não conseguira ainda concatenar as ideias. Compreendeu que Jasar tinha razão quando lhe falava que os mortos podem aparecer aos vivos. Que a morte não é o fim!

Teria Solimar sido sincera? Seu pai não lhe mentiria de nenhuma maneira. Mas, então, ela estaria enganada? Seria Solimar tão boa a ponto de desejar ajudá-la?

Otias desejava poder falar com Solimar, contar a todos sobre a visão maravilhosa. Sofria duplamente as emoções sem poder extravasá-las.

Solimar acordou sentindo uma sensação agradável de leveza. O que teria acontecido?

Levantou-se pressurosa e fitou o rosto doentio de Otias. Estava ansiosa para verificar sua melhora. Sentiu que a doente a olhava de maneira diferente. Talvez um pouco mais humana.

O coração de Solimar palpitou de contentamento. Ignorava o que ocorrera, mas estava certa de que a situação se modificara.

Decidida a aproveitar-se da vantagem conquistada, começou por providenciar carinhosamente mais conforto à enferma.

O próprio temperamento orgulhoso, revoltado e arredio de Otias a havia conduzido, com a moléstia, a um isolamento, que seria completo sem a assistência carinhosa de Jasar. Mas a este tratamento, apesar de dedicado, faltavam cuidados e delicadezas que somente um coração de mulher pode sentir.

As escravas nunca conseguiram afeiçoar-se à doente e, como o trabalho era penoso, faziam-no com má vontade, certas de que Otias não poderia queixar-se ao senhor.

Solimar, condoída, compreendera de um relance a situação e, decidida, começou a cuidar dos aposentos.

Otias observava seus movimentos, surpresa. Com o correr dos anos, havia se habituado àquele descaso das servas, mas sofria percebendo o abandono a que fora relegada.

Dentro de poucos minutos, o aspecto do aposento se modificou. Solimar afofou as almofadas do leito, esticou os lençóis, escovou os cabelos da doente, depois, quando julgou tudo pronto, sentou-se ao lado da cama e, olhando Otias de frente, perguntou humilde:

— Não está contrariada com minha presença?

Os olhos da doente permaneciam abertos, havendo neles uma expressão indefinível.

— Poderei vê-la à tardinha, quando estiver só? Consente?

Otias cerrou os olhos, e Solimar, exultante, percebeu que ela concordara.

Tocada por infinita alegria, Solimar despediu-se da enferma e, num impulso natural, beijou-lhe levemente a fronte.

Os olhos de Otias encheram-se de lágrimas. Havia muito não recebia uma carícia. Seguiu com o olhar o vulto de Solimar até a porta.

Ficando só, começou pela primeira vez em sua vida a sentir vergonha de suas atitudes passadas.

Talvez que a culpa do sucedido tivesse sido unicamente sua. Mas seria mesmo Solimar tão bondosa?

Mais calma, Otias cerrou as pálpebras, desejosa de repousar. Sem saber como, caiu em plácido sono.

***

Jasar esperava impacientemente do lado de fora. Vendo que Solimar se demorava, imaginou, com acerto, que as coisas não tivessem corrido tão mal.

Quando viu Solimar sair, compreendeu pela irradiação feliz do seu semblante que tudo correra bem.

Sentaram-se ambos, e Solimar contou-lhe tudo quanto se passara, menos a visão, da qual não tomara conhecimento.

— Que teria sucedido para que a enferma mudasse tão rapidamente? — inquiriu Solimar por fim.

— Não sei. Mas algo deve ter acontecido enquanto dormia. Você disse que foi um sono estranho e diferente e que permaneceu de joelhos, apesar de tudo. Sinto que espíritos amigos nos ajudaram. Sei que minha missão neste mundo é a de iluminar, principalmente aquela alma. Compreendi isso desde o dia em que o destino forçou-me a tomá-la como esposa, e muito mais quando a tragédia nos visitou. Serei profundamente feliz se conseguir que ela descubra seu lado bom, torne-se mais compreensiva, mais humana, mais nobre. Oh! Solimar — murmurou ele emocionado —, se ela me possui para ampará-la na Terra, eu, sem dúvida, por minha vez, tenho a sua ajuda. A recordação do seu elevado espírito de nobreza e sacrifício é que tem me sustentado nesta luta dolorosa! Agora, contando com seu auxílio, sinto que será mais fácil sensibilizá-la e ajudá-la a crescer.

— Pode contar comigo. Farei tudo quanto estiver a meu alcance para auxiliá-la.

— Agora, irei vê-la — disse. — Costumo fazê-lo todas as manhãs. Que as bênçãos do Deus eterno caiam sobre sua cabeça.

Com essas palavras, afastou-se comovido. Lá chegando, surpreso, constatou que Otias dormia calmamente. O aspecto do aposento era mais agradável.

Bem impressionado, sentou-se ao lado da cama, velando, à espera que Otias acordasse.

CAPÍTULO XXV

Dois meses se passaram sem nenhuma notícia de Pecos. Não sabiam o rumo a tomar. Desanimados, haviam quase perdido a esperança de encontrá-lo.

Contudo, Otias se modificara. A assistência devotada e sincera de Solimar operara milagres. Começara por alegrar Otias levando-lhe flores todos os dias, distribuindo-as harmoniosamente pelo aposento. Escolhia aquelas quase sem perfume, para não causar mal-estar à doente. Cuidava do asseio do quarto e do seu asseio pessoal.

Diante dessa atenção tão delicada e constante, as servas, chamadas à ordem, passaram a dispensar mais cuidados à enferma.

Solimar conversava com ela constantemente, contando-lhe casos alegres e, muitas vezes, conduzindo-a ao pátio externo a fim de gozar da aragem deliciosa das árvores do jardim.

Convencera Sinat da tristeza de viver como Otias, e a moça, comovida, resolvera ajudá-la.

Pouco a pouco, a situação de Otias foi se modificando. Já não sofria tanto isolamento, nem demonstrava desagrado com a presença dos demais membros da família.

Ultimamente, assistia às conversas da família ao crepúsculo, e todos demonstravam-lhe simpatia.

Às vezes, ela sofria crises nervosas, pesadelos, mas as orações de Solimar eram o bálsamo que lhe curava as feridas.

Aprendera naqueles meses que lhe cabia culpa pelo isolamento a que fora relegada. Era ela quem não aceitava a presença dos outros. Demonstrava rancor e indiferença e, assim, não poderia deles receber carinho.

Assim são as pessoas como Solimar. Tanta luz elas possuem interiormente que, onde aparecem, certamente iluminam o ambiente.

Uma tarde, estavam Nalim, Sinat e Solimar conversando no pátio, sentadas nos grandes bancos de pedra, quando Pitar chegou apressado.

Pela sua expressão, Nalim compreendeu que estava contrariado. Cumprimentando as mulheres, ia penetrar na casa, mas Nalim o deteve.

— O que aconteceu, meu filho?

— Trago notícias nada agradáveis. Por isso, desejava retardar o momento de transmiti-las.

— Mas sabe que não consegue ocultar de sua mãe suas contrariedades. Conte-me tudo.

— Está bem. Devo preparar-me e amanhã partirei com uma patrulha para muito longe. Tardarei a regressar. Transferiram-me para as obras de Darda Seir.

— Como? — perguntou Nalim, pálida. — Certamente mais um golpe de Omar! Oh! mas não consentirei que parta. Irei, se preciso for, ao forte, interceder.

— Não adianta, minha mãe. Nessas circunstâncias, é uma questão de honra minha partida. Sou soldado, terei de obedecer. Mas um dia, talvez, possa ajustar contas com esse homem que nos tem perseguido cruelmente. Agora irei ver tio Jasar. Necessito de sua palavra sensata. Penso mesmo em pedir-lhe alguns conselhos.

Depois que o rapaz se foi para o interior da casa, Nalim, desolada, falou às duas amigas.

— Quantos aborrecimentos e quantas tristezas nos reservará o futuro?

— Não seja pessimista, Nalim — respondeu Solimar. — Nem deve incitar o ódio de seu filho contra Omar. Por tudo quanto passou em sua vida, já deveria ter compreendido que uma força superior rege nossos destinos. Se ele foi escalado para essa viagem, foi porque deveria fazê-la. E, quem sabe, não regressará mais nobilitado por haver cumprido serenamente seu dever? Não há melhor remédio para aparar os golpes com que os outros nos tentam atingir do que a serenidade e o cumprimento do dever. Deixe-o desempenhar a tarefa que lhe foi designada.

Enquanto elas conversavam, Sinat, aproveitando a distração das mulheres, retirou-se para o jardim. Seu coração estava apertado e triste. Ele ia partir!

Conformava-se em sufocar seu amor, mas não vê-lo era-lhe um suplício muito mais doloroso.

Foi caminhando distraída e deixando-se arrastar por um sentimento de amargura. Sentou-se embaixo de uma árvore, oculta por algumas folhagens, dando livre curso às suas lágrimas de desespero. Soluçou durante muito tempo.

De repente, sobressaltou-se. Mãos nervosas entreabriram as folhagens, e uma voz autoritária perguntou:

— Quem está aí?

Sinat, reconhecendo Pitar, levantou-se rápida, preparando-se para fugir.

Mas ele foi mais rápido, tomou-lhe o pulso obrigando-a a virar-se para ele. Surpreendera-se com aqueles soluços ao passar pelo jardim e quisera ver quem sofria. Estupefato, encarava Sinat que, envergonhada, desejava desaparecer dali.

— Chora? O que aconteceu? Conte-me.

A moça permaneceu silenciosa. Seus olhos úmidos, faces enrubescidas pelo pranto e pela vergonha, os cabelos em desalinho, caindo como cascatas sobre suas lindas espáduas.

Como poderia contar-lhe o motivo do seu pranto? Desorientada pela torrente emotiva sopitada há largo tempo, as lágrimas recomeçaram a rolar, enquanto Sinat, a custo, tentava retê-las, sufocando ao mesmo tempo os soluços que lhe brotavam do peito arfante.

Pesaroso, sem saber o que fazer, Pitar, querendo consolá-la, passou-lhe ternamente o braço sobre os ombros.

Nervosa, Sinat encostou a face contra seu peito tentando esconder o rosto.

Eles tinham crescido juntos. Tratavam-se sempre afetuosamente. Não era a primeira vez que Pitar a abraçava; entretanto, ele sentiu como se jamais o tivesse feito.

O contato delicado da face da moça em seu peito, o perfume delicioso de seus lindos cabelos, o palpitar excitado de seu peito arfante, tudo aquilo causou-lhe deliciosa emoção.

Sua mão desceu vagarosamente até a cintura da moça, apertando--a delicadamente. Com a outra mão, levantou-lhe o queixo delicado. Olhando-a nos olhos, perguntou baixinho:

— Diga-me, por que chorava?

Seu olhar era irresistível. Seu rosto moreno e belo irradiava força, energia, mocidade.

Sinat, dominada pelo encanto daquele instante, murmurou quase sem sentir.

— Pela sua partida!

Pareceu-lhe natural dizer-lhe agora a verdade. Ele ordenava com o olhar.

Um frêmito de emoção agitou o coração do jovem e impulsivo filho de Pecos. Apertou-a ainda mais e com ternura beijou-lhe os lábios polpudos e purpurinos.

Pitar, embora jovem, conhecera já muitas aventuras amorosas. Nenhuma mulher, entretanto, despertara-lhe com um beijo este arrebatamento de que se achava possuído.

Depois de beijá-la repetidas vezes, murmurou-lhe ternamente ao ouvido:

— Sinat, bendigo agora esta viagem, porque ela a forçou a revelar seu segredo, ajudando-me, assim, a compreender que a amo! Seu beijo é para mim a mais terna emoção. Eu irei, mas, ao regressar, você será minha esposa!

— Não sei... — murmurou Sinat, entontecida de ventura. — Nossas condições sociais são diversas. Não poderá desposar-me!

— É a mais pura e nobre das criaturas, e eu me sentirei honrado se aceitar meu nome de esposo! Quanto ao resto, tenho certeza de que tudo se arranjará. Verá. Agora, quero um beijo!

— A noite já desceu. Certamente, notaram minha ausência, precisamos entrar.

— Então, jure que será minha esposa!

— Se não vier prejudicar sua posição e sua carreira, serei sua esposa.

— Agora, beije-me e iremos para dentro.

Trocaram mais alguns beijos, depois, desprendendo-se a custo dos braços que a cingiam, Sinat retirou-se, procurando alcançar seu quarto sem ser vista, pois desejava recompor-se.

Pitar, radiante, sentia que com Sinat estava sua felicidade. Como pudera viver tanto tempo ao lado dela sem perceber que a amava? Justo agora que deveria partir! Mas antes conversaria com o tio, pedindo-lhe para velar por ela com especial carinho, confiando-lhe seus anseios.

Foi procurá-lo. Jasar recebeu com simpatia as entusiastas confidências do rapaz. Vendo-o lamentar-se quanto à necessidade urgente de partir, justamente quando descobria motivos para ficar, ponderou:

— Vá, meu filho. A viagem lhe será benéfica. É ainda um tanto jovem. Acredito na força sincera do seu amor, mas bem poderia acontecer ser ele apenas fruto da fascinação do momento, da vaidade por saber-se amado por uma jovem e linda mulher. Saindo agora, poderá analisar melhor seus sentimentos. Você se unirá a ela com a certeza de poder amá-la e dedicar-se inteiramente à vida do lar. O casamento, meu rapaz, só proporciona a ventura sonhada quando existe amor, fazendo com que os seres permaneçam unidos na desgraça e na alegria, compreendam-se e completem-se.

Pitar ouvia em respeitoso silêncio.

— Se, depois, ao regressar, ainda sentir amor por Sinat, se tiver concluído que só ela o fará feliz, então poderá contar com meu apoio e minha proteção para as dificuldades possíveis à realização do casamento.

Pitar sorriu satisfeito, dizendo:

— Tem razão em desejar provar-me. Reconheço que meu caso parece algo precipitado, mas tenho certeza de que a amo com sinceridade. Não sei explicar, mas creio que sempre a amei! Apenas sempre a olhara como a uma criança. Quando enxerguei a mulher que ela se tornou, compreendi num relance que a amava. Mas que seja como está dizendo. Terei mesmo que partir amanhã. Quando regressar, acertaremos o casamento.

— Desejo que assim seja. Sinat é uma esplêndida criatura, que estimo e admiro. Seu nobre espírito merece ser compreendido e apreciado. Fará seguramente sua felicidade.

Com um abraço cordial, Pitar despediu-se do tio. Precisava ultimar alguns preparativos.

Jasar, a sós, pôs-se a pensar no romance do sobrinho e, sem querer, seu pensamento voltou-se para o passado.

Ele também amara e sonhara com um lar feliz! Mas a vida determinara diferente. Um dia entenderia o porquê. Sentia que chegaria o momento, ainda que depois da morte, em que eles poderiam realizar o sonho de ficar juntos.

Os dias após a partida de Pitar começaram a desfilar de maneira igual, sem emoção.

Otias, agora, sentia-se feliz em companhia de Solimar. Esta, sensível e prática quanto aos cuidados que deveria prestar aos doentes, contribuíra para tornar-lhe a vida mais suportável.

Fazia tudo para distrair-lhe o pensamento das coisas tristes e mórbidas. Quando via em seu olhar sentimentos angustiantes, apressava-se em descobrir algo para desviar-lhe os pensamentos, certamente dolorosos.

Sabia-a vaidosa. Cuidava da sua aparência. Antes das visitas de Jasar, costumava escovar-lhe os cabelos, vesti-la com belas roupas, dar ao aposento um aspecto alegre e agradável.

Quando lá estava, conversava constantemente a fim de distraí-la.

Otias, como todos os doentes, sensível, tornara-se pouco a pouco reconhecida com tanta dedicação.

Se a visão do espírito de seu pai fora a pedra fundamental da compreensão quanto à injustiça de suas suspeitas, extinguindo o ódio que sentia pela ex-escrava, a boa vontade, sinceridade e dedicação amorosa de Solimar haviam criado uma auréola de estima e simpatia.

Solimar irradiava tão bons pensamentos com relação a Otias, que esta chegara a notar que sua presença lhe fazia bem.

Assim, principiara a moça por tornar-se bem-recebida e, por fim, indispensável à doente.

O estado de Otias era precário. Via-se que seus pobres e rijos membros definhavam dia a dia.

A pele mal cobria os ossos, mas conquistara alguma paz de espírito. Não mais vivia torturada.

Apenas, de quando em vez, os pesadelos reapareciam, geralmente à noite, quando no silêncio parecia-lhe ouvir o grito de terror e revia mentalmente a cena da morte do filho.

Solimar não conseguira saber o que se passara durante sua primeira entrevista com Otias, que tanto a modificara, mas notou que, sempre quando mencionava as aparições dos espíritos e a vida do além, ela parecia ávida e contente.

Passou então a contar-lhe tudo quanto conhecia sobre a vida, sua finalidade e as leis que a regem.

Várias vezes, arrancara lágrimas à enferma. Temerosa, perguntava-lhe, nessas ocasiões, se queria que parasse de falar sobre aquele assunto; ela, porém, continuava com os olhos abertos em sinal evidente de que desejava ouvir mais.

O benefício que tais palestras ofereciam ao espírito sofredor de Otias, Solimar não poderia prever.

Aqueles conhecimentos que muitas vezes tinha ouvido sem interesse o marido mencionar, tinham para ela agora novo sentido.

O marido de Otias, mais uma vez testemunha da dedicação e nobreza de Solimar, se já a amava, passara a venerá-la no íntimo do coração.

Solimar era para ele o símbolo da elevação espiritual. Sabia, embora sem que ela lhe dissesse, ser seu amor por ele tão elevado e nobre que o estendera àquela criatura que fora causadora de tantas desventuras para seu coração, ajudando-a a encontrar a paz.

Solimar era sua companheira perante a divindade. Compreendia-o, auxiliando-o na dura tarefa familiar. Perante os homens, Jasar era marido de Otias, mas em espírito era uno com Solimar!

Nalim, por sua vez, vivia seu próprio drama. Surpreendera-se com a modificação operada em Otias, mas, imersa em suas dúvidas e receios, não procurava descobrir-lhe a causa.

Pensava incessantemente no amado esposo. Sua saudade era amargurada pela dúvida quanto a seu destino. Ah, se pudesse tornar a vê-lo! Tê-lo diante de si! Abraçá-lo, beijá-lo, voltar a sentir sua mão forte dirigindo a vida da família!

Às vezes, chorava desiludida e desanimada. Então, seu ódio por Omar vinha à tona, e maus pensamentos povoavam-lhe a mente. Tinha pesadelos nessas ocasiões e via Omar assassinando Pecos. Via a si mesma enterrando um punhal no peito de Omar e retirando-o cheio de sangue. Essa era a vida de Nalim. Perdida no conflito entre o ódio e o desalento, a saudade e a esperança. O futuro escreveria seu destino. Não lhe restava outro caminho senão esperar.

CAPÍTULO XXVI

Despreocupado e alegre, Pitar realizara sua viagem. Apesar da tristeza de deixar o lar com seus entes queridos, a certeza de amar e ser amado trouxera-lhe ao coração uma exuberante alegria.

Seus companheiros de viagem perceberam-lhe o estado de espírito e cordialmente lhe dirigiam gracejos. Pitar não se aborrecia, pelo contrário, divertia-se com isso.

A viagem foi longa e penosa. A caravana era grande, pois levavam inúmeras mercadorias ao alojamento.

Conduziam também alguns prisioneiros condenados aos trabalhos forçados nas construções dos monumentos de Darda-Seir.

Afinal, após uma viagem estafante, chegaram ao seu destino. Lá, o oficial que os comandava conferenciou com o comandante daquela região, inteirando-se da sua tarefa.

Pitar, curioso, procurava analisar o local onde se encontrava. Era dia e a atividade era grande. Construía-se suntuoso túmulo destinado certamente a receber os restos mortais do soberano.

A obra era grandiosa e já estava em fase final. O local era retirado da aldeia e deserto. Um oásis agradável o marginava e lá estavam as tendas dos soldados.

Os escravos que lá trabalhavam dormiam amontoados em duas tendas maiores do que as demais, vigiados constantemente.

Lá na aldeia construíam também um templo a Osíris, destinado à adoração pública.

Pitar soube que permaneceriam ali algum tempo até que o comandante determinasse a viagem em companhia de alguns soldados, sendo que eles deveriam cuidar do andamento do serviço e vigiar os escravos.

Aqueles homens, queimados pelo sol causticante, foram heróis anônimos que transmitiram à civilização atual, a custo da própria vida, o conhecimento avançado daquele tempo, para lembrar aos de hoje que outros povos existiram, amando, sofrendo as mesmas dúvidas, os mesmos desejos, as mesmas necessidades, que realizavam demasiado, pois seus dirigentes possuíam a intuição de que deveria existir alma, corpo e espírito. Não incorreram no engano separatista que, na era das máquinas, se nota.

Nas inscrições sábias que ainda hoje se encontram nas ruínas dos templos da civilização egípcia vemos que seus conhecimentos eram elevados e numerosos.

Mas aqueles trabalhadores da posteridade viviam maltratados e subalimentados. À força de conviverem e de possuírem trajes semelhantes, pareciam-se.

Os soldados, principalmente os novatos no local, confundiam-nos constantemente.

Pitar não gostara do lugar. As saudades apertavam cada dia mais. O carinho da família e agora da mulher amada tornava a separação insuportável. Os dias sucediam-se monótonos. O calor era abrasador, o local desinteressante e deserto. Sentiu-se radiante quando pôde, por fim, ser transferido para o forte de Darda-Seir.

Lá na aldeia era mais agradável. Seu trabalho era o mesmo. Deveria montar guarda nas obras durante o trabalho dos escravos. À noite, era rendido por outro colega, que guardava o local, evitando possíveis furtos e as fugas sempre tentadas pelos prisioneiros.

Aquela tarde, Pitar deixara o templo cuja construção se encontrava em curso. Ia absorto e como sempre se recordando de Sinat.

A certa altura, parou surpreendido. Uma voz triste e suave cantava uma bela canção. Pitar emocionou-se com aquela melodia. Procurou vislumbrar quem cantava. A voz partira do pátio onde estava o alojamento dos escravos.

Curioso, Pitar encaminhou-se para lá e entrou. O rapaz, atraído por uma força estranha, pôde, seguindo o canto nostálgico, encontrar o trovador.

Tratava-se de um escravo. Estava sentado sob uma árvore. Sua elevada estatura, um tanto encurvada pelas lutas e pelos anos, e seus cabelos grisalhos inspiraram instintivamente a Pitar extrema simpatia.

Percebendo-se observado, o escravo calou-se e levantou os olhos para o rapaz, pondo-se em pé rapidamente. Seus olhos se encontraram! Ambos sentiram uma estranha emoção, inexplicável.

Procurando vencer o silêncio constrangedor, Pitar disse-lhe cordialmente:

— Ouvi sua canção. Sua voz agradou-me. Canta como um artista.

— Agradeço a amabilidade, senhor — respondeu-lhe o escravo.

— Como se chama?

— Chamam-me aqui de Natius.

— É de Quinit?

— Sou — respondeu ele, pouco expansivo.

Seu olhar era firme, mas havia nele algo de misterioso que fascinou Pitar.

Quem seria aquele homem antes de ser preso? Qual o seu crime?

Era indubitável que teria cometido um crime, pois como cidadão egípcio só por grave motivo seria condenado a tal pena.

Pitar ignorava que, se as leis dos homens, muitas vezes, parecem justas aos próprios homens, estes, ao exercê-las, arvoram-se no direito de torcê-las para servir às suas ambições.

O rapaz era jovem, possuía confiança na justiça humana e em suas leis.

— De onde veio, de que aldeia?

— Vim de longe. Tantos anos faz que nem me lembro.

Ele falava respeitoso, mas Pitar percebeu que de alguma forma suas perguntas o contrariavam. Parecia que sofria ao respondê-las. Vendo que ele talvez se sentisse melhor sozinho, o jovem resolveu retirar-se.

Saiu do pátio, mas os olhos do escravo pareciam ter-se gravado em seu subconsciente.

Onde já os tinha visto antes? Mesmo sua simpática fisionomia não lhe era estranha. Onde a vira?

A noite descera, e Pitar não podia se esquecer do escravo. Agora tinha a certeza de tê-lo visto, mas quando?

Resolveu perguntar a alguns soldados sobre a vida do cativo. Suas pesquisas aumentaram ainda mais o mistério que o rodeava.

Soube que o escrevo estava ali havia muitos anos, mas não falava jamais do passado. Parecia mesmo não tê-lo. Jamais mencionara família ou amigos.

Isso entusiasmou o espírito aventureiro de Pitar, que resolveu descobrir o mistério que envolvia aquele homem que tanto o impressionara.

No dia seguinte, observou-o enquanto trabalhava. Ele era forte e ágil, apesar dos anos. Surpreendera, por diversas vezes, o olhar dele examinando-o com atenção e insistência.

Será que ele se lembraria de também tê-lo visto antes, em alguma parte? Quem sabe?

Pitar notou que seus modos eram educados e distintos, sua maneira de falar, apesar do pouco que dissera, correta.

Quem seria?

O melhor seria tornar-se seu amigo e perguntar-lhe diretamente o que desejava saber. Mas isso não era tarefa fácil. Pitar era jovem e inexperiente; o escravo, taciturno e, apesar de suas maneiras corteses, reservado.

Os dias foram passando. Pitar buscava, sempre que possível, conversar com Natius.

Poderia ter ordenado ao escravo que lhe respondesse tudo quanto desejava saber, mas ele não possuía ânimo para agir com dureza com alguém que nada lhe fizera e ainda lhe provocava grande simpatia.

Certa tarde, o sol era escaldante. Os escravos trabalhavam exaustos e suarentos. Apesar de habituados àquele clima escaldante, naquele dia, ressentiam-se do mormaço e da modorra reinante.

Pitar, em seu posto, de repente, sentiu que tudo girava ao seu redor. Caiu estrondosamente no solo.

Quando voltou a si minutos depois, percebeu a fisionomia ansiosa de Natius inclinada sobre ele. Ainda atordoado, perguntou:

— O que foi?

— Apenas uma ligeira tontura devido ao calor. Acho prudente que o senhor repouse por hoje, caso contrário, seu estado poderá se agravar.

Já recuperado, Pitar ergueu-se um tanto inseguro, respondendo:

— Não posso. Estou de serviço. Logo mais, termina meu turno, então descansarei.

O rapaz tentava recompor as vestes, que Natius afrouxara.

— Isso não seria prudente. Posso lhe garantir que o sol causticante pode fazer muito mal. Se insisto, é porque possuo triste experiência a respeito. Eu aconselho repouso em lugar abrigado e ventilado.

Pitar, fitando-o firmemente, perguntou:

— Diga-me. Por que se interessa tanto pelo meu bem-estar? Aqui estamos de lados opostos. Seria possível que já me conhecesse?

O semblante triste do escravo perturbou-se um pouco com a pergunta. Procurando dar firmeza à voz, respondeu vagarosamente:

— Não sei. Mesmo que tivesse sido parte do meu passado, não poderia sabê-lo. Simplesmente, posso esclarecer que seu rosto recorda alguém que me é muito familiar. Quem? Não poderia dizer.

— Quer dizer que você não contou a ninguém seu segredo?

— Não tenho segredo. É a vida que tem segredos para mim. Algum dia, quem sabe, poderei desvendá-los.

Intrigado e desejoso de não perder tão boa oportunidade, Pitar decidiu que conservaria o escravo mais tempo em sua companhia.

— Está bem. Vou recolher-me, mas terá de me acompanhar, porque não me sinto firme. Mas antes, mande chamar Samut, para substituir-me no posto. Encarregue algum companheiro seu dessa diligência.

Pouco depois, Pitar, amparado no braço forte do escravo, entrou no alojamento.

Na pequena alcova que servia de residência ao jovem soldado, ambos entraram. Pitar, ainda um pouco entontecido, estendeu-se no leito.

O escravo trocou as vestes pesadas do jovem por uma túnica leve.

— Sente-se ao lado do leito e me abane para que me sinta melhor.

O escravo obedeceu prontamente. Ele nunca gostara desses serviços particulares, mas, dessa vez, fazia-o com prazer.

Pitar, mais refeito, sentia com gosto a brisa ligeira que vinha do enorme leque que o escravo abanava.

De repente, os olhos do escravo se abriram ansiosos e suas mãos largaram o abanador, que caiu no chão.

Acabava de vislumbrar algo que lhe perturbara a serenidade.

— Que foi? — perguntou Pitar.

— Aquele objeto.

Levantou-se de um salto e apanhou pequena caixa de madeira lavrada e colorida. Sem pedir licença abriu-a rápido. Continha várias joias pertencentes a Pitar, mas o escravo apenas viu um cordão purpurino uma maravilhosa pedra opalina.

Estarrecido, sem saber o que dizer, Pitar observava estupefato.

— Isso, onde o achou? — perguntou o escravo a Pitar. — É meu! Sei que me pertence!

Virando-se para o jovem, cuja surpresa o emudecera, continuou:

— Diga. Onde o encontrou?

Sem saber por que se rendia à insolência do escravo, Pitar respondeu:

— Engana-se. Esta caixa era de minha mãe, trouxe-a de sua terra. Esta pedra pertenceu a um nobre guerreiro, meu pai! Foi presente do faraó.

O escravo, perturbado, caiu em si. Sucumbido, largou a joia, repondo-a na caixa, que guardou no lugar de antes. Estava trêmulo, descontrolado.

Penalizado, Pitar resolveu interrogá-lo sobre o mistério de sua vida. Perguntou-lhe ansioso:

— Onde e quando teve uma joia como esta?

— Não sei. Sei apenas que era esta e pareceu-me, ao vê-la, que uma cortina do passado se levantava diante dos meus olhos. Vi-me em um luxuoso palácio, vestido de púrpura e ostentando esta pedra ao peito. Depois, tudo se perdeu novamente nas trevas! Não posso me lembrar. Isso me desespera!

O escravo, sem poder controlar as emoções, abalado ainda pelo choque emocional de minutos antes, não guardou a reserva habitual.

Pitar ouvira-o um pouco pálido. Uma pequena suspeita, uma esperança, uma incerteza brotara em seu espírito ao ouvir as palavras singulares do escravo.

Sem querer agarrar-se a quimeras, perguntou-lhe um pouco trêmulo:

— Quer dizer que não se recorda de quando a possuiu?

— Não. Um lamentável acidente deixou que meu corpo vivesse, mas meu passado morreu nesse dia. Nunca mais consegui lembrar-me sequer do nome.

Seriamente emocionado, Pitar agora receava perguntar. Temia deixar-se levar por uma bela ilusão para depois vê-la desvanecer-se.

— Quer dizer que você se esqueceu do passado?

— Sim. De nada me recordo. De quando em quando, frente a determinados acontecimentos, parece-me reconhecer pessoas, objetos, mas logo retorna a névoa, e de nada posso lembrar-me, por mais esforços que faça.

— Diga, faz muito tempo que está assim?

— Faz muitos anos. Creio que quase onze.

Pitar agora já não podia controlar sua vontade de investigar de todas as maneiras possíveis a vida daquele homem.

— Seu caso muito me interessa. Possuo razões muito sérias para lhe pedir que me conte tudo quanto sabe sobre seu passado.

— Em que poderá lhe interessar minha triste situação?— perguntou o escravo, algo surpreso.

— Conte-me tudo, depois lhe direi minhas razões, que são muito poderosas, como você mesmo verá.

Vendo a sinceridade do rapaz, o tom de voz quase respeitoso com que o tratava, Natius decidiu-se a contar-lhe o que recordava de sua vida passada.

Começou por relatar como acordara em uma casa estranha, doente, com o corpo ardendo, machucado por queimaduras cujas cicatrizes ainda marcavam, embora de leve, seu rosto. Contou como vivera em companhia de bondosa mulher, que o tratara como filho.

Fora tratado por um bondoso velho que aprendera a estimar e por uma parenta sua, jovem e bela mulher, que dissera reconhecê-lo.

Nessa altura, sem poder conter-se, Pitar perguntou emocionado:

— Diga o nome dessas pessoas. Como as chamava?

— Ela era Tarsa, a velha com quem vivi. Ele era Samir, e sua jovem parenta era Solimar.

Sacudido por forte emoção nervosa, Pitar não conseguiu, dessa vez, dominar-se.

Levantou-se e num ímpeto abraçou o escravo que, surpreso e emocionado, sentiu que as lágrimas brotavam de seus olhos.

— Então, creio que é aquele a quem procuro! Tenho o procurado inutilmente! Bem me parecia conhecê-lo! Mudou muito, mas agora sei quem realmente é!

O pobre homem tremia, sem poder disfarçar a emoção. Seu coração vibrava de intensa simpatia por aquele belo rapaz desde o instante em que o vira pela primeira vez. Seria verdade? Encontraria agora realmente o fio do passado?

Quando se acalmou um pouco, Pitar perguntou:

— Disse que a jovem mulher o reconheceu. Conte-me o que ela lhe disse?

— Mas, se me reconheceu, diga primeiro quem sou e por que está me procurando.

— Necessito antes saber de tudo. Conte-me. Depois, por minha vez, lhe direi o que anseio.

Pecos, pois que era ele, narrou, então, minuciosamente tudo quanto lhe acontecera desde o instante em que encontrara com Solimar.

À medida que Pecos falava, Pitar não podia esconder a revolta e a dolorosa surpresa que lhe causava conhecer toda a trama que envolvia o desaparecimento do pai.

Quando este terminou, Pitar, não suportando a revolta, murmurou com rancor:

— Minha mãe tinha razão em suspeitar que Omar tenha sido o causador de toda a nossa desgraça!

— Desgraça. Por acaso minha desventura o atinge também? Quer dizer que...

Ele, esperançoso, indeciso, não se atrevia a continuar.

Olhando-o bem nos olhos, Pitar murmurou emocionado:

— Sim. Meu nome é Pitar. Sou filho do nobre guerreiro Pecos. Ele não morreu. Há poucos meses, Solimar nos disse que ainda vivia. Apenas perdera a memória.

Trêmulo, o escravo fez-se pálido. Apenas pôde balbuciar:

— Acredita, então, que eu seja realmente esse guerreiro? Que seja seu pai?

— Sim — respondeu resoluto o rapaz, abraçando-o carinhosamente. — Reconheço-o agora, apesar de tudo. O que me contou comprova plenamente o que sabia sobre seu desaparecimento. Até o incidente que narrou sobre sua prisão frente à nossa casa, minha mãe havia me contado. Ela reconheceu sua voz. Correu ao forte com tio Jasar, mas não conseguiu encontrá-lo. Com certeza, o esconderam bem.

Pecos compreendeu que agira mal, duvidando do que Solimar lhe dissera. Agora percebia que tudo era verdade!

Seu filho! Então aquele nobre e belo rapaz era seu filho! Com um sentimento de felicidade que nunca se lembrava de haver sentido antes, abraçou o rapaz, beijando-lhe a larga fronte.

As palavras fugiram-lhe tal a comoção de que se encontrava possuído.

Passados os primeiros instantes, Pecos fez com que Pitar se deitasse novamente e sentou-se por sua vez à beira do leito. Queria saber seu passado, o mistério que ele ainda representava em sua memória. Estava ávido.

A bela mulher, que vira e tanto o emocionara havia tantos anos, era sua esposa! Certamente amava-o! Recordava-se de que a visão do seu rosto o acompanhara desde aquele instante e, muitas vezes, desejara tornar a vê-la.

Pitar, feliz, contava ao pai tudo quanto ele desejava saber.

O sofrimento de sua mãe durante aqueles anos, a abnegação do tio, a tragédia de sua vida. Principalmente, como não podia deixar de ser, seu romance com Sinat. Por fim, disse alegremente:

— Antegozo a alegria dos nossos quando regressarmos.

Essas palavras sobressaltaram Pecos, que respondeu:

— Agora desejo mais do que nunca regressar, mas sou um prisioneiro. Não sei se poderei sair daqui assim com facilidade e acompanhá-lo.

— Havemos de conseguir isso. Agora que o encontrei, não mais nos separaremos. Receio perdê-lo novamente. Omar é mau. Seu regresso forçosamente lhe trará complicações. Fará tudo para impedi-lo. Mas, agora que estamos juntos, haveremos de nos vingar de tudo quanto nos fez sofrer.

— Meu filho, sinto-me revoltado com o procedimento do homem que aqui me trouxe sabendo a verdade, mas a vida me ensinou que não devemos odiar. A suprema vingança será a de mostrar-lhe que, se os homens como ele desejam traçar o destino conforme lhes convenha, aos imortais cabe mostrar-lhes quão pequena é sua força, inutilizando-lhes as ações. Agora, após tantos anos de dúvidas, angústias e sofrimentos, meu maior desejo é o de viver sossegado, num ambiente de carinho e paz.

Admirado, Pitar fitou o semblante cansado de seu querido pai.

Muito tempo conversaram. A noite desceu. Pai e filho, imersos na profunda ventura do reencontro e da compreensão, pareceram nem notar que o tempo inexorável caminhava, traçando em seu roteiro o destino das criaturas.

CAPÍTULO XXVII

Na casa de Jasar, tudo decorria normalmente. Nalim, amargurada entre as saudades do filho que já se demorava e as recordações do esposo, vivia triste.

Isso fez com que os laços de amizade que a uniam ao resto da família, principalmente a Solimar, se estreitassem. Esta dividia seu tempo entre Otias e Nalim, sendo mesmo o elo de tolerância e simpatia que começara a unir as duas cunhadas.

Jasar compreendia o bem que a presença serena de Solimar trouxera àquela casa. Mas dificilmente podia trocar duas palavras a sós com a mulher que adorava. Solimar evitava-lhe a companhia, desejosa de mostrar indiferença, a fim de poupar inúteis sofrimentos a Otias.

Sabia que a moribunda era ciumenta e adorava o marido. Depois, por que haveria de palestrar com ele a sós? Adorava fazê-lo, mas não seria ainda mais incentivar uma afeição proibida?

As coisas seguiam seu curso normal, mas todos notavam que Otias estava cada dia mais abatida, e seu estado, mais delicado.

Certa manhã, ela acordou com mais febre que o usual. Jasar, ao visitá-la, entristeceu-se e proibiu que a retirassem do aposento. Deu-lhe ainda mais alguns medicamentos.

Condoídas pela situação, as mulheres da casa reuniram-se ao redor do seu leito, pretendendo demonstrar solidariedade e estima. Ficaram a seu lado durante todo o dia, jamais a deixando sozinha.

Jasar, prevendo que o fim não se faria esperar, não saiu do aposento, atendendo-a sempre que necessário.

A noite chegara. Otias caíra em grande abatimento e o coma se aprofundava. Seu fraco e cansado coração descompassava-se, falhando a cada instante.

De repente, ela abriu os olhos. Viu à sua volta e reconheceu os que a cercavam. Um clarão de prazer transpareceu, e ela fechou-os de novo. Pensava confusamente:

"Eles se preocuparam por mim. Estimam-me. Estou pior. Será o fim? Tenho medo. O que se ocultará através da morte?"

Mas notou em certo momento que alguém se aproximava do leito. Era seu querido pai! Assustada, fixou o olhar nele.

Ele lhe disse:

— Filha, soou a hora de sua libertação. Vim buscá-la!

Otias, angustiada, pensou em Jasar e o ciúme ocorreu-lhe com rapidez.

O espírito do velho Osiat, olhando-a triste, continuou:

— Não seja egoísta. Pense que recebeu em demasia a generosidade daqueles a quem pretendia ferir. Vim para levá-la para um lugar de repouso, paz, onde estará livre! Poderá conversar, rir, cantar, ser, enfim, como antes, ou melhor, mais leve, mais feliz! Se teimar em agarrar-se às coisas que a cercam, sofrerá muito mais o momento, que é inevitável.

Vendo que ela concordava triste, mas procurando ser corajosa, Osiat sorrindo e continuou:

— Tenho uma surpresa para você. Não estou sozinho. Alguém espera ansiosamente para abraçá-la e conduzi-la ao novo destino!

— Quem? — perguntou o pensamento de Otias.

— Olhe e verá! — respondeu-lhe Osiat.

Ela viu caminhando para ela a figura amorosa de sua mãe.

Otias não pôde sufocar a emoção. As lágrimas copiosas deslizavam por suas descoradas faces.

Apesar de parecer que dormia, todos os que a velavam notaram as lágrimas e, por sua vez, penalizados, julgando que ela sofria, sentiam os olhos molhados e o peito opresso.

Mas Otias era feliz. Sentia a mão macia e fresca de sua mãe acariciar-lhe a testa, os cabelos. A emoção era sem par naquele instante.

Num relance, viu todas as suas ações passadas e um sentimento vivo de vergonha e arrependimento frente ao espírito de sua bondosa mãe a envolveu.

— Filha — murmurou suavemente o espírito daquela bela mulher —, nada receie. O Senhor a protegerá. Nós estamos aqui. Entregue-se sem receio ao sono que aliviará seus sofrimentos. Quando acordar, estará ao nosso lado, livre e feliz!

Nesse instante, Otias sentiu aumentar a emoção. Acabava de vislumbrar, à beira do leito, a figura adorada de seu querido filho. Este lhe sorria amorosamente e, estendendo-lhe os pequeninos braços, murmurou docemente:

— Venha...

Num supremo esforço, sentindo que algo se rasgava em todo o seu ser, Otias gritou desesperada:

— Filho, perdão! Leve-me com você!

Um grito conjunto de terror escapou do peito das mulheres que velavam. Otias falara! Seu grito rouco, gutural mesmo, fora perfeitamente compreensível. Falara e estendera, como que movida por estranha força, os braços para o alto, suplicante, depois, deixou-os cair. Seu corpo estertorou. Estava morta!

As três mulheres deixaram que as lágrimas rolassem, comovidas com o acontecimento.

Jasar, mais prático, acercou-se do leito e verificou se naquele corpo inerte ainda existia um sopro de vida.

Um triste suspiro escapou-lhe do peito bondoso. Ele não a amara jamais como mulher, mas sua afeição por aquela com quem partilhara a infância feliz, unida a ele pelos laços de família e ainda mais por seu longo e penoso sofrimento durante aquela triste enfermidade, haviam estabelecido em seu coração uma terna amizade, que uma compreensão profunda da vida consolidara.

Triste, sentou-se perto do leito, e seu pensamento formulou fervorosa oração, pedindo aos seres do além que recebessem aquela alma sofredora.

Ela gritara pelo filho. Ele estivera ali com certeza. Jasar tinha essa profunda convicção. Somente sua presença adorada teria sido capaz de produzir em Otias a reação tão extraordinária que vencera a imobilidade do corpo, arrancando-lhe aquele miraculoso grito de súplica e amor.

Se Matur estivesse presente, que soubesse perdoar e recebesse o espírito daquela que, apesar de suas imperfeições, o amara e sofrera tanto tempo o acidente que lhe roubara a vida!

Jasar sentia que havia cumprido sua tarefa. Tudo fizera para amparar e esclarecer aquela que fora sua esposa, na convicção de que esse era o dever que a vida lhe impusera.

Não sabia ao certo se Otias aproveitara bem tudo quanto pretendera ensinar-lhe com carinhoso exemplo, mas, pelo menos, tinha a certeza, principalmente após o regresso de Solimar, de que ela se transformara um pouco e talvez tivesse conseguido avançar na senda do progresso espiritual.

Enquanto Jasar, comovido, orava, as mulheres deixavam-se arrastar por pensamentos diferentes.

Solimar, penalizada, tendo aos ouvidos o último grito de Otias, sentia que ela talvez pudesse repousar livre e feliz. Suas últimas palavras demonstravam claramente seu arrependimento e sua humildade.

Implorava perdão e carinho daquele filho que amava. Nessas disposições, certamente seria bem amparada no mundo espiritual.

Nalim, nervosa e emocionada como estava nos últimos tempos em virtude dos seus próprios problemas, comoveu-se realmente com o estado a que se reduzira a mulher que odiara na juventude. Há muito esse ódio se havia apagado. Fora-lhe impossível odiar uma mulher que se reduzira a uma sombra.

Durante muitos anos, sua presença fora-lhe indiferente, mas, nos últimos meses, talvez devido à modificação por que passara, sentira despertar em seu coração sincera piedade. Agora, frente aos restos daquele corpo que fora jovem e belo, sentiu grande compaixão. Diante daquele quadro, Nalim, talvez pela primeira vez em sua vida, percebeu que tudo é efêmero na Terra, frente à força misteriosa que paralisa os corpos outrora alegres, cheios de sonhos e desejos, transformando-os em ossos rijos de macilentas carnes que caminham inexoravelmente para a putrefação.

Frente à morte que nivela as criaturas, Nalim pensava como Solimar era feliz em compreender e levar a sério a espiritualidade.

Ela também um dia partiria para o desconhecido! Ao pensar nisso, um arrepio de pavor gelou-lhe o corpo. Então, o que seria feito de seus sonhos de amor, de sua nobre condição social, de seus problemas, suas ambições e aspirações?

Teria sido tudo inútil? Quando ela já houvesse partido, quem se lembraria dela, pobre criatura destruída pela voragem do tempo e pela inutilidade de sua existência?

Sinat, coração piedoso, sentia que aquela fora uma graça alcançada pela bondade dos imortais. Jasar poderia, enfim, repousar depois de tantos anos de sofrimentos e lutas. Pedia em oração, com toda a fé do seu coração amoroso, fossem ambos amparados pelos deuses.

Deixemos correr o tempo e com ele as cerimônias solenes da mumificação de Otias e das exéquias. Algumas semanas se passaram.

Decorridos os primeiros dias de tristeza, a harmonia e a paz voltaram a reinar no ambiente. Apesar da falta que Otias despertava em Solimar e Jasar, a casa tornara-se mais arejada e alegre sem o quadro mudo que a presença de Otias representava.

Jasar, apesar de agora livre para entregar-se ao amor de Solimar, nada falara com ela a esse respeito.

Queria deixar passar o tempo, não por falsa demonstração de sentimento com a morte da esposa, mas porque sentia que a presença de Otias ainda era muito viva entre eles e também porque desejava respeitar seu passamento.

Sabia que Solimar compreendia e aprovava seu procedimento. Nada se modificara entre eles, aparentemente.

Ela evitara-lhe um pouco a presença a princípio, mas, ao notar sua reserva delicada e serena, compreendera-lhe a nobre atitude, passando, assim, a conversar livremente com ele quando as oportunidades apareciam.

Enquanto o corpo físico que pertencera a Otias seguia seu curso inevitável de transformação, aprontando-se suas células para, generosamente, construir novos corpos no futuro, o que restava de Otias, seu ser eterno, inteligente, munido somente agora do corpo espiritual, repousara durante muito tempo.

Ao tomar consciência, ao acordar, fitou espantada com o local estranho onde se encontrava. Era um belo lugar. Deitada em simples e alvo leito, respirava muito melhor.

Subitamente, angustiada pela recordação da emocionante cena da presença do filho, percorreu com o olhar o pequeno quarto onde se encontrava. Admirada, notou que sua mãe aproximava-se do leito. Receosa de indagar algo, esperou que a genitora falasse.

Passando-lhe a mão amorosamente pelos cabelos, a mãe falou-lhe com doçura:

— Filha, finalmente está desperta. Creio que agora muito melhor.

Vendo que Otias não respondia, mantendo a imobilidade a que se habituara na Terra, continuou com prazer:

— Se fizer um pequeno esforço, poderá levantar e caminhar como dantes. Terminaram seus sofrimentos. Está curada!

Surpreendida, Otias realizou enorme esforço para falar, mas não conseguiu. Tentou mover-se, mas ainda seus membros pesavam como chumbo.

Vendo-lhe os esforços inúteis, sua mãe sorriu bondosamente, explicando:

— Ainda conserva muitos fluidos densos de seu corpo doentio, mas, com mais um pouco de tratamento, ficará boa.

Vendo que Otias perguntava em pensamento o que lhe acontecera, pois percebia algo de diferente naquela situação, respondeu atenciosa:

— Você deixou a Terra. Agora terá tempo de se refazer, gozar de serenidade e paz.

Otias sentiu que estava diante de algo extraordinário, mas, ao mesmo tempo, parecia-lhe ver repetir-se com naturalidade uma cena comum de sua vida.

Como poderia ser isso? Teria mesmo morrido? Mas como poderia ainda sentir, pensar, ser ainda uma doente se seu corpo deixara de existir?

Calmamente, compreendendo o que se passava no pensamento daquela que fora sua filha na carne e o continuava sendo pelo coração, Aristat explicou-lhe, pacientemente, as leis que regem os destinos dos seres.

Vendo mais uma vez repetidas diante de si as palavras sábias de Jasar e Solimar, entendeu a verdade. Assustada, pensou: teria ela, então, que continuar por toda a eternidade naquela triste condição de inválida?

Sua mãe, entendendo-lhe o pensamento angustiado, respondeu:

— Não, minha filha. A bondade divina auxilia e perdoa. Educa-nos através dos sofrimentos, porque dele necessitamos para compreender a diferença entre o bem e o mal. Uma vez aprendida a lição, tudo passará. Será submetida a um tratamento e conseguirá ir melhorando aos poucos, até se libertar totalmente da situação em que se encontra. Devo dizer-lhe que nesta existência sofreu, porque, esquecida da tarefa pré-combinada antes de sua encarnação no mundo terrestre, se deixou arrastar novamente no círculo das paixões, continuando a perseguir aquela bondosa criatura que somente desejava ajudá-la. Você vem atravessando inúmeras existências, alimentando esta ingratidão para com Solimar, que tem sempre sido bondosa e paciente contigo. Ela tem cumprido sua incumbência na Terra nesta e em outras existências. Já pagou há muito a dívida contraída contigo no passado, mas você não soube compreender e perdoar. Guardava no íntimo aquele ódio. Nesta última existência, colocadas novamente frente a frente pela vida como rivais, não soube reprimir sua revolta e buscou aniquilá-la. Toda essa força voltou-se contra você, porque ela estava espiritualmente protegida pela sua maneira elevada de pensar. Não era atingível.

Aristat fez ligeira pausa, depois continuou:

— Triste seria agora sua situação se para cá tivesse voltado conservando em seu coração o ódio e a revolta. Felizmente, mais uma vez graças a Jasar e Solimar, você pôde compreender os erros e as injustiças que havia cometido e, agora, tenho certeza de que está no caminho seguro da redenção e da cura completa. Quando este tempo chegar, depois de retemperar as forças, voltará à Terra para continuar na caminhada rumo ao progresso espiritual.

Otias ouvira tudo, humilde. Embora não pudesse recordar-se das vidas que vivera anteriormente na Terra, não duvidava do que sua mãe lhe dizia, pois, no íntimo, sentia a verdade de suas palavras.

— No futùro, quando se libertar dos densos fluidos que a prendem à Terra, você se lembrará de algumas das últimas experiências do passado.

Otias, mais aliviada e feliz, sentindo que sua libertação viria e com ela a felicidade, em pensamento, formulou comovido agradecimento à Divindade. Sentiu em seguida que um agradável calor invadia seu corpo aparentemente rijo e imóvel.

Uma sensação de bem-estar, como havia muito não sentia, penetrou-lhe o ser. Vencida por agradável sonolência, adormeceu suavemente.

Aristat esboçou um sorriso de prazer e, comovida, levantou ao alto seu pensamento, agradecendo a Deus a melhora que se esboçava em Otias.

CAPÍTULO XXVIII

Voltamos agora à Terra para encontrar a casa de Jasar seis meses após a morte de Otias. A noite descera e, com ela, a magia sem igual do luar prateado de Tebas.

No salão, conversavam animadamente as pessoas da casa. Jasar perdera um pouco da tristeza característica de seu olhar, onde agora um brilho suave se refletia.

Solimar era a mesma de sempre. Mas Nalim e Sinat não podiam ocultar a saudade que lhes ia na alma. Sofriam a prolongada ausência de Pitar.

Constantemente, falavam a seu respeito. Nalim, preocupada, dizia:

— Temo que algo lhe tenha sucedido. Depois das mágoas passadas com Pecos, tragicamente desaparecido, não poderei estar em paz até vê-lo novamente em meus braços.

— Acalme-se, Nalim — confortou Jasar com meiguice —, as coisas não se repetirão. A trama que atingiu meu irmão foi lhe urdida por inimigos ocultos e poderosos, mas Pitar não os possui. Sabia que ele se demoraria. Não há motivos para preocupações. Certamente, dentro em breve estará conosco.

— Oh! Se eu possuísse sua serenidade! Entretanto, tenho passado noites insones. Quando consigo adormecer um pouco, terríveis pesadelos tomam conta de mim, fazendo-me acordar nervosa e preocupada.

— Tenho notado, há algum tempo, que você tem emagrecido. Sua palidez não é bom sinal. Vou preparar-lhe uma poção e deverá tomá-la com presteza. Precisa dominar a crise nervosa que ameaça subjugar seu espírito.

Juntando a ação às palavras, Jasar saiu para fazer o que dissera. As três mulheres continuaram a conversar.

Súbito, um rumor desusado se ouviu vindo do lado de fora.

— Quem será? — perguntou Nalim entre inquieta e esperançosa.

Eram cascos de animais. O ruído cessara, e passos se faziam ouvir no pátio externo.

As três, movidas por um pensamento único, correram para lá. Não se enganavam. Enfim, Pitar regressava!

Entre lágrimas, Nalim abraçou o filho, percebendo que ele se modificara um pouco durante a prolongada ausência. Partira um rapaz e regressara um homem! Havia qualquer coisa nele, uma nova determinação em seus gestos que a fez compreender isso.

Depois de abraçar a mãe com carinho e também Solimar, seus olhos encontraram os de Sinat que, emocionada, esperava tímida, receosa, seu abraço.

Seu coração, embora exultante pelo regresso do homem amado, temia que o tempo e a distância tivessem apagado a afeição que dissera sentir por ela.

A maneira pela qual ele a olhou, porém, acelerou o ritmo do seu coração. O abraço apertado e o beijo ardente que depositou disfarçadamente em seus cabelos demonstraram-lhe que ele ainda a amava.

Entre risos e alegria, penetraram na habitação.

Jasar, atraído pelo ruído, juntara-se a eles, alegre. Subitamente, Nalim perguntou curiosa:

— Mas por que regressou hoje? Ainda ontem mandei indagar no forte, e nos disseram que ainda se demoraria.

Fazendo-se sério, como que escolhendo as palavras, Pitar respondeu:

— Tem razão. Ignoravam no forte que eu deveria regressar hoje. Eu não vim com meu regimento. Motivos especiais e muito fortes obrigaram-me a retornar ao lar. Pedi uma licença especial.

— Acaso está doente? — volveu Nalim aflita.

— Não, minha mãe. Minha saúde é excelente. A saudade é que me castigava, mas, se abandonei o posto de soldado, foi porque necessitava defender outro muito mais importante e nobre: o de filho!

Intrigados pelas palavras misteriosas do rapaz, todos o olhavam surpreendidos. Nalim pediu-lhe que narrasse tudo com clareza e detalhes.

Antes, Pitar pediu-lhes que se sentassem e, acomodando-se por sua vez, começou dizendo:

— Não se preocupe, querida mãe. As notícias que trago são boas. Apronte-se para uma grande e alegre surpresa!

Trêmula, Nalim, com os olhos cravados no rosto do filho, aguardava.

— Sim. Trago notícias de meu pai!

Nalim sentiu que suas pernas tremiam enquanto uma sensação de vertigem a dominava. Indagou num sussurro:

— Ele vive? Conte-me tudo, eu lhe imploro!

Notando a grande emoção de sua mãe, Pitar correu para ela, abraçou-a dizendo:

— Acalme-se. Já disse que as notícias são boas. Procure dominar sua emoção, senão não poderei continuar.

Jasar apressou-se em obrigá-la a ingerir a beberagem que lhe trouxera momentos antes.

Vendo-a mais calma, pediu a Pitar que continuasse:

— Está bem — concordou ele.

E passou a narrar tudo quanto lhe acontecera durante a viagem, como travara conhecimento com o escravo, chegando, por fim, a descobrir-lhe a identidade.

As lágrimas rolavam pelas faces de Nalim. Compreendeu, naquele instante solene de sua vida, que ninguém desafia impunemente as leis da natureza, que confere a cada homem, ao nascer, o direito de viver em liberdade. Pecos pagara alto preço para aprender isso. Lembrou-se num relance do muito que odiara Pecos no passado, por ele ter lhe roubado a liberdade. Arrependia-se amargamente disso, compreendendo que cada um recebe da própria vida o resultado de seus atos.

Pitar continuava:

— Desde esse instante, foi-nos difícil permanecer separados. Eu queria contar a todos a grande descoberta e regressar imediatamente em sua companhia. Ele, porém, temeroso de que algo lhe acontecesse, pois sabia que Omar tentaria impedir por todas as maneiras seu regresso, pediu-me para continuar ocultando sua identidade até concatenarmos um plano mais razoável. Acedi contrariado, mas compreendi que ele tinha razão. Doía-me vê-lo na triste condição de escravo, sabendo ser ele meu querido pai, herói do passado, merecedor de respeito e amizade!

Pitar parou por alguns instantes, depois continuou:

— Por fim, traçamos um plano de ação. Ele deveria fugir, ajudado por mim. Eu pediria licença, e ambos chegaríamos incógnitos até aqui. Assim, evitaríamos o perigo de Omar interferir e, uma vez aqui, combinaríamos a melhor maneira de proceder. No dia combinado, proporcionei-lhe os meios de fuga, que passou despercebida a meus companheiros, pois quem conferiu a presença dos presos ao se recolherem nesse dia fui eu. No dia seguinte, parti cedo, fazendo uso da licença que, a custo, consegui, e encontramo-nos em um lugar distante do acampamento. A viagem foi longa e penosa, mas, felizmente, conseguimos chegar.

Nalim levantou-se de um salto.

— Quer dizer que ele veio com você? Que está em Tebas?

— Sim, minha mãe. Não só está em Tebas, como bem próximo daqui!

— Oh! — gritou Nalim. — Diga onde! Anseio por revê-lo, abraçá-lo! Por que não o fez entrar logo?

— Receava o choque que sua presença inesperada pudesse causar. Desejei preparar-vos para recebê-lo. Antes, devo dizer-lhe que ele não recobrou a memória. Algumas vezes, parece que se recorda de alguma coisa, mas ainda se debate nesse angustioso problema. É preciso ter calma, pois a princípio talvez nem a reconheça.

— Não importa. Quero vê-lo. Meu amor apagará do seu espírito os sofrimentos do presente, reavivando o passado venturoso que vivemos juntos.

— Creio que tem razão. Ninguém mais do que ele necessita de amparo, carinho e dedicação. Vou conduzi-lo até onde ele se encontra.

— Irei contigo — murmurou Jasar, ansioso por abraçar seu querido irmão.

— Nós aguardaremos aqui — esclareceu Solimar, discreta.

Sinat assentiu. Pitar saiu conduzindo sua mãe e o tio para os jardins. Parou, a certa altura, dizendo:

— Ele está lá naquele caramanchão. É melhor que eu fique aqui por enquanto. Assim conversarão mais livremente. Depois, aparecerei.

Nalim, sentindo que as pernas fraquejavam, apoiou-se em Jasar para poder caminhar.

Sim. Pecos estava lá! Seu coração, imerso em dúvidas e temores, era invadido sucessivamente pela alegria e pela tristeza.

Sentia-se bem naquele jardim, onde cada recanto lhe parecia agradavelmente familiar. Mas e sua família, como o receberia? Aquela bela mulher, depois de tantos anos, ainda o amaria? Seu regresso em circunstâncias tão inesperadas e singulares não seria para ela motivo de desagrado?

Seu coração palpitava violentamente a cada ruído vindo de fora.

A descoberta de um filho generoso, belo e honrado, fora para ele uma grande alegria, dando forças à espontânea simpatia que os unira desde o primeiro encontro. Amava-o com sinceridade, mas e seu lar agora desconhecido, sua esposa, o que significaria para ele no futuro?

Estava inquieto, nervoso. A expectativa era difícil de suportar. Por fim, ergueu-se. Ouvira passos que se aproximavam. Não teve coragem para sair ao encontro dos que chegavam. Trêmulo, aguardou.

Logo um casal se aproximou, penetrando no caramanchão.

A noite era clara como somente as noites daquelas paragens podem ser.

Sentindo a garganta seca, a testa ardente, Pecos aguardava com os olhos fixos nos que chegavam.

Desvencilhando-se dos braços de Jasar, Nalim, pálida, trêmula, aproximou-se lentamente dele.

Era ele! Estava algo diferente, mais velho, mais queimado pelo sol ardente, amadurecido pelos anos de sofrimento que atravessara, mas era ele. Ela o reconheceria de qualquer maneira!

Parou bem próximo a ele, e seus olhos se encontraram.

Com o rosto transfigurado pelo esforço e dominado por incontida emoção, Pecos esqueceu tudo quanto o cercava.

Reconhecia aquele rosto! Amava-o! Sedento de carinho e compreensão, sem poder pronunciar palavra, abraçou-a fortemente com ternura.

Ela soluçava sem poder conter tanta emoção.

Permaneceram assim enlaçados, mudos, temerosos de que algo viesse quebrar o encantamento do momento. Vendo que no olhar dele havia saudade e amor, ela, finalmente, perguntou:

— Você me reconheceu então?

— Sim. Sei que foi a mulher da minha vida. Sinto que era por você que eu ansiava quando, perdido nas sombras, evocava na imaginação um vulto querido que parecia sempre fugir de mim! Mas, quanto aos detalhes, não me recordo, por mais que me esforce.

Percebendo a nota de amarga tristeza que havia na voz do marido, Nalim abraçou-o, dizendo com carinhoso acento:

— Não se preocupe. Recordando o grande amor que nos uniu sempre, a tal ponto de vencer as sombras que o circundam, você me deu a maior das alegrias. O que importa é que de novo está ao nosso lado. Deixe que o passado permaneça esquecido. Basta que o nosso amor exista para que possamos voltar a ser felizes. Meu carinho forçosamente fará com que se sinta venturoso. Tudo farei para suavizar-lhe a recordação amarga dos sofrimentos passados.

Pecos parecia sonhar. Seu coração palpitava feliz. Aquela mulher de exuberante beleza ainda o amava!

Aquela que ele sentia despertar em seu ser emoções fortes e um ardor era sua companheira e o havia esperado sempre, permanecendo fiel, embora acreditando-o morto!

Só então Jasar, sinceramente emocionado pela cena tocante que presenciara, aproximou-se do irmão para abraçá-lo. Este não o havia visto bem, pois só tinha olhos para a esposa.

Jasar tocou-lhe levemente no braço, dizendo em tom alegre para disfarçar a emoção de sua voz:

— Até que enfim retornou, meu irmão. Me dê um abraço como sempre fazia quando regressava.

Pecos fixou o olhar indeciso no semblante simpático de seu irmão. Percebeu que seu rosto lhe era extraordinariamente familiar. Sentiu-se também a ele ligado por laços de extrema simpatia.

Foi com prazer e alívio que o abraçou. Prazer pela amável acolhida, alívio porque temera os embaraços que pudessem trazer sua falta de memória.

Desarmado pela acolhida singela e amorosa da família, Pecos sentiu-se bem e à vontade como há muito não se sentia.

Os dois irmãos trocaram algumas palavras de afeto e compreensão.

Nalim, novamente abraçada ao marido, disse-lhe alegre e feliz:

— Vamos para nossa casa. Há muito que ela era para mim motivo de tristeza e saudade. Agora será apenas de alegria e paz. Oh! Jamais esperava ser tão feliz!

Pecos abraçou-a com ternura, sem encontrar palavras para exprimir o que sentia. Sofrera tantos anos de solidão, tristezas e incertezas que agora, ao encontrar um lar, um filho, uma amada esposa e um irmão amigo, valorizava o que perdera todo aquele tempo. Seu coração exultava, porque a presença daquela mulher lhe tocava as mais sensíveis fibras do coração.

Abraçados, os três tomaram o caminho da casa.

***

Pitar, não querendo ser indiscreto, deixou que sua mãe e seu tio se encontrassem a sós com seu pai. Aproveitou para sair à procura de Sinat. Sabendo que ela estava ainda em companhia de Solimar, mandou um escravo chamá-la. Desejava falar-lhe a sós no jardim.

Com o coração palpitante, Sinat acedeu em seguida, depois de trocar um olhar radiante com Solimar que, compreensiva, sorriu feliz, a moça saiu em busca do local marcado.

Lá chegando, não viu o rapaz. Olhou em volta, mas, de repente, sentiu que dois braços fortes a enlaçavam, enquanto um riso alegre enchia o ar.

Com um pequeno grito de susto, Sinat deixou-se abraçar feliz, reconhecendo seu jovem namorado.

A longa separação reavivara nele a afeição que sentira pela moça. Agora que seu pai regressara, todos seriam felizes.

Passados os primeiros arroubos de carinho, Pitar esclareceu que pretendia casar-se o mais breve possível.

Seu amor exuberante não mais podia esperar.

Receosa, Sinat temia a desaprovação da mãe de Pitar e agora também do pai, que ainda não vira.

O rapaz, sorrindo feliz, esclareceu:

— Meu pai tem sofrido muito. Não creio que ainda guarde reservas sobre classes sociais. Ele já sabe de tudo e sente-se feliz com minha ventura. Minha mãe a estima sinceramente, não se oporá ao enlace.

— Mas e a corte? — perguntou Sinat, indecisa.

— A opinião da corte é indiferente para mim. Estou desiludido da justiça dos nobres e mesmo dos militares. O que fizeram com meu pai mostrou-me de que espécie de gente ela se compõe. Penso mesmo em retirar-me da vida militar. Poderei dedicar-me à administração de nossas terras, como sempre desejou minha mãe.

Sinat, feliz, mas ainda temerosa, pediu-lhe que esperasse mais algum tempo.

Ele, porém, tomou súbita decisão. Tomando a moça pelo braço, conduziu-a de volta à casa.

Pecos estava lá, entre Jasar e Solimar, que revira com prazer.

Nalim procurava cercá-lo de atenções e carinho, que o sensibilizavam profundamente.

Mais uma vez, Pecos narrou tudo quanto se recordava ter-lhe sucedido, arrancando exclamações veementes de Nalim contra Omar.

Quando ele terminou, ela perguntou raivosa:

— Certamente, agora você vai organizar um plano para consumar sua vingança! Tem que arrasá-lo completamente!

Jasar olhou para a cunhada com uma expressão de tristeza. Pecos, porém, respondeu-lhe calmo.

— Não. Não penso em vingança. No momento, sou apenas grato aos imortais pela felicidade que hoje desfruto. Pretendo continuar a desfrutá-la. Uma vingança tingiria com o fel do ódio os dias de calma que nos restam.

Surpreendido, Jasar mais uma vez compreendeu que somente o sofrimento modela as almas, educando-as em harmonia com a vontade de Deus.

Pecos sofrera, mas esse sofrimento não havia sido inútil. Seu espírito sensibilizara-se e aprendera, por fim, a inutilidade do ódio e da vingança.

Nalim, surpresa, retrucou:

— Então não irá denunciá-lo ao faraó? Depois de tudo quanto nos fez?

Com um gesto evasivo, Pecos murmurou:

— Não me recordo de como as coisas se passaram desde o princípio. Mas, embora ele tivesse me enganado e conduzido à escravidão, compreendi que talvez ele tenha sido apenas um instrumento do meu destino. Soube por meu filho e também Solimar havia me contado que, no passado, eu escravizava os homens, empreendendo verdadeiras caçadas humanas! De acordo com o que sei, você pode, verdadeiramente, testemunhar a esse respeito. Fazia-o, talvez, sem medir as consequências do ato que praticava, mas isso não diminuía os males que causavam tal gesto. Justo, então, que tivesse sofrido o castigo da escravidão. Assim pude compreender que o homem sente, pensa, sofre, chora, vibra, embora seja escravo. Tem personalidade e direitos, como a uma vida calma e feliz. Como culpar a outrem pelo justo castigo que os céus me mandaram? Apesar das sombras em que vivi imerso, minhas noites eram povoadas de sonhos estranhos. Lembro-me de que costumava ter um pesadelo terrível. Estava em uma gruta, cercado por alguns homens que me acusavam incessantemente. Via-os, e meu corpo se cobria de um suor frio. Eles culpavam-me pela desgraça de suas vidas. Outras vezes, era um rosto de mulher, o seu talvez, que me acusava inexorável e terrivelmente. Desses pesadelos, despertava nervoso e amargurado. Agora compreendo que, talvez, eles representassem pedaços do meu passado, como a recordar-me que, apesar de tudo, se eu sofria, deveria merecer o sofrimento!

Pecos calou-se. Nalim, arrependida por haver reavivado com suas palavras os sofrimentos de Pecos, respondeu desejosa de mudar de assunto:

— Tem razão. Falemos agora de coisas mais alegres. Pitar, por exemplo!

Enquanto eles conversavam alegres sobre o filho, Jasar pensava na modificação operada em seu irmão.

Quanta sabedoria havia em suas palavras sinceras e tristes! Sentiu que, pela primeira vez em sua vida, orgulhava-se dele!

Amara-o sempre, porém, seu caráter irrefletido e orgulhoso fora-lhe motivo de grande preocupação. Apesar de sempre respeitá-lo como o irmão mais velho, acatando suas determinações, sentira sempre no íntimo, como um pressentimento vago, que ele pagaria pesado tributo pelas enganosas vitórias que a vida social lhe proporcionara, a custo de suas irreflexões e seu egoísmo.

Agora seu coração estava em paz. Recordava-se das palavras sábias que lhe dirigira o espírito de Silas em sua última mensagem.

Sentia que agora a vida lhes concederia uma trégua para reflexões, que viria uma temporada de paz, ventura, alegria.

Seu coração, com as últimas palavras do irmão, ficara em paz.

A palestra estava nesse pé quando Pitar entrou na sala, abraçado a Sinat que, ruborizada, procurava desvencilhar-se.

Jasar sorriu compreensivo. Solimar também. Pelo olhar de Pecos luziu uma chama de emoção indefinível.

Eles compreendiam o momento da vida dos dois jovens.

Nalim olhou-os surpreendida. Vira-os muitas vezes juntos, mas jamais como naquela noite.

Compreendeu em um rápido instante o romance. Irritou-se por não o haver percebido há mais tempo. Pelo que observou, todos pareciam estar a par daquele idílio, menos ela! Ferida pelo ciúme, a mulher olhou Sinat como uma rival perigosa, que desejava roubar-lhe o filho querido.

Vendo que a mãe não recebera bem sua entrada na sala, Pitar, dirigindo-se a ela, falou com meiguice:

— Sei que seu coração adivinha o que preciso lhe dizer. Amo Sinat com sinceridade e ternura. Sei que também a ama, por isso, acredito que aprovará e será feliz em abençoar nossa união.

Nalim não sabia o que dizer. A surpresa, a angústia de partilhar com outra o amor do filho a quem, naqueles anos de solidão, tanto se apegara, tornou-a indiferente às emoções de Sinat e do filho querido.

Egoísta por índole, seu amor também o era, portanto, só sabia ver sua vaidade ferida em ser a última a saber do que se passava em sua própria casa.

Foi com amargura e certo rancor que respondeu:

— Já decidiu seu futuro sem sequer me consultar. Portanto, minha aprovação e bênção se tornam desnecessárias. É um homem, faça o que quiser.

Sinat fez-se pálida de repente. Era evidente que Nalim desaprovava tal união.

Decepcionada, temendo que as lágrimas rolassem incontroláveis de seus lindos olhos, desvencilhando-se finalmente de Pitar, correu, refugiando-se em seus aposentos.

Pitar, percebendo o que se passava com a mulher que amava, chamou-a repetidas vezes, mas em vão.

Consternado, voltou-se para sua mãe. Percebia-se facilmente no semblante do rapaz a mágoa que o procedimento da mãe lhe causava.

Ia dizer algo, talvez reprovar sua maneira de agir, mas Solimar, habilmente tomando Nalim pelo braço, disse-lhe com firmeza:

— Venha comigo, precisamos conversar.

Caladas, as amigas seguiram para o jardim. Escolhendo um sítio calmo, Solimar fez Nalim sentar-se em um banco de pedra.

— Você também sabia! — murmurou Nalim, amuada.

— Sim. Desde que aqui cheguei. Soube-o mesmo antes de seu filho!

— Não sei como Sinat pôde ser tão hipócrita. Jamais desconfiei!

— Não seja impetuosa, Nalim. Creio que devo ser franca com você. Nossa amizade me autoriza a falar-lhe assim. Sabe que o faço visando o seu bem.

Impressionada pela energia que marcava a figura sempre serena de Solimar, Nalim murmurou:

— Fale.

— Talvez, a verdade a magoe, mas a fará compreender melhor seu mundo interior e, consequentemente, será melhor para com os que a rodeiam. Percebo que está magoada e com ciúmes de Pitar. Jamais pensou na possibilidade de ele amar e desejar construir o próprio lar. Não pensou na felicidade, nem no muito que Sinat representa para os sonhos de ventura de Pitar? Você lamenta apenas por ter de partilhar seu afeto com outra mulher. Não percebeu que eles se amavam, porque se preocupava apenas com seus próprios problemas, vendo o mundo por um ângulo diferente. Foi injusta com Sinat, ferindo-a com suas palavras duras, e ainda a chama de hipócrita! Se não estivesse tão voltada para os próprios problemas, se não pensasse que o mundo gira somente em torno de você, teria visto aquilo que todos notaram. Perdoe-me se lhe falo com crueza. Merece tal atitude. O dia de hoje poderia ser um dos mais belos de sua vida. Pecos retornou. E quem você deve tal felicidade? À bondade dos imortais e ao interesse de Pitar. Este se sentiu tão feliz com sua alegria, que desejou torná-la completa, anunciando sua grande ventura. Você, no entanto, em vez de lhe retribuir a alegria, soube destruí-la de maneira cruel. Se acredita que assim impedirá que seu filho se case com a mulher que escolheu, conseguirá apenas criar entre vocês dois uma triste situação de mágoa. Se quiser conservar intacto o amor de seu filho, aceita de boa vontade esse casamento. E mais, mostre-lhe que o estima, recebendo com prazer essa excelente moça que ele escolheu.

Nalim ouvira tudo cabisbaixa e muda. Não se ofendera com as duras palavras de Solimar. Esta possuía tal força moral sobre ela que não conseguia zangar-se. Depois, reconhecia que tudo quanto ela dizia era verdade. Sabia que, para manter vivo o afeto do filho, precisaria aceitar seu casamento. Sentira isso quando ele a fitara havia poucos instantes. Teimosa, ainda objetou:

— Mas Sinat é de origem humilde! Nós a recolhemos por caridade!

— Esperava que você tocasse nesse ponto. Muitas vezes, já conversamos sobre esse assunto. Vejo que conserva as mesmas ideias. Gostaria que tivesse mudado. Entretanto, como não percebe a realidade?

As posições de nobreza e de hierarquia social foram criadas pelos homens. São manejadas pelos homens. Como a inventaram, servindo à vaidade de seus corações, podem transferi-la a seu bel-prazer. Você mesma. Nasceu nobre. Foi escrava. Naquele tempo, nenhum nobre se atreveria a desposá-la. Fugiu. Reconquistou a nobreza que tanto lhe faltava. A fatalidade envolveu sua vida, tornando-a criminosa perante sua pátria. Lá, nenhum homem de bem, de nobreza, se atreveria a desposá-la. Voltou para cá, casada com um nobre e respeitado senhor. Mas, aqui, sua nobreza pouco tem aparentemente valido, porque eles a olham como uma odiada estrangeira, inimiga do país. Durante todo esse tempo, foi sempre a mesma. Vê a injustiça dos homens? Acaso se deve tomar a sério os títulos nobiliárquicos que distribuem e retomam de acordo com suas conveniências? Não serão talvez mais valiosos os títulos de nobreza de caráter, do íntimo, das ações de cada um? Não serão esses títulos conquistados asperamente através da compreensão, do sofrimento, da mágoa e da renúncia? Uma vez conquistados, alguém poderá tirá-los? Nunca! Porque a nobreza da alma é a perfeição do Criador Universal que nela reside. Acaso não possui Sinat esses títulos do coração? Acaso não notou a nobreza de seus sentimentos?

Vencida, Nalim sentia que Solimar tinha razão.

Ela amara sempre Sinat como filha. Era bondosa, meiga e honesta.

— Com Sinat, estará mais unida a seu filho. Se ele se casar com uma moça da corte, tal não se daria, pois ela, fatalmente, não veria em você senão a estrangeira, a filha de um país odiado e inimigo.

— Tem razão. Creio ter sido precipitada. Mas a surpresa e talvez um pouco de ciúme foram a causa. Mas agora não sei o que fazer. Esperarei que ele torne ao assunto.

— Não, Nalim. Hoje é um dia venturoso. Não consinta que dois corações que estima não possam compartilhar da sua alegria. Vá ao quarto de Sinat, que certamente chora desalentada. Leve para ela o beijo da compreensão e do amor. Assim, a alegria de seu filho será restabelecida.

Nalim permanecia ainda indecisa, mas Solimar soube convencê-la finalmente.

Foi procurar Sinat.

A jovem, olhos vermelhos, chorava convulsivamente. Penalizada, Nalim abraçou-a comovida, dizendo:

— Não chore, Sinat. Perdoe-me a atitude impensada. Fiquei zangada por você não ter me confiado antes seu amor. Vim para lhe dizer que desejo que seja minha filha de verdade. Peço-lhe que se case com meu filho!

Sinat parecia não acreditar no que seus ouvidos ouviam. Quando, porém, Nalim repetiu suas palavras, a jovem, cedendo a um impulso de apaixonada gratidão, abraçou-a fortemente, beijando-lhe as faces com alegria.

Depois, afastou-se triste, murmurando num suspiro:

— A senhora sabe da minha origem humilde. Nada possuo, nem dote, nem nome para oferecer ao homem que se tornar meu esposo...

Nalim, sorrindo ainda, tendo no olhar uma expressão bondosa que tornava seu rosto ainda mais belo, respondeu:

— Nós a amamos. É o bastante. Você é indispensável à felicidade de meu filho. Possui o mais belo dote que um homem pode desejar: a nobreza de sentimentos.

Sinat não pôde ocultar a emoção que lhe ia na alma.

Finalmente seu amor impossível se tornaria realidade! Comovida, não conseguiu articular a palavra.

Nalim começou então com naturalidade e interesse a interrogá-la sobre o desenrolar daquele romance.

Com os olhos brilhantes, Sinat contou-lhe tudo em poucas palavras.

Por fim, Nalim, tomando Sinat pela mão, demonstrou desejo de levá-la, apesar de a noite ir avançando, até o salão em busca de Pitar, a fim de restaurar a alegria geral.

Também estava ansiosa para estar a sós com o esposo, confiar-lhe suas saudades, ouvir-lhe palavras de amor e carinho.

Quando regressaram ao salão, os três homens conversavam. Solimar tecia um delicado bordado a um canto do aposento.

Era evidente que conversavam sobre os últimos acontecimentos.

Ao verem entrar as duas mulheres, aguardaram, mudos, que elas falassem.

Pela fisionomia radiosa de Sinat, Pitar compreendeu que sua mãe certamente se arrependera da cena desagradável de momentos antes.

Conduzindo Sinat pela mão, Nalim, frente a seu filho, agora em pé, uniu-lhes as mãos e disse:

— Trago-lhe sua noiva. Sou feliz com sua escolha. Desejo a vocês toda a felicidade sonhada! Peço-lhe que esqueça minha indelicadeza. As emoções fortes pelas quais passei hoje me abalaram os nervos, ultimamente tão excitados.

Abraçando a mãe com imensa ternura, Pitar segredou-lhe ao ouvido:

— É a melhor e mais bela das criaturas. Eu a amo muito!

Emocionada, Nalim apertou o filho querido nos braços.

Feliz e comovido, Pecos assistia à cena. Simpatizara com a jovem Sinat. Agradara-lhe a escolha do filho.

Jasar sabia que, mais uma vez, Solimar conseguira, qual anjo tutelar, manter a harmonia daquele lar. Seus olhos se encontraram. Os dela, úmidos de felicidade, os dele, repletos da adoração que por ela sentia.

Conversaram um pouco mais e depois se despediram, cada um se recolhendo aos seus aposentos.

CAPÍTULO XXIX

Nalim conduziu Pecos ao seu antigo quarto, contíguo ao dela. Lá, antes de olhar o ambiente que o cercava, ele abraçou a esposa com paixão, murmurando-lhe ao ouvido ardentemente:

— Eu a amo, Nalim! Sinto que esse amor é mais forte do que tudo! Ele conseguiu vencer as trevas do esquecimento. Quando meus olhos a fitam, sinto no sangue todo o ardor do deserto. Diga que me ama, apesar do tempo em que estive ausente e das transformações que se operaram em meu corpo e em minha mente!

Emocionada, trêmula, sentindo reviver mais forte o amor que sempre sentira pelo marido, ela respondeu baixinho:

— Eu o amo, Pecos! Esperei você todos esses anos. Embora sem esperança de revê-lo, fui fiel e jamais pensei em desposar outro homem. O tempo conseguiu reavivar e aumentar meu amor. As transformações que se operaram em você não me atingem, desde que ainda me ame! Nós nos queremos, é o que importa. Seremos felizes, jamais nos separaremos!

Emocionados, entre abraços e beijos ardentes, trocaram novas juras de amor. Quando a emoção serenou, Pecos começou a examinar o aposento. Tudo nele era-lhe familiar e agradável.

Nalim seguia com interesse as reações do marido.

— Lembro-me de tudo que nesta casa me cerca, principalmente este aposento. Sinto que tudo me é familiar, mas os detalhes do passado me escapam.

— Não se preocupe. Com o tempo, com nosso carinho e nossa dedicação, haveremos de vencer as últimas trevas que obscurecem seu espírito. Mas isso não é tão indispensável. Seremos felizes, mesmo que tal não aconteça.

Naquela noite serena e bela, tudo era quietude na casa de Pecos. Tudo era harmonia, mas seus habitantes, agitados por emoções diversas, somente conseguiram conciliar o sono pela madrugada.

***

No dia seguinte, toda a Tebas comentava o retorno de Pecos. A notícia correra célere. Os servos e escravos da casa encarregaram-se de divulgá-la.

Uns julgavam tratar-se de invencionices, outros acreditavam em sua veracidade, mas todos estavam curiosos em verificar a verdade.

À hora do crepúsculo, já à frente da casa do ex-guerreiro, havia grande número de pessoas para indagar. Muitos se juntaram a eles na expectativa feliz dos festejos que, certamente, realizariam para comemorar tal acontecimento.

Nervoso com o inesperado, Pecos, sempre tão audaz, não sabia o que dizer ao povo. Pediu a Jasar que o tirasse daquela desagradável situação.

Jasar saiu ao pátio e, atravessando os jardins, abriu os portões da rua. O burburinho cessou. A expectativa era geral. Jasar começou:

— Agradecemos o interesse amigo e carinhoso. Meu irmão regressou, mas está doente e necessita de repouso. Por ora, não poderá falar. Quando se restabelecer, ele os convidará para uma reunião festiva.

Exclamações de alegria cortaram o ar. Com mais algumas palavras de agradecimento, Jasar fechou os portões e retornou ao interior, enquanto a pequena multidão se afastava, em comentários animados, tecendo enredos na imaginação fácil, característica comum aos homens daquela terra.

Como acontece em tais circunstâncias, em breve uma onda de histórias diferentes, algumas disparatadas, tomava conta da cidade.

A personalidade marcante do guerreiro Pecos fora demais conhecida e admirada para que sua gente o houvesse esquecido.

Como não poderia deixar de ser, o rumor chegou ao forte, onde a curiosidade cresceu, principalmente dentre aqueles que o haviam conhecido pessoalmente.

Omar, naquela manhã, dirigiu-se ao palácio e ouviu na corte os rumores sobre o reaparecimento do guerreiro Pecos.

Sobressaltado, empalideceu mortalmente. A custo, conseguiu disfarçar sua perturbação e, assim que se desincumbiu da tarefa palaciana, foi pessoalmente ao forte.

Necessitava indagar a verdade. Teria Pecos retornado? Justamente agora que o julgava já morto?

Seu coração batia descompassado, suas mãos tremiam, as pernas fraquejavam, refletindo o terror que lhe ia no íntimo.

Lá chegando, cuidou de investigar o caso. Dirigiu-se a uma sala que lhe era reservada e procurou controlar sua exaltação.

Mas em vão. As perguntas fluíam em seu cérebro, sem resposta, ou o que é pior, com assustadoras perspectivas.

Antes de mais nada, iria interrogar alguns soldados. Chamou seu imediato e ordenou que trouxesse à sua presença alguns dos homens que soubessem pormenores sobre aqueles rumores.

Logo após, um deles penetrou respeitoso no gabinete.

Sem preâmbulos, Omar foi direto ao assunto:

— Ouvi certos rumores aqui pelo forte sobre o reaparecimento do guerreiro Pecos. Consta-nos que esse guerreiro há muito se foi do mundo dos vivos. Necessito saber se esses rumores têm fundamento.

— Não posso informar com detalhes, mas soube por pessoa merecedora de todo crédito que o nobre Pecos retornou ao lar.

Esforçando-se para dissimular a emoção, Omar tornou:

— Mas em que circunstâncias?

— Não sei ao certo. Parece-me que o nobre Pitar o encontrou cativo em uma cidade distante.

— Não é possível! — bradou Omar sem poder conter-se mais. — Pecos morreu, com certeza é um impostor que lá se encontra!

— Creio que não. Segundo sei, alguns homens do povo, que muito o admiravam, foram ao seu palácio. Queriam saber a verdade. O nobre Jasar os recebeu, dizendo que seu irmão agradecia o interesse, mas não poderia falar-lhes naquele instante por estar adoentado. Prometia, no entanto, realizar uma festa logo que se restabelecesse. É evidente que um irmão não deixaria de reconhecer o outro!

Omar, sentindo aumentar seu mal-estar, despediu o soldado bruscamente, ordenando-lhe transmitir qualquer notícia que chegasse ao seu conhecimento.

Quando se viu só, Omar deixou-se cair em um coxim, apertando a cabeça entre as mãos.

Sua situação era terrível! Tinha vontade de correr até a casa de Pecos e lhe traria complicações ainda maiores.

Será que Pecos havia recobrado a memória? Era provável que sim, mas, ainda que assim não fora, sua última façanha, escravizando-o, fatalmente seria descoberta.

Não havia dúvida de que Nalim não deixaria passar aquela oportunidade. Certamente, se vingaria dele, instigando o marido a denunciá-lo.

Pecos, por sua vez, compreendendo quem o atingira e por que o atingira, não hesitaria em fazê-lo.

O faraó, constantemente desconfiado de tudo e de todos que o cercavam, veria nisso um motivo para condená-lo talvez à morte.

Um arrepio de terror percorreu o corpo de Omar.

Oh! Por que não o matara logo no caminho? Se o tivesse feito, certamente estaria livre agora. O que fazer?

A solução precisava ser rápida. Cada minuto poderia significar a morte e a desonra!

Omar não podia conformar-se em ver-se despojado dos prestígios e favores que gozava na corte. Mergulhara prazerosamente na ambição e não se sentia com forças para dela sair.

Falar com o faraó de nada lhe valeria, porque, certamente, por mais mentiras que inventasse, logo a verdade apareceria, e seria ainda pior.

O que fazer?

Poderia mostrar-se indiferente, alegando que Pecos tinha a mente perturbada. Diria que ele não estava em seu juízo perfeito, visto nem sequer lembrar-se do passado.

Essa seria uma boa solução. Mas ele estaria ainda desmemoriado?

A solução era realmente difícil para Omar. Desejaria matá-lo! Sim, seria a única solução. Mas teria tempo? E se ele procurasse pelo faraó naquele mesmo dia?

Omar, aterrorizado, a consciência acusando-o incessantemente, decidiu matar o rival, se a noite o ajudasse.

Pelo que soube, Pecos retornara adoentado. Era bem provável que descansasse um ou dois dias antes de apresentar-se no palácio.

Nesse caso, ele teria tempo para realizar seu intento. Teria que correr o risco. Desta vez, porém, destruiria Pecos para sempre! Só assim teria garantida sua posição.

Também o ciúme o perturbava! Aquela mulher, que tanto desejara, fora fiel ao marido e, certamente, dispensava-lhe agora ternas carícias. A esses pensamentos, Omar sentiu aumentar seu rancor!

Ele estava novamente derrotado pelo destino! Mas não se entregaria com facilidade. Saberia sufocar mais uma vez a tempestade que pairava sobre sua cabeça.

Nervoso, febril até, Omar procurou traçar mentalmente um plano de ação. Não poderia confiar em ninguém. O caso era de suma gravidade, e ele iria, embora com repugnância, pessoalmente eliminar o ex-guerreiro Pecos. Só assim teria certeza de que ele não mais poderia interferir em seu caminho. Não tendo cúmplices, veria sepultado com sua vítima seu segredo.

A família de Pecos, certamente, levantaria suspeitas contra ele e talvez contasse ao faraó toda a verdade. Nesse caso, o que deveria fazer?

Acaso eles poderiam provar suas afirmativas? Não. Tinha certeza de que não poderiam fazê-lo. Mas o faraó necessitaria de provas? Sabia a influência e a admiração que o espírito culto e bondoso de Jasar exercia no conceito do soberano. Sua palavra seria definitiva para o faraó! E, ainda que assim não fosse, a dúvida absorveria o espírito do rei e, certamente, seu desprestígio não se faria esperar.

Não! Não poderia assassinar Pecos!

Omar caminhava pelo aposento qual fera enjaulada. Mil e um pensamentos rodopiavam em seu cérebro excitado.

A solução parecia-lhe cada vez mais difícil. Sentia que não lhe restava outro recurso senão esperar, mas esperar representava para ele o mais terrível castigo.

Sua compreensão era estreita demais para imaginar sequer a possibilidade de Pecos não desejar vingar-se.

Conhecera o guerreiro orgulhoso e forte, vaidoso e intolerante, desconhecia o escravo de agora, cujo sofrimento o conduziu a uma compreensão mais extensa das fraquezas humanas.

Naquele dia, começou para Omar terrível pesadelo. Hora por hora esperava receber uma notícia desoladora. Sobressaltava-se ao menor ruído e irritava-se por qualquer insignificância.

Empalidecera e perdera a vontade de alimentar-se. Seus olhos irradiavam um brilho febril. Passou a vigiar disfarçadamente os portões do palácio. Arranjou afazeres para estar lá constantemente.

Como último recurso, preparava-se para uma rápida fuga. Assim que suspeitasse de algo, não daria tempo para que o prendessem. Iria para bem longe e, com a fortuna que possuía em joias e objetos valiosos, poderia viver bem em qualquer parte.

À noite, não dormia. Ocupava-se em transportar parte de sua fortuna para um esconderijo um tanto distante. Em caso de necessidade, poderia ir buscá-la mais tarde.

Tudo estava preparado. Alguns dias se passaram sem que a situação se modificasse.

Mas, um dia, Omar assistiu à chegada ao palácio de um mensageiro da casa de Pecos. Soube que viera saudar o soberano por parte de Pecos, solicitando-lhe ao mesmo tempo uma entrevista em nome do guerreiro.

Omar sentiu que o ar lhe faltava. Sufocava-o a consciência de sua culpa. Certamente, Pecos iria contar tudo ao soberano!

Sua angústia aumentou quando soube que o faraó, impaciente pelos rumores que já ouvira, marcara para aquela tarde a entrevista.

Grande excitação tomou conta de Omar.

Desejava revê-lo! Ficaria oculto para observar sua chegada ao palácio. Queria certificar-se de fato se era ele e verificar se havia recuperado a memória.

Um turbilhão de ideias loucas perpassava-lhe pela mente febricitante.

Era já tarde, e ele ainda não saíra do palácio. Escondido atrás de uma das colunas do salão, aguardava ansioso a chegada de Pecos.

Mais tarde, foi com a respiração suspensa que assistiu à pomposa chegada do rival.

O povo, que ainda se lembrava da personalidade marcante do guerreiro Pecos, sabedor de que ele iria ao palácio, curioso, saíra à rua, pondo-se a esperá-lo frente aos portões principais.

Ao vê-lo chegar, dirigindo garbosamente seu carro em companhia de Jasar, as pessoas o aclamaram com alegria.

Pecos vestira uma túnica de gala de seu tempo de chefe militar. Queria saudar seu rei, que sempre respeitara, com dignidade.

Vendo o aglomerado de pessoas que o aclamavam, sentiu que aquele acontecimento lhe era comum. Recordou-se do palácio e, satisfeito, notou que, embora não se lembrasse bem do passado, ele não lhe era de todo obscuro, chegando mesmo, em certas ocasiões, quase a reencontrá-lo.

A alegria da vida do lar, o prazer de saber-se querido, respeitado, haviam feito nascer em seu olhar sempre atraente um brilho de entusiasmo e de alegria de viver.

Comovido pelas homenagens espontâneas que recebia, sorria feliz.

Foi, pois, com a aparência de um vencedor, de um forte, que Pecos penetrou no palácio.

Omar estremeceu, vendo-o passar. Não tinha dúvidas: era ele! Um pouco mais velho, mas ainda o mesmo brilho audacioso no olhar resoluto e, no conceito de Omar, vingativo!

Com a garganta seca, um arrepio frio a percorrer-lhe a espinha, Omar pensava.

Queria ouvir a conversa dos dois com o soberano. Necessitava saber o que iria se passar. Mas como?

Percorreu os corredores, circundando a sala onde o faraó recebia e, por fim, conseguiu postar-se ao lado de uma janela onde podia ouvir o que conversavam.

Aplicou toda a sua capacidade auditiva na palestra dos três homens.

O que ouviu, fê-lo estremecer. O faraó dizia:

— É fora de dúvida que a lei do nosso país pune os traidores com rigor. Ferindo a um soldado do meu exército, a ofensa foi feita à minha autoridade e, embora me custe caro, hei de reagir, punindo o culpado. Há muito venho desejando castigá-lo! Penso que a hora chegou! Não terei piedade! Hei de destruí-lo!

Omar não quis ouvir mais. Estava fora de dúvida que falavam a seu respeito. Precisava fugir o quanto antes. Talvez, dali a poucos instantes, fosse tarde demais! A passos rápidos, ele retirou-se apressado, rumo a um novo destino.

Entretanto, se ele tivesse permanecido mais tempo à escuta, teria percebido quão infundados eram seus receios.

O faraó recebera Pecos com alegria e ordenara-lhe que contasse suas aventuras.

Ao saber que Pecos fora aprisionado pelos soldados inimigos em Dresda e tão rigorosamente castigado, não conteve sua ira, pronunciando as palavras que Omar, trêmulo, ouvira.

O Egito temia o poder assírio cada vez mais violento, e seu faraó desejava começar a luta para vingar-se das provocações que, nos últimos tempos, lhe eram dirigidas.

Pecos tivera o cuidado de omitir o nome de Omar de sua narrativa.

Quando o soberano acalmou-se e ordenou que ele continuasse, Pecos passou a relatar tudo quanto lhe acontecera; apenas, ao chegar ao trecho de sua primeira volta, doente, à terra natal, declarou que pelo seu estado precário fora confundido com um escravo fugido e transportado para os trabalhos forçados em Darda-Seir. No mais, foi sincero e nada ocultou.

Ao término da narrativa, o faraó, comovido pela história dramática de seu ex-guerreiro, falou solene:

— Nobre Pecos, você é um herói. Quero lhe conceder o posto que ocupava no passado. Omar foi seu soldado, será seu colaborador. Você será chefe do meu exército palaciano, Omar coordenará os guerreiros que, dentro em breve, deverão partir para lutar contra os perigos da invasão.

— Nobre filho dos deuses, se deseja me conceder algo, permita que eu permaneça afastado das atividades militares. Agradeço-lhe a enorme honra que me concede neste instante, entretanto, sinto-me cansado já e talvez não venha possa servir com a necessária eficiência.

— Está recusando minha oferta? Pensei recompensá-lo de algum modo pelas ofensas que sofreu no cumprimento de sua missão de soldado valoroso.

— Sou grato por sua bondade. Entretanto, a vida ensinou-me muitas coisas. Esses ensinamentos recompensaram-me dos sofrimentos por que passei. Nada me deve pelo fato de haver cumprido meu dever.

Havia algo muito profundo na voz de Pecos, e o faraó sentiu que uma nova luz brilhara em seu olhar.

Desejoso de conhecer a modificação que se operara naquele que outrora fora vaidoso e impulsivo, ardente e ambicioso, o rei indagou:

— O que a vida pode conceder mais do que as honras e os tesouros do meu palácio?

— A compreensão das coisas. Como nobre e soldado, aprendi a mandar, escravizar, lutar e vencer pela força bruta. Como pária, lançado em um destino diferente, pobre, escravo e só, aprendi a conhecer os corações humanos, suas lutas, suas incertezas. A dedicação daqueles que se irmanam na resignação e na dor comum, que sabem mais do que seus algozes, porque aprenderam a vencer pelo perdão, pela tolerância, pelo amor. Assim, embora respeitando a honra de ser soldado, senti que esse posto não mais me satisfaria o espírito aberto, a mais ampla compreensão da vida. Em vez de dominar pessoas, prefiro dominar minhas paixões e encontrar a sabedoria. Desejo consagrar-me à vida do lar, ao lado dos meus, durante tantos anos órfãos do meu convívio. Lá espero obter ventura e serenidade!

— Seja — tornou o faraó impressionado pelas palavras e pelo tom convicto de Pecos.

Palestraram mais algum tempo sobre outros assuntos, tomando, dessa vez, Jasar parte na conversa.

O faraó mostrava-se benévolo. Observador arguto, compreendeu o quanto seu antigo guerreiro amadurecera. Foi, pois, com deferência e simpatia que deu por terminada a entrevista.

Reverentes, os dois irmãos despediram-se, retornando ao lar.

CAPÍTULO XXX

A noite era linda, repleta do misterioso fascínio que somente as noites daquelas paragens costumam possuir.

O luar magnífico, o perfume dos jardins e, principalmente, o amor na realização de um sonho enchiam a alma de Jasar de uma ventura impulsiva, que o rejuvenescia, emprestando-lhe à fisionomia sempre séria certo ar alegre de juventude.

De fato, ele sentia-se jovem, como se a vida não tivesse passado, como se nunca tivesse sofrido o pesadelo daquele casamento.

Estava assim porque se decidira a falar com Solimar naquela noite sobre o futuro.

Esperava ansioso que ela viesse ter com ele, conforme o combinado, no mesmo lugar onde, outrora, costumavam se encontrar. Aspirava a plenos pulmões o ar balsamizado da noite.

De súbito, ouviu passos. Solimar estava diante dele.

Não se falaram, nem era preciso. Jasar puxou-a para si, tomando-a em seus braços, apertando-a de encontro ao coração.

Seus corações dilataram-se, cheios de imensa ternura.

Jasar, num gesto muito seu, levantou pelo queixo o pequeno rosto de Solimar, que se escondera em seu peito largo.

Queria fitar seus olhos claros e límpidos. Notou que as lágrimas deslizavam-lhe pelas faces.

Perturbado, Jasar apertou-a ainda mais, murmurando-lhe ao ouvido:

— Está chorando? Por quê?

— Não sei...

— As lágrimas acabaram-se. Desejo lhe pedir que seja minha esposa. Juntos, hei de protegê-la, cercando-a das alegrias que merece, mas nunca lhe pude dar. Meu coração agora é livre dos compromissos, poderá dedicar-se inteirinho à sua felicidade! Posso, enfim, dizer-lhe aquilo que adivinhava, mas não podia revelar! Eu te amo, Solimar! Um amor infinito, um amor eterno! Um amor que já existia antes desta vida, pois, assim que a vi, a amei. Um amor que continuará existindo depois da morte, porque está gravado em nossos espíritos e jamais poderá terminar!

A voz de Jasar vibrava ardente e comovida, cheia da convicção pura do que lhe ia na alma.

Solimar ouvia trêmula de emoção e não podia impedir que as lágrimas lhe rolassem pelas faces.

Mas eram lágrimas serenas. Eram lágrimas humildes de gratidão ao Criador por aquela felicidade tão esperada. Toda ela era emoção e ternura, amor e carinho.

Agora que podiam falar livremente de seus sentimentos, começaram as confidências de todo um passado de amor, de resignação e de dedicação.

Jasar ouvia-a enlevado. Não se cansava de fazê-la repetir o quanto pensara nele quando ausente, o quanto sonhara com ele, o quanto desejara sua felicidade. E, por sua vez, ele contava também o quanto sofrera com seu desaparecimento, sua emoção ao revê-la.

Traçaram também planos para o futuro, comprometendo-se Jasar a visitar com ela a propriedade que Samir lhe deixara, bem como os doentes que, embora tivessem família, necessitavam de seus cuidados, só regressando a Tebas quando tudo estivesse resolvido.

Imperceptivelmente, haviam sentado sob a árvore como antigamente, e Jasar passara o braço sobre os ombros de Solimar. Sua cabecinha delicada, meiga, descansava, recostada no peito forte do homem amado.

Após as mútuas confidências, Jasar beijou aqueles belos cabelos com ternura e ergueu mais uma vez o rosto ainda belo da ex-escrava.

Seus olhos se encontraram. Ele não resistiu mais, beijou-a apaixonadamente nos lábios.

Foi um beijo longo, uma permutação de sentimentos de carinho, uma felicidade quase inatingível.

Depois, ainda abraçados, continuaram traçando planos para o futuro.

Aqueles corações, que tanto haviam sofrido nas provações da vida, ainda podiam encontrar na Terra seu quinhão de felicidade. O amor dele purificara-se, consolidando-se na força dos sentimentos, na sinceridade e na renúncia.

Eles podiam agora ser felizes. Seus corações eram leves, livres do peso das más ações e do remorso, porque o maior castigo para aquele que resvala do caminho certo é o negror dos próprios sentimentos. Eles, muitas vezes, precipitam os acontecimentos.

***

Omar, vítima de seus erros, castigava-se. Julgando-se perseguido pelo faraó, fugira imediatamente e, naquela noite, cavalgava, transportando consigo dois jumentos carregados com parte de sua fortuna.

Saíra já de Tebas e cortava uma das estradas, disfarçado de mercador. Era muito conhecido por aquelas paragens, por isso, disfarçara-se muito bem.

Toda a sua figura irradiava ódio e terror. Jurava vingança tremenda contra Pecos e até contra seu próprio rei!

Omar forjara mentalmente um plano que tornaria possível sua vingança. Iria incógnito para as terras da Assíria. Lá, o rei Farfah, certamente, se interessaria em obter seus serviços. Ele era senhor de muitos segredos militares do exército de seu país e poderia vendê-lo a Farfah em troca de uma privilegiada posição em sua corte e, quem sabe, no futuro, se Farfah dominasse Quinit, poderia vir a ser o seu rei!

Ébrio de ambição, Omar via-se vestido de branco, com o manto sagrado dos reis e a grã-pedra ao peito, governando todo o povo do Egito.

Então, haveria de possuir Nalim e espezinhá-la o quanto lhe agradasse. Exterminaria seu filho e o maldito guerreiro Pecos.

Omar ia imerso em gloriosos pensamentos, mas, de repente, pareceu-lhe que uma voz dentro dele, como se outro ser lhe falasse, chamava-o de traidor.

Estremeceu. Parecia-lhe a voz de sua mãe que lhe dizia:

— Traidor! Traidor! Você traiu os amigos, o posto que ocupou e o seu país. Abusou da confiança que depositaram em você. Foi o único a trair e ainda pensa em vingança contra os que atingiu. Pense, Omar, procure modificar seus pensamentos, pois a cada momento poderá ser chamado a prestar contas em um reino que não é dos homens!

Sempre cavalgando, Omar sentiu um suor frio invadir-lhe o corpo apesar do calor, do cansaço e da excitação da fuga.

"Estou esgotado", pensou. "Com certeza é por isso que julgo ouvir vozes. Necessito repousar um pouco antes de começar a atravessar o deserto."

No momento, porém, que se dispunha a escolher um local abrigado para dormir, sentiu que algo caía sobre ele, ao mesmo tempo que uma lâmina fria lhe rasgava as carnes.

Sua cabeça atordoou-se, mas ainda pôde ouvir que alguém dizia ofegante:

— Acertei em cheio! Agora, rápido, cuidemos do mais importante.

Depois perdeu a noção das coisas.

O homem que ferira Omar, vestido de larga túnica marrom e a cabeça envolta em panos de cor indefinida, com um gesto rápido, ordenou a seus dois cúmplices que se apoderassem da bagagem de Omar, inclusive de seu cavalo.

— O que faremos com o corpo? — indagou um deles.

— Coloque-o sobre o animal, e o largaremos em local apropriado — e com um gesto de desprezo, designando o corpo de Omar que inerte jazia na poeira da estrada, continuou zombeteiro: — Este pobre animal será pasto magro para os abutres.

Tudo pronto, o cortejo seguiu rumo ao deserto. O corpo de Omar era agora joguete nas mãos daqueles homens inescrupulosos. Caíra nas mãos dos salteadores do deserto, mas era, antes de mais nada, vítima de sua própria ambição desenfreada.

Quando premido pelos receios e resolvido a esconder parte de suas riquezas, Omar fora visto e seguido por um daqueles salteadores que, astucioso, resolvera esperar o momento propício para apanhar a presa, dando-lhe ocasião de amealhar o máximo, tornando-lhes assim mais lucrativa a empresa.

Sabiam do posto importante que Omar ocupava no reino e acreditavam que os tesouros que este transportava durante aquelas noites fora roubado do faraó.

Temerosos de uma represália por parte dos guerreiros de Omar, os ladrões pretendiam eliminar todas as pistas possíveis e, longe, senhores daquelas riquezas, iriam desfrutar a vida ociosa que desejavam.

Pobre Omar que, procurando fugir de um perigo imaginário, criara e atirara-se de encontro ao verdadeiro perigo.

Na calada da noite, silenciosos, aqueles homens caminhavam pelo deserto. Omar recuperara os sentidos, mas, fraco pela copiosa hemorragia, percebia que a vida se esvaía lentamente.

De quando em vez, sofria pequenos desmaios e fazia um esforço sobre-humano para não perder os sentidos.

Temia a morte. Seus olhos embaciados refletiam um terror sem limites. Como todos os que se apegam demais às coisas materiais, que vivem somente para satisfazer suas ambições de riqueza e poder, Omar jamais pensara na morte. Jamais pensara naquela realidade inevitável. Agora sua situação interior era terrivelmente opressora.

Quanto tempo seguiu assim o cortejo?

Omar nunca saberia dizer, mas aquela noite parecia-lhe interminável.

Pensava mesmo que talvez estivesse ali havia anos, vergado sobre o lombo do animal, perdendo sangue e aguardando a morte.

Afinal, em que se resume a noção do tempo?

Ele não é senão a criação, não de um relógio que procura medi-lo, mas da espécie de vida que levamos.

Se estivermos felizes, ele correrá célere e um ano parecerá um minuto, se estivermos sofrendo, um minuto será para nós um ano.

Quando os homens aprenderem a viver serenamente e aprenderem a vencer suas más inclinações, o tempo será contado diferentemente, e as trevas terminarão na Terra.

Omar sofreu mil séculos naquela noite.

Enfim, raiou o dia, o que piorou ainda mais sua precária situação, pois que o sol começou a causticar-lhe o corpo.

A certa altura, pararam e, a um gesto do que dirigia a turma, os outros desamarraram Omar, atirando-o ao chão. Este perdeu os sentidos em virtude da dor que sentia no peito.

Horas depois, ele voltou a si, embora febril e delirante, compreendendo que o tinham atirado ao deserto e estava só.

Mas sua fraqueza extrema não lhe permitiu sequer voltar-se para o lado a fim de verificar se eles iam longe.

O sol inclemente impedia-o de abrir os olhos. Toda a sua carne queimava, tomada de febre e envolvida pelas areias escaldantes do deserto.

Aparentemente, seu corpo em agonia não possuía mais vida, porém seu espírito aterrorizado debatia-se em terríveis pesadelos.

Não pôde nem sequer ver que alguns abutres sobrevoavam o local onde seu corpo estava estendido.

Quando o calor se fez mais intenso, o corpo de Omar estremeceu ainda uma vez, depois se petrificou, entregue aos braços da morte.

No entanto, se o corpo ficara inerte, o espírito reanimara-se, já livre do vínculo que o prendia à carne.

O infeliz, crendo-se ainda vivo, sentindo ainda o tormento de sua dolorosa agonia, não se afastou do local.

Sentia que um fogo intenso o abrasava, mas seu sofrimento aumentou quando viu que dois abutres sobrevoavam seu corpo inerte, aproximando-se com visível intenção de atacá-lo.

Foi o máximo que ele pôde suportar.

Quando viu que eles lhe dilaceravam as carnes com seus bicos enormes, sentiu dores lancinantes e gritava como louco.

A poucos passos dele, porém, um espírito banhado de lágrimas e aureolado de luz orava por ele.

Omar não viu aquela figura que conhecera como mãe na Terra. Mas aos poucos foi envolvido por um sono invencível e entregou-se a ele, escapando ao dantesco espetáculo.

Porém, seu espírito jamais poderia arrancar do íntimo aquelas lancinantes recordações. Elas permaneceriam vivas, como uma advertência para o futuro.

O tempo, inexorável, avançou sobre os últimos acontecimentos.

Por toda Tebas comentava-se o desaparecimento de Omar.

O faraó, temeroso de que ele houvesse sido capturado pelo inimigo, ordenou sindicâncias minuciosas.

Logo apareceram testemunhas das suas estranhas atividades naqueles últimos dias.

Os serviçais e escravos do seu palácio, interrogados, contaram que seu senhor lhes parecera preocupado e doente.

Mal se alimentava e estava sempre taciturno, falando sozinho. À noite, dava-lhes ordens para se retirarem do interior do palácio, proibindo-os de saírem de suas habitações na ala dos escravos.

Entretanto, ouviam-se ruídos no interior do palácio e, algumas vezes, os mais ousados, espiando pelo postigo, tinham-no surpreendido a transportar estranhas arcas, só regressando quando o dia já estava alto.

A última vez que o tinham visto, ele se despedira de todos, recomendando que nada contassem sobre sua partida.

Diante de tantas provas suspeitas, o faraó ordenou a busca de Omar, vivo ou morto. Suspeitava de uma traição. Sempre desconfiara do seu servilismo.

Certamente o traíra para, sequioso de ambição, unir-se ao inimigo, julgando-o mais poderoso.

Já o povo comentava sem rebuços a traição de Omar.

Poucos sentiam realmente sua ausência. Seu caráter egoísta e vaidoso granjeara poucos amigos e muitos inimigos. Seus comandados suspiraram aliviados por não terem de suportá-lo mais como chefe.

Decorridos dois meses sem que o corpo dele houvesse sido encontrado, Omar era mencionado sempre como símbolo da traição e da ambição desmedida.

***

Naquela agradável noite, deliciosamente perfumada, encontramos, na casa de Pecos, seus moradores reunidos em amistosa palestra.

Somente eles poderiam conhecer parte da verdade sobre o desaparecimento de Omar.

Sentados no pátio externo em um banco de pedra, desfrutando a brisa da noite, Nalim e Pecos, braços entrelaçados, ouviam Jasar que, ao lado de Solimar, agora sua esposa, tecia conjecturas sobre a aventura de Omar.

Alguns passos além, Pitar e Sinat, em plena glória do noivado feliz, trocavam confidências e teciam planos para o futuro.

Dizia Jasar:

— Acredito na fuga. Com certeza, temeroso da sua vingança que, no seu ponto de vista, reconhecia inevitável, resolveu escapar, certo de poder salvar parte de sua fortuna e viver sossegado em terras distantes.

— Isso prova - volveu Pecos para a esposa — que não é a nós que compete vingar as afrontas recebidas. O peso da própria culpa derrubou Omar da posição elevada que, prazerosamente, desfrutava no palácio.

— Embora não pensem como eu, sinto que não lhe tenha acontecido coisas piores. Omar é uma víbora, e só me sentirei segura quando sua cabeça houver sido esmagada.

— Nalim, eu tenho pena dele — volveu Solimar. — O receio, o remorso, a angustiosa obsessão da fuga o acompanharão sempre. Em compensação, embora ele nos quisesse ferir, somos agora infinitamente felizes. Analise nossa vida atual e sentirá justa piedade por ele. Nós temos tudo, ele nada possui. Está só, com seus negros pensamentos.

A voz comovida de Solimar implorava sinceramente, e Nalim, que interiormente se abrandara com os anos e os sofrimentos, sorriu ao responder:

— Tem razão. Omar sofre, e eu desejo esquecer o passado ofensivo. Somos felizes. Vamos viver nossas vidas, que possamos estar unidos no futuro, é o que desejo.

As palavras de Nalim, ditas em um suspiro, deixaram a todos silenciosamente imersos nos próprios pensamentos.

Eram felizes!

FIM

Grandes sucessos de
Zibia Gasparetto

Com 19 milhões de títulos vendidos, a autora tem contribuído para o fortalecimento da literatura espiritualista no mercado editorial e para a popularização da espiritualidade. Conheça os sucessos da escritora.

Romances
pelo espírito Lucius

A força da vida
A verdade de cada um
A vida sabe o que faz
Ela confiou na vida
Entre o amor e a guerra
Esmeralda
Espinhos do tempo
Laços eternos
Nada é por acaso
Ninguém é de ninguém
O advogado de Deus
O amanhã a Deus pertence
O amor venceu
O encontro inesperado
O fio do destino
O poder da escolha
O matuto
O morro das ilusões
Onde está Teresa?
Pelas portas do coração
Quando a vida escolhe
Quando chega a hora
Quando é preciso voltar
Se abrindo pra vida
Sem medo de viver
Só o amor consegue
Somos todos inocentes
Tudo tem seu preço
Tudo valeu a pena
Um amor de verdade
Vencendo o passado

Crônicas

A hora é agora!

Bate-papo com o Além

Contos do dia a dia

Conversando Contigo!

Pare de sofrer

Pedaços do cotidiano

O mundo em que eu vivo

Voltas que a vida dá

Você sempre ganha!

Coletânea

Eu comigo!

Recados de Zibia Gasparetto

Reflexões diárias

Desenvolvimento pessoal

Em busca de respostas

Grandes frases

O poder da vida

Vá em frente!

Fatos e estudos

Eles continuam entre nós vol. 1

Eles continuam entre nós vol. 2

ZIBIA GASPARETTO

Eu comigo!

"Toda forma de arte é expressão da alma."

Zibia Gasparetto convida você a mergulhar no seu mundo interior. Deixe os problemas de lado, esqueça o negativismo e libere o estresse do dia a dia. Passeie por entre as figuras, inspire-se com cada mensagem e coloque cor em seu mundo. Use suas tonalidades preferidas, libere o potencial criativo que existe dentro de você.

Eu comigo! é um livro para quem quer fugir da rotina e buscar aquela sensação de paz que a arte pode proporcionar. Inspire sua alma com as frases de Zibia Gasparetto criadas especialmente para você e ricamente ilustradas com desenhos encantadores.

Bem-vindo ao seu mundo interior.

www.vidaeconsciencia.com.br

VIDA & CONSCIÊNCIA
EDITORA

Rua das Oiticicas, 75 – SP
55 11 2613-4777

contato@vidaeconsciencia.com.br
www.vidaeconsciencia.com.br